Die lauterkeitsrechtlichen Zulässigkeitsschranken der Kopplungsangebote nach der Aufhebung der Zugabeverordnung

Europäische Hochschulschriften

Publications Universitaires Européennes
European University Studies

Reihe II
Rechtswissenschaft

Série II Series II
Droit
Law

Bd./Vol. 4390

PETER LANG
Frankfurt am Main · Berlin · Bern · Bruxelles · New York · Oxford · Wien

Stefanos Charaktiniotis

Die lauterkeitsrechtlichen Zulässigkeitsschranken der Kopplungsangebote nach der Aufhebung der Zugabeverordnung

PETER LANG
Europäischer Verlag der Wissenschaften

Bibliografische Information Der Deutschen Bibliothek
Die Deutsche Bibliothek verzeichnet diese Publikation in der Deutschen Nationalbibliografie; detaillierte bibliografische Daten sind im Internet über <http://dnb.ddb.de> abrufbar.

Zugl.: Trier, Univ., Diss., 2005

D 385
ISSN 0531-7312
ISBN 3-631-55132-0

Europäischer Verlag der Wissenschaften
Frankfurt am Main 2006

www.peterlang.de

meinen Eltern

Vorwort

Die vorliegende Arbeit wurde im Wintersemester 2005-2006 vom Fachbereich Rechtswissenschaft der Universität Trier als Dissertation angenommen. Rechtsprechung und Literatur befinden sich in etwa auf dem Stand Ende 2004.

Mein Dank gilt allen, die mich bei der Entstehung dieser Arbeit unterstützt haben.

An erster Stelle ist mein verehrter Doktorvater Herr Prof. Dr. Lindacher zu nennen, dem ich für seine dergestalt gewiss nicht selbstverständliche Art und Weise der Betreuung sehr dankbar bin. Seine wertvollen Hinweise, seine Anregungen und sein Rat waren es, die die Promotion entscheidend vorangetrieben haben.

Herrn Prof. Dr. Dr. h. c. Bülow danke ich für die überaus zügige Erstellung des Zweitgutachtens.

Dank für rein persönliche Unterstützung schulde ich meinen Trierer und griechischen Freunden. Ganz besonderer Dank gebührt Giouli Garoufi für ihre Unterstützung in technischer und redaktioneller Hinsicht sowie für den mir während der Zeit der Promotion gewährten Rückhalt. Ganz besonderer Dank gebührt abschließend meiner Familie und insbesondere meinen Eltern, Ioannis und Fotini Charaktiniotis. Ihre vielfältige Unterstützung hat das Entstehen dieser Arbeit erst ermöglicht.

Athen, März 2006 Stefanos Charaktiniotis

Inhaltsverzeichnis

Abkürzungsverzeichnis

a.A.	anderer Ansicht
a.F.	alte Fassung
ABlEG	Amtsblatt der Europäischen Gemeinschaften
Abs.	Absatz
AfP	Archiv für Presserecht (Jahr, Seite)
AöR	Archiv des öffentlichen Rechts (Band, Jahr, Seite)
Art.	Artikel
Aufl.	Auflage
Az.	Aktenzeichen
BB	Der Betriebs-Berater (Jahr-Seite)
Begr.	Begründung
begr.	begründet
BGB	Bürgerliches Gesetzbuch
BGB-InfoV	Verordnung über Informationspflichten nach bürgerlichem Recht
BGBl.	Bundesgesetzblatt
BGH	Bundesgerichtshof
BGHZ	Entscheidungen des Bundesgerichtshofes in Zivilsachen (Band, Seite)
Bl.	Blatt
BR-Drucks.	Bundesrats-Drucksache
BT-Drucks.	Bundestags-Drucksache
BVerfG	Bundesverfassungsgericht
BVerfGE	Entscheidungen des Bundesverfassungsgerichts (Band, Seite)
bzw.	beziehungsweise
CR	Computer und Recht (Jahr, Seite)
DB	Der Betrieb (Jahr, Seite)
ders.	derselbe
dies.	dieselbe
d.h.	das heißt
DM	Deutsche Mark
DÖV	Die öffentliche Verwaltung (Jahr, Seite)
e-	electronic
EG	Europäische Gemeinschaft

EGV	Vertrag zur Gründung der Europäischen Gemeinschaft
Einf.	Einführung
Einl.	Einleitung
endg.	endgültig
EuGH	Europäischer Gerichtshof
EUZBLG	Gesetz über die Zusammenarbeit von Bund und Ländern in Angelegenheiten der Europäischen Union
EuZW	Europäische Zeitschrift für Wirtschaftsrecht (Jahr, Seite)
EWG	Europäische Wirtschaftsgemeinschaft (Jahr, Seite)
EWiR	Entscheidungen zum Wirtschaftsrecht (Jahr, Seite)
EWS	Europäische Wirtschafts- und Steuerrecht (Jahr, Seite)
f. (ff.)	folgende Seite(n)
Fn.	Fußnote
FS	Festschrift
GG	Grundgesetz der Bundesrepublik Deutschland
GroßKomm/ Bearbeiter	Großkommentar zum UWG
GRUR	Gewerblicher Rechtsschutz und Urheberrecht (Jahr, Seite)
GRUR Int.	Gewerblicher Rechtsschutz und Urheberrecht, Auslands- und Internationaler Teil (Jahr, Seite)
GRUR-RR	Gewerblicher Rechtsschutz und Urheberrecht, Rechtsprechungs-Report (Jahr, Seite)
GVBl.	Gesetz- und Verordnungsblatt
GWB	Gesetz gegen Wettbewerbsbeschränkungen
HdbWbR/Bearbeiter	Handbuch des Wettbewerbsrechts
HDE	Hauptverband des Deutschen Einzelhandels
HK/Bearbeiter	Heidelberger Kommentar
Hrsg.	Herausgeber
HWG	Heilmittelwerbegesetz
i.d.F.	in der Fassung
i.S.	im Sinne
i.V.m.	in Verbindung mit
insb.	insbesondere
Jur-PC	Internet-Zeitschrift für Rechtsinformatik (Jahr, Seite)
JuS	Juristische Schulung (Jahr, Seite)
JZ	Juristenzeitung (Jahr, Seite)

Kap.	Kapitel
KG	Kammergericht
KOM	Kommissionsdokument
LG	Landgericht
lit.	litera (Buchstabe)
LM	Lindenmaier/Möhring, Nachschlagewerk des BGH (Jahr, Nummer, Blatt)
LMK	Lindenmaier/Möhring, Kommentierte BGH-Rechtsprechung (Jahr, Seite)
m.w.N.	mit weiteren Nachweisen
MA	Der Markenartikel (Jahr, Seite)
MDR	Monatsschrift für Deutsches Recht (Jahr, Seite)
n.F.	neue Fassung
NJOZ	Neue Juristische Online-Zeitschrift (Jahr, Seite)
NJW	Neue Juristische Wochenschrift (Jahr, Seite)
NJWE-WettbR	Neue Juristische Wochenschrift, Entscheidungsdienst Wettbewerbsrecht (Jahr, Seite)
NJW-RR	Neue Juristische Wochenschrift, Rechtsprechungs-Report Zivilrecht (Jahr, Seite)
Nr.	Nummer
OLG	Oberlandesgericht
PAngV	Preisangabenverordnung
RabattG	Rabattgesetz
RabattGAufhG	Gesetz zur Aufhebung des Rabattgesetzes
Rdnr(n).	Randnummer(n)
RegE	Regierungsentwurf
RGBl.	Reichsgesetzblatt
RL	Richtlinie
RWW/Bearbeiter	Rechtsfragen in Wettbewerb und Werbung
S.	Seite/ Siehe
s.	siehe
sog.	sogenannt(-er, -e, -es)
Stn.Ber.	Stenografischer Bericht
TDG	Teledienstegesetz

u.a.	unter anderem
u.s.w	und so weiter
unver.	unveröffentlicht
UWG	Gesetz gegen den unlauteren Wettbewerb
v.	von/vom
vgl.	vergleiche
VuR	Verbraucher und Recht (Jahr, Seite)
WiB	Wirtschaftsrechtliche Beratung (Jahr, Seite)
WM	Wertpapier-Mitteilungen (Jahr, Seite)
WRP	Wettbewerb in Recht und Praxis (Jahr, Seite)
WuB	Entscheidungssammlung zum Wirtschafts- und Bankrecht (Jahr, Seite, Buchstabe, Vorschrift)
WuW	Wirtschaft und Wettbewerb (Jahr, Seite)
z.B.	zum Beispiel
ZDH	Zentralverband des Deutschen Handwerks
ZEuP	Zeitschrift für Europäisches Privatrecht (Jahr, Seite)
ZfgG	Zeitschrift für das gesamte Genossenschaftswesen (Jahr, Seite)
ZGV	Zentralverband Gewerblicher Verbundgruppen
ZHR	Zeitschrift für das gesamte Handels- und Wirtschaftsrecht (Band, Jahr, Seite)
ZIP	Zeitschrift für Wirtschaftsrecht und Insolvenzpraxis (Jahr, Seite)
ZPO	Zivilprozessordnung
ZRP	Zeitschrift für Rechtspolitik (Jahr, Seite)
ZugabeVO	Zugabeverordnung
ZUM	Zeitschrift für Urheber- und Medienrecht (Jahr, Seite)

Einleitung

A. Problemstellung

„Kaffe mit Kaffeetasse", „Fernsehgerät mit Stromlieferungsvertrag", „Zeitschrift mit CD", „Mobiltelefon mit Telefonkartenvertrag", dies sind Beispiele von Kombinationsangeboten, die im „Wirtschaftsleben" als Kopplungsangebote bezeichnet werden. Solche oder ähnliche Angebotsstrukturen, bei denen mehrere Waren oder Dienstleistungen in einem Gesamtpreis verbunden sind, sind jedem Verbraucher bekannt; sie begegnen ihm entweder am *point of sale* oder in der vorgelagerten Werbung. Die Attraktivität solcher Angebotsformen ist unbestritten. Gilt dies aber auch für ihre Wettbewerbsrechtskonformität?

Aus *betriebswirtschaftlicher Sicht* stellen Kopplungsangebote eine Maßnahme der Preis- und Kommunikationspolitik,[1] zwei der wichtigsten Politiken im Marketing-Mix,[2] dar. Da konkurrenzlose Märkte eher selten sind, die Werbenden fast immer gegen andere Anbieter antreten müssen, sind die Marktbeteiligten gezwungen, um sich vom Wettbewerbsumfeld abzusetzen, Angebote zu gestalten, die nicht nur interessant sind, sondern auch eine starke Anziehungskraft auf die jeweiligen Verbraucher ausüben. Kopplungsofferten sollen, wegen der eigenartigen Zusammensetzung unterschiedlicher Waren oder Dienstleistungen in einem Angebot und wegen ihrer von dieser Kombinationsform ausgehenden – faktischen oder scheinbaren – Preisgünstigkeit, dem „Kundenfang" dienen, das akquisitorische Potential von Unternehmen erhöhen.

Aus *wettbewerbsrechtlicher Sicht* stellt sich die Frage, ob und inwieweit sich der Einsatz von Kopplungsangeboten zur Absatzförderung an schutzwürdigen Belangen der Mitbewerber sowie der sonstigen Marktbeteiligten (insbesondere der Verbraucher) sowie am Allgemeininteresse an funktionsfähigen Wettbewerb stößt.[3] Nichtleistungswettbewerbspraktiken sind zwar nicht per se unzulässig,[4] thematisieren jedoch die Lauterkeitsfrage, wenn und soweit sie *via* Erschwerung eines echten Leistungsvergleichs die Entscheidungsfreiheit der Marktgegenseite

---

[1] Ausführliche Begriffbestimmung in: *Hörschgen*, Grundbegriffe der Betriebswirtschaftslehre, 3. Aufl. (1992), S. 372 ff./383

[2] *Hörschgen*, Marketing-Strategie: Konzepte zur Strategienbildung im Marketing, 2. Aufl. (1993), S. 13

[3] Zur einschlägigen Schutzzwecktrias des Wettbewerbsrechts: *Lindacher* in: Großkommentar zum UWG, *Jacobs/Lindacher/Teplitzky* (Hrsg.), 1992, § 3, Rdnr. 6; *Piper* in: *Köhler/Piper*, UWG – Gesetz gegen den unlauteren Wettbewerb mit Preisangabenverordnung, 3. Aufl. (2002), Einf., Rdnrn. 22 ff.; *Lindacher*, Grundfragen des Wettbewerbsrechts, BB 1975, 1311/1312

[4] S. allgemein in: *Lindacher*, Lockvogel- und Sonderangebote. Rechtliche Grenzen selektiver Niedrigpreisstellung, 1979, S. 33

berühren und damit mehr die Gefahr der Erziehung von Unlauterkeitsrenten zu Lasten der Konkurrenz schaffen.[5] Kopplungsofferten, die sich nicht mehr in den Grenzen des viel diskutierten „Leistungswettbewerbs“[6] bewegen, laufen daher Gefahr, dass sie durch den Lauterkeitsschutzmechanismus gefiltert und ausgeschaltet werden. Es besteht Konsens darüber, dass die Uferlosigkeit der Zulässigkeit nicht akzeptabel sein kann, da, bei einem solchen Fall, das Lauterkeitsrecht in seinem Kern beeinträchtigt würde. Fraglich ist jedoch, wie breit der Spielraum der Anbieter bezüglich der Schranken sein soll, die ein (noch) wettbewerbskonformes von einem unzulässigen Kopplungsangebot unterscheiden lassen. Da das Wettbewerbsrecht als Mittel für die Sicherstellung eines lauteren und funktionsfähigen Wettbewerbs fungiert, müssen seine (Spiel)Regeln flexibel sein, um sich den jeweiligen Marktgegebenheiten anzupassen. Wie für das Lauterkeitsrecht im allgemeinen, gilt dabei auch für die Beurteilung der lauterkeitsrechtlichen Schranken für Kopplungsangebote, dass jede Generation die Pflicht hat, den Meinungstand der Vergangenheit *kritisch* zu hinterfragen, gegebenenfalls Korrekturen anzubringen.

Seit den ersten Urteilen des BGH zur Zulässigkeit von Kopplungsangeboten aus der Zeit der In-Mode-Kommen derselben,[7] sind gut vier Jahrzehnten vergangen. Schon damals wurde in der Literatur und Rechtsprechung über die Werbemethoden der Kopplungsangebote heftigst diskutiert. Sowohl die Judikatur als auch das Schrifttum standen aufgrund der zur Wertreklame entwickelten Rechtsprechung einerseits, und der von der noch geltenden Zugabeverordnung[8] abgeleiteten Orientierungslinien andererseits, solchen Angeboten kritisch gegenüber.

Der vor allem vom *Gemeinschaftsrecht* ausgehende Modernisierungs- und Harmonisierungsdruck[9] hat jedoch zu einer Reihe von Umstrukturierungen im

---

[5] *Baumbach/Hefermehl,* Wettbewerbsrecht, 22. Aufl. (2001), Einl. UWG, Rdnr. 105

[6] *Kreft* in: Handbuch des Wettbewerbsrechts, *Gloy* (Hrsg.), 2. Aufl. (1997), § 9, Rdnrn. 20 ff.; Großkomm/*Schünemann,* Einl., Rdnrn. D 81 ff.; *Emmerich,* Unlauterer Wettbewerb, 6. Aufl. (2002), § 5, S. 49 ff.; *Ulmer,* Der Begriff „Leistungswettbewerb“ und seine Bedeutung für die Anwendung von GWB und UWG-Tatbeständen, GRUR 1977, 565 ff.

[7] BGH GRUR 1961, 588 – Einpfennig-Süßwaren; BGH GRUR 1962, 415 – Glockenpackung; BGH GRUR 1967, 530 – Fahrschule; BGH GRUR 1968, 53 – Probetube; BGH GRUR 1971, 582 – Kopplung im Kaffeehandel

[8] Zugabeverordnung in Deutschland (ZugabeVO) v. 9.3.1932, RGBl. I, 121 in der Fassung der Änderung v. 12.3.1933, RGBl. I, 264, v. 20.8.1953, BGBl. I, 939, v. 15.11.1955, BGBl. I, 719, v. 23.6.1969, BGBl. I, 645, v. 2.3.1974, BGBl. I, 469, v. 25.7.1986, BGBl. I, 1172, v. 22.10.1987, BGBl. I, 2300 und v. 25.7.1994, BGBl. I, 1688

[9] Vgl. hierzu *Fezer,* Modernisierung des deutschen Rechts gegen den unlauteren Wettbewerb auf der Grundlage einer Europäisierung des Wettbewerbsrechts, WRP 2001, 989 ff.; *Schricker/Henning-Bodewig,* Elemente einer Harmonisierung des Rechts des unlauteren

nationalen Recht geführt, die – auch – eine Neubetrachtung der Kopplungsproblematik gebieten: Im Rahmen des gemeinschaftsrechtlichen Harmonisierungsprozesses, wurden im Juli 2001 Zugabeverordnung und Rabattgesetz ersatzlos aufgehoben,[10] fand auch in Deutschland eine Ära wettbewerbsrechtlicher Besonderheiten ihr Ende. Die nunmehr grundsätzliche Zulässigkeit der Zugabegewährung als solche sowie der sich in der Aufhebung des Zugabeverbots manifestierende gesetzgeberische Wille, die Einschätzungskriterien der Sittenwidrigkeit im Rahmen des § 1 UWG a.F.[11] neu zu bestimmen,[12] stellen unvermeidbar eine neue Basis für die Beurteilung der Zulässigkeit der Kopplungsangebote dar. Bereits die legislatorische Entscheidung zugunsten grundsätzlicher Zulässigkeit der Zugabegewährung als solcher, lässt eine großzügigere Beurteilung von Kopplungsofferten logisch und notwendig erscheinen. Die Übernahme des Verbraucherleitbildes des informierten und verständigen Durchschnittsverbrauchers, das der EuGH traditionellerweise seiner Beurteilung zugrundelegt,[13] befördert den Paradigmenwechsel hin zu einer Erweiterung der Zulässigkeitsschranken für Kombinationsangebote und damit zu einem Zugewinn an Wettbewerbs- und Angebotsgestaltungsfreiheit der Anbieter.

Diese Gedanken finden denn auch in den vom Wettbewerbssenat des BGH am 13.06.2002 erlassenen Urteilen Ausdruck. Mit ähnlichen Entscheidungen in drei Fällen[14] hat der BGH, in Abänderung seiner früheren Rechtsprechung, Kopplungsgeschäfte für grundsätzlich zulässig erklärt. Mit Blick auf die Aufhebung der Zugabeverordnung und auf das gewandelte Verbraucherleitbild legt das Gericht in seiner Beurteilung den Grundsatz zugrunde, dass Kopplungsangebote nach § 1 UWG a.F. nur unter engen Voraussetzungen untersagt werden können. Die Gefahren und Schwierigkeiten für den Konsumenten, die sich aus dem Werben mit Kombinationsofferten ergeben, führen nach der Auffassung des BGH nur zu

---

Wettbewerbs in der Europäischen Union, WRP 2001, 1367 ff.; *Göhre*, Frischer Wind aus Brüssel?, WRP 2002, 36 ff.

[10] BGBl. I 2001, S. 1661 f. und S. 1663. Die Aufhebungsgesetze traten am 25 Juli 2001 in Kraft.

[11] Soweit im Folgenden von „UWG a.F." gesprochen wird, ist das „alte UWG" i.d.F. vom 7.6.1909 gemeint. Soweit von „U.W.G. n.F." gesprochen wird, ist das „neue UWG" i.d.F. vom 8.7.2004 gemeint. Die Bezeichnung „UWG a.F." bzw. „UWG n.F." ist nicht die zutreffendste, soweit es sich hier nicht um unterschiedliche Fassungen eines und desselben Gesetzes, sondern um unterschiedliche Gesetze handelt (s. auch in: *Borck*, Vorläufige Anmerkungen zum „Gesetz gegen den unlauteren Wettbewerb (UWG)" vom 3.7.2004, WRP 2004, 1440/1441). Da allerdings diese Bezeichnung in der Literatur in breitem Umfang verwendet wird, ist ihr auch im Rahmen dieses Beitrags der Vorzug zu geben.

[12] Vgl. die Begründung des Gesetzentwurfs der Bundesregierung zur Aufhebung der Zugabeverordnung, BT-Drucks. 14/5594, S. 8

[13] Statt vieler: *Piper* in: *Köhler/Piper*, UWG (2002), § 3 UWG, Rdnrn. 50 f.

[14] Az: I ZR 173/01 veröffentlicht in: WRP 2002, 1256 = GRUR 2002, 1976 = WM 2002, 1983 – Kopplungsangebot I; Az: I ZR 71/01 veröffentlicht in: WRP 2002, 1259 = GRUR 2002, 979 – Kopplungsangebot II; Az: I ZR 72/01 bislang unveröffentlicht

lauterkeitsrechtlichen Vorgaben für den Anbieter hinsichtlich der Ausgestaltung der Kopplungsangebote, nicht länger zu per se Verboten.

Zum gleichen Zeitpunkt haben die Modernisierungsbemühungen eine unerwartete sowie bedeutsame Unterstützung erhalten: die verfassungsgerichtliche Einmischung[15] in Wettbewerbssachen. Mit fünf inhaltsnahen Entscheidungen[16] hat das Bundesverfassungsgericht das Verhältnis von Verfassungs- und Wettbewerbsrecht neu beleuchtet und die Beachtung verfassungsrechtlicher Standards im Lauterkeitsrecht angemahnt. Ausgehend von der Feststellung, dass auch das Werben zu Zwecken des Wettbewerbs verfassungsrechtlichen Schutz nach Art. 5 I GG genießen darf, verlangt das Gericht für die Einschränkung der Meinungs- und Kommunikationsfreiheit der Werbenden zunächst eine konkrete Schutzgutgefährdung[17] sowie für den Fall der Bejahung derselben eine Güterabwägung, die dem Stellenwert des Kommunikationsgrundrechts Rechnung trägt. Für die Beurteilung der Zulässigkeit von Kopplungsangeboten kommt der verfassungsgerichtlichen Stellungnahme Relevanz in zweifacher Weise zu: Sie stärkt zum einen allgemein die rechtliche Position anbietender Unternehmen. Zum anderen wirkt sich gerade der von der Verfassungsrechtsprechung gebilligte Weithin-Abschied vom Verbot „gefühlsbetonter Werbung“ auf die rechtliche Beurteilung anderer Fallgruppen des „Kundenfangs“ aus.[18] Auch unter diesen Perspektiven scheinen die Zulässigkeitsschranken für Wertreklame und die benachbarten Kopplungsstrategien niedriger zu werden.[19]

Vorläufiger Schlusspunkt der rasanten Entwicklungen im Feld des Lauterkeitsrechts war unzweifelhaft der Erlass des neuen Gesetzes gegen den unlauteren Wettbewerb, das ohne Übergangsvorschriften am 8.7.2004 in Kraft getreten ist.[20] Hierbei handelt es sich nicht um eine bloße Fortschreibung des alten Gesetzes, sondern um die erste, nach fast 100 Jahren, grundlegende Reform des deutschen Lauterkeitsrechts, das nun mit diesem Gesetz nicht nur aus inhaltlicher, sondern auch aus methodischer Sicht eine neue Rechtsgrundlage erhalten hat. Der Gedanke der Liberalisierung und Europäisierung des Lauterkeitsrechts, die Stärkung

---

[15] *Lindacher,* Gefühlsbetonte Werbung nach BVerfG GRUR 2002, 455 – Tier- und Artenschutz, in: Festschrift für Winfried Tilmann, 2003, S. 195/198

[16] BVerfG WRP 2001, 129 – Benetton; BVerfG WRP 2001, 1160 – Therapeutische Äquivalenz; BVerfG WRP 2002, 430 – Tierfreundliche Mode; BVerfG WRP 2003, 69 – Veröffentlichung von Anwalts-Ranglisten; BVerfG GRUR 2003, 442 – Benetton-Werbung II

[17] *Lindacher,* FS für Tilmann, S. 195/199

[18] *Hartwig,* Verfassungsrechtliche Anforderungen an die Fallgruppenbildung nach § 1 UWG, NJW 2002, 38/39 sowie in: „H.I.V. POSITIVE II“ – zugleich Abschied vom Verbot „gefühlsbetonter Werbung“?, WRP 2003, 582/586

[19] Vgl. allgemein: *Fezer,* Imagewerbung mit gesellschaftskritischen Themen im Schutzbereich der Meinungs- und Pressefreiheit, NJW 2001, 580/582

[20] BGBl. 2004, I S. 1414

des Verbraucherschutzes und die Schaffung einer größeren Transparenz bei der Funktion der lauterkeitsrechtlichen Mechanismen standen für diese gesetzgeberische Initiative im Vordergrund.[21] Das Recht der Kopplungsangebote bleibt angesichts der letzten Rechtsentwicklung, zumindest inhaltlich, unberührt, soweit seine Liberalisierung bereits vor dem Erlass des neuen Gesetzes, also mit der Aufhebung der Zugabeverordnung begonnen hat. Aus methodischer Sicht wird dagegen die künftige lauterkeitsrechtliche Beurteilung von Kopplungsangeboten von dem Aufbau und der Systematik des neuen UWG selbstverständlich beeinflusst.

B. Gang der Untersuchung

Ziel dieser Arbeit ist die Herausarbeitung der Anforderungen, die das Wettbewerbsrecht an die Zulässigkeit von Kopplungsangeboten stellt. Im Rückblick auf die alte Rechtslage wird versucht darzulegen, welche Verpflichtungen die Anbieter von Kopplungsangeboten nunmehr haben, und in welchen Fällen der Wettbewerbsrechtmechanismus derartige Angebote wegen ihrer Unlauterkeit ausschalten muss. Ausgeblendet bleiben *kartellrechtliche* Implikationen von Kopplungsangebotsstrategien marktmächtiger Unternehmen in Sonderlagen, insbesondere bei Kopplung derart, dass die zusammengefassten Angebote nur im Verbund erhältlich sind.

Die Darstellung beginnt (Teil eins) mit der Begriffbestimmung des Kopplungsangebots sowie mit der Abgrenzung der Kopplungsangebote zu anderen Angebotsformen, die einen ähnlichen Kombinationscharakter aufweisen.

Im zweiten Teil der Arbeit soll die Rechtslage vor der Streichung des Zugabeverbots nachgezeichnet werden. Es wird aufgezeigt, wie Kopplungsofferten aus lauterkeitsrechtlicher Sicht behandelt wurden und wie die Rechtsprechung bereits vor der Aufhebung der Zugabeverordnung eine gewisse Kehrtwendung einleitete.

Im dritten und letzten Teil des Beitrags geht es um die Auswirkungen der „Liberalisierungswelle" auf die lauterkeitsrechtliche Behandlung der Kopplungsangebote. Ausgehend von ihrer grundsätzlichen Zulässigkeit wird zum einen darauf hingewiesen, welche Entscheidungskriterien für die Feststellung der Wettbewerbswidrigkeit solcher Angebotsstrukturen an Bedeutung verloren haben, und zum anderen, welche Maßstäbe nunmehr von großer Bedeutung sind. Das Transparenzgebot, die neu zu definierende Schwelle des übertriebenen Anlockens,

---

[21] S. vor allem in: *Köhler*, Das neue UWG, NJW 2004, 2121

das Überforderungspotential der Konsumenten sowie das Moment des psychischen Kaufzwangs stellen die wichtigsten Beurteilungsmaßstäbe dar, die der Bestimmung und der Abgrenzung der lauterkeitsrechtlichen Zulässigkeitsschranken von Kopplungsangeboten dienen und die folglich Gegenstand ausführlicher Analysen auf der Plattform der Vorschriften des neuen UWG im Rahmen dieses Beitrags sind.

Erster Teil: Allgemeine Grundlegung

A. Freiheit der Angebotskopplung als Erscheinungsform der gewerblichen Handlungsfreiheit

Die Feststellung von *Hefermehl*, dass die Proklamation der Gewerbefreiheit den unerlaubten Wettbewerb gefördert hat,[22] beschreibt zutreffend die Funktion des wettbewerbsbezogenen Gesetzeskomplexes. Ausgangspunkt aller Überlegungen zur lauterkeitsrechtlichen Beurteilung von Wettbewerbshandlungen ist die Annahme einer aus dem Grundgesetz abgeleiteten Freiheit im wirtschaftlichen Verkehr. Nach der „Schranken-Theorie" sind Verbote • und Gebote durch allgemeine Gesetze und damit durch den UWG im Interesse des Gemeinwohls als „Beschränkungswerkzeuge" der wirtschaftlichen Betätigungsfreiheit zu verstehen.

Die wirtschaftliche Dimension der durch Art. 2 Abs. 1 GG geschützten Entfaltungsfreiheit ist unbestritten. Rechtsprechung[23] und Lehre[24] bejahen einstimmig die grundgesetzlich verbürgte Unantastbarkeit eines – den Unternehmern gewährleisteten – angemessenen Entfaltungsspielraumes.[25] Als Ausfluss der allgemeinen Handlungsfreiheit, die von dem Recht auf freie Entfaltung der Persönlichkeit umschlossen wird, genießt auch die wirtschaftliche Betätigung

---

[22] *Baumbach/Hefermehl*, Einl. UWG, Rdnr. 1

[23] BVerfGE 6, 32, 36; BVerfGE 8, 274, 328; BVerfGE 10, 89, 99; BVerfGE 12, 341, 347; BVerfGE 27, 375, 384; BVerfGE 29, 260, 266; BVerfGE 50, 290, 366; BVerfGE 65, 196, 210; BGHZ 36, 77, 80

[24] Vgl. Großkomm/*Schünemann*, Einl., Rdnrn. D 61 ff.; *Erichsen*, in: *Isensee/Kirchhof* (Hrsg.), Handbuch des Staatsrechts der Bundesrepublik Deutschland VI, 1989, § 152, Rdnr. 60; *v.Gamm*, Wettbewerbs- und Wettbewerbsverfahrensrecht, Band 1 (Wettbewerbsrecht-Erster Halbband), 5. Aufl. (1987), Kapitel 2, Rdnr. 22; *Stober*, Wirtschaftsverwaltungsrecht, 10. Aufl. (1996), § 19 I 1, S. 180 ff.; *Ballerstedt*, in: *Bettermann/Nipperdey/Scheuner* (Hrsg.), Die Grundrechte, 2. Aufl. (1972), S.69

[25] Von geringer Bedeutung für diese Arbeit (von großer Bedeutung allerdings aus grundrechtlicher Sicht, „weil die einzelnen Grundrechte unterschiedlich intensiv eingeschränkt werden können": *Stober*, § 19 I 1, S. 180) ist die streitige Frage, ob die Betätigungsfreiheit im Wirtschaftsleben unter Art. 2 Abs. 1 GG subsumiert wird, oder ob Art. 2 Abs. 1 GG gegenüber spezielleren Grundrechtsverbürgungen (insbesondere den Art. 12 Abs. 1 und Art. 14 GG) als subsidiär zurücktritt. Nach der nunmehr herrschenden Meinung wird der Vorrang der Spezialfreiheitsrechte betont, während für Art. 2 Abs. 1 GG ein Anwendungsbereich als Auffanggrundrecht verbleibt; über die Tendenz der Rechtsprechung und der Lehre s. ausführlich in: *Degenhart*, Die allgemeine Handlungsfreiheit des Art. 2 I GG, JuS 1990, 161/165; vgl. auch *Kunig* in: *v.Münch* (begr.), Grundgesetz-Kommentar, Band 1, Art. 2, Rdnr. 18; *Stober*, § 19 I 1, S. 180; *Erichsen*, Rdnr. 61; *Hoffmann*, Staatliche Wirtschaftsregulierung und grundrechtlicher Schutz der Unternehmensfreiheit durch Art. 12 Abs. 1 GG und Art. 2 Abs. 1 GG, BB 1995, 53/58; *Scholz*, Das Grundrecht der freien Entfaltung der Persönlichkeit in der Rechtsprechung des Bundesverfassungsgerichts, AöR 100 (1975), 80/127

grundrechtlichen Schutz.[26] Neben die in der wirtschaftlichen Entfaltungsfreiheit verwurzelten Vertrags-[27] und Wettbewerbsfreiheit,[28] tritt die Unternehmerfreiheit als eine gleichermaßen wichtige Ausprägung der Handlungsfreiheit im Wirtschaftsleben. Unter diesem mehrdimensionalen Begriff[29] versteht man hauptsächlich die Freiheit, ein Unternehmen nach eigenen Vorstellungen, Einschätzungen und Entschlüssen zu führen und zu entwickeln. Planungen, Entscheidungen sowie Handlungen, die der Verfolgung des Unternehmenszwecks dienen, sind der Schutzsphäre der Unternehmertätigkeit unterstellt.[30]

In diesem Zusammenhang kann auch das Werben mit Kombinationsangeboten als eine besondere Äußerung betrieblicher Initiative unter dem Schutzbereich der unternehmerischen Autonomie subsumiert werden. Entscheidet sich ein Unternehmer seine Waren oder Dienstleistungen gekoppelt zu einem Gesamtpreis auf den Markt zu bringen, um sein Angebot preisgünstiger darzustellen und sich dadurch gegenüber seinen Konkurrenten einen Vorteil zu verschaffen, so handelt es sich um eine Aktivität, die durch eine persönliche Betrachtung der Art und Weise, in der auf den Unternehmenserfolg hingearbeitet werden soll, geprägt ist. Daher scheint auch bei diesem Fall die Mobilisierung der grundrechtlichen Schutzmechanismen durchaus erforderlich.

Als Erscheinungsform der Unternehmensfreiheit gewinnt also die Freiheit der Angebotsgestaltung einen angemessenen Entfaltungsspielraum.[31] Mit Rücksicht auf die auf Art. 2 Abs. 1 und Art. 12 Abs. 1 GG fußenden Garantien, wird angenommen, dass jeder Gewerbebetreibende frei entscheiden können muss, ob er seine Waren oder Dienstleistungen einzeln, zusammen oder gekoppelt zu einem Preis anbieten will.[32] Jeder Kaufmann kann demnach selbst bestimmen, ob sein Angebot aus der Abgabe vereinzelter Produkte bestehen wird, ob gleichzeitig diese Produkte mit anderen Waren zu einem Gesamtpreis zum Kauf zur

[26] BVerfGE 91, 207, 221

[27] Statt vieler: *Badura*, Staatsrecht, 2. Aufl. (1996), C 82; *Starck* in: Bonner Grundgesetz Kommentar, Band 1, *v.Mangoldt/Klein/Starck* (Hrsg.), 4. Aufl. (1999), Art. 2 Abs. 1, Rdnr. 136

[28] Statt vieler: *Linder*, Zur grundrechtsdogmatischen Struktur der Wettbewerbsfreiheit, DÖV 2003, 185 ff.

[29] Über die einzelnen Sektoren des Schutzes der Unternehmensfreiheit s. in: *Ossenbühl*, Die Freiheiten des Unternehmers nach dem Grundgesetz, AöR 115 (1990), 1/12 ff.

[30] *Hoffmann*, Der grundrechtliche Schutz der marktwirtschaftlichen Unternehmenstätigkeit und der gesellschaftsrechtlichen Unternehmensorganisation durch die „Unternehmensfreiheit", S. 125; *Hoffmann*, BB 1995, 53

[31] Vgl. Begründung des Gesetzentwurfes der Bundesregierung v. 22.08.2003: Entwurf eines Gesetzes gegen den unlauteren Wettbewerb (UWG), Ziffer A. IV. 3, BT-Drucks. 15/1487, S. 13

[32] OLG Karlsruhe WRP 2001, 1238/1240 – Jetzt schlägt's Punto!; OLG Köln WRP 2002, 472/473 = GRUR-RR 2002, 300/301 – Punto; s. auch in: *Baumbach/Hefermehl*, § 1 UWG, Rdnr. 127; *Fezer*, WRP 2001, 989/1008/1011; *Lange*, Wettbewerbliche Grenzen gekoppelter Stromverträge, WRP 2002, 10/14

Verfügung stehen, oder ob nur bestimmte Artikel gekoppelt erworben werden können. Sowohl die Zahl der gekoppelten Waren als auch die Art und Weise, in der sie verbunden sind, steht dem Anbieter grundsätzlich frei. Gleichzeitig liegt es in seiner Hand einer eigenen Preispolitik zu folgen und demgemäß die Preishöhe seiner (einfachen oder Gesamt)-Angebote zu gestalten.

Da Sortimente, Preise und Dienstleistungsangebote sich in vielen Verkaufsstellen immer stärker gleichen, erlangt die Freiheit der Angebotsstrukturen eine prinzipielle Bedeutung. Entscheidend für die Absatzförderung ist nicht, was ein Wettbewerber anbietet, zumal die gleichen Produkte bzw. Dienstleistungen auch von anderen Konkurrenten offeriert werden, sondern wie sein Angebot auf dem Markt auftritt. Die Vielfalt der Kombinationen, die es bezüglich seines Sortiments geben mag, erlaubt es jedem Unternehmer einzigartige Angebote anzubieten und sich von anderen Mitbewerbern zu unterscheiden. Damit wird die Monotonie im Marktumfeld, die zu einem gleichgültigen Einkaufsverhalten seitens der Verbraucher führt, aufgebrochen und zugleich erhöht sich der konstruktive und „lebendige" Wettbewerb. Davon können auch die Konsumenten profitieren. Die Preisgünstigkeit, die diese Angebotsformen hervorrufen, bildet die Basis für ein sog. *clever shopping*. Werden mehrere Waren oder Dienstleistungen zu einem Gesamtpreis, der gegenüber der Summe der Einzelpreise niedriger ist, abgegeben, dann tätigt der Verbraucher, zumindest bei einschlägigem Verbundbedarf, letztendlich einen vorteilhaften Kauf.

Als Ausprägung der Unternehmensfreiheit in der Form der Sortiments- und Preisgestaltungsfreiheit stehen Kopplungsangebotsstrategien, wie jeder andere Aktionsparametereinsatz unter Schrankenvorbehalt - im Interesse des Mitbewerberschutzes, des Schutzes der Marktgegenseite (insbesondere des Verbraucherschutzes) und des Schutzes des Wettbewerbs als solchen.[33]

B. Begriffbestimmung der Kopplungsangebote

Vor einer intensiven Befassung mit der wettbewerbsrechtlichen Beurteilung der Kopplungsangebote ist es unerlässlich zunächst den Begriff des Kopplungsangebots zu klären. Da das Lauterkeitsrecht im Prinzip Einzelfallrecht ist, d.h., dass es immer eine Frage des Einzelfalls ist, ob die lauterkeitsrechtlichen Regeln eingreifen können, kommt der Abklärung dieses Wortkomplexes eine herausragende Bedeutung zu. Ziel des Definitionsversuchs ist es aufzudecken, welche Fälle hauptsächlich diesem Begriff entsprechen, welche eine enge Verwandtschaft zu den Kopplungsangeboten aufweisen und welche nicht unter diese Fallgruppe

[33] *Nees/Sauberschwarz*, Verkaufseinheiten – Komplettangebote – Kopplung, WRP 1993, 369

fallen können: Während die Zusammenfassung einer Packung Tee und einer „Japan"-Teetasse zu einem Paket mit einem Gesamtpreis[34] ein charakteristisches Kopplungsangebot-Beispiel darstellt, ist es zweifelhaft, ob das Angebot eines „Umwelt-Bonus" von 1000 DM durch die Stadtwerke für die Umrüstung einer vorhandenen Heizungsanlage auf Eigenbetrieb oder den Einbau einer Gaszentralheizungsanlage[35] als Kopplungsangebot bezeichnet werden kann.

Die sog. Kopplungsangebote basieren auf der Kopplung von mindestens zwei *unterschiedlichen* Angeboten von Waren oder Dienstleistungen. Allein in der Tatsache, dass der Konsument zwei oder mehrere Güter von demselber Anbieter abnimmt, ist kein Gesamtpreisangebot zu sehen.[36] Nur wenn verschiedene Waren oder Dienstleistungen zusammen als eine Verkaufseinheit dargestellt werden, kann von dem Vorliegen eines Kopplungsangebots die Rede sein. Des weiteren liegt ein Kopplungsangebot nur dann vor, wenn die Komponenten der Kopplung zwei oder mehrere *getrennte* Güter sind. Dementsprechend gehört beispielsweise das Angebot einer Brille (bestehend aus Brillenfassung und Brillengläsern[37]) oder das Angebot eines Fahrrads (zusammengesetzt aus Fahrradrahmen, Sattel, Rädern u.s.w.) nicht zu dem begrifflichen Feld der Kopplungsangebote, weil nach allgemeiner Ansicht in diesen Fällen nur *ein* Gut zu sehen ist.[38]

Charakteristisches Merkmal für die Unterscheidung zwischen den verschiedenen Formen, in denen diese Bindungen auftreten, ist die Art und Weise der Kopplung. Dies bedeutet, dass die jeweiligen Bedingungen, unter denen die Anbieter ihre Gesamtangebote gestalten und sie auf den Markt bringen, eine Klassifizierung der Kopplungsangebote erforderlich machen. Die Intensität der Kopplung, die Funktion der Angebotsbestandteile in dem Gesamtangebot (etwa die Haupt- bzw. Nebenfunktion), sowie der Preisanteil jedes Angebotsteils am Gesamtpreis sind entscheidende Parameter für die Einteilung der Kopplungsangebote in Kategorien.

I. Kopplungsangebote im engeren Sinne

Im Kern des Begriffes der Kombinationsangebote befinden sich die Kopplungsangebote im engeren Sinne. Zu dieser Kopplungsform zählt man insbesondere das *Gesamtpreisangebot*. Bei einem Gesamtpreisangebot werden unterschiedliche

---

[34] Beispiel abgeleitet von der BGH-Entscheidung „Glockenpackung", GRUR 1962, 415
[35] Beispiel abgeleitet von der BGH-Entscheidung „1000 DM Umwelt-Bonus", GRUR 1999, 857
[36] *Burkert,* Die Zulässigkeit von Kopplungsgeschäften aus wettbewerbsrechtlicher Sicht, 1992, S. 31
[37] Beispiel abgeleitet von der BGH-Entscheidung „Null-Tarif", WRP 2000, 1138
[38] Zur „Zwei-Güter"-Frage s. insb. in: *Burkert,* „One for Two" – ein zulässiges Kopplungsgeschäft?, GRUR 1989, 869 ff.

Waren oder Dienstleistungen zu einem Paket mit einem Gesamtpreis zusammengefasst.[39] Immerhin setzt das Vorliegen eines Gesamtangebots nicht unbedingt auch eine natürliche Bindung[40] der gekoppelten Güter voraus, zumal dies in vielen Fällen nicht möglich ist. Vielmehr kommt es auf das Verhalten des Anbieters an, der entweder am Ort des Verkaufs oder in seiner vorgelagerten Werbung bei den Abnehmern den Eindruck erweckt, dass verschiedene Erzeugnisse aus seinem Sortiment zusammengespannt und zu *einem* Preis angeboten werden.

1. Die charakteristischen Merkmale

Die charakteristischen Merkmale, nach denen sich die Kopplungsangebote im engeren Sinne von den anderen Kopplungsformen abgrenzen lassen, beziehen sich zum einem auf die Rolle, welche die Angebotskomponenten im Gesamtangebot einnehmen, und zum anderen auf die Beteiligung der Einzelpreise der Angebotsteile an der Gestaltung des Gesamtpreises.

Bei den Kopplungsangeboten im engeren Sinne haben alle gekoppelten Güter eine Hauptfunktion inne. Im Gegensatz zu anderen Kopplungsgeschäften, die dadurch gekennzeichnet sind, dass ein Verhältnis der Waren bzw. Leistungen zueinander als Haupt- und Nebenware bzw. Nebenleistung vorliegt, kommt in diesem Fall der Gesamtheit der Angebotsbestandteile die gleiche Bedeutung zu. In dem Gesamtpreisangebot sind also alle Angebotskomponenten als Hauptware oder Hauptleistungen anzusehen. Dies bedeutet, dass keines der zusammengesetzten Güter im Vordergrund steht, während dem anderen untergeordnete Bedeutung zukommt. Während bei anderen Kopplungsformen neben einer marktüblich angebotenen Hauptware eine andere Nebenware unentgeltlich (Zugabe) oder zu einem besonders günstigen Preis (Vorspannangebot) abgegeben wird, stehen bei einem Gesamtangebot zwei oder mehrere Hauptware nebeneinander, deren Zusammensetzung als solche unter einem vorteilhaften Gesamtpreis eine gewisse Anlockwirkung verspricht. Während bei den übrigen Kombinationsformen der Kaufappell von dem preisgünstigen oder dem kostenlosen Nebenartikel ausgeht,[41] setzt der Anbieter des Gesamtangebots auf einen Einkaufsanreiz aus der Zusammenstellung mehrerer Produkte in einem preiswerten Paket.

---

[39] Vgl. *Köhler*, Kopplungsangebote (einschließlich Zugaben) im geltenden und künftigen Wettbewerbsrecht, GRUR 2003, 729/730; *Ohly*, Die wettbewerbsrechtliche Beurteilung von Gesamtpreisangeboten, NJW 2003, 2135

[40] Etwa: mit einem Papierstreifen zusammengeklebte oder in einem Cellophanbeutel zusammengepackte Waren (wie z.B. in „Glockenpackung", GRUR 1962, 415)

[41] HdbWbR/*Klosterfelde/Jaeger-Lenz*, § 50, Rdnr. 123

Fragwürdig ist freilich, wann eine Ware als Hauptware oder als Nebenware anzusehen ist. Dies ist zweifelsohne nur im jeweiligen Einzelfall zu beantworten. Ausschlaggebend ist jedenfalls dabei, welche Bedeutung die Verbraucher jedem einzelnen Angebotsteil im Verhältnis zum anderen beimessen.[42] Der sicherste Weg zur Feststellung, ob das gekoppelte Gut eine Haupt- oder Nebenfunktion in dem Angebot einnimmt, ist dies aber nicht. Erklären lässt sich dies dadurch, dass eine Angebotskomponente, die hinsichtlich ihres Wertes oder ihrer Nützlichkeit im Verhältnis zu dem anderen Angebotsbestandteil eine nicht so große Bedeutung zukommt, eine Hauptrolle in der Kopplungsofferte spielen mag. Von größerer Bedeutung ist deshalb die Art und Weise, wie die gekoppelten Güter im Angebot platziert sind. Werden also die verschiedenen Waren oder Dienstleistungen in der Werbung gleich dargestellt (wie beispielsweise mit der gleichen Bildgröße), spricht alles dafür, dass alle diese Güter eine Hauptrolle im Angebot spielen. Bei der Zusammensetzung beispielsweise eines Kraftfahrzeuges, eines Motorrollers, eines Druckers, einer Kamera und eines Handys unter einem Gesamtpreis,[43] ist es offensichtlich dass der erste Angebotsbestandteil wertvoller als die anderen ist. Es ist auch deutlich, dass in den Augen der Verbraucher das Angebot des Autos im Vordergrund steht, während die übrigen einen komplementären Charakter aufweisen.[44] Dies bedeutet aber nicht, dass diese Angebotskomponenten ohne weiteres eine Nebenfunktion im Angebot haben. Da alle gekoppelten Artikel im Angebot gleich dargestellt werden, und der Anbieter seine Hoffnungen auf einen erfolgreichen Kundenfang genau auf diese Zusammenspannung stützt, sind alle gekoppelten Leistungen als gleichgestellte Hauptwaren anzusehen.

Darüber hinaus wird die Hauptfunktion, welche die zusammengesetzten Güter im Gesamtangebot aufweisen, von einem weiteren Merkmal indiziert. Es handelt sich um den Beteiligungsgrad der Einzelpreise an der Strukturierung des Gesamtpreises. Während bei anderen Bindungspraktiken der Einzelpreis eines oder mehrerer Teile des Angebots gar nicht (Zugabe) oder in niedrigem Grade (Vorspannangebote) in dem Gesamtpreis mitgerechnet wird, ist bei den

---

[42] Im Gegensatz zu dem Fall der Vorspannangebote: s. *Plaß* in: Heidelberger Kommentar zum Wettbewerbsrecht, 2000, § 1 UWG, Rdnr. 147

[43] Beispiel abgeleitet von der Rechtsprechung: OLG Köln WRP 2002, 472/473 = GRUR-RR 2002, 300/301 – Punto

[44] Nur in diesem Sinne kann angenommen werden, dass einige Güter im Vergleich zu anderen Gütern des Gesamtangebots als „Nebenwaren" anzusehen sind. Es handelt sich also um „Nebenwaren", die dennoch im Gesamtpreisangebot eine Hauptrolle spielen. Beispielsweise bei der Verbindung eines Buches mit einer Schokoladetafel ist offensichtlich, dass die Schokolade im Verhältnis zu dem Buch als „Nebenartikel" zu verstehen ist. Die Funktion jedoch, die dieser Angebotsteil im Angebot einnimmt, unterliegt nicht der Funktion des Buches. Da bei dem Fall der Kopplungsangebote im engeren Sinne die angebliche Anlockwirkung von dieser Kombination als solche und nicht von der Preisgünstigkeit oder dem „Gewicht" eines Angebotsbestandteils ausgeht, soll auch den gekoppelten „Nebenwaren" eine Hauptbedeutung zukommen.

Gesamtangeboten der Beitrag jedes einzelnen Angebots zu der Gestaltung des Endpreises wesentlich. Der angebotene Gesamtpreis entspricht dennoch nicht der bloßen Summe der Einzelpreise der gebündelten Artikel. Die Kopplungsstrategie stützt sich auf den Werbeslogan, die Verbraucher bezahlen bei dem Einkauf mehrerer zu einem Preis zusammengespannter Güter weniger als sie für den vereinzelten Erwerb dieser Waren oder Dienstleistungen ausgeben würden. Die angesprochenen Verbraucher, die einem Kopplungsangebot begegnen, halten freilich die Verschaffung eines solchen Preisvorteils für selbstverständlich.[45] Daraus resultiert, dass der angebotene Gesamtpreis unterhalb der Summe der Einzelpreise verbleiben soll, sodass das Angebot vorteilhaft und verlockend erscheint. Die Abweichung zwischen der Summe der Einzelpreise und dem gewährten Gesamtbetrag ist in der Regel nicht enorm. So ist stets ersichtlich, ob sich der Wert der gekoppelten Waren oder Dienstleistungen in den Gesamtpreis wiederspiegelt, oder ob der Einzelpreis eines oder mehrerer Güter in geringem Maß oder überhaupt nicht im Endpreis berücksichtigt wird.

2. Strenge und lockere Kopplung

Ein Teil des Schrifttums vertritt die Auffassung, dass mit dem Begriff „Kopplungsangebote im engeren Sinne" nur diejenigen Transaktionen bezeichnet werden, bei denen der Anbieter ein Gut nur unter der *Bedingung* abgibt, dass der Verbraucher zusätzlich noch ein weiteres Gut abnimmt, während die Kombinationen, bei denen der Anbieter eines Gutes bloß die *Ursache* dafür setzt, dass der Abnehmer zusätzlich ein weiteres Gut abnimmt, in dem begrifflichen Umfeld der „Kopplungsangebote im weiteren Sinne" verschoben sind.[46] Dieses Einordnungsmodell wirft jedoch weitere Fragen auf: Wenn die Transaktionen, welche die Bedingungsdefinition nicht erfüllen, als „Kopplungsangebote im weiteren Sinne" bezeichnet werden, wozu sollen Zugabe, Vorspannangebote und andere Kopplungsformen gehören? Wenn diese auch unter dieser Fallgruppe fallen, bedeutet dies, dass sie eine engere Verwandtschaft zu den Gesamtpreisangeboten, die nur die Ursachedefinition erfüllen, aufweisen, als die Kombinationen, die in dem Begriffsrahmen der „Kopplungsgeschäfte im engeren Sinne" eingeordnet sind?

Sowohl die Kombinationen, bei denen die vorhergenannte Bedingungsdefinition erfüllt wird, als auch die Transaktionen, die dadurch gekennzeichnet sind, dass der

---

[45] Vgl. *Stuckel* in: *Harte-Bavendamm/Henning-Bodewig,* UWG – Gesetz gegen den unlauteren Wettbewerb. Kommentar, 2004, § 4 Nr. 1 UWG, Rdnr. 38

[46] *Burkert*, S. 35; *Brandl,* Koppelungsgeschäfte in der Rechtsprechung unter besonderer Berücksichtigung des Betriebsverfassungsrechts, 2000, S. 31; *Borck* in: RWW Kommentar zum Wettbewersbs- und Werberecht, *Amann* (Hrsg.), 1982, 3.8, Rdnr. 75

Anbieter nur eine Ursache für die gleichzeitige Abnahme mehrerer Artikel setzt, werden, wie oben bereits erwähnt, für das gleiche Konzept eingesetzt: im Gegensatz zu anderen Kombinationsformen ist der erwünschte Kaufappell durch die vorteilhafte Waren- oder Dienstleistungskopplung als solche zu erzielen. Deshalb scheint die Einordnung beider Bindungsarten in die gleiche Kategorie, und zwar in die Fallgruppe der „Kopplungsangebote im engeren Sinne" überzeugender zu sein.

Somit kann von zwei Untergruppen der gleichen Fallgestaltung die Rede sein, deren Unterscheidungsmerkmal sich auf die *Intensität* der Kopplung beschränkt. Demgemäß stehen sich einerseits die Kopplungsangebote, die eine strenge Kopplung der beteiligten Güter aufweisen, und andererseits die Offerten, bei denen die Zusammenfassung verschiedener Artikel nicht zwingend ist, gegenüber.

Sind zwei oder mehrere Angebote dergestalt miteinander verbunden, dass sie nur zusammen abgenommen werden können, so spricht man von einer strengen Kopplung.[47] Das ist der Fall, wenn bestimmte Waren im Geschäftslokal nicht je für sich, sondern nur mit anderen Artikeln des Sortiments erworben werden können. Der Verbraucher kann nicht entscheiden, ob er nur einen Teil des Angebots oder das ganze angebotene Paket abnimmt, da die entsprechenden Güter vereinzelt nicht vorrätig sind. Er muss entweder das Gesamtangebot annehmen oder auf den Einkauf einer einzelnen Angebotskomponente verzichten. Bei derartigen Transaktionen ist auch meistens eine natürliche Bindung der Einzelangebote zu bemerken, etwa Artikel, die in Cellophanbeutel zusammen verpackt, in Kartonverpackung zusammengestellt oder mit Papier- oder Klebestreifen zusammengeklebt sind.

Üblicher im Wirtschaftsleben ist jedoch der Fall der lockeren Kopplung. Bei derartigen einheitlichen Angeboten steht das umworbene Publikum vor der Alternative entweder die angebotene Gesamtheit oder lediglich eines der gekoppelten Güter abzunehmen. Das heißt, dass die Bestandteile eines angekündigten Kopplungsgeschäfts auch als einzelne Angebote in der Verkaufsstelle verfügbar sind. Allerdings setzt der Anbieter einen Grund dafür, dass sich der Kunden für die Abnahme des Gesamtangebots entscheidet. Diese Ursache ist nichts anderes als der Preis, den er für das einheitliche Angebot verlangt, und der, wie oben bereits erwähnt, stets niedriger ist, als die Summe der Einzelpreise.[48] Dadurch wird der Abnehmer veranlasst das Kombinationsangebot zu bevorzugen, während

---

[47] Beispiele aus der Rechtsprechung: BGH GRUR 1962, 415 – Glockenpackung; BGH GRUR 1987, 928 – Gekoppelter Kartenverkauf; BGH GRUR 1996, 363 – Saustarke Angebote; OLG Karlsruhe WRP 2001, 1238/1240 – Jetzt schlägt's Punto!; OLG Köln WRP 2002, 472/473 = GRUR-RR 2002, 300/301 – Punto; BGH WRP 2002, 1008 – Fernwärme für Börnsen
[48] *Burkert*, S. 33

ein separater Erwerb der gekoppelten Güter möglich ist, und es ihm somit frei steht, das eine Gut auch ohne das andere zu kaufen.[49]

II. Kopplungsangebote im weiteren Sinne

Zu den Kopplungsangeboten im weiteren Sinne gehören diejenigen Angebote, bei denen auch mehrere Waren oder Dienstleistungen zu einem Paket zusammengefasst und abgegeben werden, die dennoch nicht die charakteristischen Merkmale eines „Gesamtpreisangebots" aufweisen. Dazu zählt insbesondere der Fall der sog. Vorspannangebote[50] sowie der Fall der unentgeltlichen Zuwendung einer Ware oder Dienstleistung zu einem entgeltlich angebotenen Gut. Davon sind jedoch manche Wettbewerbspraktiken abzugrenzen, die, obwohl sie durch die Darstellung mehrerer Angebotskomponente gekennzeichnet werden, nicht als Kopplungsangebote anzusehen sind.

1. Zugabegewährung

Kaum ein anderes Instrument des Absatzwettbewerbs hat den Gesetzgeber, das Schrifttum und die Gerichte so intensiv beschäftigt wie das „Angebot mit Zugabe". Diese Angebotsart, welche bis vor kurzem vom Gesetzgeber verboten war, stellt eine klassische Erscheinungsform der Kopplungsangebote im weiteren Sinne dar. Was unter einem „Angebot mit Zugabe" zu verstehen ist, wurde nicht von der gestrichenen Zugabeverordnung definiert, sondern als bekannt vorausgesetzt.[51] Rechtsprechung[52] und Lehre[53] haben sich jedoch dahin geeinigt,

---

[49] Beispiele aus der Rechtsprechung: BGH GRUR 1961, 588 – Einpfennig-Süßwaren; OLG München WRP 1974, 569 – Kopplungsangebot bei Kaffee; BGH GRUR 1976, 637 – Rustikale Brettchen; OLG Köln WRP 1981, 227; OLG Hamm GRUR 1989, 923 – Auto und Urlaub; OLG Hamm, GRUR 1998, 553 – Video-Kopplungsangebot; OLG München WRP 2001, 319 – Auto und Reise; OLG Düsseldorf CR 2002, 349– Strom & Fon; BGH WRP 2002, 1256 = WM 2002, 1983 – Kopplungsangebot I; BGH WRP 2002, 1259 = GRUR 2002, 979 – Kopplungsangebot II; BGH GRUR 2003, 624 – Kleidersack

[50] *Menke*, Die Voraussetzungen der ausnahmsweisen Zulässigkeit von Vorspannangeboten nach § 1 UWG, WRP 1997, 532

[51] *Götting*, Die neuere Entwicklung des Zugaberechts in Deutschland, Belgien, Frankreich und Schweden, 1986, S. 8; *Borck*, Zur Bedeutung und Begrenzung des Begriffs „Zugabe", WRP 1970, 296; *Nordemann Jan Bernd*, Wegfall von Zugabeverordnung und Rabattgesetz, NJW 2001, 2505/2506

[52] BGH WRP 1998, 388/389 – Skibindungsmontage; OLG Celle GRUR 1961, 595 – Wechselseiten; BGHZ 11, 274, 278 – Orbis-Reisemarken; BGH NJW 1961, 1207 = GRUR 1961, 588 – Einpfennig-Süßwaren; BGH NJW 1954, 475 – Kundenzeitschriften; BGH NJW 1999, 214/215 – Handy für 0 DM; BGH WRP 2000, 1138/1139 – Null Tarif; BGH GRUR 1972,

dass es sich um ein einheitliches Angebot handelt, bei dem eine Ware oder Dienstleistung neben einer entgeltlichen angebotenen Hauptware oder Hauptleistung unentgeltlich oder ohne besondere Berechnung seitens des Verkäufers freiwillig angeboten, angekündigt oder gewährt wird. Der Zugabecharakter eines Kombinationsangebots wird also durch eine Reihe von Merkmalen gekennzeichnet, die kumulativ vorliegen müssen.[54] Dazu zählen die Differenzierung von Hauptware (-leistung) und Nebenware (-leistung),[55] die Akzessorietät der Nebenware (-leistung) oder mit anderen Worten ihre Abhängigkeit von dem entgeltlichen Hauptgeschäft, sowie die Unentgeltlichkeit oder die „ohne besondere Berechnung" erfolgte Abgabe der akzessorischen Zuwendung.[56]

611/612 – Cognac-Portionierer; BGH WRP 1999, 509/510 – Kaufpreis je nur 1,- DM; BGH WRP 1999, 424/427 – Bonusmeilen; BGH WRP 1991, 648/649 – One for Two

[53] *Hoth/Gloy,* Zugabe und Rabatt, 1973, § 1 ZugabeVO, Rdnr. 10; *Emmerich,* § 13, S.167; *Ackermann,* Wettbewerbsrecht unter Berücksichtigung europarechtlicher Bezüge, 1997, S. 82; *Meyer Justus,* Rabatt- und Zugabe-Regulierung auf dem Prüfstand, GRUR 2001, 98/99; *Köhler,* Zum Anwendungsbereich der §§ 1 und 3 UWG nach Aufhebung von RabattG und ZugabeVO, GRUR 2001, 1067; *Köhler* in: *Köhler/Piper,* UWG – Gesetz gegen den unlauteren Wettbewerb mit Zugabeverordnung, Rabattgesetz und Preisangabenverordnung, 2. Aufl. (2001), § 1 ZugabeVO, Rdnr. 1; *Pralle,* Die Wertwerbung: Absatzförderung mit Vergünstigungen, 1974, S. 109; *Fezer,* WRP 2001, 989/1007; *Steinbeck,* Lauterkeitsrechtliche Grenzen für Zugaben und Rabatte nach der Aufhebung von Zugabeverordnung und Rabattgesetz, ZIP 2001, 1741/1743; *Cordes,* Die Gewährung von Zugaben und Rabatten und deren wettbewerbsrechtliche Grenzen nach Aufhebung von Zugabeverordnung und Rabattgesetz, WRP 2001, 867/869

[54] *Baumbach/Hefermehl,* § 1 ZugabeVO, Rdnr. 53; *Ackermann,* S. 83; *Götting,* S. 9; *Borck,* WRP 1970, 296/297; Zum Begriff der „Zugabe" nach der Aufhebung der ZugabeVO s. in: *Stuckel* in: *Harte-Bavendamm/Henning-Bodewig,* § 4 Nr. 1 UWG, Rdnr. 34

[55] „Eine Zugabe kann immer nur eine von der Hauptware verschiedene, zusätzlich in Aussicht gestellte oder gewährte Nebenleistung sein. Werden dagegen die beiden in Rede stehenden Waren oder Leistungen vom Verkehr als eine Einheit angesehen, ist eine Zugabe begrifflich ausgeschlossen": BGH NJW 1999, 214/125 – Handy für 0 DM; BGH GRUR 1999, 272/273 – Die Luxusklasse zum Nulltarif; BGH WRP 2000, 1138/1139 – Null-Tarif; OLG Celle GRUR 1961, 595; OLG Dresden GRUR 1999, 274/275 – Diskofox

[56] Sowohl die Rechtsprechung als auch ein Teil des Schrifttums sind der Auffassung, dass sich noch ein weiteres Element als entscheidend für das Vorliegen eines Zugabetatbestands herausbildet. D.h., dass die zugewendete Nebenleistung muss objektiv geeignet sein, dem Kunden im Hinblick auf den Erwerb der Hauptleistung oder auch im Hinblick auf künftige Kaufabschlüsse zu beeinflussen. So: *Köhler* in: *Köhler/Piper,* UWG (2001), § 1 ZugabeVO, Rdnr. 1; *Spätgens* in: *Lange/Spätgens,* Rabatte und Zugaben im Wettbewerb. Das neue Recht nach Wegfall von RabattG und ZugabeVO, 2001, Rdnr. 220; *Nordemann Wilhelm/Axel/Jan Bernd,* Wettbewerbs- und Markenrecht, 8. Aufl. (1996), Rdnr. 506; *Nordemann Jan Bernd,* NJW 2001, 2505/2506; BGHZ 11, 274, 278 – Orbis-Reisemarken; BGH WRP 1998, 388/389 – Skibindungsmontage; BGH NJW 1999, 214/215 – Handy für 0 DM; BGH WRP 1999, 509/510 – Kaufpreis je nur 1,- DM; BGH WRP 1999, 424/427 – Bonusmeilen; BGH GRUR 1999, 272/273 – Die Luxusklasse zum Nulltarif; BGH WRP 2000, 1138/1139 – Null Tarif. Nach richtigerer Ansicht scheint jedoch die Eignung zur Beeinflussung nicht erforderlich zu sein. Dass die Zugabegewährung der Förderung des Absatzes dient und den Käufer zum Erwerb der Hauptware bzw. Hauptleistung reizen mag, ist nicht umstritten. Ob ein solches Angebot dennoch im Einzelfall tatsächlich so, wie erwartet, wirkt, ist nicht bestimmend für die Bejahung oder die Verneinung des Zugabecharakters des Angebots.

Darin unterscheidet sich das „Angebot mit Zugabe" von dem Kopplungsangebot im engeren Sinne, bei dem mehrere Güter zu einem Gesamtpreis angeboten werden und zusätzlich nicht im Verhältnis von Hauptware (-leistung) und Nebenware (-leistung) stehen, sofern alle die Angebotskomponenten gegen ein echtes verlangtes Entgelt gewährt werden.[57] Allerdings bereitet die Abgrenzung der Zugabe von einem echten Kopplungsangebot Schwierigkeiten, besonders wenn die Zugabe nicht mit dem Anschein der Unentgeltlichkeit abgegeben wird. Einer Vertiefung dieser Frage bedarf es jedoch nicht, weil sie nach der Aufhebung der Zugabeverordnung von lediglich akademischer Bedeutung ist. Trotzdem kann man sagen, dass der Zugabecharakter eines Kopplungsgeschäfts aufrecht erhalten bleibt, wenn für das eine der verbundenen Angebote nur ein geringfügiges, offenbar nur zum Schein gefordertes Entgelt verlangt wird.[58] Letztendlich kommt es bei der Prüfung der Frage, ob ein Zugabetatbestand als gegeben angesehen wird oder nicht, auf die Auffassung der angesprochenen Kunden an.[59] Gleichermaßen ist für die Feststellung eines Zugabetatbestands bezüglich der Selbständigkeit der Zuwendung als Nebenware oder Nebenleistung auch dann auf die Verkehrsauffassung abzustellen, wenn der Anbieter das, was als Zugabe in Betracht kommen könnte, *ausdrücklich* schon als „Zugabe" anbieten will. Trotz der zutreffenden Feststellung, dass ein Zugabetatbestand auch dann vorliegt, wenn der Anbieter sein Angebot mit dem Zusatz, es sei etwas zuzugeben, deklariert, da das Angebot und die Ankündigung die Merkmale einer Zugabe aufweisen,[60] sollte nicht verkannt werden, dass bloß durch die Bezeichnung als „Zugabe" solche Leistungen den Zugabecharakter nicht gewinnen können.[61] Das heißt, dass, auch wenn der Anbieter etwas als „Zugabe", also kostenlos oder ohne besondere Berechnung, *neben* der Hauptware oder -leistung wie angekündigt abgibt, für die Einstufung der Eindruck, der bei dem umworbenen Publikum hervorgerufen wird, entscheidend ist.[62] Dementsprechend kann die Deklarierung einer Zugabegewährung unberücksichtigt bleiben, wenn der angesprochene Kunde das Angebot so versteht, dass alles Gewährte im Gesamtpreis enthalten ist, und es

---

Dazu s. in: *Seydel*, Zugabeverordnung und Rabattgesetz, 4. Aufl. (1993), § 1 ZugabeVO, Rdnr. 88; *Baumbach/Hefermehl*, § 1 ZugabeVO, Rdnr. 1; *Ackermann*, S. 83; *Götting*, S. 8/9

[57] Vgl. *Spätgens* in: *Lange/Spätgens*, Rdnr. 428

[58] Dieser Fall entspricht dem in der ZugabeVO ausgedrückten Scheinentgeltverbot (§ 1 Abs. 1 Satz 2 ZugabeVO)

[59] *Baumbach/Hefermehl*, § 1 ZugabeVO, Rdnr. 3; BGHZ 11, 274 – Orbis-Reisemarken; BGH GRUR 1963, 322/324 – Mal- und Zeichenschule

[60] *Borck*, WRP 1970, 296/300

[61] *Baumbach/Hefermehl*, § 1 ZugabeVO, Rdnr. 3

[62] *Baumbach/Hefermehl*, § 1 ZugabeVO, Rdnr. 3; *Köhler* in: *Köhler/Piper*, UWG (2001), § 1 ZugabeVO, Rdnr. 3

nach seinem Verständnis an einer für die Wertung als Zugabe erforderliche Differenzierung des „Zugegebenen" von dem Hauptgeschäft fehlt.[63]

2. Gekoppelte Vorspannangebote

Die sog. gekoppelten Vorspannangebote stellen eine besondere Erscheinungsform der Kopplungsgeschäfte dar.[64] Unter dieser Angebotsgestaltung ist eine Ware- oder Leistungsbindung zu verstehen, bei der neben einer marktüblich angebotenen Hauptware oder Hauptleistung eine andere Nebenware oder –leistung zu einem besonders günstigen Preis angeboten wird, die jedoch nicht ohne das Hauptgut erworben werden kann.[65] Die Elemente, die sich für das Vorliegen eines Vorspannangebotszustandes als entscheidend herausbilden, sind in zwei Gruppen einzustufen. In diesen Gruppen stehen sie sich in einem Verhältnis von Ursache und Wirkung gegenüber. Einerseits ist also die Akzessorietät des Vorspannguts zu bemerken, die sich gleichzeitig durch die Marktüblichkeit der nebenbei dargestellten Hauptware verstärkt, während andererseits sich die ungewöhnliche Preisgünstigkeit des Nebenangebotsbestandteils und die davon ausgehende potentielle Vorspannwirkung herausstellen lassen.

Ausgangspunkt der Unterscheidung der gekoppelten Vorspannangebote von den allgemeinen Gesamtangeboten ist, dass bei solchen Bindungen die Kopplung mindestens eine Haupt- und eine Nebenware betreffen muss.[66] Welche Angebots-

---

[63] Vgl. die Auffassung des BGH über die Angabe „Wir zahlen alle Extras" im Urt. v. 2.7.1998, GRUR 1999, 272/274 – Die Luxusklasse zum Nulltarif

[64] *Baumbach/Hefermehl,* § 1 UWG, Rdnr. 133; HK/*Plaß,* § 1 UWG, Rdnr. 152; *Berlit,* Wettbewerbsrecht anhand ausgewählter Rechtsprechung, 4. Aufl. (2002), § 1, Rdnr. 138; *Scherer,* Privatrechtliche Grenzen der Verbraucherwerbung, 1996, S. 163; *Menke,* WRP 1997, 532

[65] *Baumbach/Hefermehl,* § 1 UWG, Rdnr. 135; *Speckmann,* Wettbewerbsrecht, 3. Aufl. (2000), 1. Teil, Rdnr. 507; HdbWbR/*Klosterfelde/Jaeger-Lenz,* § 50, Rdnr. 123; HK/*Plaß,* § 1 UWG, Rdnr. 152; *Piper* in: *Köhler/Piper,* UWG (2002), § 1 UWG, Rdnr. 230; *Emmerich,* § 13, S. 175; *Spätgens* in: *Lange/Spätgens,* Rdnr. 432; *v.Godin,* Wettbewerbsrecht, 2. Aufl. (1974), U § 1, Rdnr. 223; *Kehl,* Wettbewerbsrecht, 1990, § 14, Rdnr. 58; *Berlit,* § 1, Rdnr. 138; *Stuckel* in: *Harte-Bavendamm/Henning-Bodewig,* § 4 Nr. 1 UWG, Rdnr. 15; BGH GRUR 1976, 248/249 – Vorspannangebot; BGH GRUR 1976, 637/638 – Rustikale Brettchen; BGH GRUR 1977, 110/111 – Kochbuch; BGH GRUR 1982, 688/689 – Senioren-Pass; BGH WRP 1983, 619/620 – Buchclub-Vorspannangebot; BGH GRUR 1984, 212/213 – „Unechter" Einzelpreis; OLG Frankfurt/Main WRP 1971, 330/331 – Sektverkauf und Horoskop-Werbung; OLG Düsseldorf WRP 1974, 279/281 – Übertriebenes Anlocken - Verwilderung der Wettbewerbssitten; OLG München WRP 1975, 307 – Sittenwidriges Vorspannangebot; OLG Düsseldorf WRP 1978, 59/60 – Verlagswerbung mit Schallplatten; OLG Stuttgart WRP 1979, 895/897 – Kundenbefragung mit Präsenten als Zugabeverstoß; OLG Hamburg WRP 1992, 388/390 – Gekoppeltes Vorspannangebot; LG Hamburg WRP 1975, 184/185 – Sittenwidriges Kopplungsangebot

[66] Vgl. *Hefermehl,* Werbung mit Vorspannangeboten, GRUR 1974, 542; *Mann,* Einbindung von preisgebundenen Produkten in Kopplungsangebote, WRP 1997, 1139/1141; *Menke,* WRP 1997,

komponente im Einzelfall einen Nebencharakter aufweist, bemisst sich nach der Bedeutung, die das umworbene Publikum den Angebotsbestandteilen beimisst. Im Fall der Vorspannangebote ist es allerdings nicht schwer zu erkennen, welche Ware oder Leistung eine Nebenfunktion einnimmt. Dazu hilft insbesondere das Merkmal der Marktüblichkeit eines der verbundenen Güter, die als ein wesentliches Indiz für das Vorliegen eines Vorspannangebots gewertet wird. Waren oder Leistungen, denen die Konsumenten oft am Einkaufsort begegnen, oder Güter, die wegen ihres Rufes besonders bekannt und begehrt sind, werden zweifelsohne als Hauptbestandteile angesehen, während der daneben stehenden Ware oder Leistung nach dem „gesunden Menschenverstand" ausschließlich die Bedeutung zukommt, den Absatz des marktüblichen Guts zu fördern und daher der Nebencharakter beimisst wird.[67]

Paradox ist allerdings, dass der neuralgische Punkt eines solchen Transaktionskonzepts bei der Herausstellung der angebotenen Nebenware liegt.[68] Demgemäß soll der Kaufappell nicht von der „Berühmtheit" oder dem guten Ruf der Hauptware, sondern von der vorteilhaften Darstellung der wenig bekannten Nebenware ausgehen. Der angesprochene Verkehrskreis wird, mit anderen Worten, nicht durch die Hervorhebung der garantierten Qualität der marktüblichen Ware oder Leistung veranlasst, dieses Produkt zu erwerben, sondern durch die auffällige Preisgünstigkeit des Nebenartikels, der mit dem Hauptgut zusammengespannt ist und nur mit ihm gekauft werden kann.[69] Bei einem Vorspannangebot wird also die Nebenware zu einem so niedrigen Preis angeboten, dass bei dem Verbraucher der Eindruck einer besonderen Vergünstigung erweckt werden kann.[70] Sowohl die Akzessorietät der Vorspann-

532; *Gerstenberg,* Die sichtbaren Verführer: Verpackung, Vorspann- und Animier-Angebote, GRUR 1980, 618/620

[67] HK/*Plaß,* § 1 UWG, Rdnr. 154

[68] *Hefermehl,* GRUR 1974, 542; BGH GRUR 1977, 110/111 - Kochbuch

[69]HdbWbR/*Klosterfelde/Jaeger-Lenz,* § 50, Rdnr. 123

[70] Wann der Preis der angebotenen Ware besonders günstig erscheint, kommt auf den Eindruck des umworbenen Verkehrskreises an: so in: HK/*Plaß,* § 1 UWG, Rdnr. 158; *Baumbach/Hefermehl,* § 1 UWG, Rdnr. 137; BGH WRP 1983, 619/620 – Buchclub-Vorspannangebot. Dementsprechend kann das Vorliegen einer besonderen Vergünstigung auch dann angenommen werden, wenn die Vorspannware zu einem höheren Preis als die Hauptware angeboten wird („kopflastiges Vorspannangebot"): *v.Gamm,* Kapitel 26, Rdnr. 69; BGH GRUR 1977, 110/111 – Kochbuch. Die Einmaligkeit und die außerordentliche Preisgünstigkeit sind allerdings auch durch Worte wie „...zu einem nie dagewesenen Preis" (BGH GRUR 1977, 110 - Kochbuch), „...phantastisch reduzierten Preis" (OLG Düsseldorf WRP 1978, 59 - Verlagswerbung mit Schallplatten), „...die Sie zu diesem Preis nirgendwo bekommen" (OLG Düsseldorf WRP 1974, 279 - Übertriebenes Anlocken - Verwilderung der Wettbewerbssitten), „...günstig wie noch nie" (BGH GRUR 1976, 248 - Vorspannangebot), „...fast-geschenkt-Preis" (OLG Hamburg WRP 1992, 388 - Gekoppeltes Vorspannangebot) gekennzeichnet, die oft von den Werbenden klar zum Ausdruck gebracht werden.

ware als auch die ungewöhnlichen Preisbedingungen, unter denen diese Güter erhältlich sind – oft scheint man sie tatsächlich „fast geschenkt" erwerben zu können – verleihen dem Vorspannangebot einen zugabeähnlichen Charakter.[71] In vielen Fällen sind derartige Transaktionen attraktiver als die Angebote mit nicht besonders berechneten Zugaben und lösen einen entsprechend stärkeren Anreizeffekt aus.[72]

Der starke Lockeffekt, der durch die ungewöhnliche Preisgestaltung der Nebenware auf den Verbraucher ausgeübt wird, ist genau das Ziel dieser Werbemethode.[73] Die günstiger angebotene „Vorspannware"[74] muss also – daher der Name – als Vorspann für die sich von den Konkurrenzprodukten nicht abhebende, zu einem „regulären" Preis angekündigte Hauptware dienen.[75] Da die Abgabe der Vorspannware an den gleichzeitigen Erwerb der Hauptware geknüpft ist, zielt der Anbieter darauf ab, dass die umworbenen Verkehrskreise ihre Einkaufsentscheidung danach treffen, wie sie in den Genuss der gewährten Vergünstigung gelangen können, und sie hierdurch auch zum Kauf der Hauptware verleitet werden.[76] Diese Vorspannwirkung wurde langer Zeit von der Rechtsprechung kritisiert. Sie war der Auffassung, dass derartige Transaktionen wegen der außerordentlichen Preisgünstigkeit des Vorspannguts die Gefahr mit sich brachten, den Käufer davon abzuhalten, sich mit der Qualität und Preiswürdigkeit des Hauptartikels zu befassen. Diese in der Vergangenheit in großem Maß wettbewerblich verdächtigen Angebotsformen gewinnen heute allerdings, ebenso

---

[71] Statt vieler: *Baumbach/Hefermehl*, § 1 UWG, Rdnr. 132; s. auch in: BGH GRUR 1976, 248/249 – Vorspannangebot; OLG Düsseldorf WRP 1978, 59/60 – Verlagswerbung mit Schallplatten

[72] *Baumbach/Hefermehl*, § 1 UWG, Rdnr. 132; RWW/*Borck*, 3.8, Rdnr. 75; *Fezer*, WRP 2001, 989/1009

[73] *v.Gamm*, Kapitel 26, Rdnr. 69; *Krüger-Nieland*, Schwerpunkte der wettbewerbsrechtlichen Rechtsprechung des Bundesgerichtshofes, WRP 1979, 1/2

[74] Indiz der Vorspannwirkung, also Anzeichen dafür, dass eine Ware als *Vorspannware* zur Förderung des Absatzes einer marktüblichen Hauptware angesehen wird, ist hauptsächlich die ungewöhnliche Preisgünstigkeit der Nebenware. Die Ungewöhnlichkeit der Angebotskombination, die durch die Zusammensetzung betriebs- oder branchenfremder Waren oder Leistung gekennzeichnet ist, wird auch für ein wesentliches Indizmerkmal der Vorspannwirkung gehalten. Werden also andere betriebs- oder branchenfremde Artikel mit dem Absatz von Waren, die zu dem üblichen Sortiment des Werbenden gehören, gekoppelt, so wird dies regelmäßig als eine Werbemaßnahme aufgefasst, die dem Absatz der Sortimentsgüter dient. Daraus folgt allerdings nicht, dass für die Bejahung eines gekoppelten Vorspannangebots kein Raum bleibt, wenn die beiden gekoppelten Waren zum Sortiment des Werbenden zählen: *Baumbach/Hefermehl*, § 1 UWG, Rdnr. 135; HK/*Plaß*, § 1 UWG, Rdnrn. 155 f.; HdbWbR/*Klosterfelde/Jaeger-Lenz*, § 50, Rdnr. 125; *Mann*, WRP 1997, 1139/1141; *Menke*, WRP 1997, 532; BGH GRUR 1977, 110/111 – Kochbuch; GRUR 1976, 637/639 – Rustikale Brettchen; OLG Hamburg, WRP 1992, 388/390 – Gekoppeltes Vorspannangebot

[75] HK/*Plaß*, § 1 UWG, Rdnr. 155; *Borck*, 3.8, Rdnr. 75

[76] *Baumbach/Hefermehl*, § 1 UWG, Rdnr. 132; *Nordemann Wilhelm/Axel/Jan Bernd*, Wettbewerbs- und Markenrecht, 9. Aufl. (2003), Rdnr. 771; OLG Stuttgart, WRP 1979, 895/897

wie die Zugabe, einen breiteren wettbewerbskonformen Spielraum, weil sie sich nunmehr an den gleichen rechtlichen Maßstäben, nach denen auch die allgemeinen Kopplungsangebote beurteilt werden, messen lassen.

3. Angebote mit Geldprämien

Ein Kopplungsangebot im weiteren Sinne liegt auch dann vor, wenn der Werbende die Gewährung von Geldprämien mit dem Kauf einer Ware oder Dienstleistung ankündigt. Bei derartigen Offerten betrifft die Kopplung zum einem die angebotene Ware oder Leistung und zum anderen die versprochene Geldzuwendung, die allerdings von dem gleichzeitig entgeltlichen Bezug des Hauptguts abhängig gemacht wird. Trotz der zugabeähnlichen Elemente, die solche Transaktionen aufweisen, unterscheiden sie sich von den „Angeboten mit Zugaben" dadurch, dass die Art der Vorteilsgewähr an den umworbenen Verkehrskreis preisbezogen und nicht produktbezogen ist.[77] Mit der Abnahme des Produkts oder der Leistung wird also dem Kunden ein Geschenk gewährt, das sich jedoch nicht auf den unentgeltlichen Erwerb einer anderen Ware oder Leistung oder auf den Anspruch – etwa durch Gutscheine – auf eine solche Zuwendung bezieht. In diesem Fall geht es stattdessen um ein Geldgeschenk, das den Charakter eines Preisnachlasses[78] einnimmt. Die gekoppelte Geldzuwendung kann entweder direkt oder indirekt auftreten. Ein direkt gewährter Zuschuss liegt vor, wenn die angekündigte Vorteilgewähr auf das eigene Angebot einwirkt. Das heißt, dass der Geldbetrag, der dem Abnehmer als Bonus für den Abschluss des Hauptgeschäfts eingeräumt wird, direkt von dem angebotenen Preis, den er für den Erwerb der Ware oder der Dienstleistung zahlen muss, abgezogen wird. Dieser Fall steht der klassischen Rabattgewährung sehr nahe, ohne jedoch darin eingeordnet werden zu können. Gekoppelte Geldgeschenke können ferner in der Form von Zuschüssen auftreten.[79] Hierbei wird der Absatz einer Ware oder einer Dienstleistung entweder von Dritten[80] oder von dem Anbieter selber[81] teilweise

---

[77] Vgl. § 1 Abs. 2 Buchst. b der aufgehobenen ZugabeVO; s. auch in: HdbWbR/*Klosterfelde/Jaeger-Lenz*, § 50, Rdnr. 129

[78] Hier liegt jedoch kein Preisnachlass (Rabatt) im Sinne des aufgehobenen Rabattgesetzes vor, weil sich die Geldzuwendung nicht aus der Gegenüberstellung des von dem Unternehmer allgemein geforderten Preises und des im Einzelfall ermäßigten Ausnahmepreises ergibt. Das „Geldgeschenk" wird schon in der vorgelagerten Werbung angekündigt und stellt somit kein Ausnahmefall dar; vgl. *Piper* in: *Köhler/Piper*, UWG (2001), § 1 RabattG, Rdnr. 25

[79] *Köhler*, GRUR 2003, 729

[80] Dazu gehört z.B. der Fall eines Zuschusses von 1.000,- DM durch die Stadtwerke als „Bonus" für die Umrüstung einer vorhandenen Heizungsanlage auf Eigenbetrieb oder den Einbau einer Gaszentralheizungsanlage: BGH WRP 1998, 857 – 1.000,- DM Umwelt-Bonus; vgl. OLG München NJW-RR 1994, 1129 – Zuschüsse der Stadtwerke bei Energieumstellung; vgl. auch BGH GRUR 1974, 345 – Geballtes Bunt

finanziert. Die angekündigte Beihilfe, die entweder prozentual aus dem Rechnungsbetrag errechnet wird oder aus einem festen Geldbetrag besteht, funktioniert als Vergütung, mit der die angelockten Verbraucher belohnt werden.

Anders als bei direkt gewährten Geldprämien können die Verbraucher bei der indirekten Bindung des Hauptgeschäfts mit der angekündigten Geldzuwendung von den versprochenen Preisvorteilen erst in künftigen Einkaufsaktionen Gebrauch machen. In diesem Fall erfolgt manchmal die Geldzuwendung, die dem Verbraucher bei dem Abschluss des Hauptgeschäfts gewährt wird, z.B. in Form eines Gutscheins, dessen Vorzeigen an der Verkaufsstelle angesichts eines neuen Kaufs die Einräumung eines Preisnachlasses ermöglicht. In der heutigen Zeit ist die Gewährung von Geldprämien durch das sog. „Payback"-System allerdings üblicher[82], wobei jedoch eine schwächere Bindung im Sinne eines Kopplungsangebots aufgewiesen wird. Hierbei erfolgt die an den gleichzeitigen Erwerb von Waren oder Leistungen geknüpfte Geldzuwendung durch die Gewährung von Punkten, die auf Kundenkarten gespeichert sind. Die bereits angesammelten Punkte bereiten eine Vergünstigung, die gegen Bares eingelöst oder als Mittel zur Finanzierung künftiger Käufe, entweder bei dem gleichen Anbieter oder - auf Grund verschiedener Unternehmenskooperationen - bei Dritten, verwendet werden kann. Eine Kopplung zwischen dem Hauptgeschäft und derartigen Geldzuwendungen liegt allerdings nur mittelbar vor. Dies erklärt sich daraus, dass die Darstellung eines attraktiven Gesamtangebots nicht das Ziel solcher Praktiken ist. Vielmehr wollen die Wettbewerber durch die sog. Kundenbindungsprogramme – eben daher der Name – den Verbraucher als Kunden umsatzbezogen und zeitbezogen an den entgeltlichen Erwerb der angebotenen Güter und folglich stärker an das eigene Unternehmen stärker binden.[83]

4. Kopplungsgeschäfte auf dem Gebiet der aleatorischen Veranstaltungen

Unter dem begrifflichen Umfeld der Kopplungsangebote im weiteren Sinne können ferner auch diejenigen Transaktionen fallen, bei denen der Waren- oder Leistungsabsatz mit der Gewährung bloßer Gewinnchancen verkoppelt ist.[84] Dies

---

[81] Dazu gehört z.B. der Fall der Ankündigung und Gewährung einer Treuevergütung beim Kauf verschreibungspflichtiger Arzneimittel in Höhe der Zuzahlung: OLG Stuttgart WRP 1993, 536 – Treuevergütung bei Arzneimitteln; vgl. auch OLG Stuttgart WRP 1976, 568 – Unzulässige Vergütung

[82] *Fezer*, WRP 2001, 989/1012; *Schricker/Henning-Bodewig*, WRP 2001, 1367/1403; *Köhler*, Rabattgesetz und Zugabeverordnung: Ersatzlose Streichung oder Gewährleistung eines Mindestschutzes für Verbraucher und Wettbewerber?, BB 2001, 265/267; *Rath-Glawatz*, Auswirkungen der Aufhebung von RabattG und ZugabeVO auf das Anzeigengeschäft, AfP 2001, 169/172

[83] Vgl. *Fezer*, WRP 2001, 989/1012; *Köhler*, BB 2001, 265/267

[84] *Köhler*, GRUR 2003, 729/730; Großkomm/*Schünemann*, § 1, Rdnrn. C 155 f.

ist dann der Fall, wenn Gewinnchancen dem Kunden im Rahmen von Verlosungen (Lotterie oder Ausspielungen), Preisausschreiben oder Gewinnspielen eingeräumt werden, die Teilnahme an diesen aleatorischen Veranstaltungen jedoch von dem entgeltlichen Bezug einer angebotenen Ware oder Dienstleistung abhängig gemacht wird.[85] Die Beteiligung an einem Preisausschreiben oder sonstigen Gewinnspiel und die dadurch resultierende Erlangung von Chancen auf – vom Zufall allerdings bestimmte – Geld- oder Sachgewinne bedingt seitens des umworbenen Verkehrskreises die gleichzeitige – in der Tat zeitlich vorhergehende – Leistung eines vermögenswerten Einsatzes,[86] der zu diesem präzisen Fall dem Abschluss eines Kaufvertrags über das jeweilige angebotene Gut entspricht.[87]

III. Abgrenzung zu ähnlichen Angebotsformen

1. Abgrenzung zu Lockvogelangeboten

Von der Kopplungsofferte als ein einheitliches Angebot ist zunächst die Fallgestaltung der sog. Lockvogelangebote abzugrenzen. Schwierigkeiten bei der Abgrenzung bereitet jedoch die funktionelle Ähnlichkeit,[88] die derartige Angebote zu Vorspannangeboten aufweisen, die, wie oben bereits erwähnt, eine besondere Erscheinungsform von Kopplungsgeschäften darstellen. Als Lockvogelangebote sind selektive Niedrigpreisangebote eines Unternehmens zu verstehen, die dazu dienen, den Eindruck einer allgemeineren Preisvorteilhaftigkeit über das Gesamtsortiment zu erwecken und dadurch den Gesamtumsatz zu fördern.[89] Eben wie bei

---

[85] Vgl. BGH WRP 1976, 100 – Gewinnspiel; BGH NJW 1989, 3013 – Mc Bacon; BGH WRP 1998, 724 – Rubbelaktion; BGH NJW-RR 2000, 1136 – Space Fidelity Peep-Show; BGH GRUR 2002, 1003 = ZUM 2003, 137 – Gewinnspiel im Radio; OLG Stuttgart WRP 1973, 487 – Gewinnspiel

[86] Vgl. *Baumbach/Hefermehl*, § 1 UWG, Rdnr. 144; *Piper* in: *Köhler/Piper*, UWG (2002), § 1 UWG, Rdnr. 232

[87] Die Kopplung des Warenabsatzes mit der Teilnahmeberechtigung an Gewinnspielen verstärkte in der Vergangenheit die ohnehin gegen die aleatorischen Veranstaltungen als prinzipiell sachfremde Werbemittel bestehenden Bedenken, weil, nach der geltenden Rechtsprechungsrichtlinie, angesichts der festgelegten Spiellust und des Strebens nach Gewinn, der „Abnehmer-Teilnehmer" von einer sachgerechten Prüfung des mitgekoppelten Waren- oder Dienstleistungsangebots abgelenkt und seine Entschließung - sei es durch den besonders starken psychologischen Kaufzwang, der auf ihn ausgeübt wurde oder durch das übertriebene Anlocken, das derartige Angebotsstrukturen häufig darstellten – nicht mehr von sachlichen Überlegungen, sondern maßgeblich von der Erwägung bestimmt wurde, den in Aussicht gestellten Gewinn zu erlangen. (s. dazu: *Baumbach/Hefermehl*, § 1 UWG, Rdnr. 155). Heutzutage sind allerdings die Zulässigkeitsschranken auch dieser Angebotsformen neu abzustecken.

[88] Vgl. *Baumbach/Hefermehl*, § 1 UWG, Rdnr. 132

[89] *Lindacher*, Lockvogel- und Sonderangebote. Rechtliche Grenzen selektiver Niedrigpreisstellung, 1979, S. 4; HdbWbR/*Klosterfelde/Jaeger-Lenz*, § 50, Rdnr. 127

den Vorspannangeboten, gründet sich die Lockvogelangebotsstrategie darauf, dass der Kaufappell von der Niedrigpreisstellung einzelner Artikel des Gesamtsortiments ausgehen soll. In beiden Fällen zielt der Werbende nicht darauf, einen unmittelbaren Gewinn durch den Umsatz der Güter, deren Preise er demonstrativ herabsetzt,[90] zu erzielen, sondern den Verkauf anderer, normal oder erhöht kalkulierter Artikel seines Geschäftslokals zu begünstigen. Dementsprechend sind „Lockvogel-" bzw. „Vorspannware" bloß als „Anziehungsmittel" und nicht als letztendliche Einkaufsziele anzusehen. Während bei den Vorspannangeboten die preisgünstige Vorspannware dem Absatz einer konkreten Ware oder Leistung dient, soll die Lockvogelware[91] abstrakt zu der Umsatzsteigerung des Gesamtsortiments beitragen.[92] Genau darin unterscheiden sich Lockvogelangebote von Vorspannofferten und ferner von allgemeinen Kopplungsgeschäften. Denn während Vorspannangebote dergestalt auftreten, dass die zu einem besonders günstigen Preis angebotene Lockware nur unter der Bedingung der gleichzeitigen Abnahme einer anderen konkreten Ware oder Leistung erworben werden kann, bezieht sich der Einsatz von Lockvogelangeboten bloß auf das Hineinlocken des Kunden in das Geschäft des „Lockvogel-Anbieters", wo er, sei es aus Bequemlichkeit oder aus Gründen der Zeitersparnis, auch andere Artikel kaufen mag, deren Preise dennoch auf mindestens normaler Kalkulation beruhen, oft sogar erhöht sind, ohne jedoch dass der Werbende spezielle Bedingungen für den Erwerb der Lockwaren stellt. Im Fall der Lockvogelangebote fehlt es, kurz gefasst, an der Tatsache der Kopplung. Da es hierbei nicht um eine Zusammensetzung mehrerer Güter zu einem Einkaufspaket mit einem Gesamtpreis geht, sondern nur um eine separate Hervorhebung selektiver Einzelangebote aus dem Gesamtsortiment, befindet sich diese Werbemethode außerhalb des begrifflichen Kontextes der Kopplungsgeschäfte.

Aufgrund der fehlenden Waren- bzw. Leistungsbindung, die ein prinzipielles Element der Kombinationsangebote darstellt, scheiden gleichermaßen bei der

---

[90] *Martino,* Das Verbot der Lockvogelwerbung im neuen § 3 UWG, MA 1969, 381/382

[91] Lockvogel- und Vorspannangebote unterscheiden sich auch darin, dass bei Vorspannangebot die Lockware - im Gegensatz zu der gekoppelten marktüblichen Hauptware - ein dem umworbenen Publikum nicht besonders bekannter Artikel ist, während im Lockvogelangebot meist Markenartikel als Lockvogelwaren eingesetzt werden. Die auffällige Niedrigpreisstellung bekannter und besonders begehrter Produkte ist ohne weiteres ein starkes Anziehungsmittel, weil bei solchen Waren die günstige Preisstellung durch den Vergleich mit unverbindlichen Preisempfehlungen besonders gut unterstrichen werden kann. Darüber hinaus sind als optimale Lockvogelwaren diejenigen Artikel anzusehen, die wegen ihrer hohen Gebrauchshäufigkeit – z.B. Milch, Fleisch, Getränke – ein bestimmtes Preisbild geformt haben; s. dazu ausführlich in: *Lindacher,* S. 7; HdbWbR/*Klosterfelde/Jaeger-Lenz,* § 50, Rdnr. 127; *Mellerowicz,* Die wirtschaftliche Bedeutung der Lockvogelwerbung im Einzelhandel, MA 1969, 43/50; *Wegner,* „Lockvogel"-Werbung, WRP 1964, 141/144

[92] *Lindacher,* S. 24; *Nette,* Die kartell- und wettbewerbsrechtliche Beurteilung der Preisunterbietung, 1984, S. 54

Heranziehung der Kopplungsgeschäfte auch die sog. „*Animier*-Angebote“[93] aus. In der Literatur wurden verschiedene Formulierungen verwendet, um diese Absatzmethode zu beschreiben, wie „ungekoppelte Angebote“,[94] „Vorspannangebote ohne rechtliche Kopplung“[95] oder „ephemere Sortimentsdiversifikation“.[96] Nachdem die höchstrichterliche Rechtsprechung Mitte der 70er Jahre die Kopplung des üblichen Sortiments mit branchenfremden Vorspannwaren für wettbewerbsfeindlich erklärt hat,[97] sind viele Anbieter, besonders aus dem Bäckerei- und Kaffeefilialhandel dazu übergegangen, Angebote preisgünstiger branchenfremder Artikel – etwa Bücher, Kameras, Schmuck, Spielzeuge – in ihren Verkaufsstellen anzupreisen, ohne jedoch diese Güter mit dem Absatz des üblichen und branchentypischen Sortiments zu koppeln.[98] Derartige Angebote nehmen den Charakter einer Lockware ein, die hauptsächlich, wie bei dem Fall der Lockvogelangebote, den Absatz des regelmäßig angebotenen Sortiments fördern soll. Von den Lockvogelangeboten unterscheiden sie sich dadurch, dass sie nur für eine kurze Zeitspanne in den einschlägigen Fachgeschäften geführt werden, und zwar nur solange, wie mit einer besonderen Attraktivität und einem gewissen Verbraucherinteresse zu rechnen ist.[99] Es handelt sich mit anderen Worten um ständig wechselnde, kurzfristige und oft mengenmäßig begrenzte Angebote branchenfremder Artikel, die den Verbraucher zum Kauf der regulären, stets vorhandenen Sortimentsgüter *animieren* sollen,[100] ohne dass ihr Erwerb dennoch von der gleichzeitigen Abnahme der regelmäßig angebotenen Waren abhängig gemacht wird.[101] Angesichts des mangelnden Kopplungsverhältnisses scheint also die Bezeichnung dieser Angebotsform als „ungekoppeltes Vorspannangebot“ nicht korrekt zu sein, da wie zutreffend bemerkt, das Vorliegen eines Vorspannangebots stets die Tatsache der sichtbaren Verbindung zwischen Haupt- und Nebenware voraussetzt.[102]

---

[93] Zutreffende Definition von *Gerstenberg*, GRUR 1980, 618/621

[94] *Baumbach/Hefermehl*, § 1 UWG, Rdnr. 141; HdbWbR/*Klosterfelde/Jaeger-Lenz*, § 50, Rdnr. 126; *Ackermann*, S. 109; *v.Gamm*, Kapitel 26, Rdnr. 70; *Droste*, Zum Verkauf „branchenfremder“ Artikel“, GRUR 1976, 466/467; *Hirtz*, Die Werbung mit dem Angebot branchenfremder Artikel, BB 1979, 450/451

[95] *Fezer*, Anmerkung zur Tierbuch-Entscheidung des BGH in: GRUR 1976, 60; *Hahn*, Vorspannwerbung ohne rechtliche Kopplung und ihre Beurteilung nach § 1 UWG, WRP 1984, 59

[96] *Schricker/Lehmann*, Wettbewerbsrechtliche Probleme der Sortimentserweiterung und Diversifikation im Fachhandel, WRP 1977, 289

[97] BGH WRP 1975, 672 = GRUR 1976, 248 - Vorspannangebot

[98] S. ausführlich in: *Kisseler*, Ruinöser Wettbewerb durch branchenfremde Angebote, WRP 1978, 181

[99] *Schricker/Lehmann*, WRP 1977, 289/290; *Krüger-Nieland*, WRP 1979, 1/2; *Hahn*, WRP 1984, 59/60

[100] So *Gerstenberg*, GRUR 1980, 618/621

[101] Zur Haltung der Rechtsprechung und der Literatur gegenüber derartigen Angebotsformen s. einen Überblick bei: *Scherer*, S. 168 ff.; vgl. auch *Krüger/Nieland*, WRP 1979, 1/3

[102] *Borck*, Über das Verwerfliche an Vorspannangeboten, WRP 1975, 75/80

2. Abgrenzung zu sachlichen Ergänzungen der Hauptleistung

Ein Kopplungsangebot ist auch dann nicht gegeben, wenn sich eine Angebotskomponente als sachlich zum Hauptgeschäft gehörende Leistung darstellt.[103] Darunter fallen diejenigen Leistungen, die dem Kunden zusätzlich, entweder aufgrund einer im Zuge der Vertragsverhandlungen gesetzten Ausbedingung oder nach Kaufabschluss, als eine Art „Belohnung" gewährt werden, die aber kein Gegenstand eines selbständigen entgeltlichen Vertrags sein könnten.[104] Vielmehr sind derartige Leistungen als Ergänzungen oder Erweiterungen der Hauptleistung und damit als Teile einer Gesamtheit anzusehen.[105] Zu diesem Sachverhalt rechnen insbesondere die häufig im Handel eingeräumten Preis-, Rückgabe-, Umtausch-, oder Qualitätsgarantien, die den Charakter zivilrechtlicher Ansprüche seitens des Käufers einnehmen. Obwohl solche Zusatzleistungen neben einer Hauptware oder Hauptleistung unentgeltlich eingeräumt werden, ist das Vorliegen eines Zugabefalls im Sinne eines verbundenen Angebots begrifflich auszuschließen.[106] Da sich die werblich zugesagten Garantien nicht als besondere und damit von der Hauptleistung verschiedene Nebenleistungen, sondern sich als untrennbare Teile des Hauptgeschäfts darstellen, kann nur von einer wirtschaftlichen Einheit die Rede sein.[107] Entgegen der früheren Rechtsprechung zur Zugabeverordnung[108] bleibt nunmehr die Unselbstständigkeit derartigen Zusatzleistungen aufrechterhalten. Daher ist das Vorliegen eines Zugabetatbestands – und folglich eines kombinierten Angebots – weiter zu verneinen, wenn der

---

[103] *Köhler,* GRUR 2003, 729/730; *Stuckel* in: *Harte-Bavendamm/Henning-Bodewig,* § 4 Nr. 1 UWG, Rdnrn. 27 ff.

[104] So *Köhler,* GRUR 2001, 1067

[105] *Dittmer,* Rabatte und Zugaben nach dem Wegfall von Rabattgesetz und Zugabeverordnung: Mehr Gestaltungsspielraum für Unternehmer, BB 2001, 1961/1962; vgl. BGH GRUR 1999, 270/272 – Umtauschrecht II; BGH GRUR 2000, 110671107 – Möbel-Umtauschrecht

[106] *Köhler,* GRUR 2001, 1067; *Spätgens* in: *Lange/Spätgens,* Rdnr. 223; vgl. BGH WRP 1998, 388/390 - Skibindungsmontage

[107] *Paul,* Umtausch- und Rückgaberechte als verbotene Zugaben?, GRUR 1999, 34/37; *Köhler,* GRUR 2001, 1067

[108] BGH GRUR 1988, 321 – Zeitwertgarantie; BGH GRUR 1989, 654 – Zugabe beim Verkauf von Schmuck – Vertrauensgarantie; BGH GRUR 1998, 502/503 – Umtauschrecht I; BGH GRUR 1999, 270/271 – Umtauschrecht II; BGH GRUR 2000, 1006/1107 – Möbel-Umtauschrecht; OLG Frankfurt GRUR 1975, 492 – Kenitex; OLG Hamburg GRUR 1984, 895 = WRP 1984, 419 – Tauschgarantie; OLG Hamburg WRP 1992, 191 – Vorbehaltloses Rückgaberecht; OLG Frankfurt Jur-PC 1993, 2098/2099 – 90-Tage-Rücknahmegarantie als Verstoß gegen die Zugabeverordnung; OLG Düsseldorf EwiR 1994, 311 – Umtauschrecht beim Gebrauchtwagenkauf; OLG Saarbrücken GRUR 2000, 92/93 – Unbeschränktes Umtausch- und Rückgaberecht; a.A.: BGH GRUR 1975, 553 – Preisgarantie; OLG Köln GRUR 1984, 750 – Geld-zurück-Garantie; s. auch mit zahlreichen weiteren Nachweisen aus der Rechtsprechung in: *Knops,* Rückgabe und Umtauschrechte als Zusatzleistungen, GRUR 1995, 649 ff.; *Heermann,* Garantien, Rückgabe- und Umtauschrechte, Kopplungsgeschäfte – Die ZugabeVO als „Hemmschuh wahrer Leistungssteigerungen"?, WRP 1999, 130/131

gewährte Vorteil über das üblicherweise Gewünschte und Erwartete hinausgeht[109] z.B. etwa durch die Einräumung eines zeitlich unbefristeten und von objektiven Kriterien völlig losgelösten, einschränkungsloses Umtausch- und Rückgaberechts. Außer dem üblichen Fall der weitreichenden Garantien, können ferner auch andere Leistungsarten nach wirtschaftlicher Betrachtung ihre sachliche Rechtfertigung in der Natur der Hauptleistung finden. Als Ergänzungen und somit unselbständige Komponenten des Hauptgeschäfts sind also beispielsweise der unentgeltlich angekündigte Druck und die Lieferung einer bestellten Menge von Zeitschriften,[110] das nicht gesondert in Rechnung gestellte Montieren und Einstellen einer gekauften Skibindung auf einem gleichzeitig erworbenen Ski[111] sowie die „frei Haus" Lieferung und die zugesagte Aufstellung schon gekaufter Möbel zu betrachten. Als sachlich zu dem Hauptgeschäft gehörende Leistungen müssen gleichermaßen – entgegen seinerzeitiger Auffassung der jeweils sachbefaßten Gerichte – die Gewährung einer kostenlosen Transportversicherung durch einen Möbel-Abholmarkt für die dort gekauften und von den Kunden selber mitzunehmenden Waren[112] sowie die Abgabe eines Gutscheins für eine Vollwäsche innerhalb von zwei Jahren beim Kauf einer Daunensteppdecke zu einem bestimmten Preis angesehen werden.[113]

3. Abgrenzung zur „Mehrfachpackungsstrategie"

Das Vorliegen eines Kopplungsgeschäfts ist auch dann zu verneinen, wenn das angekündigte Angebot mehrere Stücke derselben Ware oder identische Dienstleistungen umfasst.[114] Das ist der Fall bei den sog. Gebinden, die sich als ein beliebiges Absatzförderungsmittel, besonders im Warenhandel, darstellen. Hierbei werden homogene Produkte etwa durch ein Band oder durch einen Klebe- oder

---

[109] *Köhler,* GRUR 2003, 729/730; a.A. *Nordemann Jan Bernd,* NJW 2001, 2505/2507; s. auch die zutreffende Bemerkung von *Köhler* in: GRUR 2001, 1067: „Dass sie (die weitreichenden Garantien) früher überhaupt als Zugaben gewertet wurden, ist nur aus dem Bestreben zu erklären, den Anwendungsbereich der ZugabeVO auszudehnen". Vgl. auch die kritische Haltung von *Knops* gegenüber der richterlichen Auffassung über die wettbewerbrechtliche Beurteilung von eingeräumten Garantien, in: GRUR 1995, 649/654 ff

[110] OLG Celle GRUR 1961, 595 - Wechselseiten

[111] BGH WRP 1998, 388 - Skibindungsmontage

[112] BGH WRP 1991, 225 – Family-Karte; a.A. OLG Frankfurt WRP 1990, 45; darüber s. auch in: *Heermann,* Handelsüblichkeit von Zugaben – zugleich eine Besprechung der „IKEA Family-Karte"-Fälle – WRP 1991, 625/627

[113] OLG Stuttgart WRP 1987, 58 – Gutschein für die Vollwäsche einer Steppdecke als Zugabe

[114] *Köhler,* GRUR 2003, 729/730; *Stuckel* in: *Harte-Bavendamm/Henning-Bodewig,* § 4 Nr. 1 UWG, Rdnr. 31; vgl. *Beater,* Unlauterer Wettbewerb, 2002, § 16, Rdnr. 69; a.A. *Piper* in: *Köhler/Piper,* UWG (2002), § 1 UWG, Rdnr. 227; *v.Gamm,* Kapitel 26, Rdnr. 56

Papierstreifen zu einem Paket mit einem Gesamtpreis zusammengefasst.[115] Derartige Angebotsgestaltungen, die auch als „Mehrfachpackungen“ bekannt sind, werden dadurch gekennzeichnet, dass die jeweils verbundenen und zu einem Gebindepreis angebotenen Produkte identisch sind. Die *Homogenität* der gekoppelten Waren stellt gleichzeitig das entscheidende Abgrenzungsmerkmal zu den normalen Kopplungsangeboten dar. Im Gegensatz zu anderen Fallgestaltungen, die ebenfalls nicht unter dem Begriff „Kopplungsgeschäft“ fallen, fehlt es hier nicht an der Tatsache der Kopplung. Vielmehr werden die Artikel häufig tatsächlich (z.B. mit Banderollen, Papierstreifen oder in Klarsichthüllen) verbunden. Das Vorliegen eines Kopplungsangebots setzt jedoch, wie bereits erwähnt,[116] voraus, dass die Kopplung unterschiedliche Waren oder Leistungen betrifft. Bei den Mehrfachpackungen gleicht sich das Ergebnis der Warenzusammensetzung, also die angebotene Gesamtheit inhaltlich mit den vereinzelten Angeboten der verbundenen Produkte. Das Gesamtangebot wird, mit anderen Worten, nicht durch den Einsatz verschiedenartiger Einzelangebote bereichert, sondern das Endprodukt, das als eine Gesamtheit auftritt, bleibt dasselbe, während sich lediglich die Mengen- und Preisverhältnisse ändern.[117] Hier fehlt es also an der Tatsache der *Unterscheidbarkeit* der gekoppelten Güter und somit an einem im Sinne eines Kopplungsgeschäfts erforderlichen Kopplungsverhältnis. Dies ergibt sich aber auch weiterhin aus der Tatsache, dass sich derartige Angebote aufgrund der mangelnden Heterogenität der gebundenen Waren in den Augen der Verbraucher eher als Verkaufseinheiten darstellen, als dass sie eine bloße und im Sinne eines kombinierten Angebots so gemeinte Bündelung von Einzelstücken aufweisen.[118]

IV. Arten von Kombinationsmöglichkeiten

1. Zusammenstellung von Waren die als eine wirtschaftliche Verkaufseinheit erscheinen

Unter diesem Termini fallen diejenigen Kopplungsgeschäfte, bei denen die Kopplung Waren mit erhöhtem Gesamtnutzen betrifft. Wegen der zweckgebundenen Zusammengehörigkeit, die die beteiligten Güter zueinander auf-

---

[115] S. ausführlich in: *Nees/Sauberschwarz,* WRP 1993, 369/370; Beispiele aus der Rechtsprechung: OLG Franfurt/Main GRUR 1971, 123 – Doppelgebinde; BGH GRUR 1978, 185 – Taschenrechnerpackung; BGH WRP 1985, 74 – Sparpackung

[116] Erster Teil, B., S. 27 f.

[117] *Beater,* § 16, Rdnr. 69

[118] *Köhler,* GRUR 2003, 729/730; *Nees/Sauberschwarz,* WRP 1993, 369/370; BGH WRP 1985, 74 – Sparpackung

weisen, stellen sie, in den Augen der Verbraucher, eine Wareneinheit im *wirtschaftlichen* Sinne dar.[119]

Das wirft jedoch die Frage auf, warum bei diesem Fall das Vorliegen eines Kopplungsangebottatbestandes zu bejahen ist, während andere Fallgestaltungen, bei denen ebenso die Bildung einer Verkaufseinheit zu bemerken ist, nicht als Kopplungsgeschäfte angesehen werden. Eine solche Differenzierung wird jeweils durch verschiedene Gründe gerechtfertigt. Zunächst unterscheiden sich die Angebote dieser Art von den „Mehrfachpackungen",[120] die in der Form einer Verkaufseinheit auftreten, dadurch, dass sie zwei oder mehrere zueinander passende, mit erhöhtem Gesamtnutzen aber nicht identische Produkte enthalten. Von anderen Angebotsgestaltungen, bei denen gleichermaßen von einer Verkaufseinheit die Rede ist, unterscheiden sie sich ferner dadurch, dass die gekoppelten Waren Selbständigkeit genießen. Hierbei ist nicht eine der jeweiligen Komponente als Ergänzung oder Erweiterung des anderen Angebotbestandteils und damit als untrennbarer Teil einer Gesamtheit anzusehen.[121] Vielmehr wird die gebildete Wareneinheit nicht von dem angesprochenen Publikum als eine Sache betrachtet.[122] Es handelt sich also nicht um eine *natürliche* Wareneinheit, wobei nach der Verkehrauffassung nur ein Gut zu sehen ist. Im Gegensatz dazu besteht hierbei der Eindruck einer entstehenden Verkaufseinheit auf die wechselwirkende Funktion der zusammengestellten Waren. Das heißt, dass die an derartigen Angebotsformen beteiligten Produkte wegen ihrer zweckgebundenen Zusammengehörigkeit in die Form von festgebundenen Stammkombinationen auftreten und somit nach der Verkehrsauffassung als ein wirtschaftliches Ganzes betrachtet wird. Dennoch geht es bei diesen Angeboten um zwei oder mehrere eigenständige, autonome Produkteinheiten, die zu einem Paket mit einem Gesamtpreis zusammengefasst sind.

Warenzusammenstellungen dieser Art, die den Charakter von Kopplungsgeschäften einnehmen, begegnet man oft im Wirtschaftleben. Dazu gehört beispielsweise das Angebot eines vollständig ausgestatteten Personal-Computers mit Bildschirm und Drucker, das Angebot eines kompletten Esszimmers mit Tisch, Stühlen und Büffet sowie die Offerte eines Mobiltelefons mit entsprechendem Zubehör.

---

[119] *Nees/Sauberschwarz*, WRP 1993, 369/370

[120] Erster Teil, B. III. 3., S. 45 f.

[121] Vgl. Erster Teil, B. III. 2., S. 44 f.

[122] *Nees/Sauberschwarz*, WRP 1993, 369/370; vgl. auch Erster Teil, B., S. 27 f.

2. Kopplung gebrauchsnaher Produkte

Als die weitaus häufigste Erscheinungsform der Kopplungsangebote gilt die Kombination gebrauchsnaher Artikel. Diese Art von Angeboten ist dadurch gekennzeichnet, dass die gekoppelten Güter eine enge Gebrauchsnähe aufweisen. Da diese Produkte regelmäßig zusammen gekauft und gebraucht werden, ist die Auffassung, dass die hierbei durchgeführte Kopplung als sinnvolle Verbindung zu einer wirtschaftlichen Wareneinheit erscheint,[123] bis zu einem gewissen Grad berechtigt. Es ist dennoch eine Frage des Einzelfalls und es liegt stets an der Verkehrsauffassung, ob derartige Kombinationen unter den vorausgeführten Fallgestaltungen einzuordnen sind oder nicht. Jedenfalls wird es sich hier nur um gebrauchsnahe Waren handeln können, die gleichzeitig auch branchengleich sind.[124] Das Vorliegen einer wirtschaftlichen Wareneinheit ist dennoch von vornherein auszuschließen, wenn die Kopplung zwei oder mehrere gebrauchsnahe, aber betriebs- oder branchenfremde Artikel betrifft.[125] Hierbei werden Waren, die aus verschiedenen Branchen stammen, zu einem Einkaufspaket zusammengefasst, die aber auch weiterhin kombiniert benutzt werden können.

Die Tatsache, dass die dazugehörigen Waren, sei es branchengleiche oder branchenfremde, nicht nur zusammen erworben werden können, sondern auch nach der Abnahme in unmittelbarem Zusammenhang stehen, macht derartige Angebotsgestaltungen besonders begehrt. Dementsprechend gibt es eine Unzahl von Warenzusammenstellungen dieser Art, die auf dem Markt auftreten und den Konsumenten bekannt sind. Die Zusammensetzung einer Zahnbürste mit Zahnpasta,[126] eines Rasierapparats mit Klingen, einer Videogame-Konsole mit CD-ROM Spielen oder eines Tennisschlägers mit Tennisbällen zu einem Gesamtpreis stellen klassische Beispiele von Kopplungen gebrauchsnaher, branchengleicher Artikel dar. Zahlreich sind aber auch die Beispiele, die aus dem Gebiet der Kopplung branchenfremder Waren zu entnehmen sind. Sie reichen von der Bündelung eines Motorrads mit Helm und Jacke[127] oder eines Tennisschlägers mit Sportschuhen bis hin zu der Kopplung einer Packung Tee mit einer Teetasse[128] oder einer Tabakpfeife mit Tabak.

[123] *Baumbach/Hefermehl*, § 1 UWG, Rdnr. 136
[124] *Nees/Sauberschwarz*, WRP 1993, 369/372; a.A. *Baumbach/Hefermehl*, § 1 UWG, Rdnr. 136
[125] *Nees/Sauberschwarz*, WRP 1993, 369/372; vgl. BGH GRUR 1962, 415 - Glockenpackung
[126] Beispiel abgeleitet von der Rechtsprechung: BGH GRUR 1968, 53 – Probetube
[127] Beispiel abgeleitet von der Rechtsprechung: OLG Köln WRP 1981, 227
[128] Beispiel abgeleitet von der Rechtsprechung: BGH GRUR 1962, 415 – Glockenpackung

3. Kopplung gebrauchsverwandter Güter

Als weitere Kombinationsalternative stellt sich ferner die Zusammenstellung gebrauchsverwandter Produkte dar. Hierbei handelt es sich um Waren, die keine enge Gebrauchsnähe aufweisen, die aber im weiteren Sinne als miteinander zusammenhängende Angebotsbestandteile anzusehen sind. Auf den ersten Blick scheinen die gekoppelten Güter in keiner vernünftigen zweckmäßigen Beziehung zueinander zu stehen und daher eine willkürliche Gesamtheit zu bilden. In dem Gesamtangebot werden sie aber so dargestellt, dass sie für das angesprochene Publikum nicht als gebrauchsfremde, willkürlich unter einem Gesamtpreis zusammengestellte Produkteinheiten wahrgenommen, sondern als Komponenten verstanden werden, die funktionell zusammenpassen. Als klassisches Beispiel hierfür gilt das Gesamtangebot eines Einzelhändlers mit Elektrogeräten, das die bekannte und viel diskutierte BGH-Entscheidung „Saustarke Angebote"[129] zum Gegenstand hatte. Hier hat der Händler eine Gefriertruhe mit einer Schweinehälfte zu einem Komplettpreis angeboten. Obwohl auf einen ersten oberflächlichen Blick der Eindruck erweckt wird, dass dieses Kopplungsangebot zwei völlig unterschiedliche Leistungsgegenstände betrifft,[130] liegt, wie der BGH zutreffend ausgeführt hat, ein Gebrauchszusammenhang zwischen den beiden Waren vor. Er begründet dies damit, dass die Schweinehälfte in der Kühltruhe aufbewahrt werden kann und damit aus diesem konkreten Produktbündel ein bestimmter direkter Nutzen für den Käufer resultiert.[131] Eine Zweckgebundenheit kann auch bei dem Kopplungsangebot eines Pay-TV Unternehmens, das einen Digital-Receiver für den Empfang seines Programms – und damit den Abschluss eines Abonnementvertrags – zusammen mit der unentgeltlichen Zuwendung einer Popcorn-Maschine angeboten hat, nicht in Abrede gestellt werden. Ein Sachzusammenhang zwischen den beiden gekoppelten Waren ergibt sich aus der Tatsache, dass der Käufer-Abonnent die Möglichkeit erlangt rund um die Uhr Filme ohne Werbeunterbrechungen zu genießen, zum Film frisch geröstetes Popcorn zu machen und folglich sich zu Hause wie im Kino zu fühlen. Kombinationen dieser Art können weiterhin nicht nur Waren enthalten, sondern auch, wie es sich aus dem letzten Beispiel mittelbar resultiert, Dienstleistungen zum Gegenstand haben, die mit einem angebotenen Produkt in Zusammenhang stehen. Das ist beispielsweise bei der Kopplungswerbung eines Autohändlers, der entgeltliche Pensions- und Hotelübernachtungen an Ferienorten jeweils inklusive eines Gebrauchtwagens zu einem einheitlichen Komplettpreis angeboten hat, der Fall.[132] Das Vorliegen einer Zweckgebundenheit beider Leistungen im Sinne einer

[129] BGH GRUR 1996, 363 = WRP 1996, 286 – Saustarke Angebote

[130] So hat sich das Berufungsgericht erklärt: OLG Hamm NJW-RR 1994, 430

[131] BGH GRUR 1996, 363/364

[132] Beispiel abgeleitet von der Rechtsprechung: OLG Hamm GRUR 1989, 923 – Auto und Urlaub

Gebrauchseinheit ist in derselben Weise anzunehmen,[133] da das Auto der mit der Durchführung einer Reise beabsichtigten Fortbewegungsmöglichkeit dient und dem Käufer damit sogleich eine sinnvolle Verwendung ermöglicht.

4. Kopplung sachfremder Artikel

Weiterhin ist es im Handel üblich, verschiedene Waren zu Gebinden zusammenzuführen, die in keinem Zusammenhang miteinander stehen. Darunter fällt beispielsweise die Zusammensetzung eines Kochbuches,[134] einer Segeltuch-Tasche[135] oder eines Taschen-Radios[136] jeweils mit einem Pfund Kaffee unter einem Gesamtpreis. Kombinationen dieser Art werden wegen der Sachfremdheit der miteinander verkoppelten Produkteinheiten in der Literatur als *willkürliche* Zusammenstellungen betrachtet.[137] Diese Bezeichnung, die zweifelsohne eine negative Bedeutung hat, deutet die kritische Haltung sowohl der Judikatur als auch des Schrifttums gegenüber derartigen Angebotsformen an, die in der Vergangenheit in hohem Grade für wettbewerbsfeindlich gehalten wurden.[138] Heutzutage dient allerdings die Sachfremdheit der Angebotskomponente nicht mehr als Indiz für die Wettbewerbswidrigkeit der jeweiligen Gesamtangebote. Damit ist es in der Zukunft zu erwarten, dass diese Fallgruppe durch zahlreiche innovative Kombinationen bereichert wird.

5. Ware mit Leistung oder Leistung mit Leistung als Angebotskomponenten

In den letzten Jahren ist die Kopplungsangebotsstrategie immer stärker daran orientiert, dass die Angebotskombinationen nicht nur ausschließlich Waren betreffen, sondern auch Dienstleistungen umfassen. Auf den Markt treten immer häufiger Angebote auf, bei denen entweder Waren mit Dienstleistungen unter einem Komplettpreis miteinander verkoppelt sind oder als Bündelungsbestandteile nur Dienstleistungen in Betracht kommen. Zusammenstellungen dieser Art begegnen den Verbrauchern in den unterschiedlichsten, bereits vorstehend analysierten Formen.

Demgemäß kann die Bindung eines Produkts mit einer Dienstleistung in den Augen der Verbraucher als eine natürliche Einheit erscheinen und damit, wie oben

---

[133] a.A. OLG Hamm, GRUR 1989, 923
[134] Beispiel abgeleitet von der Rechtsprechung: BGH GRUR 1977, 110 - Kochbuch
[135] Beispiel abgeleitet von der Rechtsprechung: OLG Düsseldorf WRP 1974, 279
[136] Beispiel abgeleitet von der Rechtsprechung: LG Hamburg WRP 1975, 184
[137] vgl. *Nees/Sauberschwarz,* WRP 1993, 369/372
[138] Statt vieler: *Beater,* § 16, Rdnr. 72

aufgeführt,[139] nicht als Kopplungsangebot im eigentlichen Sinne betrachtet werden, wie beispielsweise die Zusammensetzung eines theoretischen Fahrunterrichts mit dem erforderlichen Lehrmaterial zu einem Gesamtpreis[140] oder der Verkauf von Autoreifen inklusive Montage. Weiterhin kann das einheitliche Angebot einer Ware und einer Leistung als Verkaufseinheit, diesmal allerdings im wirtschaftlichen Sinne, angesehen werden, wie etwa im Fall bei der Werbung für ein Mobiltelefon, das bei Abschluss eines Netzkartenvertrages ohne oder fast ohne gesondertes Entgelt abgegeben werden sollte.[141] Gleichermaßen können Waren und Dienstleistungen enge Gebrauchsnähe aufweisen, sodass die Rede von einer gebildeten Funktionseinheit ist. Charakteristische Beispiele dafür dürften die Angebote sein, die die grundlegenden BGH-Entscheidungen „Kopplungsangebot I“[142] und „Kopplungsangebot II“[143] zum Gegenstand hatten, wobei ein Videorecorder bzw. ein Fernsehgerät zu einem ungewöhnlichen Preis erhältlich war, der allerdings nur bei gleichzeitigem Abschluss eines Stromlieferungsvertrags galt. Komponente eines Gesamtangebots können schließlich, wie bei den Warenkombinationen, Waren und Dienstleistungen sein, zwischen denen kein Zusammenhang im Sinne einer Zweckgebundenheit besteht, wie es beispielsweise in der Verbindung des Kaufs eines neuen Fahrzeuges einer malaysischen Marke mit einer einwöchigen Flugreise nach Malaysia zu einem einheitlichen Preis[144] oder in der unentgeltlichen Abgabe eines Gutscheins für eine Reise an die türkische Riviera, den der Verbraucher allerdings bei gleichzeitigem Kauf von bestimmten Möbeln erhielt, deutlich zu sehen ist.[145]

Kaum aus der Rechtsprechung bekannt sind jedoch die Kombinationen, bei denen die einzelnen Angebotselemente zwei oder mehrere vertragliche Dienstleistungen sind. Das ist etwa bei der Ankündigung eines regionalen Energieversorgungsunternehmens, das den Verbrauchern neben einer Belieferung nur mit Strom wahlweise eine Kopplung von Stromlieferung und Sprachtelefondienstleistungen mit einem teilweise pauschalierten Gesamtpreis angeboten hat, der Fall.[146] Als weiteres Beispiel hierfür könnte schließlich der immer häufiger begegnende Fall der Angebote verschiedener Fluggesellschaften, die eine Flugreise zusammen mit der preisgünstigen, sogar kostenlosen Vermietung eines Kraftfahrzeuges bewerben, angeführt werden.

---

[139] Erster Teil, B. III. 2., S. 44 f.
[140] Beispiel abgeleitet von der Rechtsprechung: BGH GRUR 1967, 530 – Fahrschule
[141] Über die ganze „Handy – Rechtsprechung“ s. ausführlich in: Zweiter Teil, C. II., S. 85 ff.
[142] BGH WRP 2002, 1256 = GRUR 2002, 1976 = WM 2002, 1983
[143] BGH WRP 2002, 1259 = GRUR 2002, 979
[144] OLG München WRP 2001, 319 = NJWE-WettbR 1999, 129 - Kopplungsangebot Auto und Reise
[145] OLG Frankfurt/Main WRP 2002, 109 – Traumreise beim Kauf einer Küche
[146] OLG Düsseldorf CR 2002, 349 = GRUR –RR 2002, 285 = WuW 2002, 612 – Strom & Fon; vgl. auch OLG Düsseldorf CR 2002, 893 – Ruhrpower-Pakete

Zweiter Teil: Die lauterkeitsrechtliche Beurteilung der Kopplungsangebote vor dem Wegfall der Zugabeverordnung

A. Die restriktive Haltung gegenüber der Fallgruppe der Wertreklame

Bis kurz vor der Aufhebung der Zugabeverordnung standen Rechtsprechung und Schrifttum der Werbemethode der Kopplungsangebote skeptisch gegenüber. Dies war darauf zurückzuführen, dass Kopplungsangebote als eine Erscheinungsform der Wertreklame auftreten,[147] an deren Zulässigkeit zum damaligen Zeitpunkt strenge Anforderungen gestellt wurden.[148] Charakteristisch dazu ist die Anmerkung von *Schmeding*,[149] der, veranlasst von einer Reihe von höchstrichterlichen Entscheidungen, die Ansicht geäußert hat, dass die Werbung mit Hilfe von Kopplungsangeboten ein Mittel der Wertreklame ist und *deshalb* grundsätzlich für unlauter gehalten werden soll, weil sie in Abkehr von dem Prinzip des Leistungswettbewerbs nicht mit Preis und Qualität der Hauptware, sondern mit dem gebotenen finanziellen Vorteil des Gesamtangebots durchgeführt wird.

Was den Begriff der Wertreklame betrifft, gibt es keine gesetzliche Definition. Die Gerichte haben gleichermaßen von einer solchen abgesehen.[150] Allerdings ist in der Literatur dieser Begriff bereits fest verankert. Es handelt sich um eine höchst werbewirksame Form des „Kundenfangs",[151] die dadurch gekennzeichnet ist, dass die Verbraucher nicht (nur) durch Anpreisungen über die Güte und Preiswürdigkeit einer Ware oder gewerblichen Leistung, sondern zugleich oder vor allem durch die Gewährung geldlicher oder geldwerter Vergünstigungen[152] zum Kauf einer Ware oder Inanspruchnahme einer Dienstleistung veranlasst

[147] *Emmerich,* § 13, S. 166; *Baumbach/Hefermehl,* § 1 UWG, Rdnr. 85; *Piper* in: *Köhler/Piper,* UWG (2002), § 1 UWG, Rdnrn. 192, 227 ff.; *Stuckel* in: *Harte-Bavendamm/Henning-Bodewig,* § 4 Nr. 1 UWG, Rdnr. 18; *Scherer,* S. 160

[148] Vgl. BGH GRUR 1976, 248 – Vorspannangebot; BGH NJW 1985, 327 f. – Mitmacher-Tour; BGH GRUR 1999, 755 – Altkleider-Wertgutscheine; *Baumbach/Hefermehl,* § 1 UWG, Rdnr. 85; *Piper* in: *Köhler/Piper,* UWG (2002), § 1 UWG, Rdnr. 194; *Emmerich,* § 13, S. 166; vgl. ferner: *Angehrn,* Sinn und Unsinn der Wertreklame, MA 1972, 177 ff.

[149] *Schmeding,* Kopplungsangebote als Mittel der Wertreklame, WRP 1974, 305

[150] *v.Gamm,* Die Grenzen der Wertreklame, WRP 1974, 1; Der BGH hat allerdings in seiner jüngst erlassenen Entscheidung „Zeitung zum Sonntag" aufgeführt: „Der Begriff der Wertreklame besagt, dass ein Kaufmann nicht mit Worten, sondern mit Werten Werbung treibt, dass er also etwas verschenkt, sei es eine ungekoppelte Werbegabe, sei es eine Zugabe oder sei es die Ware selbst, für deren entgletlichen Absatz er damit zugleich wirbt.", WRP 2004, 746/747

[151] *Speckmann,* 1. Teil, Rdnr. 485

[152] *Pralle,* S. 16; *Borck,* Wertreklame: Leistungs- oder Nichtleistungswettbewerb?, WRP 1976, 285

werden sollen.[153] Anders ausgedrückt, besteht das Wesen der Wertreklame in der Absatzförderung mit der unentgeltlichen oder doch stark verbilligten Einräumung zusätzlicher Vorteile,[154] die in den verschiedenartigsten Formen auftreten, wie beispielsweise Preisausschreiben und Gewinnspiele, Werbegeschenke, Warenproben, Gratisverlosungen oder Freifahrten. Bei der Aufzählung der zu der Wertwerbung zählenden einschlägigen Mittel ist auch unzweifelhaft das Werben mit Kombinationsangeboten zu berücksichtigen.[155] Während bei den Angeboten mit Zugaben oder den Vorspannangeboten sich die eingeräumte Vergünstigung offensichtlich auf die unentgeltliche bzw. stark verbilligte Erlangung eines Gutes bezieht, kann ferner jedes Gesamtpreisangebot in der Weise aufgespaltet werden, dass es einen dem Wesen der Wertreklame entsprechenden finanziellen Vorteil in Höhe der Differenz zwischen dem für das Einkaufspaket geforderten Entgelt und der Summe der Einzelpreise der jeweiligen Angebotsbestandteile enthält.

Ausgangspunkt der strengen Beurteilung der Wertreklame und folglich der Fallgruppe der Kopplungsangebote war die Behauptung, dass derartige Werbepraktiken mit den Grundsätzen eines an Güte und Preiswürdigkeit orientierten „Leistungswettbewerbs" schwer zu vereinbaren waren.[156] Im Gegensatz zu der üblichen Werbung durch Wort und Bild, die prinzipiell dem Leitbild des „Leistungswettbewerbs", bei dem die zum Vergleich stehenden Leistungen der

---

[153] *Baumbach/Hefermehl,* § 1 UWG, Rdnr. 85; *Krüger-Nieland,* WRP 1979, 1/2; *Schricker/Henning-Bodewig,* WRP 2001, 1367/1400; *Steinbeck,* ZIP 2001, 1741/1742; *Berneke,* Zum Lauterkeitsrecht nach einer Aufhebung von Zugabeverordnung und Rabattgesetz, WRP 2001, 615/617

[154] *Piper* in: *Köhler/Piper,* UWG (2002), § 1 UWG, Rdnr. 192; *Emmerich,* § 13, S. 166; *Lehmann,* Die Werbung mit Geschenken, 1974, S. 3 f.; *Burmann,* Das Recht der Wertreklame, 1965, 310 II, S.2; *Pralle,* S. 3

[155] *Piper* in: *Köhler/Piper,* UWG (2002), § 1 UWG, Rdnr. 227; *v.Gamm,* Kapitel 26, Rdnr. 64; *Merz,* Die Vorfeldthese; die Anwendung von § 1 UWG im Vorfeldbereich der horizontalen Marktbehinderungstatbestände des GWB, 1988, S. 88; *Emmerich,* § 13, S. 166; *Pluskat,* Zur Zulässigkeit von Kopplungsgeschäften – Zugleich Besprechung des Urteils BGH WRP 2002, 1256 – Kopplungsangebot I, WRP 2002, 1381/1383; *Lettl,* Rechtsprechung zum Wettbewerbsrecht 2003/2004 – Relevanz im neuen UWG, BB 2004, 1913/1914; BGH WRP 1975, 672/673 – Vorspannangebot; BGH GRUR 1977, 110/111 – Kochbuch; BGH GRUR 1983, 781/82 – Buchclub-Vorspannangebot; *Borck* ist allerdings der Auffassung, dass Kopplungsangebote nur dann zu der Fallgruppe der Wertreklame gehören, wenn sich hinter ihnen ein Zugabetatbestand verbirgt: RWW Kommentar zum Wettbewersbs- und Werberecht, 3.8, Rdnr. 75

[156] *Piper* in: *Köhler/Piper,* UWG (2002), § 1 UWG, Rdnr. 192; *Baumbach/Hefermehl,* § 1 UWG, Rdnr. 86; *Speckmann,* 1. Teil, Rdnr. 485; *Emmerich,* § 13, S. 166; *Burmann,* 300 II, S. 1; *Schmeding,* WRP 1974, 305/307; *Berneke,* WRP 2001, 615/617; *Steinbeck,* ZIP 2001, 1741/1742; BGH GRUR 1969, 295/296 – Goldener Oktober – mit zustimmender Anmerkung von *Droste*; BGH GRUR 1973, 418/419 – Das goldene A – mit zustimmender Anmerkung von *Hoth*; BGH GRUR BGH WRP 1974, 23/25 – Wertscheine an Letztverbraucher; BGH GRUR 1974, 156/157 – Geld-Gewinnspiel – mit zustimmender Anmerkung von *Gerstenberg*; BGH GRUR 1974, 345/346 – Geballtes Bunt; BGH WRP 1976, 172/173 – Versandhandels-Preisausschreiben; BGH WRP 1990, 28/30 – Wirtschaftsmagazin; a.A. *Borck,* WRP 1976, 285/286

rivalisierenden Unternehmen frei zu Entfaltung kommen,[157] entsprach, war die Wertwerbung grundsätzlich dem Modell des „Nichtleistungswettbewerbs“, bei dem das Ergebnis des Leistungsvergleichs durch leistungsfremde Praktiken verfälscht wird,[158] zuzuordnen. Der prinzipielle Widerspruch zwischen „Wertreklame“ und „Leistungswettbewerb“ sah man darin begründet, dass der unmittelbare Einsatz von Wertzuwendungen zum Zwecke der Werbung, bei Überschreitung der Grenzen Aufmerksamkeitswerbung, die Gefahr mit sich bringe, dass sich das angesprochene Publikum zum Vertragabschluss nur durch die Aussicht auf die Gewährung der versprochenen Vorteile und nicht mehr durch die Qualität, Verwendungsfähigkeit, Brauchbarkeit und Preiswürdigkeit der beworbenen Leistung verleiten ließ.[159] Sowohl die Trübung des Wettbewerbsumfeldes als auch die Befürchtung, dass solche Werbepraktiken darauf abzielten, ökonomische Entscheidungen nach unökonomischen Kriterien – etwa unter dem Gesichtspunkt des übertriebenen Anlockens und des moralischen oder psychischen Kaufzwangs -[160] treffen zu lassen, rechtfertigten nach seinerzeitigem Verständnis die Unverträglichkeit der Wertreklame mit dem Zweck des Leistungswettbewerbs und mit der Funktion des Verbrauchers im Rahmen dieser Ordnung.

Allein jedoch die Tatsache, dass die Wertwerbung als ein dem Prinzip des Leistungswettbewerbs fremdes Absatzförderungsmittel angesehen wurde, bedeutete nicht, dass sie schlechthin für unlauter zu halten war.[161] Die Unterscheidung zwischen Leistungs- und Nichtleistungswettbewerbs eignet sich nicht, um eine Wettbewerbshandlung abschließend zu beurteilen, und ihr somit

---

[157] *Baumbach/Hefermehl,* Einl. UWG, Rdnr. 98; HdbWbR/*Kreft,* § 9, Rdnr. 20; zur historischen Entwicklung der Begriffbestimmung s. in: Großkomm/*Schünemann,* Einl. UWG, Rdnr. D 81

[158] *Baumbach/Hefermehl,* Einl. UWG, Rdnr. 99; *Emmerich,* § 5, S. 50; HdbWbR/*Kreft,* § 9, Rdnr. 22

[159] *Baumbach/Hefermehl,* § 1 UWG, Rdnr. 86; *Emmerich,* § 13, S. 166; *Burmann,* 300 II, S. 1; BGH GRUR 1969, 295/296 – Goldener Oktober; BGH GRUR 1973, 591/593 – Schatzjagd – mit Anmerkung von *Hoth*; BGH GRUR 1974, 156/157 – Geld-Gewinnspiel; BGH GRUR 1974, 345/346 – Geballtes Bunt; BGH WRP 1975, 672/673 – Vorspannangebot; BGH WRP 1976, 172/173 – Versandhandels-Preisausschreiben; BGH GRUR 1976, 637 – Rustikale Brettchen; BGH GRUR 1977, 110/111 – Kochbuch; BGH NJW 1985, 327 – Mitmacher-Tour; BGH WRP 1990, 28/30 – Wirtschaftsmagazin; BGH GRUR 1992, 621/622 – Glücksball-Festival; BGH GRUR 1999, 755/757 – Altkleider-Wertgutscheine; BGH WRP 1998, 727/728 – Schmuck-Set; BGH WRP 1999, 517/518 – Am Telefon nicht süß sein?

[160] Zur Kritik zum damaligen Zeitpunkt s. *Lehmann,* S. 157 ff.; *Schricker,* Entwicklungstendenzen im Recht des unlauteren Wettbewerbs, GRUR 1974, 579/587; *Borck,* WRP 1976, 285/287; *v.Gamm,* WRP 1974, 1; *Emmerich,* § 13, S. 166/167

[161] *Baumbach/Hefermehl,* § 1 UWG, Rdnr. 86; *v.Gamm* in: Systematisches Kommentar für Wettbewerbs- und Warenzeichenrecht, 2. Band (Wettbewerbsrecht), 4. Aufl. (1972), Kap. 32, Rdnr. 18; *Bußmann,* Unlauterer Wettbewerb bei neuen Werbemethoden, NJW 1952, 684/685/687

eine sittlich gesehen positive bzw. negative Bewertung zuzuschreiben.[162] Es kann also einen Nichtleistungswettbewerb geben, der noch erlaubt ist und einen Leistungswettbewerb, der unerlaubt ist. Die Unterscheidung zwischen den beiden Ordnungsprinzipien fungiert aber als Richtlinie für die Beurteilung von Wettbewerbshandlungen und gilt infolgedessen als prinzipielle *Wertungsgrundlage* der gesamten Wettbewerbsordnung.[163] Hält sich dementsprechend der Wettbewerber im Rahmen des Leistungswettbewerbs, so wird davon ausgegangen, dass sein Verhalten dem Leitbild eines gesunden und funktionsfähigen Wettbewerbs nicht widerspricht. Handelt er dagegen im Wettbewerb mit leistungsfremden Mitteln, kann ein solches Wettbewerbsverhalten nur in beschränktem Umfang als wettbewerbskonform angesehen werden.

In diesem Zusammenhang stellt sich die rechtlich entscheidende Frage, bis zu welchem Punkte die jeweiligen Abweichungen von dem Leistungswettbewerb vertretbar sind. Es kann mühelos wahrgenommen werden, dass in der Wertwerbung ganz enge Grenzen gezogen wurden: Mann muss daran denken, dass in der Vergangenheit der Wettbewerbsmechanismus einen allgemeinen Argwohn gegen Kundenfangspraktiken hegte. Ferner löste die Absatzförderung mit Vergünstigungen hinsichtlich ihrer Konformität mit dem Leitbild und Idealtypus eines wettbewerblichen Verhaltens eine negative Einstellung sowohl bei der Judikatur als auch bei der Lehre aus.

B. Die lauterkeitsrechtliche Beurteilung der Kopplungsangebote bis Mitte der 90er Jahre

Die Bedenken, denen das Werben mit Kombinationsangeboten in der Vergangenheit begegnete, spiegelten sich deutlich in der Art und Weise wider, in der die rechtliche Beurteilung derartigen Praktiken erfolgte. Kopplungsgeschäfte wurden auf verschiedenen gesetzlichen Ebenen gefiltert und nach mehrdimensionalen wettbewerbsrechtlichen Maßstäben untersucht. Ihre Zulässigkeit ließ sich nicht nur an den Vorschriften des UWG, sondern auch an den Regelungen der noch geltenden Zugabeverordnung messen. Während die rechtliche Beurteilung der „Angebote mit Zugaben" prinzipiell den Spezialvorschriften der Zugabeverordnung und nur subsidiär den Regelungen des UWG

[162] *Baumbach/Hefermehl,* Einl. UWG, Rdnr. 105; Großkomm/*Schünemann,* Einl. UWG, Rdnr. D 81; BGHZ 15, 356, 365 – Progressive Kundenwerbung; BGH GRUR 1959, 138/139 – Italienische Note – mit zustimmender Anmerkung von *Bußmann*; BGH GRUR 1959, 285/286 – Bienenhonig – mit zustimmender Anmerkung von *Falck*; OLG Hamm WRP 1965, 434 – Werbung mit Kreditangeboten; a.A. *Schmeding,* WRP 1974, 305/307

[163] *Gloy,* § 9, Rdnr. 20; *Baumbach/Hefermehl,* Einl. UWG, Rdnr. 96; Großkomm/*Schünemann,* Einl. UWG, Rdnr. D 81; *Merz,* S. 267; *Rink/Schwark,* Wirtschaftsrecht, 6. Aufl. (1986), Rdnr. 667

unterlag, waren die zunehmend weiter gezogenen[164] Zulässigkeitsschranken der sonstigen Kopplungsgeschäfte grundsätzlich durch die Gebote des UWG zu bestimmen. Intervention des Gesetzgebers, der in Kopplungspraktiken Umgehungsversuche zur Zugabeverordnung witterte,[165] sowie eine zunehmend extensive Interpretation des Zugabe-Begriffs durch Rechtsprechung[166] und Lehre[167] führte indes mehr und mehr zu einer Ausdehnung des Feldes der Zugabeverordnung:[168] Kopplungsangebote – insbesondere diejenigen, bei denen die gekoppelten Güter zu einem außerordentlich günstigen Gesamtpreis angeboten wurden - wurden auch unter zugaberechtlichen Gesichtspunkten geprüft. War also ein besonders preisgünstiges Kopplungsangebot im Rahmen des UWG nicht zu beanstanden, bedeutete dies nicht schlechthin, dass es sich um ein zulässiges Wettbewerbsverhalten handelte. Seine Wettbewerbskonformität konnte erst dann festgestellt werden, wenn der Verdacht auf Umgehung des Zugabeverbots ausgeräumt war. Aus diesem Grund erfolgte nach der gerichtlichen Praxis eine zugaberechtliche Beurteilung einer wettbewerbsrechtlichen Verhaltensweise, sodass eine weitere Würdigung des Sachverhaltes unter dem Gesichtspunkt des UWG ohne Bedeutung blieb, wenn die Tatbestandsmerkmale der Zugabeverordnung erfüllt wurden. Da jedoch die Zugabeverordnung keine abschließende Regelung der Kopplungsangebote bezweckte, sondern nur deren Auswüchse bekämpfen wollte, wurden Kopplungsgeschäfte umgekehrt trotz fehlendes Verstoßen gegen die Sonderregelung im Einzelfall nicht unbedingt als wettbewerbsgemäß angesehen.[169]

---

[164] *Köhler,* GRUR 2003, 729/731

[165] Verordnung von 9. März 1932 RGBl. I S. 121; vgl. Erlass des Reichs- und Preußischen Wirtschaftsministers an die Reichswirtschaftskammer vom 24. Juni 1935 (V 12 300/35), betr. Umgehung des Zugabeverbots durch Verkopplung von Waren, GRUR 1935, 483; vgl. auch Gutachten der Reichswirtschaftskammer zu Fragen des Zugabeverbots, GRUR 1936, 30 ff.

[166] Vgl. BGH GRUR 2000, 92 – Möbel-Umtauschrecht; OLG Saarbrücken GRUR 2000,1106 – Lands' End

[167] Vgl. *Borck,* Zum Gegenstand der Zugabe, WRP 1971, 102/164/168 f.: *Borck* hat einen Lösungsweg vorgeschlagen, mit dessen Hilfe besonders günstige Kopplungsangebote, die *a limine* zugabeverdächtig seien, als Zugaben zu erfassen sein sollten. Auf der Grundlage der von ihm vorgeschlagenen Betrachtungsweise könnte jedes preisgünstige Kopplungsangebot derart aufgespaltet werden, dass es eine Zugabe in Höhe der Differenz zwischen dem für die Nebenware geforderten Entgelt und ihrem Marktpreis oder zumindest in Höhe der Differenz zwischen dem für das Gesamtangebot verlangten Preis und der Summe der Einzelpreise der jeweiligen Angebotsbestandteile enthalte. Damit könnte folglich jedes unter dem Marktpreis liegende – also praktisch jedes (vgl. Erster Teil, B. I. 1., S. 29 ff.) – gekoppelte Angebot als unzulässige Zugabe verfolgt werden; a.A. allerdings *Schmeding,* WRP 1974, 305/306

[168] Vgl. *Köhler,* GRUR 2001, 1067

[169] Vgl. etwa *Nastelski,* Warenzeichen und Wettbewerb in der Rechtsprechung des Bundesgerichtshofs, MA 1962, 312/324

I. Kopplungsangebote im Anwendungsbereich des UWG

Ausgangspunkt der *wettbewerbsrechtlichen* Beurteilung war auch für die ältere Rechtsprechung der Grundsatz der Freiheit der Preisgestaltung, der Sortimentsgestaltung und der Angebotsgestaltung im Handel.[170] Unter diesem Aspekt waren Kopplungsangebote in wettbewerbsrechtlicher Hinsicht „grundsätzlich" nicht zu beanstanden. Auch wenn es dem Werbenden „prinzipiell" frei stand, bestimmte Waren oder Dienstleistungen im Rahmen einer Gesamtkalkulation gemeinsam anzubieten, wurden an der Zulässigkeit der Angebotsverbindungen freilich gleichwohl strenge Anforderungen gestellt. Je nachdem, wie die Zusammenstellung der Waren oder Dienstleistungen erfolgte, und welche Güter die Kopplung betraf, wurden die Kombinationsangebote in verschiedenen Fallgruppen eingeteilt, deren wettbewerbsrechtliche Konformität unterschiedlich beurteilt wurde. Jede Fallgruppe war mit bestimmten Gefahren verbunden, die sich im wesentlichen aus den Gesichtspunkten der Preisverschleierung, der Irreführung über die Preisgestaltung und der durch die übermäßige Anlockwirkung der Angebote unsachlichen Beeinflussung der Verbraucher ergaben. Von erheblicher Bedeutung ist es, Licht in die Kriterien zu bringen, die sich in der bisherigen Rechtsprechung - besonders bis Mitte der 90er Jahre des vergangenen Jahrhunderts – herauskristallisiert haben und nach denen das Hinzutreten dieser Unlauterkeitsmomente festzustellen war. Ein solcher Rückblick erlaubt eine lebhafte Gegenüberstellung von neuer und alter Rechtslage.

1. Die unterschiedliche Beurteilung von „offenem" und „verdecktem" Kopplungsgeschäft

In der wettbewerbsrechtlichen Literatur und Rechtsprechung wurde zwischen sog. „offenen" und „verdeckten" Kopplungsangeboten unterschieden.[171] Einigkeit über die Abgrenzung bestand allerdings nicht.[172] Ein Teil des Schrifttums sah das entscheidende Abgrenzungsmerkmal darin, ob die gekoppelten Güter *auch einzeln* zu den dafür angesetzten Preisen erhältlich waren.[173] Eine offene Kopplung lag dann vor, wenn die Einzelpreise der Angebotselemente benannt wurden und gleichzeitig die verbundenen Waren oder Dienstleistungen auch getrennt erworben werden konnten. Angesichts dieser Betrachtungsweise sollte dagegen ein verdecktes Kopplungsangebot dann vorliegen, wenn der Gesamtpreis die Preise der Einzelwaren nicht erkennen ließ und die Waren auch nicht einzeln erstanden

---

[170] *Fezer*, WRP 2001, 989/1008; vgl. auch *Brandl*, S. 39; s. auch oben in: Erster Teil, A., S. 25 ff.
[171] Zur Kritik dazu s. in: RWW/*Borck*, 3.8., Rdnr. 75
[172] Zur Abgrenzungsproblematik s. in: *Baumbach/Hefermehl*, § 1 UWG, Rdnr. 127
[173] *Reimer/Krieger*, Zugabe und Rabattrecht, 1955, Rdnr. 15; vgl. dazu auch die Anmerkung zum „Einpfennig-Süßwaren" Urteil von *Borck* in: LM (1961) § 1 ZugabeVO, Nr. 13, Bl. 1278/1279

werden konnten.[174] Nach der überwiegenden Ansicht bezog sich dagegen „verdeckt“ und „offen“ nicht auf die Art der Kopplung,[175] sodass das Abgrenzungskriterium der Einzelabgabe nicht zu berücksichtigen war. Die Unterscheidung zwischen einem offenen oder verdeckten Kopplungsangebot sollte also nur danach getroffen werden, ob die *Einzelpreise* der verbundenen Angebote dem Käufer offenbart wurden oder nicht.[176] Die Rechtsprechung hat gleichermaßen auch auf die Nennung der Einzelpreise als Unterscheidungsmerkmal zwischen „verdeckten“ und „offenen“ Angebotskombinationen abgestellt,[177] obwohl sie ursprünglich die Abgrenzung offen gelassen hat.[178]

Ein offenes Kopplungsangebot sollte dementsprechend angenommen werden, wenn die Einzelpreise der verbundenen Waren oder Dienstleistungen *offen* ausgewiesen wurden.[179] Dies war der Fall, wenn der angesprochene Verbraucher aufgrund der auf der Verpackung oder in der Werbung angegebenen Preisdarstellung neben dem Gesamtpreis auch die Einzelpreise der Angebotsbestandteile erkennen konnte. Die Einzelpreise sollten sogar ausdrücklich angegeben werden, sodass die bloße Möglichkeit, die Preise zu erfragen, für das Vorliegen einer offenen Kopplung nicht ausreichte.[180] Die Art und Weise der Abgabe der gekoppelten Güter spielte für die Charakterisierung eines Angebots als „offenes Kopplungsgeschäft“ keine Rolle: Bei einem offenen Kombinationsangebot könnten die verbundenen Waren oder Dienstleistungen entweder nur zusammen zu einem der Summe der Einzelpreise entsprechenden Gesamtpreis

---

[174] *Reimer/Krieger*, Rdnr. 15

[175] Vgl. die Untescheidung zwischen „strenger“ und „lockerer“ Kopplung: Erster Teil B. I. 2., S. 31 ff.

[176] *Baumbach/Hefermehl*, § 1 UWG, Rdnr. 127; RWW/*Borck*, 3.8., Rdnr. 75; *Hoth/Gloy*, § 1 ZugabeVO, Rdnrn. 63, 73; *Piper* in: *Köhler/Piper*, UWG (2002), § 1 UWG, Rdnr. 228; *Emmerich*, § 13, S. 174; *v.Gamm*, Kap.26, Rdnr. 63; HK/*Plaß*, § 1 UWG, Rdnr. 144; *Speckmann*, 1. Teil, Rdnr. 506; *Kehl*, § 14, Rdnr. 57; *Nastelski*, MA 1962, 312/322; *Hoth*, Kundenfang durch branche- oder betriebsfremde Vorspannangebote, GRUR 1961, 562/564; *Hefermehl*, GRUR 1974, 542; *Fezer*, WRP 2001, 989/1008; *Lange*, WRP 2002, 10/13

[177] BGH GRUR 1971, 582/584 – Kopplung im Kaffeehandel; BGH GRUR 1996, 363/364 – Saustarke Angebote; OLG Köln WRP 1981, 227; OLG Hamburg GRUR 1992, 635 – Gefriertruhe mit Schweinehälfte; OLG Karlsruhe WRP 2001, 1238/1240 – Jetzt schlägt's Punto; OLG Köln WRP 2002, 472/473 - Punto

[178] BGH GRUR 1962, 415/416 - Glockenpackung – mit Anmerkung von *Seydel*

[179] *Baumbach/Hefermehl*, § 1 UWG, Rdnr. 127; RWW/*Borck*, 3.8., Rdnr. 75; *Hoth/Gloy*, § 1 ZugabeVO, Rdnrn. 63, 73; *Piper* in: *Köhler/Piper*, UWG (2002), § 1 UWG, Rdnr. 228; HdbWbR/*Klosterfelde/Jaeger-Lenz*, § 50, Rdnr. 123; *Emmerich*, § 13, S. 174; *v.Gamm*, Kap.26, Rdnr. 63; HK/*Plaß*, § 1 UWG, Rdnr. 144; *Speckmann*, 1. Teil, Rdnr. 506; *Kehl*, § 14, Rdnr. 57; *Ackermann*, S. 107; *Berlit*, Rdnr. 62; *Stuckel* in: *Harte-Bavendamm/Henning-Bodewig*, § 4 Nr. 1 UWG, Rdnr. 13; *Fezer*, WRP 2001, 989/1008; *Pluskat*, WRP 2002, 1381/1383

[180] HK/*Plaß*, § 1 UWG, Rdnr. 144; *Lange*, WRP 2002, 10/13; BGH GRUR 1996, 363/364 – Saustarke Angebote

oder auch getrennt zu den dafür angesetzten und offen gelegten Einzelpreisen abgegeben werden.[181]

Ein verdecktes Kopplungsangebot sollte dagegen dann gegeben sein, wenn die Einzelpreise durch den geforderten Gesamtpreis *„verdeckt"* wurden.[182] Hierbei wurde lediglich ein Gesamtpreis genannt, der die Preise der Einzelangebote, aus denen er gebildet wurde, nicht erkennen ließ. Der Käufer konnte sie nur – wenn überhaupt – manchmal mit hohem, manchmal mit geringem persönlichem Aufwand, durch Erfragung am Ort der Werbung oder durch längeres Suchen in Erfahrung bringen. Im Gegensatz zu einer offenen Kopplung war bei verdeckten Kopplungsgeschäften ein separater Erwerb der zusammengestellten Waren oder Dienstleistungen in der Regel nicht möglich.[183] Der Kunde stand lediglich vor der Alternative entweder alle gekoppelten Güter zusammen, und zwar zu einem Gesamtpreis, abzunehmen oder auf das Gesamtangebot zu verzichten. Dies erklärte sich daraus, dass der Anbieter, durch Vermeidung der Nennung der Einzelpreise und durch die ausschließliche Ausweisung eines Gesamtpreises, darauf abzielte, den gleichzeitigen Absatz mehrerer Waren sicherzustellen.

a) Verdeckte Kopplungsangebote

Rechtsprechung und Literatur hielten in der Vergangenheit verdeckte Kopplungsangebote „grundsätzlich" für zumutbar.[184] Ihrer Zulässigkeit wurden allerdings extrem enge Grenzen gezogen.[185] Das gilt hinsichtlich der Judikatur zumindest für die Zeit zwischen den 60en Jahren bis Mitte der 90er Jahre.[186] Die Bedenken

---

[181] *Baumbach/Hefermehl,* § 1 UWG, Rdnr. 127; *Fezer,* WRP 2001, 989/1008

[182] *Baumbach/Hefermehl,* § 1 UWG, Rdnr. 127; RWW/*Borck,* 3.8., Rdnr. 75; *Hoth/Gloy,* § 1 ZugabeVO, Rdnrn. 63, 73; *Piper* in: *Köhler/Piper,* UWG (2002), § 1 UWG, Rdnr. 228; HdbWbR/*Klosterfelde/Jaeger-Lenz,* § 50, Rdnr. 123; *Emmerich,* § 13, S. 174; *v.Gamm,* Kap.26, Rdnr. 63; HK/*Plaß,* § 1 UWG, Rdnr. 144; *Speckmann,* 1. Teil, Rdnr. 506; *Kehl,* § 14, Rdnr. 57; *Ackermann,* S. 107; *Nordemann,* 9. Aufl., Rdnr. 151; *Berlit,* Rdnr. 62; *Stuckel* in: *Harte-Bavendamm/Henning-Bodewig,* § 4 Nr. 1 UWG, Rdnr. 14; *Fezer,* WRP 2001, 989/1008; *Pluskat,* WRP 2002, 1381/1383

[183] *Baumbach/Hefermehl,* § 1 UWG, Rdnr. 127; HdbWbR/*Klosterfelde/Jaeger-Lenz,* § 50, Rdnr. 123; *Ackermann,* S. 107; *Fezer,* WRP 2001, 989/1008

[184] BGH GRUR 1962, 415/417 = WRP 1962, 200 – Glockenpackung; BGH GRUR 1967, 530/532 = WRP 1967, 222 – Fahrschule; BGH GRUR 1971, 582/584 – Kopplung im Kaffeehandel; OLG Köln, WRP 1976, 495/496; OLG Köln WRP 1981, 227/228; OLG Hamm GRUR 1989, 923/924 = NJW-RR 1990, 234 – Auto und Urlaub

[185] *Baumbach/Hefermehl,* § 1 UWG, Rdnr. 128; HdbWbR/*Klosterfelde/Jaeger-Lenz,* § 50, Rdnr. 124; *Emmerich,* § 13, S. 174 f.; *Nordemann,* 9. Aufl., Rdnr. 151; *Ackermann,* S. 107; *Speckmann,* Rdnr. 507; *v.Gamm,* Kap. 26, Rdnr. 66; HK/*Plaß,* § 1 UWG, Rdnr. 148

[186] *Fezer,* WRP 2001, 989/1008; vgl. auch *Berlit,* Auswirkungen der Aufhebung des Rabattgesetzes und der Zugabeverordnung auf die Auslegung von § 1 und § 3 UWG, WRP 2001, 349/350

gegen derartigen Kopplungsformen wurden damit begründet, dass der angesprochene Verbraucher in Ermangelung von Einzelpreisen nicht vollständig über die Parameter des Angebots informiert war. Die Wettbewerbswidrigkeit wurde insbesondere unter den Aspekten der sich aus der Preisverschleierung resultierenden Erschwerung eines Preisvergleichs sowie der Irreführung über die Preiswürdigkeit des Kopplungsangebots abgeleitet.

aa) Preisverschleierung - Erschwerung des Preisvergleichs: das Kriterium der Branchenverschiedenheit

Ein verdecktes Kopplungsangebot konnte in erster Linie wegen einer für den Wettbewerb unerwünschten Erschwerung des Preisvergleichs gegen § 1 UWG a.F. verstoßen. Solche Angebote konnten wegen der mit ihnen einhergehenden Verschleierung[187] der Einzelpreise unter einem Gesamtpreis, den Vergleich mit den Angeboten der Mitbewerber und damit auch die Beurteilung der Preiswürdigkeit der unter dem Gesamtpreis angebotenen Waren oder Dienstleistungen unmöglich machen oder doch wesentlich erschweren.[188] Dann war in der Preisverschleierung ein wettbewerbswidriges Verhalten zu sehen.

Ausgangspunkt aller Überlegungen war die Tatsache, dass mit alleiniger Angabe des Gesamtpreises dem Verbraucher von vornherein Angaben fehlten, die er für die Ermittlung der Einzelpreise benötigte. Allerdings war dies für sich genommen allerdings nicht zu beanstanden. Eine verdeckte Kopplung wurde erst dann als unlauter angesehen, wenn dem Käufer die Einzelpreise im Angebot nicht ersichtlich waren und er auch sonst keine Anhaltspunkte dafür hatte, den voraussichtlichen Wert der gemeinschaftlich angebotenen Einzelwaren oder –leistungen in Erfahrung zu bringen oder zumindest nur annähernd zu schätzen.[189] In einer

---

[187] Von einer Preisverschleierung konnte nur dann die Rede sein, wenn alle Einzelpreise für den Kunden nicht ersichtlich waren. Die Angabe lediglich eines Einzelpreises von zwei gekoppelten Waren schloß eine unlautere Preisverschleierung aus, da vom Kudnen erwartet wurde, dass er den anderen Einzelpreis errechnen konnte: s. dazu die Anmerkung von *Seydel* in: GRUR 1962, 415/419 – Glockenpackung; *v.Gamm,* Kap. 26, Rdnr. 66: *Baumbach/Hefermehl,* § 1 UWG, Rdnr. 128; HK/*Plaß,* § 1 UWG, Rdnr. 149

[188] BGH GRUR 1962, 415/418 – Glockenpackung; BGH GRUR 1967, 530/532 – Fahrschule; BGH GRUR 1971, 582/584 – Kopplung im Kaffeehandel; OLG Hamm GRUR 1975, 145 – Verdeckte Kopplung; OLG Frankfurt/Main WRP 1976, 476/478 – Verdeckte Koppelung bei Fotofilmen; OLG Hamm GRUR 1989, 923 – Auto und Urlaub

[189] *Baumbach/Hefermehl,* § 1 UWG, Rdnr. 128; *Piper* in: *Köhler/Piper,* UWG (2002), § 1 UWG, Rdnr. 229; *v.Gamm,* Kap. 26, Rdnr. 66; HK/*Plaß,* § 1 UWG, Rdnr. 148; *Pfeiffer,* Markteinführung neuer Produkte – was ist wettbewerbsrechtlich zulässig?, WRP 2000, 371/376; BGH GRUR 1962, 415/418 – Glockenpackung; BGH GRUR 1967, 530/532 – Fahrschule; BGH GRUR 1971, 582/584 – Kopplung im Kaffeehandel; OLG Hamm GRUR 1975, 145 – Verdeckte Kopplung;

solchen Situation sei ein Vergleich dieses Angebots mit anderen Konkurrenzangeboten hinsichtlich seiner Preisgünstigkeit praktisch unmöglich gewesen. Es bestand die Gefahr, dass sich der Verbraucher von sachfremden Motiven und nicht von seinen Vorstellungen über die Preiswürdigkeit und Qualität der konkurrienden Güter zum Kauf verleiten ließ.[190] Dies widersprach dem zum damaligen Zeitpunkt geltenden Leitbild des „Leistungswettbewerbs".[191]

Daraus ergibt sich allerdings nicht, dass verdeckte Kopplungsangebote allgemein wegen der Erschwerung des Preisvergleichs für sittenwidrig, also im Zweifel stets für unzulässig gehalten wurden.[192] Die *bloße* Schwierigkeit die Einzelpreise der gekoppelten Güter zu ermitteln und die daraus folgende Erschwernis, die Preiswürdigkeit der angebotenen Ware mit der Ware der Mitbewerber zu vergleichen, reichten nicht aus, um ein Wettbewerbverstoß zu begründen.[193] Entscheidend war, ob es dem Abnehmer eines solchen Angebotes möglich war oder nicht, die Einzelpreise in Erfahrung zu bringen und so einen Preisvergleich, an dem er durchaus interessiert war, durchführen zu können. Laut Rechtsprechung war auf die Umstände des *Einzelfalls* abzustellen.[194]

Demgegenüber wurde die Lauterkeit bzw. Unlauterkeit von verdeckten Angebotsverbindungen auch anhand *fester* Kriterien festgestellt. Als rechtserheblich wurde namentlich die Branchenidentität, Branchennähe oder Branchenverschiedenheit der gekoppelten Waren oder Dienstleistungen erachtet.[195] Je weiter eine Ware oder eine Leistung von der Geschäftsbranche des Anbieters entfernt war, um so eher war anzunehmen, dass den Kunden die Ermittlung oder zumindest die Abschätzung des voraussichtlichen Wertes der Einzelleistungen und folglich der Preisvergleich hinsichtlich der einzelnen Waren mit anderweitigen Einzelangeboten von Seiten Dritter – wenn nicht ausgeschlossen – mindestens

OLG Frankfurt/Main WRP 1976, 476/478 – Verdeckte Koppelung bei Fotofilmen; OLG Hamm GRUR 1989, 923 – Auto und Urlaub

[190] HK/*Plaß*, § 1 UWG, Rdnr. 148

[191] *Fezer*, WRP 2001, 989/1009

[192] BGH GRUR 1967, 530/532 – Fahrschule; OLG Hamm GRUR 1975, 145 – Verdeckte Kopplung; vgl. auch: *Baumbach/Hefermehl*, § 1 UWG, Rdnr. 128; *Piper* in: *Köhler/Piper*, UWG (2002), § 1 UWG, Rdnr. 229; HK/*Plaß*, § 1 UWG, Rdnr. 148

[193] HK/*Plaß*, § 1 UWG, Rdnr. 148

[194] BGH GRUR 1967, 530/532 – Fahrschule; OLG Köln WRP 1976, 495/496; OLG Köln WRP 1981, 227/229; OLG Hamm GRUR 1989, 923 – Auto und Uraub; vgl. dazu: *Baumbach/Hefermehl*, § 1 UWG, Rdnr. 128; HK/*Plaß*, § 1 UWG, Rdnr. 149; *Hoth/Gloy*, § 1 ZugabeVO, Rdnr. 74

[195] Vgl. *Berlit*, WRP 2001, 349/351; *Fezer*, WRP 2001, 989/1008 f.; *Pluskat*, WRP 2002, 1381/1384

übermäßig erschwert wurde,[196] was mit den Regeln des lauteren Wettbewerbs nicht vereinbar sei.[197]

Wurden demgemäß mehrere *branchengleiche* Waren, wie z.B. Zahnbürste und Zahnpasta[198] oder Tabak und Zigarettenpapier, zusammen zu einem Gesamtpreis ohne Ersichtlichkeit der Einzelpreise angeboten, so wurde die Kopplung als unbedenklich angesehen. Sofern die verbundenen Produkte zu dem normalen Sortiment des Anbieters gehörten, war dem Abnehmer zuzumuten, sich im Geschäft des Werbenden über die Preise der Einzelwaren oder vergleichbarer Leistungen zu informieren und dort auch den Preisvergleich vorzunehmen.[199] Unproblematisch war gleichermaßen der Fall, in dem die verdeckte Kopplung zwei oder mehrere *gängige* – wenn auch branchenfremde – Güter betraf, weil dann von dem Kunden erwartet wurde, dass er die Einzelpreise erfahrungsgemäß überschläglich beziffern konnte.[200]

Ein Verstoß gegen § 1 UWG a.F. wurde dagegen meist dann bejaht, wenn das verdeckte Kombinationsangebot *branchenverschiedene* Waren oder Leistungen von *unterschiedlicher* Art und Beschaffenheit zum Gegenstand hatte.[201] Ausgangspunkt der negativen Beurteilung derartigen Kopplungsformen war die Tatsache, dass mindestens eins der angebotenen Leistungsgegenstände nicht zu dem üblichen Sortiment des Werbenden gehörte. Daher konnte der Käufer nicht problemlos den Einzelpreis der branchenfremden Ware bzw. der ungleichartigen Leistung in Erfahrung bringen, sofern sich in dem Geschäft nicht Vergleichsobjekten befanden bzw. die Inanspruchsnahme ähnlicher Dienstleistungen[202] nicht angeboten wurde. Hierbei muss beachtet werden, dass die Rechtsprechung, besonders bis Mitte der 90er Jahre, die Auffassung vertrat, dass die Anforderungen an die eigenen Bemühungen von Kaufinteressenten Preise oder Preiszusammensetzungen zu ermitteln, nicht zu hoch gespannt werden dürften.[203] Dementsprechend schließt die Möglichkeit des Kunden, sich durch Gesprächs-

---

[196] *v.Gamm*, Kap. 26, Rdnr. 66; *Emmerich*, § 13, S. 174
[197] OLG Hamm GRUR 1989, 923 – Auto und Urlaub
[198] Beispiel abgeleitet von der BGH-Entscheidung „Probetube“, GRUR 1968, 53
[199] *Baumbach/Hefermehl*, § 1 UWG, Rdnr. 130; HK/*Plaß*, § 1 UWG, Rdnr. 149; HdbWbR/*Klosterfelde/Jaeger-Lenz*, § 50, Rdnr. 124
[200] HK/*Plaß*, § 1 UWG, Rdnr. 149
[201] *Baumbach/Hefermehl*, § 1 UWG, Rdnr. 128; HdbWbR/*Klosterfelde/Jaeger-Lenz*, § 50, Rdnr. 124; *v.Gamm*, Kap. 26, Rdnr. 66; *Emmerich*, § 13, S. 174; *Ackermann*, S. 108; BGH GRUR 1962, 415/418 – Glockenpackung; BGH GRUR 1967, 530/532 – Fahrschule; BGH GRUR 1971, 582/584 – Kopplung im Kaffeehandel; OLG Köln WRP 1981, 227/229; OLG Hamm GRUR 1989, 923 – Auto und Urlaub
[202] Vgl. OLG Hamm GRUR 1989, 923 – Auto und Urlaub
[203] BGH GRUR 1962, 415/418 – Glockenpackung; OLG Köln, WRP 1976, 495/496; LG Köln WRP 1983,178/179; OLG Hamm GRUR 1989, 923/924 – Auto und Urlaub; a.A. allerdings BGH GRUR 1967, 530/532 – Fahrschule; OLG Hamm GRUR 1975, 145 – Verdeckte Kopplung

kontakt mit dem Anbieter oder bei anderen Wettbewerbern über die Einzelpreise zu informieren, eine Preisverschleierung nicht unbedingt aus.[204] Unter diesem Aspekt war bei einer verdeckten Kopplung mit zwei oder mehrerer Waren oder Dienstleistungen, die zueinander keine Verwandtschaft aufwiesen, meist anzunehmen, dass der Verbraucher keinerlei Anhaltspunkte zu ermitteln hatte, in welchem Wertverhältnis das branchenfremde Gut zu der mitgekoppelten Leistung stand. Aus diesem Grund konnte er die Preisgestaltung des Kopplungsangebots mit Konkurrenzleistungen nicht vergleichen.[205] In Ermangelung einer Berechnungsgrundlage konnte er nur Spekulationen anstellen, die ihn in der vernünftigen Bewertung des Angebots aber nicht weiterbrachten.

bb) Die Irreführungsgefahr

Die Wettbewerbswidrigkeit von verdeckten Kopplungsangeboten konnte ferner auch unter dem Gesichtspunkt einer Irreführung der Verbraucher begründet werden.[206] Eine Irreführungsgefahr sei darin zu sehen, dass der Käufer, der die Einzelpreise der angebotenen Waren oder Dienstleistungen nicht kannte, allein durch die Erkundigung des Gesamtpreises zu irrigen Vorstellungen über die Preiswürdigkeit des Gesamtangebots verleitet werden könnte. Ein Verstoß gegen § 3 UWG a.F. war allerdings nicht zu bejahen, wenn der Abnehmer *ohne einen Anlaß* vermuten durfte, er erhielt die eine Ware bzw. Dienstleistung wegen der Kopplung mit der anderen Ware oder Leistung besonders preisgünstig.[207] Der Endpreis für das verbundene Angebot brauchte freilich nicht niedriger zu sein als die Summe der Einzelpreise,[208] da es jedem Kaufmann prinzipiell freistand, die Preise seines Sortiments zu gestalten. Eine Irreführung kam demnach erst in Betracht, wenn der Anbieter durch irreführende Angaben den Eindruck besonderer Vorteile, insbesondere eines Preisvorteils *hervorrief*.[209] Dies war der Fall, wenn der Werbende deklarierte, dass durch das Gesamtangebot die gekoppelten Produkte zu einem niedrigeren Preis zu erwerben seien, als wenn sie

---

[204] BGH GRUR 1962, 415/418 – Glockenpackung; LG Köln WRP 1983,178/179; OLG Hamm GRUR 1989, 923/924 – Auto und Urlaub; a.A. allerdings BGH GRUR 1967, 530/532 – Fahrschule; OLG Hamm GRUR 1975, 145 – Verdeckte Kopplung; vgl. auch HK/*Plaß*, § 1 UWG, Rdnr. 149

[205] BGH GRUR 1962, 415/418 – Glockenpackung; BGH GRUR 1971, 582/584 – Kopplung im Kaffeehandel; OLG Köln WRP 1980, 227/229; OLG Hamm GRUR 1989, 923/924 – Auto und Urlaub

[206] *Baumbach/Hefermehl*, § 1 UWG, Rdnr. 129; *Nordemann*, 9. Aufl., Rdnr. 151; *Ackermann*, S. 108; *Nees/Sauberschwarz*, WRP 1993, 369

[207] BGH GRUR 1962, 415/418 – Glockenpackung; vgl. auch: OLG Hamm GRUR 1988, 553/554 – Video-Koppelungsangebot; BGH GRUR 1995, 165/166 - Kosmetikset

[208] *Baumbach/Hefermehl*, § 1 UWG, Rdnr. 129

[209] Vgl. OLG Hamm GRUR 1988, 553/554 – Video-Koppelunsangebot

einzeln gekauft wurden, während in der Tat der angekündigte Gesamtpreis genau der Summe der Preise der Einzelware bzw. der Additionswerte der Einzelleistungen entsprach. Berücksichtigt man zusätzlich, dass der Käufer bei einer solchen Konstellation die Einzelpreise nicht erkennen und daher nicht miteinander vergleichen konnte, war es leicht zu verstehen, dass er mit alleiniger Angabe des Gesamtpreises sofort zu der irrigen Annahme verleitet wurde, das Kombinationsangebot sei preisgünstig.

b) Offene Kopplungsangebote

Offene Kombinationsangebote wurden in der Regel als wettbewerbseigen angesehen.[210] Bei offenen Kopplungen lag aufgrund der Ersichtlichkeit der Einzelpreise und der dadurch vollständigen Information der Verbraucher ein Missbrauch nach den Vorschriften des UWG von vornherein viel ferner als bei verdeckten. Sie waren jedoch nach § 1 und § 3 UWG a.F. zu beanstanden, wenn im Einzelfall besondere negative Momente hinzutraten.[211] Diese waren hauptsächlich von den Gefahren der übermäßigen Anlockwirkung und der Irreführung abzuleiten.

aa) Das Kriterium der Gebrauchsnähe

Im Gegensatz zu den verdeckten Kopplungsangeboten stellte die Rechtsprechung[212] und die Literatur[213] im Zusammenhang mit der Zulässigkeit der offenen Kopplungsangebote darauf ab, ob die gekoppelt, unter Angabe der Einzelpreise, angebotenen Waren oder Dienstleistungen sachfremd waren oder eine gewisse Gebrauchs- bzw. Einsatznähe aufwiesen. Die Branchenidentität bzw. Branchenverschiedenheit war auch bei der Bewertung offener Kombinationen zu berücksichtigen, auch wenn sie nur als subsidiäres Indizmerkmal diente. Das

---

210 *Baumbach/Hefermehl,* § 1 UWG, Rdnr. 130; HdbWbR/*Klosterfelde/Jaeger-Lenz,* § 50, Rdnr. 123; *Piper* in: *Köhler/Piper,* UWG (2002), § 1 UWG, Rdnr. 228; HK/*Plaß,* § 1 UWG, Rdnr. 146; *Speckmann,* 1. Teil, Rdnr. 507; *Kehl,* § 14, Rdnr. 57; *Ackermann,* S. 107; *Pluskat,* WRP 2002, 1381/1383; BGH GRUR 1962, 415/416 – Glockenpackung; BGH GRUR 1967, 530/532 – Fahrschule

211 *Baumbach/Hefermehl,* § 1 UWG, Rdnr. 131; HK/*Plaß,* § 1 UWG, Rdnr. 147; *Pluskat,* WRP 2002, 1381/1383

212 BGH GRUR 1962, 415/418 – Glockenpackung; BGH GRUR 1968, 53/56 – Probetube; OLG Hamm GRUR 1988, 553/554 – Video-Kopplungsangebot

213 *Baumbach/Hefermehl,* § 1 UWG, Rdnr. 131; HdbWbR/*Klosterfelde/Jaeger-Lenz,* § 50, Rdnr. 124; HK/*Plaß,* § 1 UWG, Rdnr. 146; *Emmerich,* § 13, S. 174; *Speckmann,* 1. Teil, Rdnr. 507; *Ackermann,* S. 108; *Berlit,* Rdnr. 64; *v.Gamm,* Kap. 26, Rdnr. 63; *Berlit,* WRP 2001, 349/351; *Pluskat,* WRP 2002, 1381/1383; BGH GRUR 1962, 415/416

entscheidende Kriterium wurde darin gesehen, ob die zusammengestellten Produkte in sachlicher Nähe zueinander standen oder nicht.

Wurden dementsprechend mehrere branchenfremde Waren oder unterschiedliche Leistungen zu einem Gesamtpreis angeboten, auch wenn bei einem solchen Sachverhalt eine verdeckte Kopplung als wettbewerbswidrig anzusehen war, konnte eine Kopplung mit Angabe der Einzelpreise noch zulässig sein.[214] Im Zusammenhang mit der Bewerbung von 50g Tee (DM 1,50) in Verbindung mit einer Japantasse mit Untertasse (DM 1,25) zu einem Gesamtpreis von DM 2,75 und zwar unter Angabe der Einzelpreise, hat der BGH in der grundlegenden „Glockenpackung"-Entscheidung ausgeführt, dass „es im Grundsatz – sofern nicht im Einzelfall besondere erschwerende Umstände hinzukommen – wettbewerbsrechtlich nicht zu beanstanden ist, wenn in offener Kopplung kaufmännisch kalkulierte Waren aus verschiedene Branche angeboten werden, die eine gewisse Gebrauchsnähe aufweisen, namentlich dann, wenn es sich um eine Kombination eines Hauptartikels, für den ein ständiger Nachholbedarf besteht, mit einem einzel verwendbaren Mitgehartikel handelt (wie z.B. Tee mit einer Teedose, Blumen mit einer Vase, Tabak mit einer Pfeife)".[215] Dieser „Grundsatz" lieferte in späteren Zeiten das Fundament der wettbewerbsrechtlichen Beurteilung offener Kopplungsangebote. Wurden demnach mehrere Waren oder Dienstleistungen, die zwar branchenfremd bzw. in ihrer Art unterschiedlich waren, jedoch zueinander eine *gewisse* Gebrauchs- bzw. Einsatznähe aufwiesen, unter Angabe richtig kalkulierter Einzelpreise zu einem Gesamtpreis angeboten, der gleich der Summe der Einzelpreise war, so war eine solche Angebotsverbindung in der Regel nicht nach § 1 UWG a.F. zu beanstanden.[216] Dies erklärte sich daraus, dass, kein Grund bestand, den Wettbewerber in seinem Angebot zu beschränken, sofern die miteinander verbundenen Elemente des Gesamtangebots dem angesprochenen Verkehr als sinnvolle Verbindung zu einer Waren- bzw. Leistungseinheit oder zumindest zu einer sachgerechten und zweckmäßigen Gebrauchseinheit erschienen und soweit die Preisbestandteile des Angebots erkennbar waren.

Auf Bedenken stießen dagegen offene Kopplungsangebote, wenn die aus verschiedenen Branchen stammenden Güter, *keine* oder nur eine *schwache* Gebrauchsnähe zueinander aufwiesen.[217] Bei einem solchen Sachverhalt konnte

---

[214] Vgl. *v.Gamm*, Kap. 26, Rdnr. 66

[215] BGH GRUR 1962, 415/417

[216] *Baumbach/Hefermehl*, § 1 UWG, Rdnr. 130; HdbWbR/*Klosterfelde/Jaeger-Lenz*, § 50, Rdnr. 124; HK/*Plaß*, § 1 UWG, Rdnr. 146; *Speckmann*, Rdnr. 507; *Berlit*, § 1 UWG, Rdnr. 64; *Ackermann*, S. 108; *Nastelski*, MA 1962, 312/325; *Berlit*, WRP 2001, 349/351; *Lange*, WRP 2002, 10/13; *Pluskat*, WRP 2002, 1381/1383

[217] *Baumbach/Hefermehl*, § 1 UWG, Rdnr. 131; *Spätgens* in: *Lange/Spätgens*, Rdnr. 430

die Waren- bzw. Leistungsbindung die Form eines Vorspannangebots einnehmen,[218] das wegen seines übermäßigen Ablenkungseffekts nur ausnahmsweise als wettbewerbskonform galt.

Daraus kann man leicht verstehen, welche Bedeutung Judikatur und Lehre dem Kriterium der „Gebrauchnähe“ beimaßen. Dieses war nicht nur für die Bewertung von offenen Kopplungsofferten entscheidend, sondern diente vielmehr, wie der BGH in seinem Urteil „Rustikale Brettchen“ festegestellt hat, der Abgrenzung zulässiger Kopplungsangebote von unzulässigen Vorspannangeboten.[219] Ausgegangen vom Begriff der Gebrauchsnähe, wie er in dem vorbezeichneten „Glockenpackung-Urteil“ herangezogen worden ist, hat der BGH die Wichtigkeit der Gebrauchsnähe hervorgehoben. Bei Kopplungsangeboten behauptete das Gericht, die Branchenfremdheit einer der zusammen angebotenen Waren sei in der Regel eines der Indizien, die dafür sprechen, dass es sich um ein Vorspannangebot handele. Weist jedoch die branchenfremde Ware eine gewisse Gebrauchsnähe zur Hauptware auf, so könne unter Umständen dieses Indiz entkräftet werden. Denn wenn die Gebrauchsnähe dazu führe, dass die Zusammenfassung in einem Gesamtangebot trotz Branchenfremdheit vom Verkehr als *sachgerecht* angesehen werde, so könne jener besondere Kaufanreiz entfallen, den die Kopplung branchenfremder und der Hauptware gebrauchsferner Gegenstände in der Regel hervorrufe. Die sachlich nicht naheliegend erscheinende Verbindung dränge zusammen mit einem besonders günstig erscheinenden Preis den Eindruck eines zugabeähnlichen Werbemittels auf.[220]

Daraus resultiert, dass je zunehmender die Gebrauchsnähe der Angebotsbestandteile war, desto mehr reduzierte sich die Gefahr, dass der Käufer das Angebot als eine willkürliche Zusammensetzung zu Werbezwecken wahrnahm. Es war daher auch wahrscheinlicher die Zumutbarkeit die Wettbewerbsrechtskonformität dieser Absatzförderungsmethode anzunehmen.[221]

---

[218] *Baumbach/Hefermehl,* § 1 UWG, Rdnr. 131; HK/*Plaß,* § 1 UWG, Rdnr. 146; *Ackermann,* S. 108; vgl. auch: HdbWbR/*Klosterfelde/Jaeger-Lenz,* § 50, Rdnr. 124; *Menke,* WRP 1997, 532/534

[219] BGH GRUR 1976, 637/639. Der Entscheidung lag folgende Angebotsgestaltung zugrunde: Eine Kaffee-Großrösterei offerierte zwei „rustikale Brettchen“ zu DM 2,25 beim Kauf von 500 g Kaffee. Das Gericht hat allerdings die Gebrauchsnähe zwischen Kaffee und Frühstücksbrettchen verneint und dabei auch die Argumentation abgelehnt, beides gehöre doch auf den Frühstückstisch: dazu s. *Menke,* WRP 1997, 532/534

[220] BGH GRUR 1976, 637/639

[221] *Malzer,* Anmerkung zum "Rustikale Brettchen"-Urteil, GRUR 1976, 637/640/641; HK/*Plaß,* § 1 UWG, Rdnr. 146; *Menke,* WRP 1997, 532/534

bb) Sonstige Unlauterkeitsfälle

Die Unzulässigkeit offener Kopplungsangebote konnte sich ferner im Einzelfall aus weiteren Umständen ergeben. Eine offene Kopplung konnte zunächst unter dem Gesichtspunkt der irreführenden Gegenüberstellung gegen § 3 UWG a.F. verstoßen. Dies war der Fall, wenn der Werbende seine Waren mit der besonderen Methode der Gegenüberstellung von Einzelpreis- und Gesamtpreisangeboten vertrieb, die angekündigten Einzelpreise aber keine reale Bedeutung hatten, sondern nur der Werbung dienten.[222] Eine Irreführungsgefahr war darin zu sehen, dass die genannten Einzelpreise von dem angesprochenen Verbraucher als ernsthaft kalkulierte Preise verstanden wurden, die von dem Anbieter beim Verkauf an Letztverbraucher regelmäßig gefordert und von ihnen regelmäßig gezahlt werden, während sie in Wahrheit nicht dem tatsächlichen, bei der Einzelabgabe der gekoppelten Güter verlangten Betrag entsprachen.[223]

Ein Verstoß gegen § 3 UWG a.F. lag besonders bei den Warenzusammenstellungen vor, wenn der Käufer über die Qualität, den Inhalt oder das Gewicht der Warenpackung getäuscht wurde.[224] Dies geschah, wenn die Verpackungen der Produkte, die in diesem Fall durch ein Band oder durch einen Klebe- oder Papierstreifen zu einem Paket mit einem Gesamtpreis zusammengefasst wurden, aber in Qualität, Inhalt und Gewicht den Verpackungen den gleichen Erzeugnisse unterlegen waren, die im Geschäft einzeln zu den gleichen Preisen mit den angegebenen Einzelpreisen der Kopplungsbestandteile erworben werden konnten. Der Verbraucher ging davon aus, dass sich die identischen Waren, die sich in dem Sortiment des Werbenden befanden, miteinander gleichen, unabhängig davon, welche davon einzeln oder gekoppelt mit anderen Produkten abgegeben wurden. Setzte der Anbieter gegen diese Erwartungen bei der Gestaltung eines Kombinationsangebots die Qualität, den Inhalt oder das Gewicht der verbundenen Waren, auf deren Absatz es ihm allein ankam, herab, so wurde der Käufer negativ überrascht, was im Wettbewerb nicht akzeptabel sein konnte.

Unzulässigkeitsgründe konnten sich schließlich unter dem Gesichtspunkt der Preisverschleierung ergeben, die trotz der Angabe der Einzelpreise nicht stets ausgeschlossen war.[225] Hier handelte es sich um den Fall der gezielten Preisverschleierung, wobei der Werbende durch sein Kombinationsangebot die unzutreffende Erwartung wecken wollte, eins der gekoppelten Güter werde un-

---

[222] BGH GRUR 1984, 212/213 – „Unechter“ Einzelpreis; vgl. BGH GRUR 1975, 78/79 - Preisgegenüberstellung

[223] *Baumbach/Hefermehl*, § 1 UWG, Rdnr. 131; HK/*Plaß*, § 1 UWG, Rdnr. 147; BGH GRUR 1984, 212/213 – „Unechter“ Einzelpreis; vgl. BGH GRUR 1975, 78/79 - Preisgegenüberstellung

[224] *Baumbach/Hefermehl*, § 1 UWG, Rdnr. 131; HK/*Plaß*, § 1 UWG, Rdnr. 147

[225] *Baumbach/Hefermehl*, § 1 UWG, Rdnr. 131

entgeltlich abgegeben.[226] Das war durch verschiedene Preisspielereien möglich, durch die Offenbarung der Einzelpreise sogar leichter erreichbar. Stellte beispielsweise[227] ein Süßwarenhersteller Großhändlern beim Einkauf von Süßwaren einen um 3,- DM unter dem üblichen Großhandelspreis liegenden Preis in Rechnung, ließ ihnen jedoch durch eine andere Firma Erzeugnisse im Werte von 3,- DM zusenden, dann entstand der Eindruck, dass die eine Ware zum normalen Preis angeboten werde, während die andere kostenlos zu erhalten sei. Solche Methoden waren geeignet, das Publikum irrezuführen und waren daher nach § 1 UWG a.F. und wegen des Fehlens einer Angabe nicht nach § 3 UWG a.F. zu beanstanden.

2. Die Sonderform des Vorspannangebots

Als „Vorspannangebote“ werden, wie oben bereits erklärt,[228] diejenigen Transaktionen verstanden, bei denen neben einer marktüblich angebotenen Hauptware eine andere, meist betriebs- oder branchenfremde Nebenware zu einem besonders günstigen Preis angeboten wird, die jedoch nicht ohne die andere Ware erworben werden kann. Die Branchen- bzw. Betriebsverschiedenheit der Nebenware sowie ihre außerordentliche Preisgünstigkeit sind allerdings nur Anzeichen dafür, dass ein Vorspannangebot vorliegt.[229] Das konstitutive Merkmal ist vielmehr darin zu sehen, ob mit der Nebenware der Eindruck einer besonderen Vergünstigung erweckt wird und sie damit als Vorspann zur Förderung des Absatzes der Hauptware angesehen wird. Dabei ist ebenfalls auf die Abgrenzung der Vorspannangebote zu den übrigen Kopplungsformen abzustellen, die in der Vergangenheit wegen der unterschiedlichen wettbewerbsrechtlichen Beurteilung äußerst wichtig war.

Bei Vorspannangeboten sind die Einzelpreise der gekoppelten Güter für den Abnehmer ersichtlich. Daher wurden sie in der Literatur als eine besondere Erscheinungsform der offenen Kopplungsangeboten bezeichnet. Im Gegensatz zu den üblichen offenen Kopplungsangeboten, aber auch zu den übrigen Kopplungsformen, waren derartige Gestaltungen in der Vergangenheit regelmäßig als unlauter zu behandeln.[230] Sie wurden als unzulässig im Sinne des § 1 UWG a.F.

---

[226] *Baumbach/Hefermehl*, § 1 UWG, Rdnr. 131; HK/*Plaß*, § 1 UWG, Rdnr. 147
[227] Vgl. *Baumbach/Hefermehl*, § 1 UWG, Rdnr. 131
[228] S. Erster Teil, B. II. 2., S. 36 ff.
[229] *Baumbach/Hefermehl*, § 1 UWG, Rdnrn. 135, 137; HK/*Plaß*, § 1 UWG, Rdnr. 156; *Hoth*, GRUR 1976, 219/223; *Menke*, WRP 1997, 532; *Mann*, WRP 1997, 1139/1141; vgl. auch BGH GRUR 1976, 637/639 – Rustikale Brettchen
[230] *Baumbach/Hefermehl*, § 1 UWG, 138; HdbWbR/*Klosterfelde/Jaeger-Lenz*, § 50, Rdnr. 124; *Piper* in: *Köhler/Piper*, UWG (2002), § 1 UWG, Rdnr. 230; *v.Gamm*, Kap. 26, Rdnr. 67; HK/*Plaß*, § 1 UWG, Rdnr. 161; *Emmerich*, § 13, S. 175; *Nordemann*, 9. Aufl., Rdnr. 771;

eingestuft und nur ausnahmsweise[231] konnten sie sich noch in die Grenze des Erlaubten bewegen. Ihre grundsätzliche Wettbewerbswidrigkeit wurde mit deren zugabeähnlichen Charakter begründet,[232] obwohl es sich weder um eine unentgeltliche noch um eine scheinentgeltliche Zuwendung, sondern um ein entgeltliches Angebot handelte.[233] Der zugabeähnliche Charakter war in erster Linie sowohl aus der Akzesorrietät als auch aus dem rechtlichen Bedingungszusammenhang zwischen dem Erwerb der regulären Hauptware und dem Erwerb der Vorspannware abzuleiten.[234] Vorspannwerbung entsprach aber vielmehr, wie der BGH behauptete,[235] der Zugabegewährung im Sinn des § 1 der Zugabeverordnung, weil der Kaufanreiz, der von der ungewöhnlichen Preisgünstigkeit der Nebenware ausging, vergleichbar mit der Anlockwirkung einer Gratiszugabe oder sogar stärker als bei einer unberechneten Zugabe sein könne. Die Ähnlichkeit der Tatbestände verleihe dem Vorspannangebot zugabeähnliche Elemente und rechfertige damit eine entsprechende rechtliche Beurteilung im Rahmen des § 1 UWG a.F..[236] Mit Blick auf die noch zu diesem Zeitpunkt geltenden Zugabeverordnung und auf ihre Verbote wurden also derartige Angebotsgestaltungen für

---

Ackermann, S. 109; *Kehl,* § 14, Rdnr. 58; *Vogt,* Lexikon des Wettbewerbsrechts, 1994, S. 365; *Hefermehl,* GRUR 1974, 542/544; *Gerstenberg,* GRUR 1980, 618/620; *Menke,* WRP 1997, 532/533; *Mann,* WRP 1997, 1139/1141; *Berlit,* WRP 2001, 349/351; *Fezer,* WRP 2001, 989/1009; *Lange,* WRP 2002, 10/13 f.; *Hoth,* Kopplungs- und Vorspannangebot, GRUR 1976, 219/2223; BGH GRUR 1976, 248/249 – Vorspannangebot; BGH GRUR 1976, 637/638 – Rustikale Brettchen; BGH GRUR 1977, 110/111 – Kochbuch; BGH GRUR 1982, 688/690 – Senioren-Paß; BGH WRP 1983, 619/620 – Buchclub-Vorspannangebot; OLG Franfurt/Main, WRP 1971, 330/331 – Sektverkauf und Horoskop-Werbung; OLG Düsseldorf, WRP 1974, 279/281; OLG München, WRP 1975, 307; OLG Frankfurt/Main WRP 1977, 645/647; OLG Düsseldorf WRP 1978, 59/60; OLG Stuttgart WRP 1979, 895/897 f.; OLG Hamburg WRP 1992, 388/389 – Gekoppeltes Vorspannangebot; LG Hamburg WRP 1975, 184/185; kritisch allerdings: *Ohlgart,* Sales-Promotion und unlauterer Wettbewerb, GRUR 1974, 693/695 f.; *Borck,* WRP 1975, 75; *Hoth,* GRUR 1976, 219/222 sowie in: GRUR 1978, Übertriebenes Anlocken durch preisgünstige Zweitangebote?, 147/153; *Tetzner,* Anmerkung zu den Entscheidungen des BGH „Meßbecher", „Rustikale Brettchen" und „Kochbuch", JZ 1977, 29; *Weiland,* „Vorspannangebote" im Kaffeehandel, BB 1978, 382/383; vgl. ferner einen Überblick zum Streitstand über die lauterkeitsrechtliche Beurteilung von Vorspannangeboten bei: *Scherer,* S. 162 ff.

[231] Ausnahmsweise konnten Vorspannangebote zulässig sein, wenn die Vorspannware einen Bagatellcharakter hatte und daher nicht geeignet war, den Verbraucher nachhaltig in seiner Entscheidung zu beeinflussen. Wann eine Ware einen solchen Charakter aufwies, war nach den durch die Zugabeverordnung aufgestellten Kriterien (§ 1 Abs. 2 ZugabeVO) zu bestimmen. Näher dazu: BGH GRUR 1976, 248 – Vorspannangebot; BGH GRUR 1977, 110 – Kochbuch; HK/*Plaß,* § 1 UWG, Rdnrn. 162 f.; *Menke,* WRP 1997, 532/534

[232] BGH GRUR 1976, 248/249 – Vorspannangebot

[233] *Fezer,* WRP 2001, 989/1009; *Köhler,* Zugaben: Die Rechte des Verbrauchers und die Risiken des Handels, BB 2001, 1589; *Lange,* WRP 2002, 10/13

[234] Vgl. *Fezer,* WRP 2001, 989/1009

[235] So in dem Grundsatz-Urteil „Vorspannangebot": BGH GRUR 1976, 248/249

[236] Zustimmend: *Krüger-Nieland,* WRP 1979, 1/2; Kritisch zu den Erwägungen der Rechtsprechung: *Hoth,* GRUR 1976, 219/220 f.

per se verbotswürdig gehalten. Jedoch war die aufgewiesene Verwandtschaft zu den Angeboten mit Zugaben, die bei der wettbewerbsrechtlichen Beurteilung der Vorspannangebote als erschwerendes Merkmal berücksichtigt wurde, allein aus rechtlichen Gründen nicht zur Feststellung des Unwerts solcher Werbepraktiken geeignet. Die extensive Anwendung von Generalklauseln und damit die Annahme, dass es gerechtfertigt erscheine, unter Berufung auf § 1 UWG a.F. zu verbieten, was von dem Verbot der Zugabeverordnung ausdrücklich ausgenommen wurde, konnte freilich nicht akzeptabel sein.[237] Die typische Gefahrensituation konnte also nicht, wie dies bei der Anwendung der Zugabeverordnung der Fall war, das Verbot tragen, sodass es im Einzelfall nicht darauf ankam, ob die typischen Gefahren vorlagen, denen das Verbot begegnen wollte.[238] Vielmehr war für die Anwendbarkeit des § 1 UWG a.F. auch das Hinzutreten besonderer negativer Umstände erforderlich, die im Einzelfall zur Feststellung eines zugabeähnlichen Anlockeffekts führen konnten. Ein solcher Sachverhalt wurde allerdings bei der Bewertung der Vorspannangebote, mit Rücksicht auf die im Einzelfall gegebenen Umstände, in der Regel bejaht. Ein Sittenverstoß ergab sich im wesentlichen aus der Tatsache, dass der Verbraucher aufgrund des starken Anreizeffekts des Gesamtangebots in einer dem Leitbild des „Leistungswettbewerbs" widersprechenden Weise zum Geschäftabschluss verlockt werden konnte. Neben den Merkmalen des übertriebenen Anlockens und der daraus folgenden unsachlichen Beeinflussung der angesprochenen Verkehrskreise waren bei der Bewertung von Vorspannangeboten auch Fragen eines „rechtlichen" Kaufzwangs sowie der Irreführung, namentlich über Preiswürdigkeit und Preisbemessung, von Bedeutung.

a) „Übertriebenes Anlocken"

Der unlautere Moment lag bei dem Werben mit Vorspannangeboten prinzipiell darin, dass durch die außergewöhnliche Preisgestaltung der Nebenware ein so starker Lockeffekt ausgelöst wurde, der geeignet war, den klaren Blick des Verbrauchers auf die von ihm mitzuerwerbende Hauptware zu verschleiern und durch sachfremde Erwägungen zum Kaufabschluß zu bewegen.[239] Wegen des

---

[237] *Hoth,* GRUR 1976, 219/220 f.; Auf eine Äußerung, dass aufgrund der Ähnlichkeit der Tatbestände eine entsprechende der Zugabeverordnung rechtliche Beurteilung der Vorspannangebote im Rahmen des § 1 UWG (a.F.) gerechtfertigt ist, haben die dem „Vorspannangbot"-Urteil nachträglichen Entscheidungen verzichtet: vgl. BGH GRUR 1977, 110 – Kochbuch; BGH WRP 1983, 619/620 – Buchklub-Vorspannangebot

[238] *Hefermehl,* GRUR 1974, 542/545

[239] *Baumbach/Hefermehl,* § 1 UWG, Rdnr. 132; *HK/Plaß,* § 1 UWG, Rdnr. 161; HdbWbR/*Klosterfelde/Jaeger-Lenz,* § 50, Rdnr. 125; *Emmerich,* § 13, S. 175; *Nordemann,* 9. Aufl., Rdnr. 771; *Spätgens* in: *Lange/Spätgens,* Rdnr. 432; RWW/*Borck,* 3.8., Rdnr. 75; *Ackermann,* S. 109; *Speckmann,* 1. Teil, Rdnr. 507; *Vogt,* S. 365; *Hoth,* GRUR 1961, 562/564;

Übermaßes des hervorgerufenen Lockeffekts bestand die Befürchtung, dass die Aufmerksamkeit des Käufers in unangemessener Weise von der Würdigung des Hauptangebots hinsichtlich seiner Güte und Preiswürdigkeit abgelenkt werden konnte. Die Umworbenen könnten in ihren wirtschaftlichen Entschließung unsachlich beeinflusst werden und insbesondere dazu veranlasst werden, ihre Wahl nicht in erster Linie nach ihren Vorstellungen über die Eigenschaften der Hauptware zu treffen, sondern vor allem danach, wie sie an die ihnen als besonders günstig erscheinende Nebenware oder –leistung gelangen zu können.[240] Die übergroße Anziehungskraft, die durch die attraktive Darstellung der Nebenware auf den Verbraucher ausgeübt wurde, konnte darüber hinaus die Angebote der Mitbewerber ausschalten. Dies war möglich, wenn durch den Eindruck einer ungewöhnlichen Vergünstigung auf die Entschließung der Interessenten eingewirkt wurde, sodass die Verbraucher sich mit einer sachgerechten Prüfung der Konkurrenzangebote und einem Vergleich gar nicht erst befassen wollten, sondern gleichsam magnetisch zum Geschäft des Werbenden gezogen wurden.[241] Angesichts der oben dargestellten Gefahren kann leicht verstanden werden, dass Vorspannangebote in der Vergangenheit als Verkaufsförderungsmaßnahmen angesehen wurden, die grundsätzlich die schutzwürdigen Interessen der Verbraucher, der Mitbewerber und der Allgemeinheit in anstößiger Weise beeinträchtigten und daher mit den guten Sitten nicht mehr in Einklang zu bringen waren.

b) Das Unlauterkeitsmoment des unmittelbaren Kaufzwangs

Vorspannangebote konnten ferner unter dem Gesichtspunkt eines der Funktion des Wettbewerbs widersprechenden Kaufzwangs der Werbeadressaten die Grenzen des Zulässigen überschreiten. Dieser Zwang war kein „psychologischer“, der den Verbraucher unter Druck setzte und in eine Konfliktsituation brachte, die ihn zu einem Handeln gegen seinen wahren Willen nötigte.[242] Die psychologische Beeinflussung, die durch die Vorspannwerbung bewirkt wurde, war geeignet, die

Hefermehl, GRUR 1974, 542/544; *Hoth,* GRUR 1976, 219/222; *Gerstenberg,* GRUR 1980, 618/620; *Mann,* WRP 1997, 1139/1141; *Lange,* WRP 2002, 10/13

[240] BGH GRUR 1976, 248/249 – Vorspannangebot; BGH GRUR 1976, 637/638 – Rustikale Brettchen; BGH GRUR 1977, 110/111 – Kochbuch; BGH WRP 1983, 619/620 – Buchclub-Vorspannangebot; OLG Franfurt/Main WRP 1971, 330/331 – Sektverkauf und Horoskop-Werbung; OLG Düsseldorf WRP 1974, 279/281; OLG München, WRP 1975, 307; OLG Frankfurt/Main WRP 1977, 645/647; OLG Düsseldorf WRP 1978, 59/60; OLG Stuttgart WRP 1979, 895/897 f.; OLG Hamburg WRP 1992, 388/389 – Gekoppeltes Vorspannangebot; LG Hamburg WRP 1975, 184/185; vgl. auch: BGH GRUR 1973, 591 – Schatzjagd; BGH GRUR 1974, 156 – Gewinnspiel; BGH GRUR 1974, 345 – Geballtes Bunt

[241] *Hefermehl,* GRUR 1974, 542/544

[242] *Hefermehl,* GRUR 1974, 542/545

freie Entschließung des Abnehmers in unsachlicher Weise zu hindern oder praktisch auszuschließen. Durch die gewährte Vergünstigung wurde der jeweilige Käufer „bestochen" und sein Kaufentschluss wurde somit in sittenwidriger Weise verfälscht. Daraus ergibt sich aber nicht, dass er zu dem Abschluss eines Geschäfts veranlasst wurde, welches seinem wirklichen Willen nicht entsprach. Durch die „Bestechung" wurde er lediglich zum Kauf der Hautware oder -leistung verlockt, auf deren Absatz es dem Anbieter freilich ankam. Hierbei war vielmehr die Rede von einem sog. „unmittelbaren" (rechtlichen) Kaufzwang.[243] Der Auslöser eines unmittelbaren Kaufzwangs war der Bedingungszusammenhang, in dem Haupt- und Nebenware standen.[244] Da der Erwerb der preisgünstigen Nebenware von dem gleichzeitigen Kauf der Hauptware abhängig gemacht wurde, bestand die Gefahr, dass der in seiner Willensbildung sachwidrig beeinflusste Verbraucher den Hauptartikel notwendig kaufen musste, um in den Genuss der außerordentlich attraktiven Vorspannware zu gelangen. Ein solcher Sachverhalt entfernte sich von dem Ideal des Leistungswettbewerbs und war daher nicht erwünscht.

c) Verstoß gegen § 3 UWG a.F.

Wie bei den übrigen, bereits dargestellten, Kopplungsformen waren auch Vorspannangebote unter dem Aspekt der Irreführung der Verbraucher zu überprüfen. Eine Preisverschleierung, wie sie bei verdeckten Kopplungsangeboten durch den Gesamtpreis bei dem angesprochenen Publikum hervorgerufen wurde, trat dabei nicht ein, sofern bei diesen Offerten die Einzelpreise der zusammengestellten Waren oder Leistungen offen angegeben waren.[245] Täuschungsmomente waren dagegen, wie bei den „verwandten" offenen Kopplungsgeschäften, in der Preisbemessung und damit in der Erweckung falscher Vorstellungen über die Preisgünstigkeit des Gesamtangebots zu sehen. Im Gegensatz zur der Beurteilung nach § 1 UWG a.F., bei dem der Grundsatz galt, dass je preisgünstiger die Vorspannware ist, desto bedenklicher das Gesamtangebot wegen eines übermäßigen Anlockens oder eines anstößigen Kaufzwangs ist, galten bei der Beurteilung nach § 3 UWG a.F. andere Bewertungskriterien. Da der Kunde von der außergewöhnlichen Preisgünstigkeit der Vorspannware bzw. der Vorspannleistung ausging, war eine Irreführungsgefahr nur dann auszuschließen, wenn dieser beim Verbraucher erweckte Eindruck der Wahrheit entsprach. Je preisgünstiger das Vorspanngut in Wirklichkeit war, desto geringer war das Risiko einer Irreführung.[246] Dementsprechend lag bei der Vorspannwerbung eine

[243] *Hefermehl,* GRUR 1974, 542/545
[244] *Hefermehl,* GRUR 1974, 542/545
[245] *Hefermehl,* GRUR 1974, 542/544
[246] *Hefermehl,* GRUR 1974, 542/544 f.

Irreführung nur dann vor, wenn der Anbieter zum Ausgleich für das sehr preisgünstig angebotene Vorspanngut einen überhöhten Preis für die Hauptware oder Hauptleistung angesetzt hatte,[247] oder wenn die neben dem Gesamtpreis stehenden Einzelpreise nicht ernsthaft kalkulierte Preise waren, die regelmäßig gefordert und von den Verbrauchern bezahlt wurden.[248] Ein Irreführungstatbestand war gleichermaßen auch dann zu bejahen, wenn beim angesprochenen Publikum der Eindruck erweckt wurde, dass es durch die Abnahme der Hauptware gegen ein verhältnismäßig geringes Entgelt ein anderes wertvolles Produkt zum einem außerordentlich vorteilhaften Preis erwerben konnte, während der Wert des Produktes in Wirklichkeit lediglich seinem angekündigten Preis entsprach oder zumindest bei anderen Konkurrenten zum gleichen Preis erhältlich war.[249]

II. Die zugaberechtliche Beurteilung der Kopplungsangebote

Die Angebote, bei denen neben einer entgeltlich angebotenen Ware oder Leistung eine andere Ware oder Leistung zusätzlich und unberechnet erbracht wird, stellen, wie oben bereits aufgeführ3[250] eine besondere Erscheinungsform der Kopplungsofferte dar. Das Ankündigen, Anbieten oder Gewähren von „Zu-Gaben" neben dem Abschluss entgeltlicher Hauptgeschäfte wurde nach der nicht mehr geltenden Zugabeverordnung grundsätzlich untersagt. Wie den amtlichen Erläuterungen zu entnehmen war,[251] war das Ziel dieses gesetzlichen Verbots die Begegnung der mit der Wertreklame verbundenen Gefahren. Als eine besonders wirksame Form der Wertwerbung[252] stellten Angebote mit Gratisgaben eine Gefahr der Übersteigerung des Zugabewettbewerbs, der Preisverschleierung sowie der durch unsachliche Lockmittel verursachten Verfälschung des Käuferwillens dar.[253] Ihre rechtliche Beurteilung unterlag allerdings nur subsidiär den Regelungen des UWG, an denen sich die Zulässigkeit der Wertreklame und der dazu eingeordneten übrigen Kopplungsformen messen ließ. Das Vorliegen der in der Zugabeverordnung genannten Formaltatbestände genügte für die Feststellung der

---

[247] *Baumbach/Hefermehl,* § 1 UWG, Rdnr. 138; *Hefermehl,* GRUR 1974, 542/544

[248] BGH GRUR 1984, 212/213 – „Unechter" Einzelpreis; vgl. *Baumbach/Hefermehl,* § 1 UWG, Rdnr. 138

[249] *Baumbach/Hefermehl,* § 1 UWG, Rdnr. 138; *Hefermehl,* GRUR 1974, 542/544

[250] Erster Teil, B. II. 1., S. 33 ff.

[251] Erläuterungen zur Verordnung des Reichspräsidenten zum Schutze der Wirtschaft vom 9. März 1932 (RGBl. I S. 121), Reichsanzeiger Nr. 61 vom 12. März 1932

[252] *Baumbach/Hefermehl,* § 1 ZugabeVO, Rdnr. 4; *Köhler* in: *Köhler/Piper,* UWG (2001), § 1 ZugabeVO, Rdnr. 1; *Fezer,* WRP 2001, 989/1007

[253] *Baumbach/Hefermehl,* § 1 ZugabeVO, Rdnrn. 6 ff.; *Köhler* in: *Köhler/Piper,* UWG (2001), § 1 ZugabeVO, Rdnr. 2; BGHZ 11, 274, 279 - Orbis-Reisemarken; vgl. auch *Greifelt,* Das Zugabeverbot als internationales Ordnungsinstrument, MA 1952, 404 f.

mit der Zugabegewährung geknüpften Gefährdung des Wettbewerbs und das folgende Unwerturteil derartiger Werbemethoden.[254]

Demgegenüber wurde zum gleichen Zeitpunkt die Zulässigkeit der gesamten Fallgruppe der Kopplungsangebote nicht nur durch die Gebote des UWG, sondern auch durch die Vorschriften des Sondergesetzes der Zugabeverordnung und das davon ausdrücklich geregelte Zugabeverbot geprüft. Echte Gesamtpreise blieben von einer zugaberechtlichen Bewertung unberührt.[255] Ins Visier der Zugabeverordnung wurden allerdings diejenigen Gesamtpreisangebote genommen, bei denen die Gefahr der Verschleierung von Zugaben lauerte und denen im wesentlichen die gleichen Nachteile wie den eigentlichen Angeboten mit Zuwendungen anhafteten.[256] Wann aber ein Gesamtangebot gar nicht auf einem zugaberechtlichen Prüfstand zu untersucht werden brauchte oder zur Verschleierung einer Gratisgabe erfolgte, war nicht deutlich festzustellen. Es kam zunächst auf das Erscheinungsbild des Angebots im Einzelfall und ferner auf die Betrachtung des jeweiligen Richters an. Je nachdem wie die Kombinationsangebote gestaltet wurden, wurden sie in verschiedenen Kategorien eingestuft und auf ihre Konformität bzw. ihre Unverträglichkeit zu den Regelungen der Zugabeverordnung untersucht.

1. Verschleierung einer Zugabe durch verdeckte Kopplungsangebote

Als höchst zugaberverdächtig galt zunächst die Fallgruppe der *verdeckten* Kopplungsangebote. Derartige Angebotsgestaltungen konnten zugaberechtlich beanstandet werden, wenn der Gesamtpreis, der für die gekoppelten Ware oder Dienstleistungen gefordert wurde, einer Verschleierung der Zugabe diente.[257] Ein solcher Sachverhalt wurde ausdrücklich in der Zugabeverordnung unter § 1 Abs. 1 Satz 3 ZugabeVO vorgesehen, der eine Umgehung des Zugabeverbots im Sinne von § 1 Abs. 1 Satz 1 ZugabeVO zu verhindern bezweckte.[258] Da beim Werben mit verdeckten Kopplungsangeboten die einzelnen Preise der zusammengestellten Güter nicht offenbart wurden, bestand die Gefahr, dass der Anbieter durch die

[254] *Baumbach/Hefermehl,* § 1 ZugabeVO, Rdnr. 12; *Steinbeck,* ZIP 2001, 1741/1743
[255] *Meyer Justus,* GRUR 2001, 98/99
[256] Vgl. Erlass des Reichs- und Preußischen Wirtschaftsministers an die Reichswirtschaftskammer vom 24. Juni 1935 (V 12 300/35), betr. Umgehung des Zugabeverbots durch Verkopplung von Waren, GRUR 1935, 483; *Greifelt,* MA 1952, 404/405
[257] *Baumbach/Hefermehl,* § 1 ZugabeVO, Rdnr. 52; *Köhler* in: *Köhler/Piper,* UWG (2001), § 1 ZugabeVO, Rdnr. 13; *Reimer/Krieger,* Rdnr. 15; *Hoth/Gloy,* Rdnr. 71; *Pfeiffer,* WRP 2000, 371/375 f.; *Fezer,* WRP 2001, 989/1008
[258] *Baumbach/Hefermehl,* § 1 ZugabeVO, Rdnr. 53; *Köhler* in: *Köhler/Piper,* UWG (2001), § 1 ZugabeVO, Rdnrn. 8 ff.; *Reimer/Krieger,* Rdnr. 15; *Hoth/Gloy,* Rdnr. 64

alleinige Angabe des Gesamtpreises[259] die Tatsache verschleiern konnte, dass eins der Angebotsbestandteile zugegeben wurde.[260] Mit anderen Worten hatte der Werbende durch die Verschleierung der Einzelpreise die Möglichkeit etwas unentgeltlich anzubieten, ohne die Zugabegewährung demonstrativ herauszustellen. So konnte man von dem gesetzlichen Verbot unbemerkt bleiben. Um einen solchen Umgehungsweg auszuschließen, hat der Gesetzgeber den Begriff der Zugabe erläutert und in das Zugabeverbot ausdrücklich Sachverhalte mit einbezogen, die nach Sinn und Zweck erfasst werden sollten.

Verdeckte Kopplungsangebote waren allerdings nicht schlechthin zugaberechtlich verbotswürdig. Ein Verstoß gegen § 1 Abs. 1 Satz 3 ZugabeVO kam dagegen in Betracht, wenn verschiedene Voraussetzungen im Einzelfall kumulativ vorlagen.[261] Zunächst wurde vorausgesetzt, dass alle Tatbestandsmerkmale[262] des Grundtatbestandes (§ 1 Abs. 1 Satz 1 ZugabeVO) erfüllt waren.[263] Wurden dementsprechend die gekoppelten Waren oder Leistungen nach der Verkehrsauffassung als im Verhältnis zueinander gleichrangig gewertet, und war daher das Kopplungsangebot als das Angebot mehrerer Hauptwaren aufzufassen, blieb für das Vorliegen einer verschleierten Zugabe kein Raum. Sofern bei einem solchen Fall die zusammen angebotenen Waren oder Leistungen nicht im Verhältnis von Hauptware(-leistung) und Nebenware(-leistung) standen, fehlte für die Annahme einer Zugabe im Sinn des § 1 Abs. 1 Satz 1 ZugabeVO ein entscheidendes Merkmal.[264] Daher schied auch die Anwendung des § 1 Abs. 1 Satz 3 ZugabeVO aus.[265]

Nahm eines der zusammengestellten Güter im Angebot eine Nebenfunktion ein, sodass eine Zugabe begrifflich vorliegen konnte, so war ein Verstoß gegen das Zugabeverbot nach § 1 Abs. 1 Satz 3 ZugabeVO nur dann zu bejahen, wenn zusätzlich der Gesamtpreis zur Verschleierung einer Zugabe diente.[266] Die Feststellung dieser Anwendungsvoraussetzung bereitete allerdings Schwierigkeiten. Wann durch die Kopplung verschiedener Produkte und durch ihren Gesamtpreis die Gewährung einer Zuwendung verborgen werden sollte, konnte deshalb nur im Einzelfall unter Berücksichtigung aller Umstände entschieden werden. Ausgangspunkt der Beurteilung war allerdings jeweils die Relation des Gesamtpreises

---

[259] Über den Begriff des "Gesamtpreises" s. in: *Hoth/Gloy,* Rdnr. 73; *Hoth,* GRUR 1961, 562/563

[260] *Hoth,* GRUR 1961, 562/563

[261] *Baumbach/Hefermehl,* § 1 ZugabeVO, Rdnr. 52

[262] Über die Tatbestandsmerkmale der Zugabe s. ausführlich in: Erster Teil, B. II. 1., S. 33 ff.

[263] *Hoth/Gloy,* Rdnr. 71; *Hoth,* GRUR 1961, 562/564

[264] Vgl. Erster Teil, B. II. 1., S. 34

[265] *Baumbach/Hefermehl,* § 1 ZugabeVO, Rdnr. 53; *Hoth/Gloy,* Rdnrn. 73 f.

[266] *Baumbach/Hefermehl,* § 1 ZugabeVO, Rdnr. 54; *Hoth/Gloy,* Rdnr. 74; *Köhler* in: *Köhler/Piper,* UWG (2001), § 1 ZugabeVO, Rdnr. 13; *v.Godin,* Z § 1, Rdnr. 17; BGH GRUR 1962, 415 – Glockenpackung

zum Wert der Hauptware. Das Vorliegen einer verschleierten Zugabegewährung wurde in der Regel dann angenommen, wenn sich der Gesamtpreis und der Wert der Hauptware gleichten oder der als Gesamtpreis angegebene Wert dem Einzelpreis der Hauptware so nahe kam, dass der Preis der Nebenware dem Aufschlag eines geringfügigen, nur zum Schein geforderten Entgelts entsprach.[267] Bemerkenswert war allerdings, dass sich das Vorliegen eines Verschleierungstatbestandes nicht nach der Verkehrsauffassung bestimmte, obwohl ihr maßgebende Bedeutung für die Feststellung zukam, ob eines der gekoppelten Güter als Nebenware oder –leistung erschien, bestimmte.[268] Aus diesem Grund war allein die Annahme des Verbrauchers, er würde wegen des niedrigen Gesamtpreises eine verschleierte Zugabe erhalten, nicht geeignet ein Verstoß gegen § 1 Abs. 1 Satz 3 ZugabeVO zu begründen.[269] Ob der Gesamtpreis für die Nebenware oder -leistung ein kalkuliertes Entgelt enthielt, oder ob dagegen für sie überhaupt oder zumindest ernstlich keine Gegenleistung gefordert wurde, war vielmehr ausschließlich nach objektiven Kriterien und nicht nach den Kundenvorstellungen zu entscheiden.[270] Maßgebend hierfür war, ob der angesetzte Gesamtpreis dem *Verkehrswert* der verbundenen Einzelangebote entsprach oder nicht. Wurde der verlangte Endpreis in der Art gebildet, dass er aus der Summe wertgerecht kalkulierter und dem wirtschaftlichen Interesse des Anbieters entsprechenden Preise aller gekoppelten Waren oder Leistungen bestand, oder dass er sich zumindest dieser Summe annäherte, so ließen sich die Bedenken über eine Zugabeverschleierung ausräumen.[271] Eine verdeckte Zugabe wurde dagegen indiziert, wenn die Kalkulation des Gesamtpreises nicht sach- und wertgemäß erfolgte. Dies geschah, wenn der handelsübliche Preis der Hauptware oder –leistung dem Gesamtpreis des Kopplungsangebots entsprach bzw. nicht wesentlich niedriger lag. In einem solchen Fall war der Einzelwert der Nebenware

---

[267] *Baumbach/Hefermehl,* § 1 ZugabeVO, Rdnr. 54; *Hoth/Gloy,* Rdnr. 74; *Reimer/Krieger,* Rdnr. 15; *Köhler* in: *Köhler/Piper,* UWG (2001), § 1 ZugabeVO, Rdnr. 13; *v.Godin,* Z § 1, Rdnr. 17; *Hoth,* GRUR 1961, 562/564; BGH GRUR 1962, 415 – Glockenpackung; BGH GRUR 1971, 582/583 – Kopplung im Kaffeehandel

[268] *Baumbach/Hefermehl,* § 1 ZugabeVO, Rdnr. 54; *Hoth/Gloy,* Rdnr. 74; *Köhler* in: *Köhler/Piper,* UWG (2001), § 1 ZugabeVO, Rdnr. 13; *v.Godin,* Z § 1, Rdnr. 17; *Borck,* WRP 1970, 296/338/344; BGH GRUR 1962, 415 – Glockenpackung; BGH GRUR 1967, 530/531 – Fahrschule – mit zustimmender Anmerkung von *Knopp*; a.A. OLG Hamburg BB 1963, 1154/1155 – Kaffee-Schmuckdose

[269] *Baumbach/Hefermehl,* § 1 ZugabeVO, Rdnr. 54; *Hoth/Gloy,* Rdnr. 74; *Borck,* WRP 1970, 296/338/344

[270] *Baumbach/Hefermehl,* § 1 ZugabeVO, Rdnr. 54; *Hoth/Gloy,* Rdnr. 74; *Köhler* in: *Köhler/Piper,* UWG (2001), § 1 ZugabeVO, Rdnr. 13; *v.Godin,* Z § 1, Rdnr. 17; *Borck,* WRP 1970, 296/338/344; BGH GRUR 1962, 415 – Glockenpackung; BGH GRUR 1967, 530/531 – Fahrschule – mit zustimmender Anmerkung von *Knopp*; BGH GRUR 1982, 688/689 – Senioren-Paß; OLG München WRP 1992, 347/349

[271] *Baumbach/Hefermehl,* § 1 ZugabeVO, Rdnr. 54; *v.Godin,* Z § 1, Rdnr. 17; *Hoth,* GRUR 1961, 562/564

oder –leistung bei der Preisgestaltung des Gesamtangebots unberechnet oder höchstens geringfügig bemessen. Bei einem solchen Sachverhalt wurde angenommen, dass der angesetzte Preis der Summe dazu diente, eine echte Kalkulation vorzutäuschen[272] und die unentgeltliche Abgabe eines Angebotsbestandteiles zu verschleiern, was laut Gesetz verbotswürdig war.

2. Offene Kopplungsangebote und die Scheinentgeltproblematik

Offene Kopplungsofferte konnten gegen § 1 Abs. 1 Satz 3 ZugabeVO nicht verstoßen.[273] Aufgrund der Ersichtlichkeit der Einzelpreise der gekoppelten Waren oder Dienstleistungen schied eine Verschleierungsmöglichkeit in dem Sinn aus, dass der allein angegebene Gesamtpreis eine unberechnete Zuwendung verdecken sollte. Bei diesen Geschäften konnte allerdings von einer Zugabeverschleierung im weiteren Sinne die Rede sein, wenn einer der angesetzten Einzelpreise nicht einer ernst gemeinten Gegenleistung entsprach, sondern nur als Vorwand für eine unentgeltliche Zuwendung funktionierte.[274] Ein solches Verhalten wurde als Umgehungsversuch des Zugabeverbots verstanden und sogar durch die spezielle Regelung des § 1 Abs. 1 Satz 2 ZugabeVO untersagt. Zugaberechtlich waren also offene Kopplungsgeschäfte im wesentlichen dahin zu beurteilen, ob der für die als Nebenware oder Nebenleistung zu verstehende Zugabe bestimmte Preis als ein geringfügiges, offenbar bloß zum Schein verlangtes Entgelt im Sinne von § 1 Abs. 1 Satz 2 ZugabeVO anzusehen war.[275]

Wie bei dem Fall der verdeckten Kopplungsangeboten wurde für eine zugaberechtliche Beurteilung offener Kombinationsgeschäfte vorausgesetzt, dass alle Begriffsmerkmale einer Zugabe vorlagen. Dies war aber bei diesen Kopplungsformen nicht nur danach festzustellen, ob die einschlägigen Angebotsbestandteile im Verhältnis von Haupt- und Nebenware bzw. Haupt- und Nebenleistung standen, sondern auch danach, wie die Abgabe der gekoppelten Waren oder Dienstleistungen erfolgte.[276] Der Anbieter eines offenen Kopplungsangebots konnte, wie bereits erklärt,[277] frei entscheiden, ob die Bestandteile seines Angebots nur zusammen oder auch getrennt abgegeben wurden. Falls die gekoppelten Waren auch einzeln zu den angegebenen Einzelbezugspreisen erhältlich waren, war das Vorliegen eines Zugabetatbestands von vornherein

---

[272] *Baumbach/Hefermehl*, § 1 ZugabeVO, Rdnr. 54
[273] Vgl. *Reimer/Krieger*, Rdnr. 15; BGH GRUR 1961, 588/592 – Einpfennig-Süßwaren
[274] *Hoth/Gloy*, Rdnr. 68; *Borck*, WRP 1970, 296/338/343; *Schmeding*, WRP 1974, 305
[275] *Baumbach/Hefermehl*, § 1 ZugabeVO, Rdnr. 59; *Schmeding*, WRP 1974, 305; *Pfeiffer*, WRP 2000, 371/376; *Fezer*, WRP 2001, 989/1008
[276] *Baumbach/Hefermehl*, § 1 ZugabeVO, Rdnr. 59; *Fezer*, WRP 2001, 989/1008
[277] Zweiter Teil, B. I. 1., S. 58 ff.

auszuschließen.[278] Dies erklärte sich daraus, dass, wenn der Werbende die Einzelabgabe erlaubte, dem Käufer die Wahlmöglichkeit eingeräumt wurde, entweder alle im Angebot stehenden Produkte abzunehmen oder auf den Erwerb eines oder mehrerer davon zu verzichten. Ein solcher Sachverhalt konnte aber mit dem Begriff der Zugabe nicht vereinbar sein, sofern für ihn wesentlich war, dass die Abgabe der Nebenleistung von dem Bezug des Hauptgeschäfts abhängig war.[279] Unter zugaberechtlichen Gesichtspunkten waren also dementsprechend nur diejenigen offenen Kombinationsangebote heranzuziehen, bei denen die Einzelabgabe der zusammen angebotenen Güter nicht ermöglicht wurde.

Waren die normativen Voraussetzungen erfüllt, so konnte ein Verstoß gegen § 1 Abs. 1 Satz 2 ZugabeVO dann vorliegen, wenn der angesetzte Preis des als Nebenware oder –leistung verstehenden Angebotsbestandteils so geringfügig war, dass er geeignet war, die Vorstellung zu wecken, dass er offenbar bloß zum Schein gefordert wurde. Wann ein verlangtes Entgelt als geringfügig bezeichnet wurde, konnte nur von Fall zu Fall und mit der Hilfe objektiver Kriterien entschieden werden.[280] Der Begriff der Geringfügigkeit löste in der Literatur eine lange Diskussion aus,[281] auf die aber im Rahmen dieses Beitrags nicht einzugehen ist. Im kurzen kann jedoch gesagt werden, dass das Merkmal der Geringfügigkeit einen Verhältniswert voraussetzte.[282] Für die Frage, ob ein Entgelt geringfügig war, war allerdings das Verhältnis zum Wert des Hauptgeschäfts ohne Bedeutung.[283] Es kam auch nicht darauf an, ob der für die Nebenware oder –leistung angegebene Wert „marktgerecht“[284] war oder nicht.[285] Maßgeblich war demgegenüber nach den von Rechtsprechung und Schrifttum entwickelten Grundsätzen das Verhältnis zu dem Verkehrswert, also zu demjenigen, was üblicherweise für die Ware oder Leistung bezahlt wurde.[286] Geringfügigkeit wurde also dann bejaht, wenn das geforderte Entgelt im *krassen* Missverhältnis zu

---

[278] *Baumbach/Hefermehl,* § 1 ZugabeVO, Rdnr. 58; *Reimer/Krieger,* Rdnr. 15; *Hoth/Gloy,* Rdnr. 73; *Seydel,* Anmerkung zur Entscheidung des BGH „Einpfennig-Süßwaren“, GRUR 1961, 594; BGH GRUR 1961, 588/591 – Einpfennig-Süßwaren; BGH GRUR 1962, 415/416 – Glockenpackung

[279] *Baumbach/Hefermehl,* § 1 ZugabeVO, Rdnr. 58

[280] *v.Godin,* Z § 1, Rdnr. 15; *Hoth,* GRUR 1976, 219

[281] S. ausführlich in: *Hoth/Gloy,* Rdnr. 67; *Reimer/Krieger,* Rdnr. 14; *Hoth,* GRUR 1961, 562/563; *Borck,* WRP 1970, 296/338/342 ff.; *Borck,* Über die Geringwertigkeitsgrenze, WRP 1972, 349/352 ff.; *Hoth,* GRUR 1976, 218 ff.

[282] *Hoth/Gloy,* Rdnr. 67

[283] *Borck,* WRP 1970, 296/338/343

[284] Über den Begriff des “marktgerechten Preises” s. in: *Hoth,* GRUR 1976, 219; *Mellerowicz,* Allgemeine Betriebswirtschaftslehre, Band II (1153/1153a), S. 157 ff.

[285] *Hoth,* GRUR 1976, 219

[286] *Reimer/Krieger,* Rdnr. 14; *Hoth,* GRUR 1961, 562/563; *Borck,* WRP 1970, 296/338/343; *Borck,* WRP 1972, 349/355; *Hoth,* GRUR 1976, 219/220; nach *Hoth/Gloy* wurde der Markt- bzw. Verkehrswert von dem zu erzielenden Mindestpreis bestimmt: Rdnr. 67

dem Verkaufswert der angebotenen Ware bzw. zu dem Wert der Leistung stand, wenn der verlangte Erlös erheblich unter ihm lag.[287] Die Geringfügigkeit des geforderten Preises reichte für sich genommen allerdings nicht aus, um das Kopplungsangebot verbotswürdig erscheinen zu lassen.[288] Das besondere Entgelt für die fragliche Zuwendung musste darüber hinaus „offenbar bloß zum Schein" verlangt werden. Für den Anbieter musste es nämlich wirtschaftlich weder die Bedeutung eines echten Äquivalents für die betreffende Zuwendung haben noch von ihm ernstlich als solche gewollt sein. Er musste es nur verlangen, damit die offenbar und von dem angesprochenen Publikum nachvollziehbare,[289] gewünschte Tatsache, eine Zugabe einzuräumen, getarnt wurde.[290] Das Vorliegen eines krassen Missverhältnisses zwischen dem angegebenen Preis und dem Kaufwert der Zuwendung wurde freilich für ein allerdings widerlegbares Anzeichen dafür gehalten, dass der Werbende auf die Verwirklichung eines solchen Sachverhaltes abzielte.[291] Je krasser sogar das Missverhältnis war, desto stärker sprach dies als Indiz für eine Scheinentgeltkonstellation.[292] Im Rahmen einer zugaberechtlichen Beurteilung galten daher offene Kopplungsangebote als zugabeverdächtig, wenn sich der angekündigte Preis einer der gekoppelten Waren oder Dienstleistungen von ihrem marktüblichen Wert so sehr entfernte, dass der Umgehungstatbestand einer Tarnung der Zugabe durch ein Scheinentgelt gemäß § 1 Abs. 1 Satz 1 ZugabeVO eingriff.

C. Die Kehrtwende der Rechtsprechung vor der Aufhebung der Zugabeverordnung

Seit Mitte der 90er Jahre hat die höchstrichterliche Rechtsprechung begonnen, sich von ihrer restriktiven Haltung hinsichtlich der Beurteilung der Werbemethode der Kopplungsangebote zurückzuziehen. Mit einer Reihe von Entscheidungen, die während dieser Periode getroffen wurden, haben die Senate des BGH alte Standpunkte teilweise aufgegeben und somit den Weg zur einer

---

[287] BGH GRUR 1954, 174 – Kunststofffiguren; BGH GRUR 1962, 415/416 – Glockenpackung; BGH GRUR 1966, 214/216 – Einführungsangebot; *Reimer/Krieger,* Rdnr. 14; *Baumbach/Hefermehl,* § 1 ZugabeVO, Rdnrn. 49, 59; *Köhler* in: *Köhler/Piper,* UWG (2001), § 1 ZugabeVO, Rdnr. 10; *Hoth/Gloy,* Rdnr. 67; *v.Godin,* Z § 1, Rdnr. 15; *Hoth,* GRUR 1961, 562/563; *Borck,* WRP 1970, 296/338/343; *Borck,* WRP 1972, 349/355; *Schmeding,* WRP 1974, 305; *Hoth,* GRUR 1976, 219/220

[288] *Reimer/Krieger,* Rdnr. 14; *Hoth/Gloy,* Rdnr. 68; *Hoth,* GRUR 1961, 562/563; *Borck,* WRP 1970, 296/338/343

[289] *Hoth/Gloy,* Rdnr. 68; OLG Frankfurt DB 1954, 885

[290] *Hoth,* GRUR 1961, 562/563; *Borck,* WRP 1970, 296/338/343

[291] *Hoth/Gloy,* Rdnr. 68; *Köhler* in: *Köhler/Piper,* UWG (2001), § 1 ZugabeVO, Rdnr. 10; *Schmeding,* WRP 1974, 305; BGH GRUR 1966, 214/216 - Einführungsangebot

[292] *Hoth/Gloy,* Rdnr. 68; *Köhler* in: *Köhler/Piper,* UWG (2001), § 1 ZugabeVO, Rdnr. 10; BGH GRUR 1966, 214/216 – Einführungsangebot

Liberalisierung des Rechts der Wertreklame, die einige Jahre später mit der ersatzlosen Abschaffung der Zugabeverordnung ihren Höhepunkt erreicht hat, gezeigt. Die Abgrenzung zwischen offener und verdeckter Kopplung blieb zwar noch zu diesem Zeitpunkt aufrechterhalten. Für die Feststellung der Lauterkeit bzw. Unlauterkeit eines Kopplungsangebots wurden jedoch andere Kriterien als entscheidend qualifiziert, sodass der gerechtfertigte Eindruck erweckt wurde, dass die Rechtsprechung stärker auf die Rationalität der Entschließung des mündigen Verbrauchers vertraute. Man war bestrebt, den Angebotsgestaltungen im Leistungswettbewerb mehr Handlungsfreiheit zu geben. Bemerkenswert war darüber hinaus die Bereitschaft des Richters die Anwendung der bis zu diesem Zeitpunkt beachtenswerten zugaberechtlichen Vorschriften zu verdrängen.[293] Er hat sich zwar nicht nur von seinem früheren Bestreben, den Anwendungsbereich der Zugabeverordnung auszudehnen, ferngehalten, sondern hat auch in vielen Fällen ein Zugabeverstoß verneint, obwohl ein solcher an sich nahe lag. Dadurch wurde sichtbar, dass der Existenz der Zugabeverordnung eine absteigende Bedeutung zukam, was den Anfang des Endes dieser Sonderregelung andeutete.

I. Das „Saustarke Angebote" Urteil

Die ersten wichtigen Meilensteine für die Abkehr von der bisherigen Rechtsprechung wurden durch das Urteil „Saustarke Angebote" vom 30.11.1995 gesetzt.[294] Der Entscheidung des BGH (Az: I ZR 233/93)[295] lag im Revisionsverfahren der folgende Sachverhalt zugrunde: Der Kläger, ein rechtsfähiger Verein von Gewerbebetreibenden, wandte sich gegen die Werbung der Beklagten für die Kombination einer Gefriertruhe mit einer Schweinehälfte. Im Einzelhandel vertrieb er vorwiegend Unterhaltungselektronik, Elektrogeräte und Computer. Der Beklagte bot im Herbst 1992 eine Markentiefkühltruhe inklusive eines halben Schweines zu dem Gesamtpreis von 599,- DM an, wobei wegen der erforderlichen fachgerechten Lagerung die Schweinehälfte auf Wunsch auch grob zerlegt gegen Gutschein in der Fleischerabteilung des Gigant Marktes erhalten werden konnte. Der Kläger beanstandete diese Werbung als eine nach § 1 UWG a.F. unzulässige Warenkopplung und beantragte die Untersagung der wettbewerblichen Ankündigung der Tiefkühltruhe verbunden mit dem Verkauf einer Schweinehälfte, wenn als Preis nur ein Einheitspreis für die Gefriertruhe inklusive des halben Schweins genannt wurde.

---

[293] Vgl. *Stuckel* in: *Harte-Bavendamm/Henning-Bodewig,* § 4 Nr. 1 UWG, Rdnr. 14

[294] Über die Wichtigkeit dieser Entscheidung vgl. *Berlit,* Anmerkung zu der Entscheidung des BGH „Saustarke Angebote", WiB 1996, 360

[295] BGH GRUR 1996, 363

Das Landesgericht hatte die Klage abgewiesen. Auf die Berufung des Klägers wurde allerdings die konkrete Werbung der Beklagten als wettbewerbswidrige Ankündigung eines Kopplungsgeschäfts angesehen.[296] Auf die Orientierungslinie der bisherigen Rechtsprechung blickend hatte sich das Gericht auf die fehlende Gebrauchsnähe der Angebotsbestandteile und die folgende Erschwerung der Ermittlung der Einzelpreise berufen. Insbesondere hatte es ausgeführt: Nach der Rechtsprechung des BGH sei ein Gesamtangebot verschiedener Waren zu einem Gesamtpreis ohne Nennung der Einzelpreise unlauter, wenn sich der Gesamtpreis auf branchenverschiedene Waren oder Leistungen unterschiedlicher Art und Beschaffenheit beziehe, die in keinem Zusammenhang miteinander stünden, und wenn dem Publikum ohne Kenntnis der Einzelpreise jeder Anhaltspunkt dafür fehle, den voraussichtlichen Wert der gemeinschaftlich angebotenen Einzelwaren oder –leistungen auch nur annähernd zu schätzen. Die Kopplung betreffe vorliegend völlig unterschiedliche Leistungsgegenstände. Die Tatsache, dass eine Schweinehälfte in der Kühltruhe aufbewahrt werden könne, bedinge *keine Zweckgebundenheit*, wobei ein Indiz für die Sachfremdheit sei, dass die Schweinehälfte nicht bei der Beklagten bezogen werden könne. Auch sei die Beurteilung der *Preiswürdigkeit* des Angebots erheblich *erschwert*. Die Schweinehälfte sei nicht standardisiert oder marktgängig und werde regelmäßig nicht an Endverbraucher verkauft. Die Kunden hätten auch nicht die Möglichkeit, nur eine der beiden Leistungen bei der Beklagten zu kaufen. Es komme nicht darauf an, ob das Gesamtangebot der Beklagten billiger sei als das Einzelangebot der Mitbewerber für die Gefriertruhe. Der unmittelbare Preisvergleich hinsichtlich der angebotenen Gefriertruhe als solche sei nicht maßgeblich. Vielmehr komme es auch auf die Verwendbarkeit, Zweckmäßigkeit und Preiswürdigkeit dieser Truhe im Vergleich mit vergleichbaren Truhen anderer Art und anderer Hersteller an. Gerade bei einem langlebigen Wirtschaftsgut wie einer Gefriertruhe, die vom Kunden üblicherweise über mehrere Jahre verwendet werde, komme es auch darauf an, Systemvergleiche mit anderen Truhen vornehmen zu können, um festzustellen, ob die Truhe nach Fassungsvermögen und Leistung für den betreffenden Verbraucher tatsächlich optimal zu verwenden sei. Solche Systemvergleiche hinsichtlich des angebotenen Gefriertruhentyps würden erschwert, wenn der Verbraucher nicht wisse, welcher Anteil des Gesamtpreises auf die Gefriertruhe und welcher auf die Schweinehälfte entfalle.[297]

---

[296] OLG Hamm NJW-RR 1994, 430

[297] OLG Hamm NJW-RR 1994, 430/431; Anders hat allerdings das OLG Hamburg, und zwar zu einem früheren Zeitpunkt, mit seinem Urteil vom 11.6.1992 die gleiche Fallkonstellation beurteilt, wobei jedoch die Tiefkühltruhe inklusive eines halben Schweines zu dem Abholpreis von 598,- DM von demselben Elektrogeschäft angeboten wurde. Das Hanseatische Berufungsgericht hat eine Täuschung der beanstandeten Werbeanzeige über die Preisgünstigkeit des Gesamtangebots verneint und hat ferner ausgeführt: Entgegen der Auffassung des Antragstellers werde die Preisverschleierung nicht in wettbewerbswidriger Weise erschwert. Der Verkehr pflege Gefriertruhen nach reiflichen Überlegungen und nicht gewissermaßen im Vorübergehen zu erwerben und

Anders als das Berufungsgericht hielt der BGH als Revisionsinstanz die Werbung der Beklagten nicht für wettbewerbswidrig gemäß § 1 UWG a.F.. Von besonderer Bedeutung ist hierbei, wie das Gericht zu diesem Ergebnis kam. Zu beachten sind zwei Standpunkte der gerichtlichen Argumentation, die das bisher weithin in sich ruhendes Beurteilungssystem der Kopplungsangebote erschüttert haben.

Zunächst hat der BGH, obwohl er die hergebrachte Unterscheidung zwischen offener und verdeckter Kopplung auf den Fall angewandt und das beworbene Gesamtangebot als verdecktes Kopplungsangebot beurteilt hat, absichtlich den bis zu diesem Zeitpunkt in der Rechtsprechung gefestigten Kriterienkomplex, nach dem die Bewertung verdeckter Kopplungsgeschäfte erfolgte, übersehen. Der BGH ließ zum ersten mal ausdrücklich dahinstehen, ob das Merkmal des Gebrauchzusammenhangs oder der Gebrauchsnähe für die Frage der Zulässigkeit eines Kopplungsgeschäfts überhaupt von Bedeutung sein könne.[298] Denn obwohl der BGH von einem Gebrauchszusammenhang zwischen Gefriertruhe und Schweinehälfte ausgegangen ist, den das Berufungsgericht verneint hatte, hat er festgestellt, dass im Zusammenhang mit der Zulässigkeit der Kopplungsangebote nicht darauf abzustellen sei, ob die gekoppelten Produkte branchengleich seien, oder zumindest eine gewisse Gebrauchsnähe aufwiesen, wie er in früheren Entscheidungen[299] behauptete. Nach der Auffassung des Gerichts ist dagegen entscheidend, ob für den Verkehr die Beurteilung der Preiswürdigkeit der unter dem Gesamtpreis angebotenen Waren erheblich erschwert sei oder nicht.[300] Als rechtserhebliches Beurteilungskriterium der Kopplungsangebote stellte sich dementsprechend nunmehr die *Preisvergleichmöglichkeit* heraus, ob nämlich und inwieweit dem angesprochenen Publikum, je nachdem wie das Gesamtangebot dargestellt wurde, möglich war, genügende Informationen über das Angebot zu „entlocken", um dieses Angebot mit den Angeboten anderer Mitbewerber vergleichen zu können. Mit der Aufgabe des Kriteriums der Branchenverschiedenheit als wichtigen

---

sich bei Bedarf im Fachhandel intensiver als sonst bei Allerweltsartikeln über Preise zu informieren. Bei der Gefriertruhe, die von der Antragsgegnerin angeboten werde, sei das ohne weiteres möglich; denn es handele sich um einen allgemeinen erhältlichen Markenartikel, dessen Typenbezeichnung genau angegeben werde. Interessierete Verbraucher können daher unschwierig feststellen, dass das Gesamtangebot deutlich unter dem preisgünstigen Angebot der Mitbewerber allein für die Gefriertruhe liege. Diese Feststellung genüge dem Verkehr, um die erforderliche Klarheit über die Preiswürdigkeit des Gesamtangebotes zu erhalten, ohne dass noch Erkundigungen über den üblchen Preis einer Schweinehälfte von 28kg erforderlich seien. Wer nämlich die Gefriertruhe bei der Antragsgegenerin kaufte, bekäme sie dort deutlich günstiger als bei allen anderen Mitbewerbern und außerdem noch – im Rahmen des verlangten Gesamtpreises – eine Schweinehälfte. Unter diesen Umständen sehe der Verkehr die Schweinehälfte schlicht als zusätlzliche Ware an, auch wenn er erkenne, dass er sie mit dem verlangten Gesamtentgelt mitbezahle, und mache sich keine Gedanken mehr über deren üblichen Preis.

[298] BGH GRUR 1996, 363/364; vgl. auch *Fezer* WRP 2001, 989/1010

[299] Vgl. BGH GRUR 1962, 415 - Glockenpackung

[300] BGH GRUR 1996, 363/364

Bewertungsmaßstab des Kopplungswesens, hatte der BGH angedeutet, dass er bereit war, einen Zugewinn an Freiheit der Gestaltung von Sortiment, Angebot und Preis zu erlauben.

Darüber hinaus versuchte der BGH in diesem Urteil abzuklären, wann es dem Kunden möglich war, die Einzelpreise bei einem verdeckten Kopplungsangebot in Erfahrung zu bringen, um die Preiswürdigkeit des Angebots im Vergleich zu Wettbewerbern zu prüfen, und wann dagegen ein solcher Vergleich in anstößiger Weise erschwert wurde. Ohne es deutlich offen zu legen, rückte er von der bisherigen Rechtsprechung ab, und bestrebte die Ausdehnung der Umstände, unter denen ein Preisvergleich ermöglicht wurde. Demgemäss hat er ausdrücklich bestätigt, was er gelegentlich und oberflächlich in seinen früheren Entscheidungen „Preisgarantie II“[301] und „Geld-zurück-Garantie“[302] am Anfang der 90er Jahre erwähnt hatte, dass ein längeres Suchen nach Vergleichsobjekten den Käufern, die einen Preisvergleich vorzunehmen wünschen, durchaus zuzumuten sei. Im Gegensatz zu früheren Betrachtungen[303] hatte er also akzeptiert, dass es für die Durchführung eines Vergleichs mit den Konkurrenzangeboten ausreiche, sich bei anderen Wettbewerbern über die Einzelpreise zu informieren. Sofern durch die Darstellung des Gesamtangebots die Identifizierung der Angebotsbestandteile bei Mitbewerbern erlaubt werde, könne nach der Auffassung des Gerichts nicht von einer Erschwerung des Preisvergleichs die Rede sein, wenn bloß der Verbraucher am Ort der Werbung die Preise nicht erfragen oder auf andere Weise in Erfahrung bringen könne. Zumutbar seien dabei auch *eigene Anstrengungen* des Verbrauchers zur Ermittlung der Einzelpreise der gekoppelten Güter und zur anschließenden Durchführung eines Preisvergleichs. Das geforderte Betreiben eines gewissen Aufwands seitens des Kunden bedeutete im konkreten Fall die *Nachfrage* bei den ortsansässigen Schlachtern[304] für die Ermittlung des Preises einer Schweinehälfte und ferner der *Besuch* der Geschäfte anderer Konkurrenzunternehmen des Elektromarkts für die Durchführung eines Preisvergleichs. Im Hinblick auf diese Denkweise des Gerichts deuteten sich die ersten Annäherungsversuche des BGH an das vom EuGH schon am Anfang der 90er Jahre geprägte moderne Leitbild vom aufgeklärten, durchschnittlich informierten, aufmerksamen und verständigen Durchschnittsverbrauchers an.

[301] BGH GRUR 1991, 468/469
[302] BGH GRUR 1994, 57/58
[303] BGH GRUR 1962, 415/418 – Glockenpackung; LG Köln WRP 1983, 178/179
[304] Kritisch dazu: *Köhler*, GRUR 2001, 1067/1072; *Ohly*, NJW 2003, 2135/2136

II. Die „Handy-Rechtsprechung“

Ende der 90er Jahre ist der BGH in seiner „Handy-Rechtsprechung“ noch einen Schritt weiter in Richtung einer liberaleren Beurteilung von Kopplungsgeschäften gegangen. In der Tat handelte es sich nicht um einen „Schritt“, sondern um einen „Sprung“, der in den Lauterkeitsrechtskreisen eine gewisse Unruhe verursacht hat. Mit einer Reihe von Entscheidungen, die alle verschiedene Formen der Handy-Werbung zum Gegenstand hatten, ist der BGH, etwas überraschend, von den klaren Grundlinien, die er für die Beurteilung wettbewerbsrechtlicher Sachverhalte in den früheren Jahrzehnten gegeben hat, abgewichen. Dies hatte zur Folge, dass die Entscheidungen der Oberlandsgerichte, die sich mit den gleichen Werbeformen befasst, und die ihre Entscheidungen aufgrund der früheren ständigen Rechsprechung des BGH getroffen hatten, zum größten Teil aufgehoben wurden. Diese plötzliche Kehrtwende des Gerichts, die von einem großen Teil der Lehre stark kritisiert wurde, bezog sich im wesentlichen auf seine bisher strenge Auffassung zu Zugabeverstößen sowie zu dem Verstoß gegen § 1 UWG a.F. unter dem Gesichtspunkt des übertriebenen Anlockens.

1. Die Verneinung eines Zugabetatbestands

Mit sechs Entscheidungen, die er am selben Tag (8.10.1998) getroffen hat, hat das Revisionsgericht zunächst angedeutet, dass es nicht mehr so großzügig wie in der Vergangenheit hinsichtlich der Anwendung der Zugabeverordnung sein würde. In den Urteilen I ZR 187/97,[305] I ZR 147/97,[306] I ZR 107/97,[307] I ZR 94/97,[308] I ZR 72/97[309] und I ZR 7/97[310] hat es, zum größten Teil im Gegensatz zu den Ausführungen der Vorinstanzen,[311] den Zugabecharakter des unentgeltlichen oder

[305] BGHZ 139, 368 = GRUR 1999, 265 = WRP 1999, 90 = MDR 1999, 49 – Handy für 0,00 DM (Revision gegen das Urteil des OLG Düsseldorf WRP 1996,762)

[306] BGH WRP 1999, 517 – Am Telefon nicht süß sein? (Revision gegen das Urteil des OLG Hamburg)

[307] BGH WRP 1999, 512 – Aktivierungskosten (Revision gegen das Urteil des OLG Nürnberg GRUR 1997, 847 – Mobilfunk-Angebot I)

[308] BGH WRP 1999, 509 – Kaufpreis je nur 1,- DM (Revision gegen das Urteil des OLG Dresden GRUR 1997, 848 – Mobilfunk-Angebot II)

[309] BGH WRP 1999, 505 – Nur 1 Pfennig (Revision gegen das Urteil des OLG Saarbrücken NJWE-WettbR 1997, 248)

[310] BGH GRUR 1999, 261 = WRP 1999, 94 = NJW 1999, 211 – Handy-Endpreis (Revision gegen das Urteil des OLG München)

[311] OLG Düsseldorf, WRP 1996, 762/763; OLG Saarbrücken NJWE-WettbR 1997, 248 – Nur 1 Pfennig; vgl. auch OLG Frankfurt/Main WRP 1997, 99/100 – DM 1,- fürs Handy; Das Vorliegen eines Zugabeverstoßes wurde allerdings verneint: OLG Nürnberg GRUR 1997, 847/848 – Mobilfunk-Angebot I; OLG Dresden GRUR 1997, 848/849 – Mobilfunk-Angebot II; vgl. auch: OLG München WRP 1996, 1060/1062 – Handy für 1,00 DM; OLG Naumburg NJWE-WettbR

nahezu unentgeltlichen Angebots eines Mobilfunktelefons im Hinblick auf den Abschluss eines kostenpflichtigen Netzkartenvertrags verneint, was er auch ein Jahr später in seinem I ZR 242/97[312] Urteil wiederholt hat. In allen den diesbezüglichen Werbungen wurden die verschiedene Mobiltelefone zu einem mehr oder weniger symbolischen Preis von 30,- DM,[313] 1,- DM,[314] 0,99 DM,[315] 0,01 DM[316] oder sogar 0,00 DM[317] und zwar bei der gleichzeitigen Vermittlung eines langfristigen entgeltlichen Telefonkartenvertrags angeboten. Aufgrund dessen würde man erwarten, dass das Gericht, angesichts seiner bisherigen Entscheidungspraxis, den Netzkartenvertrag wegen seiner Entgeltlichkeit als Hauptleistung und das kostenlose oder „fast geschenkte" Handy dagegen als Nebenleistung und folglich als Zugabe in dem jeweiligen Gesamtangebot ansehen würde. Das Gericht hat aber im Gegensatz die Kopplung eines Mobiltelefons mit einem Netzvertrag als ein einheitliches, eine Funktionseinheit bildendes Angebot angesehen, das deshalb nicht in eine Haupt- und Nebenleistung aufgespaltet werden konnte, und damit den Tatbestand des Anbietens, Ankündigens oder Gewährens einer Zugabe als nicht gegeben betrachtet. Der BGH hat zwar angenommen, dass die diesbezüglichen gekoppelten Leistungen auch isoliert angeboten werden konnten, was folglich dafür sprach, dass es sich hierbei um getrennte Leistungen handelte. Er hat allerdings als Regel den gleichzeitigen Abschluss der beiden Geschäfte qualifiziert. Dazu hat er ausgeführt, auch wenn es möglich sei, Mobiltelefone ohne Kartenvertrag zu erwerben und Kartenverträge ohne gleichzeitigen Erwerb eines Mobiltelefons abzuschließen, müssen doch die meisten Erwerber eines Mobiltelefons einen Netzkartenvertrag abschließen, um das Telefon überhaupt in der beabsichtigen Weise einsetzen zu können. Dies habe in der Praxis dazu geführt, dass in der Regel das eine nicht ohne das andere angeboten werde. Unter diesen Umständen liege die Annahme einer Gesamtleistung bestehend aus dem Mobiltelefon und für den Betrieb notwendigen Netzzugang nahe.[318] Um seine Argumentation zu bekräftigen, berief sich der BGH darüber hinaus auf die durch das Geschäftsgebähren des Werbenden beeinflusste und bestimmte Verkehrsauffassung. In Abkehr seiner bisherigen Auffassung, wonach die Vorstellung des Kunden von den zur Beurteilung eines Werbeverhaltens maßgeblichen Umständen durch das in der Werbung zum

---

1997, 275; LG Berlin GRUR 1998, 75/76 – Mobilfunk-Werbung. Dazu s. ausführlich in: *Krüger*, Zur aktuellen divergierenden „Handy-Rechtsprechung" der Oberlandesgerichte, WRP 1998, 262

[312] BGH NJWE-WettbR 2000, 232/231 – Handy "fast geschenkt" für 0,49 DM (Revision gegen das Urteil des OLG Köln GRUR 1998, 73 – Handy für DM 0,49)

[313] BGH GRUR 1999, 261 – Handy Endpreis (I ZR 7/97)

[314] BGH WRP 1999, 517 – Am Telefon nicht süß sein? (I ZR 147/97); BGH WRP 1999, 509 – Kaufpreis je nur 1,- DM (I ZR 94/97)

[315] BGH WRP 1999, 512 – Aktivierungskosten (I ZR 107/97)

[316] BGH WRP 1999, 505 – Nur 1 Pfennig (I ZR 72/97)

[317] BGH GRUR 1999, 264 – Handy für 0,00 DM (I ZR 187/97)

[318] S. vor allem im Grundsatzurteil: BGH GRUR 1999, 264/266 – Handy für 0,00 DM

Ausdruck kommende Verhalten des Werbenden geprägt wurde, hat er sich nicht davon überzeugen lassen, dass der Anbieter durch sein Werbeverhalten, nämlich durch die getrennte Ausweisung des Entgelts für den Netzkartenvertrag und das Handy, den Eindruck einer Gesamtleistung zerstöre, wie die Berufungsgerichte behaupteten. Das Gericht hat dagegen darauf abgestellt, wie die angesprochenen Verkehrskreise tatsächlich die Werbung wahrnahmen und würdigten. Dadurch hat es festgestellt, dass das Publikum trotz der vorgenommenen Aufspaltung der Leistungen die im Vordergrund stehende Funktionseinheit von Mobiltelefon und Netzzugang erkennen konnte. Insbesondere wurde angenommen, dass, da dem Publikum geläufig sei, dass Mobiltelefone einen nicht unerheblichen Wert haben und ein Kaufmann ein solches Gerät nicht ohne weiteres verschenke, es auch erkenne, dass der Erwerb des Mobiltelefons letztlich mit den Gegenleistungen finanziert werden müsse, die im Rahmen des Netzkartenvertrags zu erbringen seien. Dabei sei zu berücksichtigen, dass die Verbraucherschaft in der Werbung seit Jahren Angeboten begegnete, mit denen für den Abschluss eines Netzkartenvertrags bei gleichzeitigem Erwerb eines Mobiltelefons zu einem besonders günstig erscheinenden Preis geworben werde. Die Fülle derartiger Angebote mache dem Publikum deutlich, dass es nicht um das Verteilen von Geschenken, sondern nur um einen Anreiz zum Abschluss eines langfristigen Netzkartenvertrags gehe.[319]

Die Argumentationslinie, der der BGH hierbei für die Verneinung einer Zugabe gefolgt ist, ist dennoch – erwartungsgemäß - auf herbe Kritik gestoßen. Die Thesen, mit denen das Gericht von seiner herkömmlichen, kontinuierlichen und klaren Rechtsprechung abgewichen ist, wurden von einem Teil des Schrifttums für nicht überzeugend gehalten und hinsichtlich ihrer Vollständigkeit stark in Zweifel gezogen. Manche sprachen von einer erheblichen Verunsicherung, die durch diese unberechenbare höchstrichterliche Kehrtwendung im Bereich des Lauterkeitsrechts eingetreten ist,[320] während andere auf das Auftauchen von zahlreichen Fragen im Zusammenhang mit der Anwendung der Zugabeverordnung hinwiesen, die keine befriedigenden Antworten gefunden haben.[321] Zum einem wurde in Frage gestellt, ob allein der wechselseitige Bedarf für die Qualifizierung eines kombinierten Angebots als handelsübliches Komplettangebot im Sinne einer wirtschaftlichen Funktionseinheit genüge,[322] und, ob die Feststellung des BGH, dass Telefon und Netzzugang eine Funktionseinheit bildeten, der tatsächlichen Verkehrsauffassung, der das Gericht freilich besondere

---

[319] S. vor allem im Grundsatzurteil: BGH GRUR 1999, 264/266 – Handy für 0,00 DM
[320] *Kisseler*, Handy für 0,00 DM – Was bleibt von der Zugabeverordnung?, WRP 1999, 580
[321] *Heermann*, WRP 1999, 130; *Gehrlein*, Anmerkung zur Entscheidung des BGH „Handy für 0,00 DM", MDR 1999, 50/51
[322] *Gehrlein*, MDR 1999, 50/51

Bedeutung beimaß, entspricht.[323] Zum anderen wurde besonders kritisiert, dass sich der BGH, während er der äußeren Form des Angebots untergeordnete Bedeutung beigemessen hat, als weiteren Begründungsstrang maßgeblich auf das Argument gestützt hat, der Verbraucher erkenne, dass das Telefon nicht umsonst angeboten, sondern aus den Provisionen der Netzbetreiber finanziert werde und, dass ein Kaufmann folglich ein wertvolles Gerät wie ein Handy tatsächlich nicht verschenke. Diese These, die das Gericht in der Vergangenheit in der Tat als Rechtfertigung einer Zugabe nicht gelten ließ, könnte, nach einer Ansicht, alles andere als nachvollziehbar sein, sofern sie dem Sinn und Zweck der Zugabeverordnung, Preisverschleierungen und einer Beeinflussung des Käufers vorzubeugen, zu einem Kaufentschluss weniger durch die Güte und Preiswürdigkeit der Ware als vielmehr durch den Wunsch gedrängt zu werden, in den Genuss der Zugabe zu gelangen, widerspreche und letztendlich an den inneren Legitimation des Zugabeverbots als solche rühre.[324] In diesem Zusammenhang wurde dem BGH vorgeworfen, dass er maßgeblich auf irgendeinen, eventuell nur aus subjektiver Verbrauchersicht zu erkennenden Funktionszusammenhang der gekoppelten Leistungen abgestellt hat, und damit den Anlass gefunden hat, eine Unterteilung in Haupt- und Nebenleistung abzulehnen und folglich die Qualifizierung des mitangebotenen Mobilfunktelefons als Zugabe zu vermeiden.[325]

Die kritischen Stimmen überzeugen freilich nur bedingt. Hierbei stand der BGH wohl vor dem Dilemma entweder die Augen vor einer Wirklichkeit zu schließen und bloß mit der Hilfe strenger, rechtlicher Kriterien den Sachverhalt zu bewerten oder sich hauptsächlich von einer realistischen Annäherung der Sache leiten zu lassen. Das Gericht hat zutreffend[326] den zweiten Weg gefolgt. Es verleiht der aktuellen Verkehrsauffassung eine hohe Bedeutung und berücksichtigt die Marktverhältnisse. Diese Feststellung entsprach durchaus der Realität. Wer kann nämlich bezweifeln, dass der Verbraucher weiß, dass die normalen Preise eines Mobilfunktelefons, das ohne Kartenvertrag verkauft wird, erheblich höher sind als die beworbenen, nahe oder bei Null liegenden Telefonpreise, die allerdings nur bei gleichzeitigem Abschluss eines kostenpflichtigen Netzkartenvertrags gelten? Wer kann des weiteren nicht zugeben, dass dem Kunden bekannt ist, dass der Preis für das Telefon durch die hohe, über dem Einkaufspreis für das Handy liegende Provision, die ihm der Netzbetreiber für die Vermittlung des

[323] *Kisseler,* Anmerkung zu den Entscheidungen des BGH „Handy für 0,00 DM“ und „Handy-Endpreis“, LM PreisangabenVO 1985, Nr. 27 (3/1999), Bl. 574/576/577; *Kisseler,* WRP 1999, 580/581/582; vgl. auch *Pluskat,* WRP 2002, 1381/1384

[324] *Gehrlein,* MDR 1999, 50/51; vgl. auch *Krüger,* WRP 1998, 262/263

[325] *Pluskat,* WRP 2002, 1381/1384; *Kisseler,* WRP 1999, 580/581 f.; *Heermann,* WRP 1999, 130

[326] So auch: *Ackermann,* Anmerkung zur Entscheidung des BGH „Handy-Endpreis“, BB 1998, 2542/2544 f.; *Pohlmann,* Anmerkung zur Entscheidung des BGH „Handy für 0,00 DM“, WuB 1999, 275 = VC § 1 ZugabeVO 1.99

Netzkartenvertrags durch den Kunden als Provision zahlt, subventioniert und, dass er folglich wahrnimmt, dass die angekündigten Sonderpreise für das Telefon keine als selbständig wahrgenommene Preise sind, sondern als „Lockvogel“ für ein Gesamtangebot von Handy und Karte funktionieren.?[327] Diese Tatsache ist der BGH ausgegangen und ist zu dem Schluss in gekommen, dass die Kombination von Mobiltelefon und Netzkarte als Einheit anzusehen sei. Diesem Ergebnis ließ sich dagegen nicht mit der formalen Argumentation begegnen, der Verbraucher erkenne zwei getrennte Preise, und darum handele es sich um zwei aufgespaltete Rechtsgeschäfte.[328]

Die Thesen des Gerichts und die daraus folgende Verneinung eines Zugabeverstoßes sind nicht als vereinzelte Betrachtungen über einen konkreten Sachverhalt, hier also über die Kombination des Telefons mit der Netzkarte, zu verstehen, sondern als Ausprägungen einer allgemeinen Tendenz des obersten Gerichts seine alte Rechtsprechung weitgehend zu korrigieren. Im Rahmen dieser Kehrtwendung war die Tendenz des BGH ersichtlich, anerkannte Grundsätze für den Bereich der Wertreklame insbesondere auch der Zugabeverordnung aufzugeben.[329] Das Gericht ahnte den Verfall dieser Sonderregelung, und zeigte sich bereit, ihre Anwendung zu beschränken und tatsächlich ihre Geltung außer Gefecht zu stellen, was der Gesetzgeber wenig später realisiert hat. Der BGH hatte bei der Heranziehung der Handy-Fälle die Möglichkeit seine weitverbreitende Praxis zu verteidigen und bei seiner früheren, recht strengen aber berechenbaren Auffassung zu Zugabeverstößen zu bleiben; und diese war einwandsfrei, sofern sich das beurteilte Angebot aufgrund seiner Gestaltung in den Grenzen des Zugabewesens bewegte. Das Gericht hat sich nicht für die einfachste Lösung entschieden und hat mit seinen „Handy-Urteilen“ seine Tendenz, sich von alten Thesen abzukehren, in erfreulicher Deutlichkeit verstärkt.

2. Die Verneinung eines übertriebenen Anlockens

Auf den engen Funktionszusammenhang von Mobiltelefon und Kartenvertrag hat sich gleichermaßen der BGH gestützt, um die Frage zu beantworten, ob im Rahmen derartiger Sachverhalte ein angeblicher Verstoß gegen § 1 UWG a.F. unter dem Gesichtspunkt eines übertriebenen Anlockens vorlag. Nachdem er auch bei der Prüfung dieses rechtlichen Eckpunkts die Bedeutung der Verkehrsauffassung hervorgehoben und bestätigt hat, dass nach dem Verständnis der angesprochenen Verkehrskreise das herbeigeführte gekoppelte Angebot als ein handelsübliches Gesamtangebot im Sinne einer wirtschaftlichen Einheit mit

[327] Vgl. *Pohlmann*, WuB 1999, 275 = VC § 1 ZugabeVO 1.99
[328] *Pohlmann*, WuB 1999, 275 = VC § 1 ZugabeVO 1.99
[329] Vgl. *Kisseler*, LM PreisangabenVO 1985, Nr. 27 (3/1999), Bl. 578

eigenständigem Normalpreis anzusehen war, hat er in allen den „Handy-Fallkonstellationen", in Übereinstimung etwa mit den Oberlandesgerichten Dresden,[330] Nürnberg,[331] Hamburg,[332] Naumburg,[333] Frankfurt/Main[334] und entgegen etwa dem OLG Köln,[335] Düsseldorf[336] und München,[337] das Vorliegen eines übertriebenen Anlockens verneint.[338] Nach Ansicht des BGH kann in der Ankündigung der Kostenlosigkeit oder eines besonders günstigen Preises für einen Teil der zu erbringenden Gesamtleistung, um die es sich bei dem mit dem Abschluss eines Netzkartenvertrags gekoppelten Erwerb eines Mobiltelefons aus der Sicht des Verkehrs handelte, kein unsachliches Mittel erblickt werden. Anzunehmen sei dagegen, dass sich die Werbung mit der kostenlosen oder besonders günstigen Abgabe des Mobiltelefons als ein legitimer Hinweis auf den günstigen, durch verschiedene Bestandteile geprägten Preis der angebotenen Gesamtleistung und damit als ein Hinweis auf die eigene Leistungsfähigkeit darstelle. Als Krönung seiner vertretenen These hat er sich auf das „rechtliches Axiom", das in der Mitte der 90er Jahre entwickelt wurde[339] und in der jüngsten Rechtsprechung immer mehr an Rechtserheblichkeit gewinnt,[340] berufen. Das rechtliche Axiom besagt, dass die Anlockwirkung, die von einem attraktiven Angebot ausgehe, nicht wettbewerbswidrig, sondern gewollte Folge des Leistungswettbewerbs sei.

In seiner „Handy-Rechtsprechung" geht der BGH weit über den engen Rahmen der „Handy-Problematik" hinaus und, zur Verstärkung seiner bereits entwickelten Tendenzen, manifestiert nun in aller Deutlichkeit die Erforderlichkeit an einer Liberalisierung des Rechts der Wertreklame im allgemeinen und einer Neubewertung von Kopplungsangeboten im besonderen.

Bemerkenswert ist zunächst, dass sich das Gericht von seiner langen früheren Praxis zu der viel diskutierten Fallgruppe des „übertriebenen Anlockens" distanziert hat. Insbesondere hat es versucht, die Spreu vom Weizen zu trennen. Des weiteren hat es versucht, klare Maßstäbe bei der Abgrenzung zu setzen, wann

---

[330] OLG Dresden GRUR 1997, 848/849 – Mobilfunk-Angebot II
[331] OLG Nürnberg GRUR 1997, 847/848 – Mobilfunk-Angebot I
[332] OLG Hamburg NJW-RR 1996, 1135/1136
[333] OLG Naumburg NJWE-WettbR 1997, 275
[334] OLG Frankfurt WRP 1997, 99/100 – DM 1,- fürs Handy
[335] OLG Köln GRUR 1998, 73/74 – Handy für DM 0,49 ; a.A. allerdings OLG Köln GRUR-RR 2001, 10 – Free & Easy Christmas-Set
[336] OLG Düsseldorf WRP 1996, 762/763 – 0,00 DM für ein Handy
[337] OLG München WRP 1996, 1060/1063 – Handy für 1,00 DM
[338] S. vor allem im Grundsatzurteil: BGH GRUR 1999, 264/266 – Handy für 0,00 DM
[339] Vgl. BGH GRUR 1994, 743/744 = WRP 1994, 610/612 – Zinsgünstige Kfz-Finanzierung durch Herstellerbank; BGH GRUR 1998, 500/501 = WRP 1998, 388/391 - Skibindungsmontage
[340] *Fezer*, WRP 2001, 989/1010

von einem übermäßigen und folglich wettbewerbswidrigen Anlockeffekt tatsächlich die Rede sein kann und wann dagegen nicht. Letztendlich versuchte es das Phänomen abzuschaffen – oder zumindest einzugrenzen, nach dem alle Kläger von dem unbestimmten Rechtsbegriff des „übertriebenen Anlockens" profitierten und in Wettbewerbsprozessen diesen Topos als Standardargument vorbrachten, um jede innovative, ungewohnte Werbung zu torpedieren.[341] In den herangezogenen „Handy-Fällen" hat der BGH nicht verneint, dass von dem Gesamtangebot des Mobiltelefons mit dem Kartenvertrag eine gewisse Anlockwirkung ausging. Der BGH weist allerdings ausdrücklich den Einwand zurück, mit dem Angebot eines fast kostenlosen Mobiltelefons werde nicht die Leistungsfähigkeit des Anbietenden unter Beweis gestellt, sondern nur der Umstand verschleiert, dass im Rahmen eines Netzkartenvertrags überhöhte Entgelte verlangt würden. Mit Hilfe offen betriebswirtschaftlicher Überlegungen,[342] kommt er dagegen zu dem Ergebnis, dass die auffällige Preisgestaltung des konkreten Kopplungsangebots das „Endprodukt" eines Marktmechanismus war, dem durchaus vernünftige wirtschaftliche Erwägungen zugrunde lagen.[343] Den ausgehenden Anlockeffekt des Angebots hat er nur als eine legitime Auswirkung und gewollte Folge eines lebhaften Preiswettbewerbs angesehen.[344] Demgemäss hielt er einen Eingriff in diesem Mechanismus mit Hilfe des § 1 UWG a.F. unter dem Gesichtspunkt eines übertriebenen Anlockens für unzutreffend und unerwünscht. Diese Haltung, die von dem Schrifttum größtenteils lebhaft begrüßt wurde,[345] war aus zwei Gründen interessant. Einerseits, weil es in den vorliegenden Fällen bewiesen hat, dass sich es endlich nicht nur auf die Anstellung rein rechtlicher Überlegungen beschränkt, sondern auch wirtschaftliche Zusammenhänge erkennt und die Besonderheiten jedes konkreten Markts einschätzt, was insbesondere bei der Beurteilung eines wettbewerblichen Rechtstreits, wenn nicht erforderlich, zumindest wünschenswert

---

[341] *Emmerich,* Voraussetzungen des verbotenen übertriebenen Anlockens („Handy-Urteile"), JuS 1999, 297

[342] *Ahrens Hans-Jürgen,* Kurzkommentar zur Entscheidung des BGH „Handy für 0,00 DM", EwiR 1999, 47/48

[343] Der BGH (s. vor allem im Grundsatzurteil: BGH GRUR 1999, 264/266 – Handy für 0,00 DM) hat die Funktion des Mobilfunkmarktsmechanismus zutreffend beschrieben und dadurch erklärt warum die Endverbraucher oft nahe oder bei Null liegenden Telefonpreisen begegnen: „ Ist die Beklagte, die keinen unmittelbaren Einfluß auf die Tarife der „Service Provider" hat, verstärktem Wettbewerb ausgesetzt, kann sie lediglich durch eine Herabsetzung des Preises für das Mobiltelefon reagieren, nicht dagegen durch eine Änderung der Tarifstruktur bei den Netzkartenverträgen. Werden ihr auf der anderen Seite für jede Vermittlung eines Netzkartenvertrages hohe Provisonen gezahlt, so kann sie mit Hilfe dieser Provisionen die Anschaffung des Mobiltelefons „subvensionieren". "

[344] Vgl. *Ahrens Hans-Jürgen,* EwiR 1999, 47/48; *Pohlmann,* WuB 1999, 275/276 = VC § 1 ZugabeVO 1.99; *Emmerich,* JuS 1999, 297/298

[345] *Ahrens Hans-Jürgen,* EwiR 1999, 47/48; *Pohlmann,* WuB 1999, 275/276 = VC § 1 ZugabeVO 1.99; *Emmerich,* JuS 1999, 297/298; *Fezer,* WRP 2001, 989/1010

ist. Andererseits bekundet dieses Verhalten den höchstrichterlichen Willen höhere Anforderungen an das Bejahen eines übertriebenen Anlockens zu stellen und somit die willkürlichen Berufungen auf diesem Topos zurückzuhalten. In diesem Zusammenhang hat der BGH angedeutet, dass der Anlockeffekt, der aus einem Werbeverhalten ausgeht, nur unter engen Voraussetzungen als wettbewerbswidrig im Sinne des § 1 UWG a.F. angesehen werden kann. Ein solcher Fall sollte nur dann bestehen, wenn die ausgehende Anlockwirkung durch den Einsatz zusätzlicher, unsachlicher Mittel neu erscheint oder verstärkt wird.[346] Kennzeichen solcher Mittel sei, wie das gleiche Gericht zu einem späteren Zeitpunkt ergänzt hat, nicht die Minderung der Qualität und der Preisgünstigkeit des Angebots, sondern Kunden von einer preis- und qualitätsbewussten Prüfung verschiedener Angebote durch werbendes Herausstellen leistungsfremder Vergünstigungen abzuhalten.[347] Zusammenfassend kann gesagt werden, dass sich in der „Handy-Rechtsprechung" das erste Postulat für die Neubestimmung der Rolle der Fallgruppe des „übertriebenen Anlockens" im Lauterkeitsschutzmechanismus herauskristallisiert hat. Dieser „Modernisierungsalarm" stimmt mit diesen Stimmen überein, die in der Zukunft von einer neu zu definierenden Schwelle des übertriebenen Anlockens sprechen würden. Somit könnte die in den vorliegenden Sachverhalten vertretene These des BGH gegenüber der Problematik des „übertriebenen Anlockens" als Auslöser für die Mobilisierung sowohl der Judikatur als auch der Lehre verstanden werden, um diesen alten Topos vom Anfang an neu zu definieren und letztendlich klarzustellen, welches Wettbewerbsverhalten unter dieser Fallgruppe fällt und daher von dem Wettbewerbsmechanismus ausgeschaltet werden muss.

3. Fazit

In allen „Handy-Entscheidungen" hat der BGH sowohl für die Verneinung eines Zugabeverstoßes als auch für die Verneinung eines übertriebenen Anlockens auf die Funktionseinheit von Mobiltelefon und Netzkartenvertrag abgestellt. Für die Feststellung, ob die diesbezügliche Produktzusammenstellung als ein einheitliches, eine wirtschaftliche Funktionseinheit bildendes Angebot anzusehen war, und folglich sowohl für die Beurteilung des Vorliegens eines Zugabetatbestands als auch für die Frage ob ein übertriebenes Anlocken vorlag, ist der Verkehrsauffassung eine hohe Bedeutung verliehen worden. Dementsprechend hat das Gericht festgestellt, dass die angesprochenen Verkehrskreise die ganze Preisspielerei zwischen den jeweiligen Telefonanbietern und Netzbetreibern[348]

---

[346] Vgl. *Fezer,* WRP 2001, 989/1011
[347] BGH WRP 2000, 1138 – Null Tarif; BGH GRUR 2001, 446 – 1-Pfennig-Farbbild
[348] Dazu s. in: *Enzinger/Spring,* Der Handy-Boom und die Preisschlacht der Mobilfunkanbieter, ecolex 2001, 541 ff.

wahrnehmen können und daher den herausgestellten attraktiven Telefonpreis nicht isoliert und folglich weder das Telefongerät als etwas, das ihnen schenkungsweise gewährt wäre noch die demonstrative Herabsetzung des Telefonpreises als etwas Sensationelles, das sie unsachlich beeinflussen könnte, sieht, sondern beide Preise zusammen und folglich ein handelsübliches Komplettangebot. Somit hat der BGH zweifellos das Bild eines Verbrauchers gezeichnet, der über wirtschaftliches Denken verfügt und der fähig ist, die Marktverhältnisse vernünftig einzuschätzen, die konkurrierenden Angebote und den Marktmechanismus zu durchschauen und damit die jeweiligen werblichen Aussagen nicht nur oberflächlich zu verstehen, sondern auch zu erkennen vermag, was dahinter steckt.[349] Ein derartiges Bild, das den Verbraucher als vernünftige Markteilnehmer darstellt, weicht wesentlich von dem Leitbild des ungezwungenen, flüchtigen und einer umfassenden Betreuung bedürftigen Verbrauchers ab, das der BGH in seiner Beurteilung über einen langen Zeitraum in der Vergangenheit zugrundegelegt hatte. Demgegenüber nähert es sich mehr dem Verbraucherbild, das von dem EuGH bereits am Anfang der 90er Jahre qualifiziert wurde. Dies geht von einem durchschnittlich informierten und verständigen Verbraucher aus.[350] Aus diesem Grund soll die Gesamthaltung des BGH in den vorliegenden Fallkonstellationen als eine Phase eines Versuchs der höchstrichterlichen Rechtsprechung verstanden werden, der bereits mit dem Erlass der Entscheidung „Saustarke Angebote" begonnen wurde, und der die Abkehr von dem bisherigen Leitbild der deutschen Wettbewerbspraxis und die vorsichtige, allmähliche Hinwendung zu dem EuGH-Modell des verständigen Verbrauchers als Ziel hatte.[351]

---

[349] *Ackermann*, BB 1998, 2542/2544/2545; *Emmerich*, JuS 1999, 297/298

[350] S. dazu *Piper* in: *Köhler/Piper*, UWG (2002), § 3 UWG, Rdnrn. 51 f.

[351] Vgl. *Ackermann*, BB 1998, 2542/2544/2545; *Emmerich*, JuS 1999, 297/298

Dritter Teil: Die rechtliche Beurteilung der Kopplungsangebote nach dem Wegfall der Zugabeverordnung

A. Die ersatzlose Aufhebung der Zugabeverordnung

Was durch die seit Mitte der 90er Jahre stattfindende Abkehr der höchstrichterlichen Rechtsprechung von ihrem bisherigen Standpunkt hinsichtlich der Wertschätzung der Zugabeverordnung angedeutet wurde, hat sich am Anfang des 21. Jahrhunderts triumphierend bestätigt. Der allmählichen Verdrängung und eingeschränkten Anwendung dieses Sondergesetzes folgte dementsprechend durch gesetzgeberisches Handeln sein offizielles Verschwinden aus dem Wettbewerbsrechtsumfeld. Seit 25. 07. 2001 gehört die Zugabeverordnung ebenso wie die wettbewerbsrechtliche Sonderregelung des Rabattgesetzes vom 25. 11. 1933[352] der Vergangenheit an. Unter dem Einfluss der europäischen Gesetzgebung und der Rechtsprechung des EuGH wurden Zugabeverordnung und Rabattgesetz, die für einen langen Zeitraum eine prinzipielle Rolle im deutschen Wettbewerbsrecht einnahmen und von der Rechtsprechung oft übertrieben streng angewandt wurden, nunmehr als überholte und rückständige, innovationshemmende Regelungen angesehen und daher ersatzlos aufgehoben. Obwohl die Vorgeschichte der Abschaffung dieser beiden Gesetze weithin bekannt ist,[353] soll sie hier kurz nochmals in Erinnerung gerufen werden. Durch die neuerliche Darstellung der Faktoren, die zum Erlass der Aufhebungsgesetze, und insbesondere was die Zugabeverordnung betrifft, geführt haben, kann man sich ein klares Bild des Rahmens des neu gewonnenen Freiraums bezüglich der Werbe- und Verkaufsstrategie von gekoppelten Angeboten schaffen. Mit anderen Worten soll dadurch festgestellt werden, welches wettbewerbliches Handeln nunmehr als wettbewerbskonform zu erwarten ist, welche nämlich die neu geschaffenen lauterkeitsrechtlichen Zulässigkeitsschranken der Kopplungsangebotsstrategie sind.

---

[352] RGBl. 1933 I, S. 1011 in der Fassung der Änderungen vom 21.Juli 1954 (BGBl. I, S.212), vom 11. März 1957 (BGBl. I, S. 172), vom 12. Juli 1967 (BGBl. I, S.626), vom 2. März 1974 (BGBl. I, S.575) und vom 25. Juli 1986 (BGBl. I, S.1174)

[353] Vgl. einen Überblick bei *Eppe*, Zugaben und Rabatte im Anwendungsbereich des UWG – Zur Rechtslage nach dem Fortfall von ZugabeVO und RabattG, 2003, S. 108 ff.

I. Die prinzipielle Auswirkung der europäischen Harmonisierungsbemühungen auf die Aufhebung der Zugabeverordnung

1. Der erste Anstoß aus Brüssel

Zu ersten Erschütterungen in der bis dahin relativ gefestigten Anerkennung der Zugabeverordnung kam es im Jahre 1993: In der Einschätzung, das deutsche Rabattgesetz begründe ein Hindernis für den freien Warenverkehr nach Art. 28 EGV, leitete die EU-Kommission ein Vertragsverletzungsverfahren gegen die Bundesrepublik Deutschland ein. Dasselbe wurde dennoch auch wieder eingestellt, weil, laut der deutschen Rechtsprechung,[354] die Spezialnormen des Rabattgesetzes und der Zugabeverordnung bloße „Verkaufsmodalitäten" i.S. der „Keck und Mithouard – Entscheidung",[355] seien.[356] Das Ganze war jedenfalls Auslöser für eine bis zu dem damaligen Zeitpunkt nie gesehene Kritikwelle an der Rolle der Zugabeverordnung – sowie des Rabattgesetzes – in dem deutschen Wettbewerbsumfeld und ihre Vereinbarkeit mit den europäischen Harmonisierungsbemühungen im Wettbewerbsrecht. Gestützt auf die Vorbehalte aus Brüssel und die daraus folgende Kritik, hat die damalige Bundesregierung augenblicklich reagiert und schon im Jahre 1994 Entwürfe für eine Aufhebung der beiden Gesetze vorgelegt, mit der Begründung, dass die restriktiven Bestimmungen der Zugabeverordnung und des Rabattgesetzes nicht mehr den heutigen Bedürfnissen von Wirtschaft und Verbrauchern entsprechen und der Entwicklung neuer Vertriebs- und Marketingstrategien entgegenstehen.[357] Es hat sich allerdings erwiesen, dass die Zeit für so drastische Maßnahmen noch nicht reif war. Das Vorhaben scheiterte zunächst, da man negative Auswirkungen für den Mittelstand und den Einzelhandel befürchtete.[358]

---

[354] Vgl. BGH GRUR 1995, 515 – 2 für 1-Vorteil

[355] EuGH NJW 1994, 121

[356] S. ausführlich in: *Meyer Justus*, GRUR 2001, 98/108; *Steinbeck*, ZIP 2001, 1741/1742

[357] So die Begründung des Gesetzenwurfes zur Aufhebung des Rabattgesetzes von 1994, BT-Drucks. 12/6722, S.3); vgl. auch die Begründung des Gesetzenwurfes zur Aufhebung der ZugabeVO, BT-Drucks. 12/6723

[358] Vgl. die Protokolle der Bundestagsdebatte v. 3.2.1994 (Stn.Ber. S. 17970 f.); vgl. auch: *Piper*, Zum Entwurf eines Gesetzes zur Aufhebung des Rabattgesetzes und der Verordnung zur Durchführung des Rabattgesetzes (Rabattgesetzaufhebungsgesetz – RabattGAufhG), BT-Drucks. 12/6722, WRP 1994, 433; *Borck*, Eine Lanze für die Zugabeverordnung, WRP 1996, 965; s. ausführlich darüber in: *Meyer Justus*, GRUR 2001, 98/108; *Steinbeck*, ZIP 2001, 1741

2. Die Verabschiedung der EU-Richtlinie über den elektronischen Geschäftsverkehr

Sechs Jahre, nachdem die Zugabeverordnung zunehmend in das Kreuzfeuer der Kritik geraten und einen ersten Anlauf zu ihrer Abschaffung unbeschadet überstanden hat, konnte sie ein weiteres aufkommendes Hindernis nicht mit dem gleichen Erfolg überwinden. Dieses Hindernis war die europäische Richtlinie über den elektronischen Geschäftsverkehr (sog. e-commerce Richtlinie), die im Juni 2000 verabschiedet worden war[359] und bis zum 16. Januar 2002 in nationales Recht aller Mitgliedstaaten umgesetzt werden musste.[360] Hinsichtlich der Zukunft der Zugabeverordnung war insbesondere die in Artikel 3 der Richtlinie vorgesehene Geltung des sog. Herkunftslandsprinzips von großer Bedeutung. Danach findet für elektronische Geschäfte die Rechtsordnung desjenigen Landes Anwendung, in dem der jeweilige Anbieter von Waren oder Dienstleistungen seine geschäftliche Niederlassung hat. Maßgeblich für Anbieter im grenzüberschreitenden Internethandel sind nämlich nicht mehr die rechtlichen Rahmen des Landes, in dem das jeweilige Angebot erscheint, sondern ausschließlich die rechtlichen Voraussetzungen, die in dem Recht des Landes gelten, von dem aus der Anbieter tätig wird. Mit Rücksicht auf die alte seinerzeitige Rechtslage würden demzufolge die deutschen Anbieter von elektronischen Diensten den rechtlichen Anforderungen des deutschen Wettbewerbsrechts unterliegen, zu denen allerdings nicht nur das Gesetz gegen den unlauteren Wettbewerb, sondern auch die noch zu diesem Zeitpunkt geltenden Spezialregelwerke der Zugabeverordnung und des Rabattgesetzes zählten. Gleichzeitig würden dennoch die ausländischen, über das Internet in Deutschland agierenden Anbieter nicht mehr den deutschen Bestimmungen und folglich den einschränkenden Auflagen der deutschen Zugabeverordnung unterstellt,[361] sondern nur den entsprechenden Anforderungen ihres Heimatrechts. Da allerdings in den anderen europäischen Ländern die Zugabegewährung nur teilweise und zumeist wesentlich liberaler als in Deutschland geregelt war,[362] drohten infolge der EU-Richtlinie und des dadurch eingeführten Herkunftslandsprinzips Wettbewerbsnachteile für deutsche

---

[359] Richtlinie 22/31/EG des Europäischen Parlaments und des Rates v. 8.6.2000 über bestimmte Aspekte der Dienste der Informationsgesellschaft, insbesondere des elektronischen Geschäftsverkehrs, im Binnenmarkt: ABlEG Nr. L 178/1 vom 17. Juli 2000

[360] So der Art. 22 I der Richtlinie 22/31/EG

[361] Die restriktiven Vorschriften des deutschen Rabatt- und Zugaberechts waren in der Vergangenheit (vor der Verabschiedung der „E-Commerce Richtlinie") in vollem Umfang für alle Unternehmen verbindlich, die Waren oder Dienstleistungen auf dem deutschen Markt angeboten haben. Ob ein Anbieter seinen Sitz in Deutschland oder im Ausland hat, war bisher ohne Belang: so in der Begründung des Gesetzentwurfs der Bundesregierung zur Aufhebung der Zugabeverordnung, BT-Drucks. 14/5594, A III 1. S. 6

[362] Vgl. einen Überblick bei *Bodewig/Henning-Bodewig*, Rabatte und Zugaben in den Mitgliedstaaten der Europäischen Union, WRP 2000, 1341 ff.

Internet-Anbieter, wenn sie im Unterschied zu ihren ausländischen Konkurrenten, die ungehindert Zugaben in Deutschland in großem Umfang einräumen durften, weiterhin an den restriktiven Geboten der Zugabeverordnung gebunden bleiben würden.[363] Während sich, beispielsweise, ein griechisches Internet-Angebot an griechischem Recht messen lassen musste, und, wenn es eine Zugabegewährung enthielt, dessen Zulässigkeit nach griechischem Lauterkeitsrecht auch gegenüber deutschen Internet-Nutzern maßgeblich war und während demzufolge[364] dem griechischen Anbieter möglich war, uneingeschränkt mit Zugaben auch in Deutschland zu werben, wäre dies hingegen, nach der seinerzeitigen geltenden Rechtslage, den deutschen Unternehmen nach der Zugabeverordnung untersagt, was mit klaren Worten dafür spricht, dass sich die inländische Anbieter schlechter als ihre ausländischen Konkurrenten stellen würden. Nach dieser Entwicklung hat die Bundesregierung die aufkommende Gefahr einer sachlich nicht zu gerechtfertigenden Ungleichbehandlung (sog. „Inländerdiskriminierung")[365] der in Deutschland ansässigen Unternehmen wahrgenommen und ohne Zeitverlust reagiert. Um der deutschen Online-Wirtschaft gleiche Bedingungen wie ausländischen Bedingungen schaffen zu können, hat sie die ersatzlose Streichung der Zugabeverordnung sowie des Rabattgesetzes als die einzige Lösung gesehen.[366] Demgemäss hat sie am 13. Dezember 2000 zwei Gesetzentwürfe zur ersatzlosen Abschaffung des Rabattgesetzes und der Zugabeverordnung vorgelegt. Ein halbes Jahr später ist die bereits seit 1994 diskutierte Streichung dieser beiden Spezialgesetze Wirklichkeit geworden.

II. Erfordernis einer allgemeineren Modernisierung des deutschen Lauterkeitsrechts

Die Verabschiedung der EU-Richtlinie über den elektronischen Geschäftsverkehr und die daraus folgende Befürchtung für eine Diskriminierung der deutschen

[363] Vgl. die Begründung des Gesetzentwurfs der Bundesregierung zur Aufhebung der Zugabeverordnung, BT-Drucks. 14/5594, A III 1. S. 6/7; vgl. auch: *Bornhofen,* Das Ende einer Ära, MA 2001, 42/44; *Heil/Dübbers,* Abschaffung von Rabattgesetz und Zugabeverordnung, ZRP 2001, 207/210 f.; *Berlit,* WRP 2001, 349/350; *Köhler,* BB 2001, 265; *Cordes,* WRP 2001, 867; *Steinbeck,* ZIP 2001, 1741/1742; *Nordemann,Jan Bernd,* NJW 2001, 2505/2506; *Meyer Justus,* GRUR 2001, 98/109

[364] Im griechischen Recht gibt es weder ausdrückliches gesetzliches Verbot noch überhaupt eine ausdrückliche gesetzliche Regelung der Zugaben; vgl. *Bodewig/Henning-Bodewig,* WRP 2000, 1341/1352; *Schricker/Henning-Bodewig,* WRP 2001, 1367/1402; *Gouskos,* Die Beurteilung des Verkaufs mit Zugaben nach dem griechischen Gesetz gegen den unlauteren Wettbewerb, GRUR Int. 2000, 38

[365] So in der Begründung des Gesetzentwurfs der Bundesregierung zur Aufhebung der Zugabeverordnung, BT-Drucks. 14/5594, A III 1. S. 7

[366] So in der Begründung des Gesetzentwurfs der Bundesregierung zur Aufhebung der Zugabeverordnung, BT-Drucks. 14/5594, A III 1. S. 7

Internet-Anbieter waren allerdings nicht die einzigen Faktoren, die zum Wegfall der Zugabeverordnung und des Rabattgesetzes geführt haben. Sie stellen sich auch nicht als der Grund für den Erlass der Aufhebungsgesetze dar, sondern bloß als der Anlass, durch den eine solche Entwicklung erheblich beschleunigt wurde. Ziel der Bundesregierung war es, die wettbewerbsrechtlichen Rahmenbedingungen in Deutschland zu modernisieren und einen neuen liberaleren Wind im Wettbewerbsumfeld wehen zu lassen. Die Zugabeverordnung, die ähnlich wie das Rabattgesetz Anfang der dreißiger Jahre des letzten Jahrhunderts als Reaktion auf „Übersteigerung" der sog. Wertreklame erlassen wurde,[367] wurde nunmehr als ein Hemmschuh gegenüber den Modernisierungsbemühungen angesehen. Der Erläuterung der heutigen gesellschaftlichen und wirtschaftlichen Rahmenbedingungen, die die Spezialvorschriften der Zugabeverordnung als überholt und rückständig erscheinen lassen, hat sich in hohem Grad die Begründung des Regierungsentwurfs zum Erlass des Aufhebungsgesetzes gewidmet, wobei insbesondere ein gestiegenes Bildungs- und Informationsniveau und die erhöhte Sensibilität der Verbraucher beschworen wurde.[368] Laut der Regierungsbegründung haben heutzutage das Interesse der Konsumenten an Produktinformationen und die Bereitschaft zur Auseinandersetzung mit dem Warenangebot erheblich zugenommen. Auf der Basis des Verbraucherleitbildes des durchschnittlich erfahrenen, informierten und verständigen Verbrauchers kam sie weiterhin zu der Feststellung, dass der Werbeadressat heute mit den Marktgegebenheiten vertraut ist, und er demzufolge weiß, dass Anbieter nichts zu verschenken haben und die Kosten für werthaltige Nebenleistungen durch den Preis der Hauptleistungen abdecken.[369] Dementsprechend lasse sich der Verbraucher in der Regel nicht vorschnell durch das Angebot einer Zugabe zum Vertragschluss verleiten, sondern er treffe seine Entscheidung erst nach ausreichender Information über Konkurrenzangebote und reiflicher Abwägung der unterschiedlichen Vorzüge und Nachteile der angebotenen Waren oder Leistungen.[370] Außerdem wurde angemerkt, dass die Vorschriften der Zugabeverordnung in der Bevölkerung immer mehr an Akzeptanz verloren hätten. Ihre Gebote und Verbote würden von weiten Teilen des Handels und der Verbraucher zunehmend unterlaufen, sei es, weil sie zu kompliziert und in ihrer konkreten Handhabung durch die Rechtsprechung für Nichtjuristen kaum noch nachvollziehbar erschienen, sei es, weil die Verbraucher, die ihre Konsumerfahrungen

---

[367] Zur Zielsetzung der Zugabeverordnung s. ausführlich in: *Spätgens* in: *Lange/Spätgens,* Rdnrn. 373 ff.

[368] Vgl. einen Überblick bei *Nordemann Jan Bernd,* NJW 2001, 2505/2506; *Berlit,* WRP 2001, 350/351

[369] So in der Begründung des Gesetzentwurfs der Bundesregierung zur Aufhebung der Zugabeverordnung, BT-Drucks. 14/5594, A III 2. S. 7

[370] So in der Begründung des Gesetzentwurfs der Bundesregierung zur Aufhebung der Zugabeverordnung, BT-Drucks. 14/5594, A III 2. S. 7

durch Einkäufe bei Auslandsreisen oder im Internet bereichern, nunmehr die Gewährung von Zugaben nunmehr als etwas normales, wenn in bestimmten Fällen nicht selbstverständliches, betrachten und sie an den Verkaufsstellen oft erwarten.[371] Mit Rücksicht zusätzlich auf die Hindernisse, die sich mit der weiteren Geltung der Zugabeverordnung gegenüber innovativen, zugunsten der Verbraucher entwickelten Vertriebsstrategien erheben,[372] kann zusammenfassend festgestellt werden, dass die Zugabeverordnung, obwohl sie zunächst der Bewahrung der Verbraucher vor einer Irreführung über Preis und Qualität der Angebote und ihre Vorbeugung vor einer „Verwilderung" der Wettbewerbssitten diente, sich in einen gesetzlichen Mechanismus umgewandelt hat, der nach den neuen Marktgegebenheiten nicht nur nutzlos war, sondern vielmehr den Interessen und Erwartungen seines ursprünglichen Schutzobjektes, der Verbraucher, entgegenstand. Ihre Aufhebung erschien dementsprechend im Rahmen einer erforderlichen Modernisierung des deutschen Lauterkeitsrechts die natürliche Folge.

B. Unmittelbare Auswirkungen der Aufhebung der Zugabeverordnung

I. Der Grundsatz der Zulässigkeit der Zugabegewährung

Durch den Fortfall der Zugabeverordnung wurde, wie es auch in der Begründung des Aufhebungsgesetzes festgestellt wurde,[373] das bisherige rechtliche Regel-Ausnahme-Verhältnis bei Zugaben umgekehrt.[374] Die Zugabegewährung, die nach der früheren Rechtslage grundsätzlich verboten und nur in bestimmten, sehr eng gefassten Ausnahmefällen erlaubt war, wurde von einem Moment zum anderen als eine in der Regel zulässige Absatzförderungsmaßnahme angesehen. Das Anbieten, Ankündigen oder Gewähren einer unentgeltlichen und akzessorischen Zuwendung soll seitdem nicht unbedingt nur geringwertige Reklamegegenstände sowie handelsübliche Nebenleistungen wie Verpackung oder Transportservice betreffen, um sich als legitimes, wettebewerbkonformes Werbemittel darstellen zu können. Die bislang bestehenden Beschränkungen, wie beispielsweise die Geringwertigkeitsgrenze für beigegebene Reklameartikel, sind entfallen, sodass es nunmehr keine Rolle für die lauterkeitsrechtliche Beurteilung der Zugabe spielt,

[371] So in der Begründung des Gesetzentwurfs der Bundesregierung zur Aufhebung der Zugabeverordnung, BT-Drucks. 14/5594, A III 3. S. 7

[372] So in der Begründung des Gesetzentwurfs der Bundesregierung zur Aufhebung der Zugabeverordnung, BT-Drucks. 14/5594, A III 4. S. 7; vgl. auch: *Nordemann Jan Bernd,* NJW 2001, 2505/2506; *Berneke,* WRP 2001, 615/617; *Meyer Justus,* GRUR 2001, 98/110; *Berlit,* WRP 2001, 349/354; *Köhler,* BB 2001, 265/267

[373] So in der Begründung des Gesetzentwurfs der Bundesregierung zur Aufhebung der Zugabeverordnung, BT-Drucks. 14/5594, A IV 1. S. 8

[374] Statt vieler: *Spätgens* in: *Länge/Spätgens,* Rdnr. 242

ob sie gering- oder hochwertig, handelsüblich oder ungewöhnlich ist. Mit der ersatzlosen Aufhebung des Sondergesetzes der Zugabeverordnung hat sich also das ehemalige generelle, nur von wenigen Ausnahmen durchbrochene Zugabeverbot von einem prinzipiell geltenden Grundsatz in ein Verbot umgewandelt, dem im Rahmen einer lauterkeitsrechtlichen Beurteilung, angesichts der neuen Gegebenheiten, bloß ein Ausnahmecharakter verliehen wird. Die aus der Streichung der Zugabeverordnung von der „Wettbewerbsrechtskarte" folgende grundsätzliche Legalisierung vom Werben mit Zugaben hat wesentliche Freiräume für die Anbieter eröffnet. Angesichts der neu geschaffenen Spielräume wird zwar den Wettbewerbern zugebilligt, nicht nur schon in der Vergangenheit angewandte - allerdings verschleiert - zugabebezogene Werbepraktiken nunmehr frei fortzusetzen, sondern auch innovative Verkaufsfördermaßnahmen im Zusammenhang mit Zugaben auf den Markt zu bringen, was nach Ansicht vieler Vertreter aus der Literatur eine der Zugabegewährung als Absatzfördermittel zugesprochene Renaissance andeutete.[375] Daneben haben andererseits die pessimistischen Stimmen nicht gefehlt, die nach dieser Entwicklung vor dem Eintreten von Zuständen einer „Basarwirtschaft" gewarnt haben.[376] Seit Inkrafttreten des Aufhebungsgesetzes vor drei Jahre ist allerdings festzustellen, dass sich diese Befürchtungen noch nicht bestätigt haben.

II. Neue rechtliche Rahmen für Zugaben

Das völlig neue Feld, das sich für die Wettbewerber durch die Aufhebung der Zugabeverordnung eröffnet hat, kann allerdings nicht schrankenlos sein. Es würde der Stellung des aufgehobenen Gesetzes im System des Lauterkeitsrechts sowie der historischen Entwicklung des Rechtsgebiets widersprechen, wenn alle Aktivitäten, die bisher durch die Zugaberestriktionen untersagt waren, infolge der Streichung dieses Spezialgesetzes quasi automatisch wettbewerbsrechtlich unbedenklich wären.[377] Die Schaffung einer solchen „Rechtslücke" würde außerdem auch nicht dem präsumtiven Willen des Gesetzgebers erkennbar gerecht werden, dessen Intention einen Anstoß zu einer liberaleren Funktion des Lauterkeitsrechts zu geben und nicht im Namen der Modernisierung die Willkür im Wettbewerbsumfeld zu erlauben war.

---

[375] *Eppe*, S. 126; *Berlit*, WRP 2001, 349/352; *Köhler*, BB 2001, 1589/1592; *Borck*, Vermutungen über vergleichende Werbung, über Wertreklame und deren weitere Entwicklung, WRP 2001, 1124/1130

[376] *Lange*, Wird das Feilschen salonfähig?, BB 2001, Heft 32, Die Erste Seite; vgl. auch: *Dittmer*, BB 2001, 1961/1965; *Pluskat*, Das kombinierte Warenangebot als zulässiges verdecktes Kopplungsgeschäft – Zugleich Besprechung des Urteils des OLG Karlsruhe vom 14.8.2001 – 4 U 54/01 – WRP 2001, 1238, WRP 2001, 1262/1267

[377] Vgl. *Rath-Glawatz*, AfP 2001, 169; *Berneke*, WRP 2001, 615

1. Das verbleibende Schutzinstrumentarium

Dementsprechend hat der Gesetzgeber in der Regierungsbegründung ausdrücklich erklärt, dass das Gewähren von Zugaben nicht ohne Einschränkungen gelten kann und dass seine Grenzen den verbleibenden wettbewerbsrechtlichen Vorschriften finden soll.[378] Zugabetatbestände sollen also nunmehr grundsätzlich an den allgemeinen Lauterkeitsregeln des Gesetzes gegen den unlauteren Wettbewerb (UWG), an den noch geltenden Schranken der Verordnung zur Regelung der Preisangaben (PangV) sowie ferner an den kartellrechtlichen Bestimmungen gemessen werden.[379] Zum Schutz der Verbraucher und der Wettbewerber vor Gefahren dieser Art der Wertreklame sind seit dem Wegfall der Zugabeverordnung insbesondere die Generalklauseln der §§ 3 und 5 UWG n.F., früher: §§ 1 und 3 UWG a.F., welche sich schon während der Geltung der Spezialnormen im gewissen Rahmen als Auffangtatbestände darstellten,[380] prinzipiell anzuwenden.

2. Rechtswissenschaftliche Problematiken

Da sich allerdings der Gesetzgeber in der Begründung des Aufhebungsgesetzes auf einen lakonischen und pauschalen Verweis auf die uneingeschränkte Anwendung der allgemeinen Vorschriften des Lauterkeitsrechts beschränkt hat, kam es in der rechtswissenschaftlichen Praxis zu einer gewissen Unsicherheit über die zukünftige lauterkeitsrechtliche Bewertung aller der bisher unter die Zugabeverordnung fallenden Verhaltensweisen.[381] So hat sich in den Literaturkreisen eine breite Diskussion eröffnet, bei der unterschiedliche Denkansätze bezüglich der spezielleren Bedingungen für die Vergabe von Zugaben im UWG festgestellt wurden, obwohl die sich durch den Fortfall der Zugabeverordnung

---

[378] So in der Begründung des Gesetzentwurfs der Bundesregierung zur Aufhebung der Zugabeverordnung, BT-Drucks. 14/5594, A IV 1. S. 8

[379] Vgl. auch: *Hoß*, Rabattgesetz und Zugabeverordnung – Die Rechtslage nach der Aufhebung, MDR 2001, 1094; *Heermann/Ruess*, Verbraucherschutz nach RabattG und ZugabeVO – Schutzlücke oder Freiheitsgewinn?, WRP 2001, 883; *Heermann*, Rabattgesetz und Zugabeverordnung ade! Was ist nun erlaubt? Was ist nun verboten?, WRP 2001, 855/856; *Heil/Dübbers*, ZRP 2001, 207/208; *Köhler*, BB 2001, 265/270; *Berneke*, WRP 2001, 615; *Berlit*, WRP 2001, 349/350; *Dittmer*, BB 2001, 1961/1962; *Nordemann Jan Bernd*, NJW 2001, 2505/2509; *Steinbeck*, ZIP 2001, 1741/1743; *Köhler*, GRUR 2001 1067; *Lange*, WRP 2002, 10/12; *Köhler*, GRUR 2003, 729/731

[380] S. Zweiter Teil, B., S. 56 f.; vgl. *Cordes*, WRP 2001, 867/869

[381] Vgl. *Heermann*, WRP 2001, 855/856; *Eppe*, S. 133

abgezeichnete Rechtsentwicklung und die damit verbundene Liberalisierung der Wertreklame überwiegend positiv bewertet wurde.[382]

a) Die Gefahr für ein Weiterexistieren der Zugabeverordnung im Schoß des UWG

Übereinstimmend wurde zunächst in der kurz vor bzw. nach der Aufhebung der Zugabeverordnung veröffentlichen rechtswissenschaftlichen Literatur angenommen, dass die restriktiven Schranken, die bisher durch das Sondergesetz für das Werben mit Zugaben gegeben waren, nicht durch eine extensive Anwendung der verbleibenden wettbewerbsrechtlichen Regelungen aufrecht erhalten bleiben dürfen.[383] Somit wurde die Rechtsprechung, die, aufgrund der fehlenden Erläuterungen seitens des Gesetzgebers, mit der Aufgabe beauftragt wurde, die neue Grenzen der wettbewerblichen Zulässigkeit der Zugabegewährung abzustecken, aufgefordert, einen voreiligen und vollständigen „Import" von Wertungen aus der Zugabeverordnung in die verbleibenden lauterkeitsrechtlichen Bestimmungen zu vermeiden. Wäre hingegen eine unveränderte Übernahme der Wertungsmaßstäbe des aufgehobenen Spezialwerkes in die Anwendung des UWG zustande gekommen, dann wäre der Rechtszustand, der unter der Geltung der Zugabeverordnung bestanden hat, diesmal auf Basis der jetzt gültigen Lauterkeitsanschauungen und insbesondere der zwei Generalklauseln des UWG wiederhergestellt worden, was allerdings das gänzliche Verhelfen des Zweckes des Aufhebungsgesetzes, der im Rahmen der Liberalisierung des Lauterkeitsrechts die tatsächliche und nicht bloß die fiktive Abschaffung von wettbewerbsrechtlicher Besonderheiten war, bedeuten würde.[384] Eine solche Gesetzinterpretation würde jedoch, wie zu Recht bemerkt wurde,[385] in Konflikt zu der Funktion der Generalklauseln des UWG stehen. Im Unterschied zu der Zugabeverordnung, die abstrakte Gefahren für den Wettbewerb bekämpfen sollte und deren Verbote an Wettbewerbshandlungen, die generell für gefährlich gehalten wurden, anknüpften, setzt die Anwendung des UWG das Vorliegen konkreter Gefahren voraus. Aus rechtssystematischen Gründen kann dementsprechend die Lauterkeit bzw. Unlauterkeit eines geschäftlichen Verhaltens, das in der Vergangenheit *a priori* und unabhängig davon, ob im konkreten Fall tatsächlich eine der zu

---

[382] Ausnahmsweise sieht *Borck* (in: WRP 2001, 1124/1130/1132) die Aufhebung der Zugabeverordnung als eine negative Entwicklung an, da dadurch der Leistungswettbewerb beeinträchtigt werden könne.

[383] *Spätgens* in: *Lange/Spätgens,* Rdnr. 262; *Rath-Glawatz,* AfP 2001, 169; *Cordes,* WRP 2001, 867/868; *Heermann/Ruess,* WRP 2001, 883: *Tonner,* 20% Rabatt für Kartenzahler?, VuR 2002, 39; *Eppe,* S. 138; vgl. auch: BGH WRP 2002, 1256 – Kopplungsangebot I; BGH WRP 2002, 1259/1261 – Kopplungsangebot II

[384] Vgl. *Cordes,* WRP 2001, 867/868

[385] *Lange,* WRP 2002, 10/12

bekämpfenden Gefahren bestand, unter dem Zugabeverbot fiel, nicht einer gleichermaßen *in abstracto* Bewertung auf Basis des UWG unterliegen und dadurch, ohne Feststellung einer konkreten, greifbaren Schutzgefährdung, als wettbewerbsfeindlich angesehen werden.

b) Anknüpfung an den Rechtszustand vor 1932?

Im Rahmen der die Abschaffung von Zugabeverordnung begleitenden Diskussionen hat sich weiterhin ein Teil der Literatur mit der Frage auseinandergesetzt, unter welchen Bedingungen die Vorschriften des Gesetzes gegen den unlauteren Wettbewerb auf die besondere Fallgruppe der Zugabegewährung anwendbar sein sollen. Dabei ist vereinzelt die Auffassung vertreten worden, mit dem Wegfall der besonderen zugaberechtlichen Verbote sei der Weg frei, wieder an den Rechtszustand vor Erlass der Zugabeverordnung und an die damalige Prüfung von Zugaben nach den allgemeinen Vorschriften des Lauterkeitsrechts anzuknüpfen.[386] *Berneke,* der Vertreter dieser Ansicht, interpretierte die Zeitperiode, in der die Zugabeverordnung galt, als eine „Ausnahmeperiode“, welche für einen langen Zeitraum die ursprünglich im 1909 geplante Rechtsentwicklung unterbrochen hat, die aber jetzt durch das Beenden dieser Periode unberührt fortgesetzt werden kann. Nachdem er auf die Zeit vor Erlass der Zugabeverordnung, in der Zugaben nach den allgemeinen Vorschriften des Lauterkeitsrechts beurteilt und grundsätzlich für unbedenklich erachtet wurden, als auch auf die Zeit des Entwurfes des bis vor kurzem geltenden UWG von 1909, bei dem die Zugabegewährung als „uralte Geschäftsgewohnheit" bezeichnet und die Verfolgung von Missbräuchen auf dem Gebiet des Zugabewesens durch besondere gesetzliche Regelungen abgelehnt worden war, zurückgeblickt hat, war er dem folgenden Gedankengang gefolgt: der Erlass der Zugabeverordnung im Jahre 1932 stellte sich als eine historische Notwendigkeit aufgrund bestimmter, als schädlich angesehener Entwicklungen des Wettbewerbs dar. Die aufgrund der Weltwirtschaftskrise Ende der 20er Jahre nicht zu übersehenen Auswüchse im Rahmen der Werbung und insbesondere die wachsende Zahl von Missbräuchen auf dem Gebiet des Zugabewesens lösten eine „Alarmsituation“ aus. Unter diesen Umständen schien eine gesetzgeberische Intervention, durch die eine Abweichung von der früheren (vor 1932) Beurteilung gezielt und demzufolge Zugaben weithin unterbunden werden sollten, erforderlich zu sein. Fast 70 Jahre (!) danach wurde, nach *Berneke*, mit der Aufhebung der Zugabeverordnung das „Ende des Alarms“ und die Rückkehr zu der alten, vor dem Erlass der Zugabeverordnung geltenden Rechtslage signalisiert. Dementsprechend solle die neu geschaffene Rechtswirklichkeit als die Fortsetzung der

---

386 *Berneke,* WRP 2001, 615/616; s..auch in: *Pluskat,* WRP 2001, 1262/1268

von dem Auftreten der Zugabeverordnung unterbrochenen Rechtsentwicklung verstanden werden. Daher sei es möglich, zur Bewertung der neuen Zugabespielräume auf die Rechtslage vor Inkrafttreten dieser Sonderregelung und weiterhin auf die Reichsgerichtsrechtsprechung vor 1932 zurückzugreifen. Dieser Vorschlag ist allerdings zu Recht von Teilen der Literatur kritisch beäugt und demzufolge abgelehnt worden.[387] Bis zu dem Punkt, an dem festgestellt worden ist, dass mit der Wegnahme der Zugabeverordnung im Grunde der Rechtszustand wiederhergestellt wird, wie er vor dem Inkrafttreten dieses Gesetzes bestand, blieben *Bernekes* Überlegungen einwandsfrei.[388] Hinsichtlich der qualifizierten Anknüpfung an den Urteilen aus der Zeit vor dem Erlass der Zugaberestriktionen sind jedoch zwei wichtige Faktoren verkannt worden. Völlig unberücksichtig blieb in erster Linie die teilweise rasante Fortentwicklung des deutschen Lauterkeitsrechts in dem Zeitraum zwischen der Entstehung und der Streichung des Spezialwerkes und insbesondere die Rechtsentwicklung zum Thema „Wertreklame", die angesichts des eingeführten gewandelten Verbraucherleitbildes nicht ignoriert werden kann.[389] Darüber hinaus darf, wie *Eppe* zutreffend bemerkt hat, nicht verkannt werden, dass die Urteile aus den 20er und 30er Jahren des vorigen Jahrhunderts mit der damaligen Wirtschaftskrise und der damit einsetzenden paternalischen Wirtschaftspolitik verknüpft waren, was allerdings nicht mehr dem jetzigen Standard einer freien und sozialen Marktswirtschaft entspricht.[390] Anhand all dieser geschilderten Bemerkungen kommt man letztendlich zum Schluss, dass mit der Abschaffung der Zugabeverordnung die Vorschriften des UWG und insbesondere die Generalklauseln der §§ 1, 3 UWG a.F. (§§ 3, 5 UWG n.F.) wieder in den Vordergrund, wie vor 1932, gerückt sind. Allerdings soll nur die aktuelle Rechtsprechung zu den §§ 3 und 5 UWG n.F. als ausschließliche Grundlage für die rechtliche Beurteilung der Zugabegewährung gelten.[391]

c) Bedenken und Vorschläge

In Rahmen der herbeigeführten Diskussion wurden des weiteren von Teilen der Rechtswissenschaft erhebliche Bedenken geäußert,[392] ob nach dem Wegfall der Zugaberestriktionen die verbleibenden rechtlichen Grenzen und insbesondere die

---

[387] *Heermann,* WRP 2001, 855/859; *Cordes,* WRP 2001, 867/868 f.; *Borck,* WRP 2001, 1124/1130; *Eppe,* S. 137

[388] Vgl. dazu: *Cordes,* WRP 2001, 867/868; *Heermann,* WRP 2001, 855/859; *Dittmer,* BB 2001, 1961/1962

[389] *Cordes,* WRP 2001,867/869; *Heermann,* WRP 2001, 855/859

[390] *Eppe,* S. 137

[391] *Cordes,* WRP 867/869; *Heil/Dübbers,* ZRP 2001, 207/208

[392] *Köhler,* BB 2001, 265/270 sowie in: GRUR 2001, 1067; *Berneke,* WRP 2001, 615/619; *Heil/Dübbers,* ZRP 2001, 207/208; *Bornhofen,* MA 2001, 42/45

Generalklauseln des UWG tatsächlich ausreichten, wie der Gesetzgeber des Aufhebungsgesetzes andeuten ließ,[393] um den Schutz der berechtigten Interessen der Verbraucher und der Wettbewerber vor den Gefahren der Zugabegewährung sicherzustellen. Diesen Bedenken sind sogar von verschiedenen Vorschlägen aufgegriffen worden, deren gemeinsamer Nenner der Ruf nach einem weiter gehenden Tätigwerden des Gesetzgebers war. Manche davon sind aus verschiedenen Gründen auf teilweise scharfe Kritik aus Teilen der Rechtswissenschaft gestoßen, während andere noch in Diskussion stehen.

An fehlender Akzeptanz in der lauterkeitsrechtlichen Literatur ist zunächst der von *Berneke* vertretene Vorschlag gescheitert,[394] nach dem es möglich sei, Instrumente, die andere europäische Rechtsordnungen zur Bekämpfung von Missbräuchen bei Zugaben entwickelt haben, in die flexiblen Generalklauseln des UWG zu übertragen, und sie auf Lauterkeitskriterien für die Zulässigkeit von Zugaben zurückzuführen.[395] Dieses Konzept wurde sowohl als unpraktikabel als auch als, angesichts des mit dem Wegfall der Zugabeverordnung neu geschaffenen Rechtszustands, unerwünscht angesehen. Die Unterschiede zwischen dem deutschen Lauterkeitsrecht und den Rechten mancher anderer EU-Staaten bezüglich ihrer Struktur, ihrer Funktionsweise und ihrer Besonderheiten[396] sowie das Auftauchen der kaum lösbaren Frage, welche Zugaberegelung – die strengste, die einer milderen Intensität oder die liberalste – importiert werden sollte,[397] bereiteten praktische Umsetzungsschwierigkeiten. *Cordes* ist sogar einen Schritt weiter gegangen und hat zutreffend bemerkt, dass, wenn auch eine Anpassung an europäische Standards das erklärte Ziel des Gesetzgebers des Aufhebungsgesetzes sei,[398] die spiegelbildliche Übernahme von Zugaberegelungen anderer EU-Mitgliedstaaten in das deutsche Lauterkeitsrecht und ihre Heranziehung als Orientierungshilfe für die Auslegung des UWG nicht unbedingt dem Intention des Aufhebungsgesetzes entsprechen.[399] *Heermann* hat demgegenüber eine mildere Position vertreten und, obwohl er die Orientierung allein an strengeren als in Deutschland geltenden lauterkeitsrechtlichen Standards anderer EU-Staaten als

---

393 Begründung des Gesetzentwurfs der Bundesregierung zur Aufhebung der Zugabeverordnung, BT-Drucks. 14/5594, A IV 1. S. 8

394 *Cordes*, WRP 2001, 867/868; *Eppe*, S. 136; *Heermann*, WRP 2001, 855/865 f.; vgl. einen Überblick in: *Eppe*, S. 135/136

395 *Berneke*, WRP 2001, 615/622

396 *Eppe*, S. 136

397 *Cordes*, WRP 2001, 867/868

398 So in der Begründung des Gesetzentwurfs der Bundesregierung zur Aufhebung der Zugabeverordnung, BT-Drucks. 14/5594, A IV 1. S. 8

399 *Cordes*, WRP 2001, 867/868; vgl. auch *Eppe*, S. 136 der gleichermaßen zutreffend hinzugefügt hat, dass die notwendige Harmonisierung des Wettbewerbsrechts auf europäischer Ebene nur im Wege einer umfassenden Gleich- und Neuordnung aller nationalen Wettbewerbsregeln erfolgen kann.

einseitig und falsch betrachtet, hat die ständige Berücksichtigung der Entwicklung des Lauterkeitsrechts der anderen Mitgliedsländer für sinnvoll gehalten. Somit schloss er eine erneute Diskussion über *Bernekes* Vorschlag in der Zukunft nicht aus, wobei bestimmte Unstände vorliegen müssten.[400]

Auf eine gleichermaßen negative Resonanz stieß in den rechtwissenschaftlichen Kreisen *Köhlers* Vorschlag. In diesem betonte er die Erforderlichkeit für ein Aktivwerden des Gesetzgebers, diesmal allerdings nicht durch die Übertragung ausländischer Zugaberestriktionen in das deutsche Lauterkeitsrecht, sondern durch die Aufstellung einer völlig neuen Zugaberegelung im UWG.[401] *Köhlers* Postulat stützte sich auf zwei Begründungssäulen: zum einem könne eine lange Zeit vergehen, bis die höchstrichterliche Rechtsprechung, aufgrund verzichteter Erläuterungen im Aufhebungsgesetz, gefestigte materiellrechtliche Grenzen der Werbung mit Zugaben neu bestimmt.[402] Zum anderen würde, angesichts der Tatsache, dass in anderen EU-Mitgliedstaaten spezielle Zugaberegelungen bestehen, die zum Teil noch schärfer als in Deutschland seien, nach der Aufhebung der Zugabeverordnung das Fehlen einer zugaberechtlichen Ersatzregelung im deutschen Lauterkeitsrecht die Bemühungen einer vordringlichen und von allen geforderten Harmonisierung des Wettbewerbsrechts in der Gemeinschaft erschweren.[403] Nachdem *Köhler* also davon ausgegangen ist, dass die Gerichte alleine nicht so schnell, wie gefordert, zu einigermaßen konsistenten Thesen über die wettbewerbsrechtlichen Schranken der Zugabegewährung schließen können, um weiterhin die erwünschte Rechtssicherheit und damit Planungssicherheit für die Wirtschaft zu garantieren, und nachdem er darauf hingewiesen hat, dass eine Harmonisierung des europäischen Lauterkeitsrechts, und insbesondere des Rechts der Zugaben, in der Gemeinschaft von Deutschland die Aufnahme einer den in anderen Mitgliedstaaten anzutreffenden hohen Standards entsprechenden und somit konsensfähigen Zugaberegelung verlangt, hat er einen dringenden gesetzgeberischen Handlungsbedarf hervorgehoben und einen auf der Grundlage eines vermittelnden Vorschlags Frankreichs für eine europäische Harmonisierung des Werberechts[404] basierten Regelungsentwurf dargestellt.[405] Nach der vorgeschlagenen Regelung, die als eine zugaberechtliche Ersatzregelung in das UWG aufgenommen werden solle, seien Umtausch- und

---

400 *Heermann*, WRP 2001, 855/865 f.
401 *Köhler*, BB 2001, 265/270 f.
402 *Köhler*, BB 2001, 265/270
403 *Köhler*, BB 2001, 265/271
404 *Köhler*, BB 2001, 265/271
405 Dieser Regelungsentwurf gleicht sich mit der Neuregelung, die der Hauptverband des Deutschen Einzelhandels (HDE), der Zentralverband des Deutschen Handwerks (ZDH) und der Zentralverband Gewerblicher Verbundgruppen (ZGV) in ihrer Stellungsnahme „Keine ersatzlose Streichung von Rabattgesetz und Zugabeverordnung – Vorschläge zur begleitenden Änderung des UWG und des GWB" vorgeschlagen haben: dazu: *Fezer*, WRP 2001, 989/1012, Fn. 123

Rückgabegarantien sowie die unentgeltliche Gewährung sonstiger Dienstleistungen und Zubehörartikel grundsätzlich zulässig. Weitere Regelungsgegenstände seien zumeist die herkömmlichen Zugabesachverhalte, die sich an den Wertungskriterien der Geringwertigkeit, Handelsüblichkeit und Stoffgleichheit der Zugabe sowie der Scheinentgeltlichkeit und Preisverschleierung des Gesamtpreises ausrichten.[406] Die Reaktionen aus der Literatur waren erwartungsgemäß unmittelbar und zahlreich.[407] *Fezer*[408] betonte, dass derartige Vorschläge einen deutlichen Rückschritt gegenüber der durch den Erlass des Aufhebungsgesetzes gezielten Liberalisierung des deutschen Lauterkeitsrechts darstellen. *Heermann*[409] hielt ferner solche Postulate für voreilig, solange nicht definitiv geklärt sei, ob das bestehende Instrumentarium des UWG einen ausreichenden Schutz von wettbewerbswidrigen Zugaben bietet, während andere[410] überzeugt für die Tragfähigkeit der verbleibenden rechtlichen Vorschriften schienen und irgendwelche weiteren gesetzgeberischen Aktionen kategorisch ablehnten. *Eppe*[411] warnte darüber hinaus zutreffend vor der Gefahr, die die Verwirklichung dieses oder gleichartiger Vorschläge in sich birgt, ähnliche Situationen wie in der Vergangenheit hinsichtlich der ausgedehnten Auslegung[412] der ehemaligen Zugaberestriktionen zu erleben.

Vorschläge mit größerer Akzeptanzspanne wurden von *Fezer* einerseits und *Schricker* und *Henning-Bodewig* andererseits vorgelegt. Gemeinsamer Eckpunkt beider Initiative ist, dass sie die Aufnahme einer reinen zugaberechtlichen Ersatzregelung im UWG ablehnen, und dass sie die Zugabeproblematik nicht vereinzelt berühren, sondern an den Aspekt der allgemeinen Kopplung als Absatzförderungsstrategie anknüpfen. Das beabsichtigte Fehlen einer „strengen" Focusierung auf zugabebezogene Sachverhalte und die Auseinandersetzung mit der globalen Fallgruppe der verbundenen Angebote, zu denen freilich Zugaben gehören, stellen die Elemente dar, die beiden Postulaten Flexibilität und Praktibilität verleihen. *Fezer*[413] hat dementsprechend die Normierung einer der vergleichenden Werbung nach § 2 UWG a.F. entsprechenden Regelung der verbundenen Angebote (Kopplungsangebote einschließlich Zugaben) vorgeschlagen, während *Schricker* und *Henning-Bodewig*[414] dem Erlass von

---

406 *Köhler*, BB 2001, 265/271
407 Vgl. einen Überblick in: *Eppe*, S. 134
408 In: WRP 2001, 989/1012
409 In: WRP 2001 855/866; vgl. auch *Heermann/Ruess*, WRP 2001, 883
410 *Meyer Justus*, GRUR 2001, 98/110; *Heil/Dübbers*, ZRP 2001, 207/210
411 In: S. 134
412 Ein solches Phänomen hat freilich *Köhler* selber festgestellt in: GRUR 2001, 1067
413 In: WRP 2001, 989/1012/1021
414 In: WRP 2001, 1367/1377/1404; s. auch in: *Henning-Bodewig*, E-Commerce und irreführende Werbung – Auswirkungen des Herkunftslandprinzips auf das europäische und deutsche Irreführungsrecht, WRP 2001, 771/777; vgl. auch *Henning-Bodewig*, Abschaffung von

Transparenzvorschriften auf europäischer Ebene den Vorzug gegeben haben,[415] wonach der Wert der einzelnen gekoppelten Gegenstände oder Leistungen - zugegebenen oder nicht – klar und unmissverständlich erkennbar sein müsse. Die hierzu vorgebrachten Denkansätze werden in den nachstehenden Abschnitten dieser Arbeit untersucht, weil an diesen Stellen der zukünftige lauterkeitsrechtliche Maßstab für Kopplungsangebote, im Lichte sogar des am 08.07.2004 in Kraft getretenen, reformierten UWG, analysiert wird.

C. Auswirkungen auf die lauterkeitsrechtliche Beurteilung der Kopplungsangebote

Die Aufhebung der Zugabeverordnung scheint tatsächlich auf den ersten Blick nur die Rechtslage für unentgeltliche Zuwendungen akzessorischer Waren und Dienstleistungen zu verändern. Es wäre allerdings oberflächlich und unzutreffend, bei diesem ersten voreiligen Eindruck zu bleiben und somit die herbeigeführte gesetzgeberische Initiative bloß als eine Aktion zu betrachten, die vereinzelt und ausschließlich auf die Deregulierung der Beurteilung von Zugabefällen abzielte. Eine derartige Annäherung würde nicht mit der Interpretation des Gesetzgebers korrespondieren, der in der Begründung des Aufhebungsgesetzes die Erforderlichkeit einer allgemeineren Liberalisierung des deutschen Wettbewerbsrechts „propagierte“. Vielmehr hat die ersatzlose Abschaffung der Zugabeverordnung, wie auch der Gesetzgeber andeuten ließ, eine Reihe von Impulsen im Bereich des Lauterkeitsrechts geschaffen. Mittelbare Auswirkungen ergeben sich im Sinne eines „Domino-Effektes“ insbesondere auf die künftige Beurteilung der gesamten Fallgruppe der Kopplungsangebote, in die Zugabefälle einzuordnen sind, sowie ferner auf das Recht der Wertreklame.[416] Der Komplex der Zugaberegelungen bestimmte in der Vergangenheit die Kriterien für die lauterkeitsrechtliche Prüfung

Rabattgesetz und Zugabeverordnung?, WRP 2000, 886/888 f.: Hier wurde die Normierung einer Regelung etwa in dem Sinne vorgeschlagen, dass die Kopplung sachfremder Waren verboten sei, sofern nicht jedes Angebot auch einzeln erhältlich sein. Dies solle allerdings nur unter dem Vorbehalt gelten, dass diese Initiative kein deutscher Alleingang sei; vgl. ferner *Köhler*, GRUR 2001, 1067/1070

[415] Dieses Postulat korrespondiert sowohl mit dem ürsprunglichen – KOM (2001) 546 endg. – als auch mit dem geänderten – KOM (2002) 585 endg. – vorgelegten Kommisionsvorschlag für eine Verordnung des Europäischen Parlaments und des Rates über Verkaufsförderung im Binnenmakt (s. insb. Art. 4: „Informationspflicht bei Verkaufsförderaktion“). Am 19. Mai 2003 hat der zuständige Wettbewerbsfähigkeitsrat einen Gedankenaustausch zu dem geänderten Kommissionsvorschlag durchgeführt. Über die Kompromissvorschläge konnte allerdings keine Einigung erzielt werden. Es bleibt jetzt abzuwarten, ob die nächste Ratspräsidentschaft das Projekt weiterverfolgen will. Als jüngste Entwicklung in diesem Bereich gilt die Stellungsnahme des deutschen Bundesrats zur Verordnung über Verkaufsförderung im Binnenmarkt gemäß §§ 3,5 EUZBLG (BR-Drucks. 128/04 Beschluss)

[416] Vgl. *Fezer*, WRP 2001, 989/1008

dieser Art der Wertreklame. Ihr restriktiver Charakter wirkte dennoch auch über die engen Grenzen reiner Zugabetatbestände hinaus und beeinflusste im weiteren Sinne die Kriteriensetzung für die Bewertung sowohl der übrigen klassischen Erscheinungsformen von Kopplungsgeschäften als auch weiterhin anderer, einen zugabeähnlichen Charakter aufweisender, Absatzförderungsmaßnahmen, die zur der allgemeinen Fallgruppe der Wertwerbung zählen. Unter dem Aspekt dieser mittelbaren „belastenden Wirkung“ und mit Rücksicht auf den Verdacht des Gesetzgebers, die Abschaffung der Zugabeverordnung werde die Auslegung verbleibender Wettbewerbsvorschriften beeinflussen,[417] kann problemlos nachvollzogen werden, dass die Rechtslage – zumindest - für die den Zugaben nahe liegenden Kopplungsgeschäfte nicht unberührt bleiben kann. Die Aufhebung der Zugabeverordnung strahlt dementsprechend auf die Auslegung der UWG-Vorschriften nicht nur im Hinblick auf die Bewertung von Zugaben, sondern auch von sonstigen Kopplungsangeboten aus und sorgt für einen durchaus positiven Wandel ihrer wettbewerblichen Beurteilung.[418] Neue Kriterien, an denen sich die Wettbewerbskonformität bzw. die Unlauterkeit verbundener Angebote messen lässt, tauchen in der Lauterkeitsrechtsszene auf, während Orientierungs- und Trennungslinie der Vergangenheit aufgegeben und alte Grundsätze und Bewertungsmaßstäbe verdrängt werden. Der folgende thematische Abschnitt dieses Beitrags soll Licht in diesen Wandel bringen. Weiterhin sollen die neuen lauterkeitsrechtlichen Zulässigkeitsschranken von Kopplungsangeboten aufgezeigt werden.

I. Neue Maßstäbe für die Beurteilung der Kopplungsangebote

Bevor man sich mit der Heranziehung der neuen Rechtslage auseinandersetzt, ist es sinnvoll und zweckmäßig die Grundprinzipien, die als Orientierungsmaßstäbe für die Schranksetzung des neuen Freiraums von Kopplungsgeschäften dienen, darzustellen und zu analysieren. Dazu zählen insbesondere das Prinzip der grundsätzlichen Zulässigkeit aller Erscheinungsformen von Kopplungsofferten sowie das bereits von der Rechtsprechung qualifizierte und zu einem späteren Zeitpunkt von dem Gesetzgeber des Aufhebungsgesetzes herausgestellte „gewandelte Verbraucherleitbild“. Darüber hinaus soll die „verfassungsgerichtliche Einmischung“ in die Wettbewerbssachen berücksichtigt werden, bei der auf das „Wechselwirkungs-Verhältnis“ zwischen Verfassungs- und Wettbewerbsrecht und die daraus folgenden Anforderungen hinsichtlich der Auslegung und Anwendung der UWG-Vorschriften hingewiesen worden ist.

---

[417] Vgl. *Lange,* WRP 2002, 10/15
[418] Vgl. *Köhler,* GRUR 2003, 729/731

1. Großzügigere Behandlung gekoppelter Angebote

Wie schon an mehreren Stellen dieser Arbeit erwähnt wurde, treten Zugaben als eine besondere Erscheinungsform von Kopplungsangeboten auf.[419] Während der Geltung der Zugabeverordnung stellten sie sich nicht lediglich als eine Untergruppe mit konventioneller Bedeutung dar. Ihrer Stellung in der Fallgruppe der Kopplungsangebote kam vielmehr eine neuralgische Bedeutung zu, sofern sie in einer gewissen Art und Weise einen gewichtigen Maßstab für die Feststellung der Lauterkeit bzw. Unlauterkeit der verschiedenen Kategorien von Kopplungsgeschäften bildeten. Je ähnlicher eine Kopplungsform mit einem Zugabesachverhalt war, desto wahrscheinlicher war ihre negative lauterkeitsrechtliche Bewertung. Ein klassisches Beispiel stellen Vorspannangebote dar, die aufgrund des Zugabeeffekts, das ihnen verliehen wurde, als *per se* wettbewerbswidrig und damit strenger als sonstige Kopplungsangebote beurteilt wurden.[420] Je weiter entfernt die Gestaltung eines verbundenen Angebots von der Annahme eines zugabeähnlichen Tatbestandes war, desto liberaler war die Behandlung dieses Kopplungsgeschäfts in der Rechtsprechung und der Lehre. Dieser Bezugnahmepunkt ist allerdings mit der Aufhebung der Zugabeverordnung und der daraus folgenden automatischen Umkehrung des mehr oder weniger absoluten Zugabeverbots zu einem grundsätzlichen Zulässigkeitsgebot der Zugabegewährung verloren gegangen und somit ist ein „Teil der Plattform", worauf die lauterkeitsrechtliche Prüfung gekoppelter Angebote erfolgte, „abgestürzt".

Die These, dass sämtliche Kategorien von Kopplungsangeboten von der Aufhebung der Zugabeverordnung betroffen sind, verstärkt sich darüber hinaus noch aus einem weiteren Grund. Dieser stützt sich auf die Feststellung, dass ein weiteres Festhalten an alten, in der vor dem Wegfall des Zugabegesetzes Zeit verankerten Axiomen, hinsichtlich der Beurteilung der sonstigen Kopplungsgeschäfte, zu paradoxen Ergebnissen führen könnte. Während Angebote mit Zugaben, die in der Vergangenheit am strengsten beurteilt wurden, nunmehr grundsätzlich unbedenklich bleiben würden, würden Kombinationsangeboten mit zugabeähnlichem Charakter (Vorspannangebote), die allerdings nicht als Zugaben eingestuft sind, weiterhin mit großem Misstrauen behandelt und im Grundsatz als unzulässig angesehen. Eine solche Fallkonstellation wäre nicht nur lediglich irrational, sondern würde zusätzlich die Rechtssicherheit im Wettbewerb gefährden.

Daher kann leicht verstanden werden, dass die Aufhebung der Zugabeverordnung hinsichtlich des gesamten Spektrums der Kopplungsangeboten nicht ohne Folgen

[419] Vgl. Erster Teil, B. II. 1., S. 33
[420] Vgl. *Fezer*, WRP 2001, 989/1009

bleiben konnte. Dementsprechend waren ein allgemeiner Wandel der lauterkeitsrechtlichen Bewertung aller Arten des Kopplungswesens und eine Neubestimmung ihrer Zulässigkeitsrahmen erforderlich.[421] Dabei lässt sich immerhin nur ein Endergebnis rechtfertigen: eine großzügigere und liberalere Beurteilung, wonach alle Formen der Verbindung zweier oder mehrerer Waren oder Dienstleistungen nahezu uneingeschränkt möglich sind. Neben den klassischen Kopplungsangeboten, bei denen sich die ehemals restriktive Rechtsprechung bereits vor der Aufhebung der Zugabeverordnung korrigiert hat,[422] und die von der neuen Rechtslage weiter profitieren können, dürfen nunmehr auch andere Kopplungsinitiative eine grundsätzlich bedenkensfreie Behandlung genießen. Dazu zählen offensichtlich alle Zugabefälle – einschließlich natürlich sowohl derjenigen die in der Vergangenheit ausdrücklich erlaubt waren als auch derjenigen, die damals nach § 1 Abs. 1 Satz 2 bzw. Satz 3 ZugabeVO als Zugaben eingestuft waren – sowie die sog. Vorspannangebote, die künftig wettbewerblich nicht strenger als die allgemeinen Kopplungsangebote beurteilt werden sollten.[423]

2. Das „gewandelte" Verbraucherleitbild

Die Entwicklung eines neuen Konzepts zur lauterkeitsrechtlichen Beurteilung nicht nur von Zugaben, sondern auch von sonstigen Kopplungsangeboten scheint aus einem weiteren Grund heute notwendiger zu sein, denn je zuvor. Dies ist nämlich das Verlassen des für eine lange Periode im deutschen Wettbewerbsrecht geltenden und nunmehr „veralteten" Verbrauchermodells und die gleichzeitige Adoption eines neuen, den heutigen Marktumständen angepassten, gewandelten Verbraucherleitbilds, wonach der Verbraucher nicht mehr als ein flüchtiger und unkritischer, sondern als ein durchschnittlich informierter und verständiger Marktteilnehmer angesehen werden soll. Dieser Leitbildwechsel, der von der deutschen höchstrichterlichen Rechtsprechung bereits in der Zeit vor Aufhebung der Zugabeverordnung behutsam und zögerlich vollzogen wurde, ist nun *mit* und *anlässlich* der Abschaffung dieser Sonderregelung, zum ersten mal, im Rahmen einer gesetzgeberischen Handlung, tatsächlich bestätigt und offiziell anerkannt worden. Die Thematik über das „Verbraucherleitbild" könnte allein eine eigenständige wissenschaftliche Arbeit füllen. Das vorhandene Material und die Quellenangaben zu dieser Thematik sowohl aus der europäischen als auch aus der

---

[421] Vgl. *Berlit,* WRP 2001, 349/351; *Fezer,* WRP 2001, 989/1008; *Steinbeck,* ZIP 2001, 1741/1743; *Lange,* WRP 2002, 10/14; *Köhler,* GRUR 2003, 729/731: Hierin s. auch die zutreffende Bemerkung, dass Rechtsprechung und Schrifttum aus der Zeit vor Aufhebung der Zugabeverordnung, aufgrund des allgemeinen Wandels hinsichtlich der künftigen Beurteilung von Kopplungsgeschäften, nur noch mit größter Zurückhaltung berücksichtigt werden dürfen.

[422] Vgl. *Berlit,* WRP 2001, 349/351; *Fezer,* WRP 2001, 989/1008

[423] *Berlit,* WRP 2001, 349/351; *Fezer,* WRP 2001, 989/1009

deutschen Rechtsprechung und Literatur sind so reichlich,[424] dass eine Auseinandersetzung mit diesen den Rahmen dieses Beitrags sprengen würde. Daher soll die nachfolgende Analyse bewusst knapp gehalt werden und sich lediglich auf eine umfassende Darlegung des historischen Entwicklungsprozesses zu diesem Thema beschränken.

Im Rahmen der Diskussion um das Verbrauchermodell, dem die deutschen Gerichte in der Vergangenheit und für einen langen Zeitraum den Vorzug gaben, ist die gern und häufig zitierte[425] Aussage des Südtirolers Prantl in dem berühmten „Bocksbeutel"-Verfahren vor dem EuGH, der deutschen Judikatur liege „das Leitbild eines absolut unmündigen, fast schon pathologisch dummen und fahrlässig unaufmerksamen Betrachters zugrunde" von Bedeutung.[426] Genau so höhnisch und manchmal auch mehr sind die Aussagen, die sich vermehrt in der publizistischen Kritik an der Rechtsprechung des BGH finden, nach denen der BGH dem Leitbild eines „naiven",[427] „schlafmützigen",[428] „gewohnheitsseligen",[429] „einfälligsten und vertrauensseligsten",[430] „sich am Sonderschulniveau orientierten"[431] „hilflosen und daher in weitem Umfang staatlicher Rechtsfürsorge bedürfenden Subjekt oder – besser gesagt – Objekt",[432] „bedauernswerten Wesens am unteren Rande des Intelligenzspektrums"[433] oder „an der

---

[424] Für eine ausführliche globale Darstellung der ganzen Thematik s. insbesondere in: HK/*Ekey*, § 3, UWG Rdnrn. 142 ff. m.w.N.; GroßK/*Lindacher*, § 3, Rdnr. 150; *Hucke*, Erforderlichkeit einer Harmonisierung des Wettbewerbsrechts in Europa, 2001, S. 135 ff.; *Eppe*, S. 75 ff.; s. auch ferner m.w.N. in: *Doepner*, Verbraucherleitbilder zur Auslegung des wettbewerbsrechtlichen Irreführungsverbots – Anmerkungen zum Diskussionsstand, WRP 1997, 999 ff sowie in: FS für Otfried Lieberknecht, 1997, S. 165 ff.; *Dreher*, Der Verbraucher – Das Phantom in den Opera des europäischen und deutschen Rechts?, JZ 1997, 167/170 ff.; *Helm*, Das Verbraucherleitbild des Europäischen Gerichtshofs und des Bundesgerichtshofs im Vergleich, in: FS für Winfried Tilmann, S. 135 ff.; *Schweizer*, Die „normative Verkehrsauffassung" – ein doppeltes Missverständnis, GRUR 2000, 923 ff.; *Beater*, Zum Verhältnis von europäischem und nationalem Wettbewerbsrecht – Überlegungen am Beispiel des Schutzes vor irreführender Werbung und des Verbraucherbegriffs, GRUR Int 2000, 963 ff.; *Emmerich*, § 14, S. 181; vgl. auch einen kurzen aber zutreffenden Rückblick auf den ganzen Entwicklungsprozess bis zum Leitbildwechsel von: *Nordemann Wilhelm*, Wie sich die Zeiten ändern – Der Wandel der Rechtsprechung zum Verbraucherleitbild im § 3 UWG, WRP 2000, 977 ff.

[425] Vgl. *Eppe*, S. 77; *Doepner*, WRP 1997, 999/1000; *Ackermann*, BB 1998, 2544/2545

[426] EuGH GRUR Int 1984, 291/293 - Bocksbeutel

[427] So *Hucke*, S. 155

[428] So *Fritze*, Wettbewerb und Grundrecht der freien Meinungsäußerung, NJW 1968, 2358/2361

[429] So *Leisner*, Der mündige Verbraucher in der Rechtsprechung des EuGH, EuZW 1991, 498/502

[430] So *Sprengler/Weber*, Wettbewerb- Recht und Schranken, 2. Aufl. (1972), S. 252

[431] So *Beater*, § 13, Rdnr. 47; vgl. auch *Schricker*, Möglichkeiten zur Verbesserung des Schutzes der Verbraucher und des funktionsfähigen Wettbewerbs im Rechts des unlauteren Wettbewerbs, ZHR 139 (1975), 208/224/226; *Schünemann*, Wettbewerbsrecht, 1989, S. 137

[432] So *Dreher*, JZ 1997, 167/174

[433] So *Möllering*, Das Recht des unlauteren Wettbewerbs in Europa: Eine neue Dimension, WRP 1990, 1/10

Grenzen zur Debitilät verharrenden, unmündigen, einer umfassenden Betreuung bedürftigen, hilflosen Verbrauchers"[434] huldigte.[435] Derartige Äußerungen mögen zu griffig[436] und zum Teil zu übertrieben erscheinen. Sie unterscheiden sich praktisch allerdings wenig von den eleganteren und wesentlich zurückhaltenderen Charakterisierungen des „flüchtigen",[437] „unkritischen"[438] und „unbefangenen"[439] Verbrauchers, von denen die deutsche höchstrichterliche Rechtsprechung bei der Bestimmung eines „Verbraucher-Wertungsmodells" Gebrauch machte. Tatsächlich ging der BGH, von den Anfangsjahren seiner Rechtsprechung und bis zur Mitte der 90er Jahre, bei der Wahrnehmung und Prüfung von Werbeaussagen durch die angesprochenen Verkehrskreise regelmäßig von einer flüchtigen, ungezwungenen und unkritischen Verbrauchersicht aus.[440] Jahrzehntelang legte er seiner Beurteilung ein weitgehend gleichbleibendes Verbraucherbild zugrunde, nach dem der Durchschnittsbetrachter oder –hörer die an ihn gerichteten Werbebotschaften nur flüchtig und oberflächlich wahrnimmt, zumal er von ihnen überwiegend Kenntnis nimmt, ohne sich allerdings mit dem weiteren Werbekontext auseinanderzusetzen.[441] Dies solle aber auch gelten, wenn man annähme, dass in einer konkreten Situation der Werbeadressat ein verständiger Verbraucher von normaler oder sogar größter Aufmerksamkeit ist, sofern er auch, sei es aufgrund der großen Informationsflut, sei es aus anderen Gründen, weder philologische Überlegungen und grammatikalische Satzanalysen im Hinblick auf

---

[434] So *Emmerich*, Wettbewerbsbeschränkungen durch die Rechtsprechung, in: FS für Joachim Gernhuber, 1993, S. 857/870 sowie in: JuS 1999, 297/298

[435] So *Doepner* in: WRP 1997, 999

[436] So *Eppe*, S. 77

[437] BGH GRUR 1957, 128/129 – Steinhäger; BGH GRUR 1959, 365/366 – Englisch-Lavendel; BGH GRUR 1969, 415/416 – Kaffeerösterei; BGH GRUR 1970, 425/426 – Melitta-Kaffee; BGH GRUR 1982, 563/564 – Betonklinker; BGH GRUR 1982, 564/566 – Elsässer Nudeln; BGH NJW-RR 1987, 226/227 – Echt versibelt; BGH NJW-RR 1989, 937/938 – Vermögensberater; BGH GRUR 1991, 546 – ...aus Altpapier; BGH GRUR 1991, 548/550 – Umweltengel; BGH GRUR 1991, 550/551 – Zaunlasur; BGH NJW 1994, 1954/1957 – Mars-Kondom; BGH NJW 1995, 871/873 – Markenverunglimpfung II; BGH GRUR 1995, 60/61 – Napoleon IV; vgl. auch: OLG Hamburg GRUR 1968, 702/703 – Hamburger Volksbank; OLG Köln GRUR 1989, 694/695 – Frischgeflügel; vgl. *Beater*, § 13 Rdnrn. 40 ff.

[438] BGH GRUR 1970, 425/426 – Melitta-Kaffee; BGH NJW-RR 1990, 423/424 – RDM; BGH NJW 1992, 369/371 – IEC-Publikation

[439] BGH GRUR 1969, 415/416 – Kaffeerösterei; BGH NJW 1981, 2573 – Getarnte Werbung; BGH GRUR 1982, 563 – Betonklinker; BGH NJW-RR 1986, 1485/1486 – Sommerpreiswerbung; BGH NJW-RR 1990, 1186 – Notarieller Festpreis; GRUR 1991, 546 - ...aus Altpapier; BGH NJW 1992, 369/371 – IEC-Publikation

[440] Vgl. einen Überblick in: *Hucke*, S. 135-147

[441] Vgl. BGH GRUR 1957, 128/129 – Steinhäger; BGH GRUR 1959, 365/366 – Englisch-Lavendel; BGH GRUR 1969, 415/416 – Kaffeerösterei; BGH GRUR 1970, 425/426 – Melitta-Kaffee; BGH GRUR 1982, 563/564 – Betonklinker; BGH GRUR 1991, 546 – ...aus Altpapier; vgl. auch *Baumbach*, Kommentar zum Wettbewerbsrecht, 1. Aufl. (1929), S. 209

die Werbeaussage anstelle noch diese und ihre angeblichen weiteren Erläuterungen genau, kritisch und vollständig aufzunehmen pflege.[442]

Ganz erheblich von der gerade skizzierten Formel, die die deutsche Rechtsprechung zur Bestimmung der Verbraucherschutzintensität jahrzehntenlang favorisierte, unterscheidet sich das Verbrauchermodell, das der EuGH seit jeher und bis heute seiner Beurteilung zugrundelegt. Danach wird der Verbraucher nicht als ein unmündiger, unsicherer und unflexibler Werbeadressat, sondern als ein durchschnittlich informierter, angemessen aufmerksamer, umsichtiger, kritisch prüfender und verständiger Marktteilnehmer angesehen.[443] Dieses Leitbild beruht auf die Prämisse einer Abnehmerschaft, die nach Informationen in einer Werbebotschaft sucht,[444] wirtschaftliche Zusammenhänge erkennt,[445] die Werbeinformationen wahrnimmt, verarbeitet und selektiert, ihre Bedeutungsmöglichkeiten durchdenkt,[446] sich über relevante Gesichtspunkte informiert, das Geschehen aufmerksam zur Kenntnis nimmt und verständig würdigt[447] und sodann aus diesen nüchtern-rationalen Überlegungen ihre Schlussfolgerungen zieht und Marktentscheidungen ableitet.[448] In der europäischen Verbraucherschutzkonzeption stellt sich allerdings neben dem Modell des aktiven, informationssuchenden und rational entscheidenden Konsumenten noch ein weiteres Modell dar, das das erste begleitet und sich seiner Funktion quasi bedient. Dies ist das Modell der informierenden Werbung (das sog. Informationsmodell),[449] wonach einerseits dem Verbraucher zahlreiche Informationsrechte

---

442 *Sack,* Das Verbraucherleitbild und das Unternehmerleitbild im europäischen und deutschen Wettbewerbsrecht, WRP 1998, 264/266 m.w.N.

443 EuGH GRUR Int. 1979, 468 – Cassis de Dijon; EuGH GRUR Int. 404 – Bier; EuGH GRUR Int. 1990, 955/956 – GB-Inno-BM; EuGH GRUR Int. 1991, 215/216 – Pall-Dallhausen; EuGH WRP 1993, 233 – Nissan; EuGH EuZW 1993, 420 – Yves Rocher; EuGH NJW 1994, 1207 – Clinique; EuGH GRUR Int. 1995, 804/805 – Mars; EuGH EuZW 1998, 526/528 – Gut Spingerheide; EuGH GRUR Int. 1999, 345/348 – Sektkellerei Kessler; EuGH EuZW 2000, 508/510 – Adolf Darbo; EuGH WRP 2000, 157 – Becel-Diät-Käse; EuGH WRP 2000, 289/292 – Lifting-Creme; EuGH WRP 2000, 489/491 – naturrein; EuGH WRP 2003, 615/620 – Pippig Augenoptik; über die herbeigeführten Verbraucher-Charakterisierungen s. auch in: *Sack,* WRP 1998, 264; zu einem historischen Entwicklung der EuGH-Rechtsprechung zum Verbraucherleitbild s. insbesondere in: *Scherer,* Divergenz und Kongruenz der Rechtsprechung des EuGH und des BGH zur Verbraucherwerbung, WRP 1999, 991; *Doepner,* WRP 1997, 999/1000; vgl. auch: *Leisner,* EuZW 1991, 498 ff.; *Meyer Alfred Hagen,* Das Verbraucherleitbild des Europäischen Gerichtshofs – Abkehr vom „flüchtigen Verbraucher“, WRP 1993, 215 ff.

444 So *Ackermann* in: BB 1998, 2544/2545

445 So *Ackermann* in: BB 1998, 2544/2545

446 So *Doepner* in: WRP 1999, 999/1004

447 So *Scherer* in: WRP 1999, 991/992

448 So *Doepner* in: WRP 1999, 999/1004; *Scherer* in: WRP 1999, 991/992; *Eppe,* S. 79

449 Zu dem sog. "Informationsmodell" s. näher in: *Groescke/Kiethe,* Die Ubiquität des europäischen Verbraucherleitbildes – Der europäische Pass des informierten und verständigen Verbrauchers , WRP 2001, 230 ff.; *Doepner,* WRP 1997, 999/1005; *Fezer,* WRP 2001,989/992;

eingeräumt werden, damit er seine Entschließungen mündig und selbständig treffen kann, und andererseits die Werbenden die Pflicht haben, den Werbeadressaten ausreichende verkehrswesentliche Informationen bereitzustellen.

Die Resonanz auf das von der Luxemburger Rechtsprechung geprägte Verbraucherleitbild war allerdings für eine lange Zeit von Teilen der deutschen Rechtswissenschaft überwiegend negativ.[450] Dies wurde damit begründet, dass die Beurteilungsformel von EuGH ein fiktives Idealbild sei, das nicht auf dem tatsächlichen Verständnis des real existierenden Verbrauchers (sog. „Ist-Verkehrsauffassung")[451] beruhe, sondern auf einer normativen Betrachtung der Verbrauchererwartungen (sog. „Soll-Verkehrsauffassung")[452] basiere. Dem EuGH wurde vorgeworfen,[453] dass, während sich die deutsche Rechtsprechung an sozialempirisch zu ermittelnden Marktrealitäten orientierte, und auf das tatsächliche Verständnis – das prinzipiell sozialempirisch, also durch Verbraucherbefragungen ermittelt wurde – der angesprochenen Verkehrskreise von der jeweiligen Werbebehauptung abstellte, er dagegen einen künstlichen Verbraucherhorizont schafft und seiner Beurteilung ausschließlich normative, oft nicht den Realitäten des Wirtschaftslebens entsprechende Maßstäbe zugrundelegt.[454]

---

vgl. auch: *Simitis,* Verbraucherschutz Schlagwort oder Rechtsprinzip?, 1976, S. 93 ff.; *Seibt,* Das europäische Verbraucherleitbild – ein Abschied von der Verwechslungsgefahr als Rechtsfrage?, GRUR 2002, 465/466; Dieses Modell wird im Art. 4 („Informationspflicht bei Verkaufsförderaktion") des Textes des vorgelegten Kommisionsvorschlags für eine Verordnung des Europäischen Parlaments und des Rates über Verkaufsförderung im Binnenmakt deutlich ausgeprägt.

450 Vgl. einen Überblick in: *Piper* in: *Köhler/Piper,* UWG (2002), § 3 UWG, Rdnr. 51; *Seibt,* GRUR 2002, 465/466

451 *Baumbach/Hefermehl,* § 3 UWG, Rdnr. 98; *Seibt,* GRUR 2002, 465/466

452 *Baumbach/Hefermehl,* § 3 UWG, Rdnr. 98; *Seibt,* GRUR 2002, 465/466

453 Die Divergenzen zwischen Rechtsprechung des BGH und des EuGH um das zu verfolgende Verbraucherleitbild haben die rechtswissenschaftliche Literatur insbesondere im Rahmen der „Irreführung-Problematik"- Diskussion beschäftigt; vgl. dazu *Piper* in: *Köhler/Piper,* UWG (2002), § 3 UWG, Rdnrn. 50 ff.; *Schricker,* Die Bekämpfung der irreführenden Werbung in den Mitgliedstaaten der EG, GRUR Int 1990, 112 ff.; *Doepner,* WRP 1997, 999 ff.; *Deutsch,* Noch einmal: Das Verbraucherleitbild des EuGH und das „Nissan"-Urteil, GRUR 1997, 44 f; *Scherer,* WRP 1999, 991 ff.

454 So *Piper* in: *Köhler/Piper,* UWG (2002), § 3 UWG, Rdnrn. 50 f.; *Kisseler,* Das deutsche Wettbewerbsrecht im Binnenmarkt, WRP 1994, 1/4 f.; *Gloy,* Brauchen wir eine neue UWG-Novelle?, in: FS für Ralf Vieregge, 1995, S. 297/314, hier wird von „fiktiven Kunstfiguren" gesprochen; *Sack,* WRP 1998, 264/265; *Reuthal,* Verstößt das deutsche Irreführungsverbot gegen Artikel 30 EGV?, WRP 1997, 1154/1160; a.A. allerdings *Meyer Alfred Hagen,* Bemerkungen zur „Mars"-Entscheidung des EuGH, GRUR Int 1996, 98/101 f.; *Steinbeck,* Zur Europarechtskonformen Auslegung des Irreführungsverbots nach § 3 UWG, EWS 1996, 234/239; vgl. einen ausführlichen Streitdarstellung bei: *Spliethoff,* Verkehrsauffassung und Wettbewerbsrecht, 1. Aufl. (1992), S. 223 ff.; vgl. auch ferner die verschiedenen – mal milderen mal schärferen – Stellungsnahmen in der deutschen rechtswissenschaftlichen Literatur zu diesem Thema: *Fezer,*

Nachdem allerdings der EuGH im Jahre 1998 mit seiner Entscheidung „Gute Springenheide/ 6-Korn-Eier“[455] *expressis verbis* klargestellt hat, dass die Feststellung der Irreführung nicht eine „reine Rechtsfrage“ ist, sondern vielmehr „den nationalen Gerichten, bei Vorliegen besonderer erschwerender Umstände, seitens des Gemeinschaftsrechts erlaubt ist, sie nach Maßgabe ihres nationalen Rechts, beispielsweise durch die Durchführung einer Verbraucherbefragung oder die Einholung eines Sachverständigengutachtens, zu ermitteln“, hat es sich erwiesen, dass der europäische Richter nicht strikt auf eine normative Feststellungsweise abstellt.[456] Durch diese Erklärungsaussage, die wenig später mit den nachfolgenden Urteilen „Sektkellerei Kessler“,[457] „Lifting-Creme“,[458] und „Becel-Diät-Käse“[459] nahezu wörtlich wiederholt wurde, ist deutlich geworden, dass die praktischen Unterschiede zwischen dem EuGH-Verbraucherleitbild und dem von dem BGH präferierten Modell in der Tat weniger gravierend waren als die dogmatischen Divergenzen vermuten ließen, was freilich ein Teil der zunächst kritisch stehenden Literatur nachher zugegeben hat.[460]

Unabhängig von dieser Entwicklung und bereits sogar vor ihr hat die deutsche höchstrichterliche Rechtsprechung begonnen, von der jahrzehntenlang vertretenen Linie abzuweichen und sich schleichend auf die Position des EuGH zubewegt.[461] Es war Mitte der 90er Jahre als der BGH in einer Reihe von Entscheidungen, zu

---

Das wettbewerbsrechtliche Irreführungsverbot als ein normatives Modell des verständigen Verbrauchers im Europäischen Unionsrecht, WRP 1995, 671/672/675; *Deutsch*, GRUR 1997, 44/45 wie bereits zuvor in: GRUR 1996, Der Einfluß des europäischen Rechts auf den Irreführungstatbestand, S. 541/545 f.; *Doepner*, WRP 1997, 999/1003 f./1010 f. sowie in: FS für Otfried Lieberknecht, S. 165/180; *Scherer*, Normative Bestimmung von Verwechslungs- und Irreführungsgefahr im Markenrecht, GRUR 2000, 273/275 ff. wie bereits zuvor in: WRP 1999, 991/992; *Kemper/Rosenow*, Der Irreführungsbegriff auf dem Weg nach Europa, WRP 2001, 370/371

455 EuGH EuZW 1998, 526/528 = WRP 1998, 848/851

456 Vgl. *Groescke/Kiethe*, WRP 2001, 230/231 f.; *Eppe*, S. 78; *Nordemann Wilhelm*, WRP 2000, 977/978

457 EuGH GRUR Int. 1999, 345/348

458 EuGH WRP 2000, 289/292

459 EuGH WRP 2000, 157 ff.

460 *Piper* in: *Köhler/Piper*, UWG (2002), § 3 UWG, Rdnr. 52; *Sack*, Die Präzisierung des Verbraucherleitbildes durch den EuGH, WRP 1999, 399/401; *Ahrens Sönke*, Der Irreführungsbegriff im deutschen Wettbewerbsrecht, WRP 1999, 389/396; *Ahrens Hans-Jürgen*, Verwirrtheiten juristischer Verkehrskreise zum Verbraucherleitbild einer „normativen“ Verkehrsauffassung, WRP 2000, 812/814/815; *Schweizer*, GRUR 2000, 923/926/927; *Groescke/Kiethe*, WRP 2001, 230/231; a.A. allerdings *Scherer*, GRUR 2000, 273/275 wie bereits zuvor in: WRP 1999, 991/993

461 *Eppe*, S. 81; *Hucke*, S. 135; Zur Darstellung der wichtigsten Punkte dieses Annäherungsversuches s. insb. in: *Bornkamm*, Wettbewerbs- und Kartellrechtsprechung zwischen nationalem und europäischem Recht, in: FS aus Anlaß des fünfzigjährigen Bestehens von BGH, Bundesanwaltschaft und Rechtsanwaltschaft beim BGH, 2000, S. 343/359 ff.

denen das berühmte und bereits analysierte „Saustarke Angebote"-Urteil[462] sowie die Urteilen „Umweltfreundliches Bauen",[463] „PVC-Frei",[464] „Der meistverkaufte Europas"[465] und "Preistest"[466] zählen,[467] nicht mehr von einem „flüchtigen und unkritischen Durchschnittsbetrachter" gesprochen hat, sondern von einem Mindestmaß an Aufmerksamkeit des Werbeadressaten ausgegangen ist. Somit waren die ersten zögerlichen, aber unübersehbaren Schritte für eine Annäherung zum europäischen Verbraucherleitbild schon eine Tatsache. Diese Übergangsphase,[468] während der sich in der BGH-Rechtsprechung ein im Vergleich zu den vergangenen Jahrzehnten differenziertes Verbraucherleitbild zeigte, die Abkehr allerdings von dem bisherigen Modell des deutschen Wettbewerbspraxis zurückhaltend und vorsichtig vollzogen war, wurde bis zum Ende des vorherigen Jahrhunderts fortgesetzt. Charakteristisch für diese Periode war die schon an einer früheren Stelle dieser Arbeit dargestellte sog. „Handy-Rechtsprechung"[469] sowie die „Auslaufmodell-Entscheidungen",[470] wobei das Gericht immer näher an das Leitbild eines Verbrauchers herankam, welchem die Befähigung zuzuerkennen ist, Werbeaussagen nicht isoliert zu verstehen, sondern im Kontext wahrzunehmen,[471] ohne jedoch die Formel eines „durchschnittlich informierten und verständigen Verbrauchers" explizit anzuwenden.[472] Dies hat allerdings der BGH kurz später, Ende 1999, anhand des – aufgrund dieser konkreten Umstände – bekannten „Orient-Teppichmuster"-Urteils[473] zum ersten mal gemacht. In der Begründung dieser Entscheidung hat das deutsche Gericht ausdrücklich auf den Vorstellungshorizont eines „durchschnittlich informierten und verständigen Verbrauchers"[474] abgestellt und somit - obwohl er nicht auf die EuGH-Rechtsprechung verwiesen hat - mit großer Präzision und Wirklichkeitsnähe die EuGH-Linie auf-

[462] BGH GRUR 1996, 363 ff.: s. auch in: Zweiter Teil, C. I., S. 81 ff.
[463] BGH GRUR 1996, 1135 ff.
[464] BGH NJW 1996, 3419 ff.
[465] BGH NJW 1996, 2161 ff.
[466] BGH NJW 1996, 3153 ff.; Vgl. auch ferner BGH GRUR 1997, 925/927 – Ausgeschiedener Sozius; BGH WRP 1998, 861/863 – Die große deutsche Tages- und Wirtschaftszeitung
[467] Für eine Darstellung und Heranziehung dieser Entscheidungen s. in: *Hucke,* S. 135 ff.; vgl. auch *Eppe,* 81 ff.
[468] Vgl. *Eppe,* S. 81
[469] Grundlegend: BGHZ 139, 368 = GRUR 1999, 265 = WRP 1999, 90 = MDR 1999, 49 – Handy für 0,00 DM; s. auch in: Zweiter Teil, C. II., S. 85 ff.
[470] BGH NJW 1999, 2190 – Auslaufmodelle I; NJW 1999, 2193 ff. – Auslaufmodelle II; NJW-RR 2000, 1204 ff. – Auslaufmodelle III; vgl. auch ferner eine Darlegung in: *Eppe,* S. 83
[471] Vgl. *Ackemann,* BB 1998, 2544/2545
[472] Vgl. *Eppe,* S. 83
[473] BGH WRP 2000, 517 ff.; vgl auch eine Annäherung an die Folgen dieses Urteils, das im Ergebnis als begrüßenswert angesehen wurden, in: *Beater,* Die stillen Wandlungen des Wettbewerbsrechts, JZ 2000, 973/977 ff.; *Kemper/Rosenow,* WRP 2001, 370/376 ff.
[474] BGH WRP 2000, 517/519 f.

genommen.[475] Diese Übernahme der EuGH-Formulierung vom durchschnittlich aufmerksamen und informierten Verbraucher wurde auch in weiteren BGH-Entscheidungen wiederholt.[476] Dadurch wurde die Adoption europäischer Vorgaben zum Verbrauchermodell offiziell signalisiert.

Diese entsprechende Entwicklung hat wenig später die Gesetzgebung mobilisiert und sie unter anderem dazu veranlasst, die Zugabeverordnung aufzuheben. Mit Rücksicht auf die neuere Hinwendung der deutschen Rechtsprechung zu dem europäischen Verbrauchermodell hat der Gesetzgeber selbst festgestellt, dass das Bildungs- und Informationsniveau des heutigen Konsumenten gestiegen, und seine Sensibilität erhöht ist, sodass ein weiteres Festhalten an dem den Bedürfnissen einer anderen überholten Ära entsprechenden Zugabeverbot nicht mehr erforderlich ist.[477]

Dieses gewandelte Verbraucherleitbild wird in den nachfolgenden Teilen dieser Arbeit als ein hilfreiches Mittel bei dem Abstecken der neuen Zulässigkeitsschranken von Kopplungsangeboten fungieren. Wenn nämlich die Frage beantwortet werden soll, welches Kopplungsangebot eine so starke Anlockwirkung entfaltet, dass eine freie Kaufentschließung des Verbrauchers in anstößiger Weise erschwert wird, oder wann beispielsweise ein verbundenes Angebot so gestaltet ist, dass es geeignet ist, das Publikum irrezuführen, setzt dies ein bestimmtes Bild über den geschützten Verkehrskreis voraus.[478] Die Beurteilung, mit anderen Worten, eines sittenwidrigen Werbeverhaltens hängt entscheidend von der Konkretisierung der jeweiligen Gefahren für die Konsumenten anhand des jeweils favorisierten Verbraucherbilds ab, davon also, wie die Werbeadressaten die Wettbewerbshandlungen der Werbenden aufnehmen und somit in der Tat einer Beeinflussung oder einem Kaufzwang unterliegen.[479] In diesem Zusammenhang kann also festgestellt werden, dass die Verbraucherschutzintensität und das jeweils etablierte Verbraucherniveau zwei Sachverhalte

---

[475] *Nordemann Wilhelm,* WRP 2000, 977/979; *Eppe,* S. 84; vgl. auch *Hucke,* S. 167; *Scherer,* WRP 1999, 991

[476] BGH NJW 2000, 2821/2822 – Tageszulassung II; BGH GRUR 2000, 528/530 – L-Carnitin; BGH NJW-RR 2000, 1136/1137 – Space Fidelity Peep-Show; BGH WRP 2001, 258/260 – Rückgaberecht; BGH WRP 2001, 688/690 – Eröffnungswerbung; BGH WRP 2001, 1286/1289 – Mitwohnzentrale.de; BGH WRP 2002, 74/77 – Das beste jeden Morgen; BGH WRP 2002, 81/84 – Anwalts- und Steuerkanzlei; BGH MDR 2002, 239/240 – Briefkopf; BGH GRUR 2002, 1000/1002 – Testbestellung; BGH WRP 2003, 273/274 – Computerwerbung II; BGH WRP 2003, 379/380 – Preis ohne Monitor; BGH WRP 2004, 225/226 – Mindestverzinsung; BGH WRP 2004, 1359/1360 – 500 DM-Gutschein für Autokauf

[477] So in der Begründung des Gesetzentwurfs der Bundesregierung zur Aufhebung der Zugabeverordnung, BT-Drucks. 14/5594, A IV 2, S. 8

[478] *Eppe,* Der lauterkeitsrechtliche Tatbestand des übertriebenen Anlockens im Wandel – am Beispiel der Wertreklame, WRP 2004, 153, 156

[479] So zutreffend *Eppe,* S. 75; vgl. auch *Piper* in: *Köhler/Piper,* UWG (2002), § 3 UWG, Rdnr. 50

sind, die sich umgekehrt proportional zueinander verhalten: Je höher nämlich das Informations- und Bildungsniveau des Durchschnittabnehmers ist, desto weniger erforderlich ist die Mobilisierung des Verbraucherschutzmechanismuses. Je mehr dagegen auf das Leitbild eines flüchtigen und unmündigen Durchschnittkäufers abgestellt wird, desto intensiver soll das Eingreifen von lauterkeitsrechtlichen Vorschriften sein, um ihn vor den lauernden Gefahren abzuschirmen. Geht man davon aus, dass entsprechend dem neuen Verbraucherleitbild an den Verbraucher höhere (realistische jedenfalls) Anforderungen gestellt werden,[480] so soll betont werden, dass die Lockerung von Lauterkeitsegeln hinsichtlich der Behandlung von Kopplungsgeschäften der einzige Weg ist.

3. Die Erforderlichkeit einer konkreten Schutzgefährdung

Bei der Bestimmung der neuen Maßstäbe, mit deren Hilfe die lauterkeitsrechtliche Bewertung verbundener Angebote nunmehr erfolgen soll, soll noch ein weiterer Punkt mitberücksichtigt werden. Dieser bezieht sich auf die Auswirkungen, die sich aus der „Einmischung" des Bundesverfassungsgerichts in die Wettbewerbssachen ergeben. Mit ihren berühmten und in der rechtswissenschaftlichen Literatur viel diskutierten[481] Urteilen „ Benetton-Werbung I"[482] und „Benetton-Werbung II"[483] sowie mit in der Zwischenzeit erlassenen Entscheidungen „Therapeutische Äquivalenz",[484] „Tier- und Artenschutz"[485] und „Veröffentlichung von Anwalts-Ranglisten"[486] hat die verfassungsgerichtliche Rechtsprechung das jahrzehntelang weithin in sich ruhende und von „Außeneinflüssen" nur selten betroffene System des Lauterkeitsrechts erschüttert[487] und auf die Wechselwirkung zwischen Verfassungs- und Wettbewerbsrecht hingewiesen.

In all den zur Fallgruppe „gefühlsbetonte Werbung" ergangenen, bereits erwähnten, Entscheidungen[488] hat das Bundsverfassungsgericht der zivilrechtlichen Rechtsprechung zum Vorwurf gemacht, dass sie sowohl die

---

[480] *Hoß,* MDR 2001, 1094/1100

[481] S. insbesondere in: *Hartwig,* WRP 2003, 582 ff. m.w.N.; vgl. ferner einen Überblick in: *Hartwig,* Neuere Literatur zum Verhältnis von Werbung und Meinungsfreiheit, WRP 2003, 1193 ff.

[482] BVerfG WRP 2001, 129 ff.

[483] BVerfG GRUR 2003, 442

[484] BVerfG WRP 2001, 1160 ff. = NJW 2001, 3403 ff. = GRUR 2001, 1058 ff.

[485] BVerfG GRUR 2002, 455 ff. = WRP 2002, 430 ff.

[486] BVerfG WRP 2003 69 ff.

[487] *Lindacher,* FS für Tilmann, S. 195

[488] All die oben erwähnten Entscheidungen außer dem Urteil "Veröffentlichung von Anwalts-Ranglisten", das sich im Rahmen der Fallgruppe der sog. „getarnten Werbung" bewegte, setzen sich mit Sachverhalten auseinander, die unter der Fallgruppe der sog. „gefühlsbetonten Werbung" fallen

funktionale Bedeutung und Tragweite des Werbewesens im Rechtsystem als auch die Rolle und den Entstehungszweck des Gesetzes gegen den unlauteren Wettbewerb oft „grundlegend" verkennt. Insbesondere hat es festgestellt, dass die Fachgerichte immer mehr darauf verzichten, die Grundsätze zu den verschiedene Fallgruppen des § 1 UWG (a.F.), in denen zahlreiche, potentiell wettbewerbsfeindliche Handlungen eingegliedert sind, auch unter die verfassungsrechtliche Lupe zu nehmen und demzufolge zu Schlussfolgerungen gelangen, die oft mit dem Verfassungsrecht nicht übereinstimmen. Nachdem es eine detaillierte dogmatische Ausleuchtung des Verhältnisses von Verfassungs- und Wettbewerbsrecht durchgeführt hat,[489] hat es aufgefordert, dass die verschiedenen Fallgruppen des § 1 UWG (a.F.) sowohl in ihrer Herleitung als auch in ihrer Anwendung einer verfassungsrechtlichen Überprüfung unterzogen werden sollen. Somit hat es höhere Anforderungen an die Auslegung und Anwendung der großen Generalklausel des UWG gestellt.[490]

Ausgangspunkt der verfassungsrichterlichen Überlegungen war, dass kommerzielle Meinungsäußerungen sowie reine Wirtschaftswerbung, die einen wertenden, meinungsbildenden Inhalt hat, in den Schutzbereich der Meinungsfreiheit fallen und somit den verfassungsrechtlichen Schutz des Art 5 Abs.1 Satz 1 GG genießen.[491] Das Gesetz gegen den unlauteren Wettbewerb sei ein allgemeines Gesetz im Sinne des Art. 5 Abs. 2 GG, das dem Schutz der Konkurrenten, der Verbraucher und sonstigen Marktbeteiligten sowie der Allgemeinheit diene und das sittenwidrige Handlungen im geschäftlichen Verkehr zum Zwecken des Wettbewerbs verbiete.[492] § 1 UWG (a.F.) und die darin enthaltenen Verbote seien demgemäss geeignet, die Meinungsfreiheit zu beschränken, sofern ein möglicherweise wettbewerbswidriges Verhalten im Sinne von § 1 UWG (a.F.) in einer Meinungsäußerung gesehen werde.[493] Bei der Auslegung und Anwendung des § 1 UWG (a.F.) dürfte allerdings die Bedeutung und Tragweite der Meinungsfreiheit nicht verkannt werden.[494] Da – nach der ständigen Rechtsprechung des

[489] *Hartwig*, WRP 2003, 582/586
[490] *Fezer*, NJW 2001, 580/582; *Hartwig*, NJW 2002, 38 sowie in: WRP 2003, 582/599
[491] BVerfG, WRP 2001, 129/133 – Benetton-Werbung I; WRP 2001, 1160/1161 – Therapeutische Äquivalenz; WRP 2002, 430/431 – Tier- und Artenschutz; WRP 2003, 69/70 – Veröffentlichung von Anwalts-Ranglisten
[492] BVerfG, WRP 2001, 129/134 – Benetton-Werbung I; WRP 2001, 1160/1161 – Therapeutische Äquivalenz; WRP 2002, 430/431 – Tier- und Artenschutz; WRP 2003, 69/70 – Veröffentlichung von Anwalts-Ranglisten
[493] BVerfG, WRP 2001, 129/134 – Benetton-Werbung I; WRP 2001, 1160/1161 – Therapeutische Äquivalenz; WRP 2002, 430/431/432 – Tier- und Artenschutz; WRP 2003, 69/71 – Veröffentlichung von Anwalts-Ranglisten
[494] BVerfG, WRP 2001, 129/133 – Benetton-Werbung I; WRP 2001, 1160/1161 – Therapeutische Äquivalenz; WRP 2002, 430/432 – Tier- und Artenschutz; WRP 2003, 69/71 – Veröffentlichung von Anwalts-Ranglisten

Bundesverfassungsgerichts[495] – die allgemeinen Gesetze aus der Erkenntnis der Bedeutung des jeweiligen Grundrechts so auszulegen und in ihrer das Grundrecht beschränkenden Wirkung selbst wieder so einzuschränken seien, dass der besondere Gehalt der Meinungsfreiheit dabei zur Geltung komme, fordere Art. 5 Abs. 1 Satz 1 GG, wenn eine zivilrechtliche Entscheidung die Meinungsfreiheit berühre, dass die Fachgerichte bei Auslegung und Anwendung der privatrechtlichen Regelungen und somit bei der Prüfung des Verstoßes gegen die guten Sitten im geschäftlichen Verkehr und der sich daraus ergebenden Gefährdung des Leistungswettbewerbs der Bedeutung des Grundrechts Rechnung tragen.[496] Die Beschränkung des Grundrechts der Meinungsfreiheit bedürfe demgemäss stets einer Rechtfertigung.[497] Diese Rechtfertigung sei erst gegeben, wenn durch das Wettbewerbshandeln eine konkrete Gefahr verursacht werde. Die Gefährdung des Schutzguts sei mithin nicht allein durch Bejahung der Tatbestandselemente der einschlägigen, von den Fachgerichten gebildeten, Fallgruppen festzustellen.[498] Aus diesem Grund müssen die Gerichte, soweit sie auf bereits entwickelte Fallgruppe zurückgreifen oder neue bilden, stets prüfen, ob die aus praktischer Erfahrung gewonnene Indizwirkung, welche von den Tatbestandselementen der einschlägigen Fallgruppe ausgehen könne, auch angesichts der sich daran anschließenden Rechtsfolge in Gestalt einer Einschränkung der Meinungsfreiheit gerechtfertigt sei.[499] Darüber hinaus müsse die angegriffene Äußerung nach den Gegebenheiten des Einzelfalls so schwerwiegend sein, dass sie eine hinreichende Gefährdung des Leistungswettbewerbs bewirkt.[500]

Aus den oben formulierten Aussagen lassen sich folgende Schlüsse ziehen: in aller Deutlichkeit manifestiert das Bundesverfassungsgericht, dass die Wettbewerbsgerichte den Anwendungsbereich des § 1 UWG a.F. (§ 3 UWG n.F.) nicht zu Lasten des Art. 5 Abs. 1 Satz 1 GG ausdehnen dürfen, sondern bei jeglicher Auseinandersetzung mit den darin enthaltenen Verboten die Bedeutung und Tragweite der Meinungsfreiheit berücksichtigen und somit § 1 UWG a.F. (§ 3 UWG n.F.) im Lichte von Art. 5 Abs.1 Satz 1 GG anwenden sollen.[501]

---

[495] BVerfGE 7, 198/206 ff.; BVerfGE 61, 1/10; BVerfGE 71/206/214; BVerfGE 102/347/362

[496] BVerfG, WRP 2001, 129/134 – Benetton-Werbung I; WRP 2001, 1160/1161 – Therapeutische Äquivalenz; WRP 2002, 430/432 – Tier- und Artenschutz; WRP 2003, 69/71 – Veröffentlichung von Anwalts-Ranglisten

[497] BVerfG, WRP 2001, 1160/1161 – Therapeutische Äquivalenz; WRP 2002, 430/432 – Tier- und Artenschutz; WRP 2003, 69/71 – Veröffentlichung von Anwalts-Ranglisten

[498] BVerfG, WRP 2001, 1160/1162 – Therapeutische Äquivalenz; WRP 2002, 430/432 – Tier- und Artenschutz; WRP 2003, 69/71 – Veröffentlichung von Anwalts-Ranglisten

[499] BVerfG, WRP 2001, 1160/1162 – Therapeutische Äquivalenz; WRP 2002, 430/432 – Tier- und Artenschutz; WRP 2003, 69/71 – Veröffentlichung von Anwalts-Ranglisten

[500] BVerfG, WRP 2001, 1160/1162 – Therapeutische Äquivalenz; WRP 2002, 430/432 – Tier- und Artenschutz; WRP 2003, 69/71 – Veröffentlichung von Anwalts-Ranglisten

[501] *Hösch,* Meinungsfreiheit und Wettbewerbsrecht am Beispiel der „Schockwerbung", WRP 2003, 936/942; *Säcker,* Das UWG zwischen den Mühlsteinen europäischer Harmonisierung und

Entsprechend den verfassungsrechtlichen Geboten und der ständigen Rechtsprechung des Verfassungsgerichts verlangt ein Eingriff in die Grundrechte und somit auch die Einschränkung der Meinungsfreiheit nach § 1 UWG a.F. (§ 3 UWG n.F.) eine Rechtfertigung, die sich weder auf einen „bloßen“ Verstoß gegen die guten Sitten noch auf eine „bloße“ Gefährdung des Leistungswettbewerbs beschränken soll. Das Argument daher, dass sich das zu beurteilende Wettbewerbshandeln einer, von den Gerichten in abstrakt-typisierter Auslegung entwickelten, auf Prognosen und Wertungen angewiesenen Fallgruppe wettbewerbswidrigen Verhaltens zuordnen lässt, genügt nicht, um ein wettbewerbsrechtliches Verbot einer konkreten Werbung als einen verfassungsmäßig gerechtfertigten Eingriff in das Grundrecht der Meinungsfreiheit darzustellen.[502] Vielmehr bedarf es stets einer sorgfältigeren Begründung als der bloßen Einordnung in den bereits gebildeten Fallgruppen, dem Verweis auf den für sie entwickelten Grundsätzen und dem Abstellen auf ein allgemeines Verbot.[503] Verlangt wird also ein deutlich größerer Begründungsaufwand, der sich stets an die Feststellung einer konkreten Schutzgefährdung orientiert. Anders ausgedrückt soll der Wettbewerbsrichter einen Verstoß gegen die guten Sitten und eine Gefährdung des Wettbewerbs anhand konkreter Umstände feststellen, und die Verbote von § 1 UWG a.F. (§ 3 UWG n.F.) nur gegen das Schutzgut konkret gefährdender Wettbewerbshandlungen anwenden.[504]

Diese, besonders aufgrund ihrer Intensität und Bedeutung, beispiellose verfassungsgerichtliche Einmischung in die Wettbewerbssachen kann keineswegs als eine gelegentliche, einmalige Aktion angesehen werden. Sie ist zudem keineswegs so zu verstehen, dass sie ausschließlich die wettbewerbsrechtliche Bewertung derjenigen Werbeaussagen berührt, die als kommerzielle Meinungsäußerungen oder reine Wirtschaftswerbeaussagen mit meinungsbildendem oder wertenden Inhalt gelten, die somit in den Schutzbereich des Art. 5 Abs. 1 Satz 1 GG fallen. Zwar hat sich das Bundesverfassungsgericht in den fünf dargestellten Entscheidungen mit inhaltsnahen Werbeanzeigen auseinandergesetzt, die alle einen meinungsbildenden oder zumindest wertenden Inhalt hatten und sodann als

---

grundrechtsgebotener Liberalisierung, WRP 2004, 1199/1202; *Ahrens, Hans-Jürgen,* Die Benetton-Rechtsprechung des BVerfG und die UWG-Fachgerichtsbarkeit, JZ 2004, 763/765

[502] *Lindacher,* FS für Tilmann, S. 195/198; *Köhler* in: *Köhler/Piper,* UWG (2002), Einf., Rdnr. 37; *Hartwig,* WRP 2003, 582/599; *Ahrens, Hans-Jürgen,* JZ 2004, 763/767

[503] *Lindacher,* FS für Tilmann, S. 195/199; *Schulze/Fielitz,* Anmerkung zur Entscheidung des BVerfG „Benetton-Werbung“ vom 12.12.2000, JZ 2001, 299/302/303

[504] *Lindacher,* FS für Tilmann, S. 195/199; *Säcker,* WRP 2004, 1199/1202; vgl. auch: *Hartwig,* WRP 2003, 582/599; *Ahrens, Hans-Jürgen,* JZ 2004, 763/773; *Ohly,* Das neue UWG – Mehr Freiheit für den Wettbewerb?, GRUR 2004, 889/893; dazu vgl. BGH WRP 2004, 1272/1275 – Werbeblocker: Hier hat der BGH, gestützt auf die jüngste Einmischung des BVerfG in die Wettbewerbssachen, betont, dass die Auslegung und Anwendung des § 1 UWG (a.F.) unter Berücksichtigung verfassungsrechtlicher Gebote erfolgen soll.

Meinungsäußerungen im Sinne von Art. 5 Abs. 1 Satz 1 GG qualifiziert wurden. Der Aufruf des Gerichts zu einer vorsichtigeren, stets im Licht des Art. 5 Abs. 1 Satz 1 GG unterzogenen und mit der Feststellung einer konkreten Schutzgefährdung verbundenen Auslegung und Anwendung von Lauterkeitsregeln darf gleichwohl nicht dahin missverstanden werden, dass er nur Werbungen betrifft, die den verfassungsrechtlichen Schutz der Meinungsfreiheit genießen dürfen. Demgegenüber soll dies extensiv ausgelegt werden. Thematisiert sind vielmehr ersichtlich alle Wettbewerbshandlungen, die einen verfassungsrechtlichen Schutz genießen: praktisch jede Werbung. Denn obwohl die vertretene Ansicht, dass man wohl auch schon „reine Werbung" ohne Gehalte von Meinungsbildung neben der Produkt- oder Markenanpreisung als vom Schutzbereich des Art. 5 I GG erfasst anzusehen hat,[505] auf Bedenken stoßen mag, ist unumstritten, dass das Werbewesen – abgesehen von Art. 12 und 14 GG - allgemein der Schutzsphäre der in der wirtschaftlichen Handlungsfreiheit verwurzelten Unternehmensfreiheit und demzufolge der allgemeinen Handlungsfreiheit und des noch allgemeineren Rechts auf freie Entfaltung der Persönlichkeit unterstellt wird und so zumindest in den Schutzbereich des Art. 2 Abs. 1 GG fällt.[506]

Daraus ergibt sich, dass diese Entwicklung auf das ganze Spektrum des Wettbewerbsrechts wirkt und in großen Maße die Funktionsweise des lauterkeitsrechtlichen Beurteilungssystems beeinflusst. Als größter und wichtigster Beitrag eines derartigen „Außeneinflusses" stellt sich insbesondere heraus, dass er den Anlass gab, allgemein und grundsätzlich über die Sinnhaftigkeit und die Richtigkeit der Bildung von Fallgruppen und Fallgruppennormen bei der Anwendung von § 1 UWG a.F. (§ 3 i.V.m. § 4 UWG n.F.) nachzudenken.[507] Überlegungen dieser Art sollen ferner auch bei der Beurteilung von Kopplungsangeboten im Vordergrund stehen. Demgemäss darf ein Verbot gegenüber bestimmten Kopplungsangeboten nicht allein deshalb bestehen, weil ein abstrakter Gefährdungstatbestand erfüllt wird, wie der Fall in der Vergangenheit unter Geltung der Zugabeverordnung war. Die Ausformung von abstrakten, allgemeinen Verboten, die abstrakte Gefahren für den Wettbewerb bekämpfen sollen und die sich gegen eine gesamte Kopplungsgeschäftsgruppe, wie z.B. gegen die besondere Untergruppe der Vorspannangebote, richten, nur weil man sie generell für gefährlich hält, kann also nicht mehr akzeptabel sein. Auf diese Orientierungslinie wird es also auch für die Neubestimmung der Zulässigkeitsschranken des Werbens mit Kopplungsangeboten abgestellt, wobei der lauterkeitsrechtliche Abwehrmechanismus erst dann zum Einsatz kommt,

---

[505] *Lerche*, Werbung und Verfassung, 1967, S. 85; *Fezer*, Diskriminierende Werbung – Das Menschenbild der Verfassung im Wettbewerbsrecht, JZ 1998, 265/269; *Schulze/Fielitz*, JZ 2001, 299/302 f.

[506] Vgl. *Lerche*, S. 85

[507] Vgl. auch *Lindacher* in: FS für Tilmann, S. 195/196

wenn die Umstände des Einzelfalles, unabhängig von der Kopplungsform, unter der das jeweils herangezogene verbundenes Angebot einzuordnen ist, hinreichende Anhaltspunkte für die entsprechend konkrete Gefahr liefern.

II. Die Rechtsprechung als Wegweiser für die Neubestimmung der lauterkeitsrechtlichen Zulässigkeitsschranken von Kopplungsgeschäften

Die Haltung der Rechtsprechung in den letzten Jahren vor Aufhebung der Zugabeverordnung hinsichtlich der wettbewerbsrechtlichen Behandlung von Kopplungsangeboten und die Abweichung während dieser Periode von ihren jahrzehntenlang vertretenen, mehr oder weniger zurückhaltenden Thesen ist an früheren Stellen dieses Beitrags dargestellt worden. Nach dem Wegfall der Zugaberestriktionen wurde eine höchstrichterliche Auseinandersetzung mit der Fallgruppe der Kopplungsangebote erwartet, durch die zum einen die endgültige Verabschiedung von alten, überholten Bewertungsmethoden und Beurteilungsmaßstäben bestätigt würde, und zum anderen die Grundsteine für das Neuabstecken eines künftigen Zulässigkeitsrahmens gekoppelter Angebote gelegt würden. Eine solche Entwicklung hat erst ungefähr ein Jahr nach der Aufhebung der Zugabeverordnung stattgefunden, als der unter anderem für das Wettbewerbsrecht zuständige I. Zivilsenat des BGH am 13.06.2002 mit Entscheidungen[508] in drei ähnlich liegenden Fällen seine Rechtsprechung zur Zulässigkeit von Kopplungsangeboten konkretisiert und damit das Zeichen zur Neubestimmung der Beurteilungskriterien dieser Art der Wertreklame gegeben hat.[509] Diese Entscheidungen, die – somit veröffentlicht - die Titel „Kopplungsangebot I“ und „Kopplungsangebot II“[510] tragen, und die in der rechtswissenschaftlichen Literatur als eine einheitliche Grundsatzentscheidung angesehen werden, gelten als Auslöser einer neuen Ära für die Gesamtangebotsstrategie und geben das Muster für eine künftige gerichtliche Beurteilung von Kopplungsangebotskonstellationen vor.

Im Zeitraum nach der Abschaffung der Zugabeverordnung und bis zum Erlass dieser Grundsatzurteile ließ sich keine nennenswerte, *vorantreibende* richterliche

[508] Az: I ZR 173/01 (LG Frankfurt - 3/12 O 52/00 – OLG Frankfurt - 6 U 190/00) : LM (2002) § 1 UWG, Nr. 8833, Bl. 2211 ff. = WRP 2002, 1256 ff. = NJW 2002, 3403 ff. = GRUR 2002, 976 ff. = WM 2002, 1983 ff. = CR 2002, 907 ff. – Kopplungsangebot I; Az: I ZR 71/01 (LG Köln - 33 O 222/00 – OLG Köln - 6 U 181/00) : WRP 2002, 1259 ff. = GRUR 2002, 979 ff. – Kopplungsangebot II; Az: I ZR 72/01 (.LG Köln - 33 O 223/00 – OLG Köln - 6 U 182/00) : dieses Urteil stellt eine „Klon“-Entscheidung des oben genannten unter Az: I ZR 71/01 Urteils (Kopplungsangebot II) dar und ist abrufbar unter: www.bundesgerichtshof.de

[509] Vgl. die Pressemitteilung des BGH Nr. 59/02 vom 13.06.2002

[510] Das Urteil Az I ZR 72/01 wird im Rahmen des Urteils „Kopplungsangebot II“ (Az: I ZR 71/01) herangezogen,; s. oben in: Fn. 508

Aktivität feststellen. Eine Befassung mit kopplungsangebotsbezogenen Sachverhalten fehlte freilich nicht, beschränkte sich allerdings, im Rahmen oberlandesgerichtlicher Auseinadersetzungen, auf eine bloße Wiederholung[511] bereits in der Zeit vor dem Wegfall der Zugabevorschriften entwickelter Thesen oder sogar auf Denkansätze, die gegenüber dem in den letzten Jahren gewandelten Stand der Rechtsprechung des BGH zum Recht der Kopplungsangebote einen Rückschritt darstellten. Während das OLG Karlsruhe in seiner rechtskräftigen Entscheidung „Jetzt schlägt's Punto",[512] die das Angebot zwei verschiedener Produktpakete – bestehend aus mehreren unterschiedlichen, nicht unbedingt in Funktionszusammenhang stehenden Waren – zum Gegenstand hatte, einer Argumentationslinie gefolgt ist, die der in den letzten Jahren gewiesenen Tendenz zu einer lockereren Beurteilung von Kopplungsangeboten durchaus entsprach, und letztendlich die herbeigeführte Warenzusammenstellung – bis auf zwei Punkte – für unbedenklich erachtet, kam das OLG Köln,[513] bei seiner Auseinandersetzung mit einem identischen Sachverhalt wenig später genau zum gegenteiligen Schluss. Dass das Gericht zu einem negativen Ergebnis hinsichtlich der Wettbewerbskonformität eines bestimmten verbundenen Angebots gelangt ist, mag dabei weniger zu kritisieren sein, zumal das Werben mit Kopplungsgeschäften unter Hinzutreten besonderer Umstände immer noch ein sittenwidriges Wettbewerbsverhalten darstellen mag. Durchaus vertretbar waren außerdem auch die während dieser Zeitperiode erlassenen Urteile des OLG Frankfurt/Main,[514] OLG Karlsruhe[515] und OLG Düsseldorf,[516] die bestimmte Kopplungsangebote als unlauter qualifizierten, weil diese aufgrund fehlender Informationen keinen Preisvergleich erlaubten. Bei dem „OLG Köln-Fall" war vielmehr in negativer Hinsicht die Art und Weise (also die Urteilsbegründung) überraschend, mit der

[511] In den OLG-Entscheidungen dieser Zeitperiode ließ sich deutlich die Aufrechterhaltung einer Trennungslinie zwischen verdeckten und offenen Kopplungsangeboten erkennen: OLG Karlsruhe WRP 2001, 1238/1240 – Jetzt schlagt's Punto; OLG Köln WRP 2002, 472/473 – Punto; OLG Frankfurt/Main WRP 2002, 109/110 – Traumreise beim Kauf einer Küche. Vereinzelt ließ sich sogar ein weiteres Festhalten an dem Entscheidungskriterium des Gebrauchszusammenhangs zwischen den zusammengestellten Waren oder Dienstleistungen feststellen: OLG Frankfurt/Main WRP 2002, 109/110 – Traumreise beim Kauf einer Küche; a.A. allerdings OLG Karlsruhe WRP 2001, 1238/1240 – Jetzt schlagt's Punto: Hierbei hat das Gericht andeuten lassen, dass die Anzahl der gekoppelten Waren, das Erfordernis eines Sachbezugs oder sonstige Aspekte für die lauterkeitsrechtliche Bewertung von Kopplungsangeboten keine Rolle mehr spielen.

[512] OLG Karlsruhe, (Urteil v. 14.8.2001 – 4 U 54/01) WRP 2001, 1238 ff. = GRUR-RR 2001, 272 ff.; Zur Besprechung dieses Urteils s. insb. in: *Pluskat,* Das kombinierte Warenangebot als zulässiges verdecktes Kopplungsgeschäft, WRP 2001, 1262 ff.

[513] OLG Köln, (15. 2. 2002 – 6 U 180/01), WRP 2002, 472 ff. = GRUR-RR 2002, 300 ff. - Punto. Zur Besprechung dieses Urteils s. insb. in: *Pluskat,* Das kombinierte Warenangebot – dieses Mal als unzulässiges verdecktes Kopplungsgeschäft, WRP 2002, 789 ff.

[514] WRP 2002, 109 ff. = GRUR-RR 2002, 30 ff. – Traumreise beim Kauf einer Küche

[515] GRUR-RR 2002, 168 ff. – Zwei Knaller

[516] GRUR-RR 2002, 285 ff. – Strom und Fon

sich das Kölner Gericht der Fallkonstellation angenähert hat und zu der Schlussfolgerung gekommen ist, dass die einschlägige Kopplungswerbung den Verbraucher vor nahezu unüberwindbare Schwierigkeiten hinsichtlich der Ermittlung der Einzelpreise und der Durchführung eines Preisvergleichs mit den Angeboten anderer Konkurrenten stellt.[517] Im Gegensatz zu der Vorgabe des OLG Karlsruhe, das auf den Vorstellungshorizont eines Verbrauchers abgestellt hat, der fähig ist, bloß durch die Gewinnung eines Marktüberblicks und die Ermittlung einer gewissen Preisspanne, einen Preisvergleich vorzunehmen und rationale Kaufentschlüsse zu treffen,[518] hat das OLG Köln den gleichen Sachverhalt ganz anders beurteilt. Der Grund der Differenzierung liegt zum einen darin, dass das Kölner Gericht in seiner Beurteilung wichtige betriebswirtschaftliche Aspekte (wie z.B. die in der Betriebswirtschaftslehre gängigste Güterklassifizierung und das damit bezogene „Involvement-Konzept"[519] oder ferner das tatsächliche Fehlen eines Festpreises für bestimmte Kategorien von Waren)[520] nicht berücksichtigt hat; zum anderen, obwohl das Gericht von dem neuen Verbraucherleitbild der deutschen Rechtsprechung gesprochen hat und theoretisch von ihm ausgegangen ist,[521] hat es dieses in der Tat seiner Beurteilung kaum zugrundegelegt.

Die Entscheidung des OLG Köln brachte zwar fraglos nochmals Unsicherheit.[522] Als nachhaltiger Hemmschuh für den in den letzten Jahrzehnte allmählich geförderten Kurswandel der Rechtsprechung in der Behandlung dieser Werbemethode mochte sie nicht mehr fungieren. Die Grundsatzurteile „Kopplungsangebot I" und Kopplungsangebot II" vollendeten den Kurswandel.

1. Die Grundsatzurteile „Kopplungsangebot I" und „Kopplungsangebot II"

a) „Kopplungsangebot I" – Sachverhalt

Diesem Urteil des BGH lag im Revisionsverfahren der folgende Sachverhalt zugrunde: Die Klägerin, die im Bereich der Unterhaltungselektronik des Frankfurter Handelsunternehmens „Saturn" tätig ist, wandte sich gegen die Beanstandung ihrer blickfangmäßigen Werbung[523] durch die Verbraucherzentrale,

---

[517] OLG Köln WRP 2002, 472 ff.
[518] OLG Karlsruhe WRP 2001, 1238 ff.; s. auch eine zustimmende Kritik in: *Pluskat,* WRP 2001, 1262/1264 f.
[519] Zur Aufteilung der Güter in vier Grundkategorien je nach ihrer Bedeutung für die Konsumenten („Convenience -", „Preference-", „Shopping-" und „Speciality-" Güter) s. insb. in: *Murphy/Enis,* Marketing, 1985, S. 230 ff.
[520] Dazu s. insbesondere die Analyse von: *Pluskat,* WRP 2002, 789/794 f.
[521] OLG Köln WRP 2002, 472/474
[522] Vgl. *Pluskat,* WRP 2002, 789/796
[523] Die betreffende Werbebeilage ist verkleinert abgedruckt unter WRP 2002, 1256

mit der ein Videorecorder bei gleichzeitigen Abschluss eines über mindestens 2 Jahre laufenden Stromlieferungsvertrag zum Preis von 49,- DM anstatt von sonst allein 249,- DM angeboten wurde. Die betreffende Werbung der Klägerin war in folgender Art und Weise gestaltet: Unter der in großen Buchstaben gedruckten Überschrift „*Irgendwo besseres Angebot gesehen? Das gibt's doch gar nicht!*" bot das Unternehmen einem dem Typ nach bezeichneten Videorecorder der Marke Toshiba zum Preis von 49,- DM an. Ein bei der blickfangmäßig herausgestellten Preisangabe angebrachte Stern verwies allerdings den Leser auf eine Bedingung, wonach dieser Preis nur bei gleichzeitigem Abschluss eines Stromlieferungsvertrags gültig sei („ **Preis nur gültig in Verbindung mit einem Abschluss eines Stromlieferungsvertrags von ares*"). Die Angabe dieser Bedingung befand sich in einem Kasten, der als ganzes etwa die Größe der unmittelbar danebenstehenden Preisangabe („ *49,-**") aufwies und dem im linken Teil eine Glühbirne abgebildet war. Im rechten Teil dieses Kastens stand der folgende Text zur Erläuterung des Stromlieferungsvertrags: „*Jetzt sollte Ihnen ein Licht aufgehen! Mindestlaufzeit 24 Monate, Grundgebühr: DM 9,90/Monat, Verbrauchsgebühr: DM 0,27 DM/kWh*". Unter diesen Angaben befanden sich eine Abbildung des fraglichen Videorecorders sowie nähere Angaben zu diesem Gerät verbunden mit dem Hinweis, dass der „Preis ohne Stromvertrag" 249,- DM betrage.

Der beklagte Verbraucherschutzverein hat diese Werbung unter Hinweis auf das Verbot des übertriebenen Anlockens nach § 1 UWG (a.F.) und auf § 3 UWG (a.F.) als wettbewerbswidrig beanstandet. Im Wege der Widerklage – die von der Klägerin zunächst erhobene negative Feststellungsklage haben die Parteien nach Erhebung der Widerklage übereinstimmend für erledigt erklärt – hat der Beklagte insbesondere beantragt, die Klägerin unter Androhung von Ordnungsmitteln zu verurteilen, es zu unterlassen, im geschäftlichen Verkehr zu Zwecken des Wettbewerbs gegenüber privaten Endverbrauchern für den Abschluss eines Stromlieferungsvertrages bei gleichzeitigem Erwerb eines Videorecorders zu werben oder werben zu lassen, mit dem - nur für diesen Fall geltenden – blickfangmäßig Angebot, ein solches Gerät zum Preis von 49,- DM käuflich erwerben zu können. Das Landgericht Frankfurt hat die Widerklage abgewiesen. Das Oberlandsgericht Frankfurt hat die Berufung des Beklagten zurückgewiesen.

b) „Kopplungsangebot II" – Sachverhalt

Bei der Werbung, die die BGH-Entscheidung „Kopplungsangebot II" zum Gegenstand hatte, wurde bei ansonsten gleicher Konstellation ein tragbares

Fernsehgerät zum Preis von 1,- DM angeboten.[524] Die Klägerin, das unter anderem Fernseh-, Hifi- und Elektrogeräte vertreibende Kölner Handelsunternehmen „Media Markt“, pries gemeinsam mit einem zum selben Konzern gehörenden, wie sie in Köln ansässigen Schwesterunternehmen[525] unter der Überschrift „*Der größte Saftladen*“ in einer mit dem „Kölner Stadt-Anzeiger“ vom 20. März 2000 verteilten Werbebeilage ein dem Typ nach bezeichnetes tragbares Fernsehgerät der Marke Grundig zum Preis von 1,- DM an. Ein bei der blickfangmäßig herausgestellten Preisangabe angebrachte Stern verwies den Leser auf einen kleinen, senkrecht, gestellten Kasten, wobei die Bedingung „**Preis gilt nur in Verbindung mit dem Abschluss eines Power&More-Stromvertrages mit einer Mindestlaufzeit von 24 Monaten*“ angegeben wurde. In einem weiteren unter der Abbildung des Fernsehgerätes gestellten Kasten, fanden sich unter der Überschrift „*Wir machen Ihnen ein saftiges Angebot*“ nähere Angaben zu einem Stromvertrag (*Strom von Ares, Laufzeit: 24 Monate, Grundgebühr: 9,90 DM/Monat, Verbrauchsgebühr: 0,27 DM/kWh*). Auf diesen, diesmal, in waagerechter und deutlich größerer Schrift gehaltenen Text verwies der Stern bei der Preisangabe des Fernsehgerätes allerdings nicht. In Anbetracht auch der Tatsache, dass sich die in diesem Kasten angegebenen Informationen auf den Abschluss eines Stromlieferungsvertrags bei einem anderem Stromanbieter („ares“) als dem genannten in dem Kasten mit der Sternchenverknüpfung („Power&More“) bezogen, blieb unklar, ob der Abschluss des Stromlieferungsvertrags, dessen Preisbestandteile in dem Kasten ohne Sternchenverknüpfung angegeben wurden, den Erwerb des Fernsehgerätes zu dem herausgestellten Preis von 1,- DM überhaupt erlaubte.

Die Beklagte war die Zentrale zur Bekämpfung unlauteren Wettbewerbs. Sie hat diese Werbung unter Hinweis auf die Zugabeverordnung, auf das Verbot des übertriebenen Anlockens nach § 1 UWG (a.F.) und auf § 3 UWG (a.F.) als wettbewerbswidrig beanstandet. Im Wege der Widerklage – eben wie bei dem ersten dargestellten Sachverhalt – hat sie beantragt, die Klägerin unter Androhung von Ordnungsmitteln zu verurteilen, es zu unterlassen, in der an den Endverbraucher gerichteten, oben skizzierten, Werbung, ein Fernsehgerät unter Preisangabe anzukündigen und/oder wie angekündigt zu gewähren. Ferner hat die Beklagte die Zahlung einer Abmahnkostenpauschale beansprucht. Das Landgericht Köln hat in den beiden Fällen[526] den Unterlassungsbegehren

[524] Die betreffende Werbebeilage ist verkleinert abgedruckt unter WRP 2002, 1260
[525] Die Beklagte hat nicht nur die Klägerin (LG Köln – 33 O 222/00), sondern gleichzeitig auch das ebenfalls für die beanstandete Werbung verantwortliche Kölner Schwesterunternehmen der Klägerin in getrennten Klageverfahren vor dem Landgericht Köln (LG Köln – 33 O 223/00) auf Unterlassung in Anspruch genommen
[526] S. oben in: Fn. 525

stattgegeben. Die dagegen gerichteten Berufungen[527] hatten gleichermaßen keinen Erfolg.

c) Urteilsbegründung

Der BGH ist bei der Heranziehung der oben dargestellten Fallkonstellationen zu unterschiedlichen Ergebnissen gekommen. Während er in der ersten beanstandeten Werbung kein wettbewerbsfeindliches Verhalten erkannt hat,[528] hat er das gekoppelte Angebot, das die Entscheidung „Kopplungsangebot II“ zum Gegenstand hatte, als wettbewerbswidrig angesehen.[529] Der Grund für die unterschiedliche Beurteilung liegt allerdings in den Differenzierungen bezüglich der Gestaltung und der Darstellung des jeweiligen Angebots. Ansonsten gleichen sich die Denkweise und die verfolgte Argumentationslinie der beiden Entscheidungen genau. Die Aspekte, auf denen die für beide Urteile identische Begründung basiert, gelten gleichzeitig als die Beurteilungsmaßstäbe, an denen sich die Zulässigkeit von Kopplungsangeboten heute und in der Zukunft messen lässt. Daher scheint eine Annäherung an die wichtigsten Punkte dieser Urteilsbegründung für eine bessere Verständigung der neuen Rechtslage durchaus nützlich zu sein. Daher soll sie anschließend im Rahmen dieses Beitrags skizziert werden.

Die Begründung des BGH lässt sich in drei Ebene abstufen. Auf erster Ebene kommt das Gericht zu der Aussage, die quasi als Leitsatz für die Beurteilung des von ihm herangezogenen Sachverhaltes und ferner jeder ähnlichen Fallkonstellation dienen soll. Diese Aussage versucht das Gericht weiterhin ausführlich unter Berücksichtigung der für Kopplungsgeschäfte geltenden Rechtslage vor und nach Aufhebung der Zugabeverordnung zu begründen. In diesem Zusammenhang wird zunächst auf die Folgen hingewiesen, die sich aus der ersatzlosen Aufhebung der Zugabeverordnung für die künftige Beurteilung von Zugaben ergeben und insbesondere darauf, wie die lauterkeitsrechtliche Zulässigkeitsprüfung dieser besonderen Form von Kopplungsangeboten im Rahmen des verbleibenden Schutzinstrumentariums des UWG erfolgen soll. Der BGH ergreift allerdings die Gelegenheit und geht ein Schritt weiter. In aller Deutlichkeit erklärt er, dass die Aufhebung der Zugabeverordnung nicht nur die Beurteilung von Zugaben, sondern vielmehr der ganzen Fallgruppe von Kopp-

[527] OLG Köln GRUR 2001, 853 ff.; vgl. allerdrings die Gegenauffassung des OLG Celle bei der Heranziehung eines vergleichbaren Sachverhaltes: OLG Celle GRUR 2001, 855 ff. – Elektrische Geräte für 1 DM
[528] BGH WRP 2002, 1256/1257 – Kopplungsangebot I
[529] BGH WRP 2002, 1259/1261 – Kopplungsangebot II

lungsgeschäften beeinflusst hat, und gibt „Orientierungsanweisungen" für jegliche künftige richterliche Auseinadersetzung mit dieser Werbemethode.

aa) Erste Ebene: Aussage in der Form eines Leitsatzes

Wie der BGH erklärt,[530] sei es nach Aufhebung der Zugabeverordnung den Klägern auch nach § 1 UWG (a.F.) nicht mehr verwehrt, die Abgabe von zwei, keine Funktionseinheit bildenden Produkten in der Weise miteinander zu verbinden, dass bei Erwerb des einen Produkts das andere Produkt ohne Berechnung oder unter Berechnung eines nominellen Betrags abgegeben wird. Derartige Angebote seien inzwischen grundsätzlich als zulässig anzusehen. Im Hinblick auf die Gefahr einer unsachgemäßen Beeinflussung und Irreführung der Verbraucher müssten zwar bei derartigen Kopplungsangeboten bestimmte Anforderungen erfüllt sein, vor allem um einer Täuschung der Verbraucher über den tatsächlichen Wert des Angebots entgegenzuwirken, aber auch um zu vermeiden, dass durch mangelnde Transparenz die Rationalität der Nachfrageentscheidung auf Seiten der Verbraucher über Gebühr zurückgedrängt werde.

bb) Zweite Ebene: die Zugabegewährung nach der neuen Rechtslage

Zunächst stellt das Gericht fest, dass, auch in der Revisionsinstanz allein nach dem zum Zeitpunkt der Entscheidung geltenden Recht zu beantworten ist, ob den Beklagten in beiden Fällen ein Unterlassungsanspruch zusteht.[531] Daher ist, laut Gericht, der rechtlichen Beurteilung die seit Erlass der Berufungsurteile durch Aufhebung der Zugabeverordnung veränderte Rechtslage zugrunde zu legen. Die – trotzdem erfolgte – Darstellung der für Kopplungsgeschäfte geltenden Rechtslage vor Aufhebung der Zugabeverordnung hat nur „Hintergrundcharakter" für die Beschreibung der nach der ersatzlosen Abschaffung des Sondergesetzes geltenden Rechtslage.

In diesem Zusammenhang erklärt das Gericht, dass nach Aufhebung der Zugabeverordnung auch § 1 UWG (a.F.) einer Gewährung von Zugaben grundsätzlich nicht mehr im Wege steht.[532] Bis zur Aufhebung der Zugabeverordnung sei die Rechtslage dadurch gekennzeichnet gewesen, dass das gesetzlich

---

[530] BGH WRP 2002, 1256/1257 – Kopplungsangebot I; BGH WRP 2002, 1259/1261 – Kopplungsangebot II

[531] BGH WRP 2002, 1256/1257 – Kopplungsangebot I; BGH WRP 2002, 1259/1261 – Kopplungsangebot II

[532] BGH WRP 2002, 1256/1257 – Kopplungsangebot I; BGH WRP 2002, 1259/1261 – Kopplungsangebot II

ausdrücklich geregelte Zugabeverbot durch das in der Rechtsprechung zu § 1 UWG (a.F.) entwickelte Verbot des übertriebenen Anlockens, eines Unterfalls der Wertreklame, ergänzt wurde. Mit dem Verweis auf die sog. „Handy-Rechtsprechung", führt der BGH ein Beispiel der alten unter Geltung der Zugabeverordnung qualifizierten Beurteilungssystematik auf: bildete nämlich die gewährte Vergünstigung mit der Hauptleistung eine Einheit, so fehlte es nicht nur an einer Zugabe, sondern auch am Einsatz eines unsachlichen Mittels der Kundenbeeinflussung und damit an einem Wettbewerbsverstoß nach § 1 UWG (a.F.). Denn die Werbung mit der besonders günstigen Abgabe einer Ware stellte sich in diesem Fall als ein legitimer Hinweis auf den günstigen, durch verschiedene Bestandteile geprägten Preis der angebotenen Gesamtleistung dar; die Anlockwirkung, die von einem attraktiven Angebot ausgehe, sei niemals wettbewerbswidrig, sondern gewollte Folge des Leistungswettbewerbs.

Nach Aufhebung der Zugabeverordnung komme es allerdings auf den Gesichtspunkt der Funktionseinheit der gekoppelten Waren oder Dienstleistungen nicht mehr entscheidend an. Die Aufhebung der Zugabeverordnung beeinflusse nämlich auch die Auslegung von § 1 UWG (a.F.).[533] Im Hinblick auf das gewandelte Verbraucherleitbild und die Auswirkungen der europäischen Harmonisierung auf das Lauterkeitsrecht habe der Gesetzgeber ein generelles Zugabeverbot nicht mehr für erforderlich gehalten. Dieser gesetzgeberische Wille müsse sich auch darin niederschlagen, was im Rahmen des § 1 UWG (a.F.) als sittenwidrig anzusehen sei; er könne nicht dadurch unterlaufen werden, dass die Sachverhalte, die in der Vergangenheit unter die Zugabeverordnung fielen, unverändert – nunmehr als Wettbewerbsverstöße nach § 1 UWG (a.F.) – verfolgt werden können. Werden also dem Verbraucher für den Fall des Erwerbs einer Ware oder der Inanspruchnahme einer Leistung Vergünstigungen, insbesondere Geschenke, versprochen, liege darin auch dann nicht ohne weiteres ein übertriebenes Anlocken, wenn Hauptleistung und Geschenk sich aus der Sicht des Verbrauchers nicht als ein funktionell einheitliches Angebot darstellen. *Vielmehr sei dem Kaufmann grundsätzlich gestattet, verschiedene Angebote miteinander zu verbinden*; dies gelte auch dann, wenn ein Teil der auf diese Weise gekoppelten Waren oder Leistungen ohne gesondertes Entgelt abgegeben werde.[534]

---

[533] BGH WRP 2002, 1256/1257 – Kopplungsangebot I; BGH WRP 2002, 1259/1261 – Kopplungsangebot II

[534] BGH WRP 2002, 1256/1258 – Kopplungsangebot I; BGH WRP 2002, 1259/1262 – Kopplungsangebot II; so auch weiterhin in: BGH GRUR 2003, 890/891 – Buchclub-Kopplungsangebot; BGH WRP 2004, 483/484 – Playstation

cc) Dritte Ebene: Neuordnung des Beurteilungssystems von Kopplungsgeschäften; Abschaffung der Untergruppierung und neue Entscheidungskriterien für die Feststellung ihrer Zumutbarkeit

Mit dem Satz *„vielmehr sei dem Kaufmann grundsätzlich gestattet, verschiedene Angebote miteinander zu verbinden"* hat der BGH zum ersten Mal und in aller Deutlichkeit bekundet, dass sämtliche Erscheinungsformen von Kopplungsangeboten nunmehr grundsätzlich zulässig sind. Wie er allerdings anschließend klargestellt hat, solle dieser Grundsatz der Zulässigkeit von Kopplungsgeschäften nach der neuen Rechtlage nicht uneingeschränkt gelten. Davon veranlasst, hat er versucht, unter Berücksichtigung der neuen Gegebenheiten, die sich sowohl angesichts der ersatzlosen Aufhebung der Zugabeverordnung und der folgenden Emanzipation der Zugabegewährung als auch des mittlerweile gewandelten Verbraucherleitbilds gestalten ließen, Licht in die Gefahren, die durch das Werben mit Gesamtangeboten auf die Verbraucherschaft lauern, zu bringen und somit die neue Zulässigkeitsschranken für diese Absatzförderungsmaßnahme abzustecken.

Demgemäss erklärt er zunächst,[535] anstelle eines generellen Verbots, das sich bislang aus der Zugabeverordnung ergab und in ähnlicher Form der Generalklauseln des § 1 UWG (a.F.) entnommen wurde, trete nunmehr eine Art Missbrauchskontrolle, die sich nicht allein auf § 3 UWG (a.F.) und § 1 PangV,[536] sondern auch auf § 1 UWG (a.F.) stützen könne. Hierbei können die Fälle missbräuchlicher Kopplungsangebote zu einer *einheitlichen Fallgruppe* zusammengefasst werden, die für sämtliche Kopplungsgeschäfte – neben Zugaben sind dies die offenen oder verdeckten Kopplungsangebote sowie die Vorspannangebote – Geltung beanspruchen könne.

Anschließend wurde folgendes ausgeführt:[537] die Anforderungen, die das Wettbewerbsrecht an die Zulässigkeit von Kopplungsangeboten stelle, müssen sich an den Gefahren orientieren, die von derartigen Geschäfte für die Verbraucher ausgehen. Im Mittelpunkt stehe dabei die Gefahr, dass die Verbraucher über den tatsächlichen Wert des Angebots *getäuscht* oder *unzureichend informiert* werden. Die Homogenität von Wirtschaftsgütern führe dazu, dass sich Angebote leicht vergleichen lassen; sie fördere daher *Preisklarheit* und *Preiswahrheit*. Kopplungsangebote können zwar Ausdruck eines gesunden Wettbewerbs sein, durch sie werde aber eine Heterogenität des Angebots

---

[535] BGH WRP 2002, 1256/1258 – Kopplungsangebot I; BGH WRP 2002, 1259/1262 – Kopplungsangebot II

[536] Vgl. die „Handy-Rechtsprechung": s. vor allem im Grundsatzurteil: BGH GRUR 1999, 264/266 – Handy für 0,00 DM

[537] BGH WRP 2002, 1256/1258 – Kopplungsangebot I; BGH WRP 2002, 1259/1262 – Kopplungsangebot II

gefördert, die nicht nur den Preisvergleich durch den Verbraucher erschwere, sondern darüber hinaus ein gewisses Irreführungs- und Preisverschleierungspotential berge. Im Interesse der Verbraucher sei daher eine Transparenz des Angebots zu fordern. Außerdem könne von Kopplungsangeboten –insbesondere wenn ein Teil des Angebots unentgeltlich gewährt werden solle – im Einzelfällen eine so *starke Anlockwirkung* ausgehen, dass auch bei einem verständigen Verbraucher ausnahmsweise die Rationalität der Nachfrageentscheidung vollständig in den Hintergrund trete. Zuweilen könne die Gefahr für die Verbraucher – wie häufig bei den an ein Absatzgeschäft gekoppelten Gewinnspielen – auch in unzureichender Information *verbunden* mit einer hohen Anlockwirkung liegen. Mit dem Hinweis darauf, dass das Wettbewerbsrecht diesen Gefahren Rechnung tragen muss, versucht das Gericht abzuklären, wann besonders das Hinzutreten dieser Unlauterkeitsmomente zu bejahen ist, und somit die Spreu vom Weizen zu trennen. Hierbei spricht zwar das Gericht - bis auf einem Punkt – ausschließlich von dem Fall der Zugabegewährung; seine Feststellungen könnten allerdings für jegliche Form von Kopplungsgeschäften Geltung beanspruchen.

In diesem Zusammenhang nimmt er an,[538] weder der Generalklausel des § 1 UWG (a.F.) noch dem Tatbestand des § 3 UWG (a.F.) können indessen absolute Grenzen entnommen werden. Selbst wertvolle Zugaben müssen ein Angebot nicht intransparent machen; sie müssen auch nicht zu einer irrationalen Nachfrageentscheidung führen. Daher können keine festen (relativen) Wertgrenzen bestimmt werden, jenseits deren eine Zugabe stets wettbewerbswidrig sei. Dabei sei auch zu berücksichtigen, dass Zugaben unter bestimmten Bedingungen dazu beitragen können, Außenseitern den Marktzutritt zu erleichtern, wenn das Verbraucherverhalten durch ein gewisses Beharren gekennzeichnet sei und dem Außenseiter erhebliche Zugeständnisse abnötige. Die von Köhler[539] für sinnvoll gehaltene Verpflichtung, stets den Wert einer Zugabe anzugeben, könne weder der Generalklausel des § 1 UWG (a.F.) noch dem Irreführungsverbot entnommen werden. Eine solche allgemeine Pflicht zu begründen, wäre dem Gesetzgeber vorbehalten. Ungeachtet der spezifischen Pflichten, die sich auch nach geltendem Recht aus der Preisangabenverordnung ergeben, sei eine solche aus §§ 1 und 3 UWG (a.F.) begründete Verpflichtung aber immer dann anzunehmen, wenn die Gefahr bestehe, dass die Verbraucher über den Wert des tatsächlichen Angebots, namentlich über den Wert der angebotenen Zusatzleistung, getäuscht oder sonst unzureichend informiert werden. In diesen Fällen fordere das *Transparenzgebot* eine entsprechende Aufklärung. Darüber hinaus gelte für Kopplungsangebote generell die Verpflichtung, dass Preise einheitlich zu bewerben seien.

[538] BGH WRP 2002, 1256/1258 – Kopplungsangebot I; BGH WRP 2002, 1259/1262 – Kopplungsangebot II
[539] GRUR 2001, 1067/1071 ff.

Wettbewerbswidrig sei es insbesondere, in der Werbung allein das Versprechen unentgeltlicher Teilleistungen oder den günstigen Preis einer Teilleistung herauszustellen, ohne gleichzeitig in klarer Zuordnung leicht erkennbar und deutlich lesbar auf das Entgelt hinzuweisen, das für den anderen Teil des Kopplungsangebots verlangt wird. Gegenüber dem herausgestellten Hinweis auf die günstige Teilleistung dürfen dabei die Angaben, aus denen sich die wirtschaftliche Belastung des Verbrauchers ergibt, nicht vollständig in den Hintergrund treten.

d) Fazit

In seinen ersten nach Aufhebung der Zugabeverordnung und des Rabattgesetzes ergangenen Entscheidungen zu Kopplungsangeboten hat der BGH unzweifelhaft positiv[540] überrascht. Mit klaren, unmissverständlichen Ausführungen hat er gezeigt, die Wandlungen im Bereich des Lauterkeitsrechts durchaus wahrzunehmen. Zudem zeigte er eine feste Entschlossenheit, radikale Schnitte in dem Beurteilungssystem von Kopplungsgeschäften vorzunehmen. Als einziger unglücklicher Punkt lässt sich nur feststellen, dass das Gericht im Rahmen seiner Auseinandersetzung mit dem Gesamtangebot, das die Entscheidung „Kopplungsangebot I" zum Gegenstand hatte, die Kopplung des Verkaufs von technischem Produkt und Strom offensichtlich als Hauptleistung und Zugabe qualifiziert hat, wobei mit großer Wahrscheinlichkeit das zu dem Preis von 49,- DM angepriesene Elektrogerät quasi als Geschenk von dem Anbieter angesehen wurde.[541] Denn obwohl der Preis von 1,- DM, zu dem im Fall des Urteils „Kopplungsangebot II" ein Fernsehgerät bei gleichzeitigem Abschluss eines Stromlieferungsvertrags angeboten wurde, tatsächlich ein Spottpreis darstellte,[542] kann die Ausgabe von 49,- DM keineswegs als vernachlässigungsfähige Kosten betrachtet werden.[543] Dieser Bemerkung kommt allerdings untergeordnete Bedeutung zu, sofern die Denkweise des Gerichts und die daraus folgenden Ausführungen praktisch unbeeinflusst davon blieben, ob das herbeigeführte Angebot die Gewährung einer Zugabe implizierte oder nicht.

Als der wichtigste Beitrag der beiden BGH-Entscheidungen zum Recht der Kopplungsangebote zählt unumstritten die Anerkennung der grundsätzlichen Zulässigkeit dieser Werbemethode. Jedem Kaufmann steht prinzipiell frei, die Bedingungen, unter denen die Absatzförderung seines Sortiments erfolgen soll,

---

540 *Berlit,* Anmerkung zu der Entscheidung des BGH „Kopplungsangebot I", LM § 1 UWG 2002, Nr. 883 (12/2002), Bl. 2211/2214; *Köhler,* GRUR 2003, 730/731

541 Vgl. *Pluskat,* WRP 2002, 1381/1385 f.

542 Vgl. *Köhler,* GRUR 2003, 729/732/736

543 Vgl. *Pluskat,* WRP 2002, 1381/1385 f.

selbst zu bestimmen. Dementsprechend gehört zu seiner wettbewerblichen Entscheidungsfreiheit, ob er seine Waren oder Dienstleistungen einzeln, auch zusammen oder ausschließlich nur zusammen abgeben will.[544] Auch wenn er sich für die Zusammenstellung verschiedener Produkte oder Dienstleistungen zu einem Gesamtpaket mit einem Gesamtpreis entschließt, ist ihm nach dem Grundsatz der Zulässigkeit von Kopplungsgeschäften grundsätzlich gestattet, die Waren- bzw. Leistungskombination nach seinen Vorstellungen zu gestalten. Für die Feststellung der Lauterkeit bzw. Unlauterkeit von Kopplungsangeboten ist nunmehr gleichgültig,[545] ob die verbundenen Güter sachlich zusammen eine Gebrauchseinheit oder Funktionseinheit bilden oder nicht. Unerheblich ist weiter, ob die miteinander gekoppelten Waren oder Dienstleistungen eine gewisse Gebrauchs- bzw. Einsatznähe aufweisen, sowie ob sie üblicherweise in denselben Betrieben oder Branchen vertrieben werden, oder dagegen nur branchennah oder sogar branchenfremd sind. Gleichermaßen unwichtig ist auch, ob einzelne Bestandteile des Gesamtangebots unentgeltlich oder ohne besondere Berechnung abgegeben werden und ob es sich dabei um gering- oder hochwertige Produkte oder Leistungen handelt. Das Stehen bzw. Fallen des Lauterkeits- bzw. Unlauterkeitsurteils ist ferner nicht davon abhängig, ob die Einzelpreise der zusammengestellten Waren oder Leistungen dem Käufer offenbart werden oder nicht, sowie ob die gekoppelten Waren- bzw. Leistungseinheiten nur zusammen oder auch einzeln zu den dafür angesetzten Preisen abgegeben werden können.

Das Gericht weist allerdings darauf hin, dass mit seinem Votum keine uferlose Zulässigkeit von Kopplungsangeboten gemeint werden soll.[546] Um dies deutlich zu machen, versucht der I. Senat des BGH die Gefahren, die von dem Werben mit Kopplungsofferten für die Werbeadressaten ausgehen, zu bestimmen und somit die Kriterien aufzuzeigen, nach denen die Gerichte in der Zukunft eine klare Trennlinie zwischen wettbewerblich zulässigen und verbotenen Kopplungsangeboten ziehen sollen. Bevor er sich aber damit beschäftigt, diese Unlauterkeitsmomente zu konkretisieren, fordert er radikale Änderungen hinsichtlich der Methode und der Art und Weise, in der die Überprüfung der Wettbewerbskonformität der verschiedenen Formen von Kopplungsangeboten erfolgen soll. Dabei spricht der BGH von einer „Missbrauchskontrolle“, der sämtliche Kopplungsangebote im Einzelfall unterliegen müssen. Danach lassen

---

[544] Vgl. *Köhler*, GRUR 2003, 730/732 sowie in: GRUR 2001, 1067/1069; *Fezer*, WRP 2001, 989/1011

[545] Zu den Kriterien, die nicht mehr entscheidend für die Beurteilung von Kopplungsgeschäften sind, s. in kurzer Fassung in: *Fezer*, WRP 2001, 989/1001; *Berlit*, WRP 2001, 349/351; *Lange*, WRP 2002, 10/14/15; *Pluksat*, WRP 2002, 1381/1385; *Köhler*, GRUR 2003, 730/731; *Emmerich*, Anmerkung zu der Entscheidung des BGH „Kopplungsangebot I“, JuS 2003, 98/99

[546] *Berlit*, Anmerkung zu der Entscheidung des BGH „Kopplungsangebot I“, LM § 1 UWG 2002, Nr. 883 (12/2002), Bl. 2211/2214

sich zwei Folgen feststellen: zum einem soll die Beurteilung von Kopplungsgeschäften nicht mehr auf *per se* Verbote und abstrakte Gefährdungstatbestände abstellen.[547] Vielmehr soll sich die Missbrauchskontrolle an der Feststellung konkreter Unlauterkeitstatbestände orientieren und nur dann ein Verstoß gegen die Vorschriften des UWG bejahen, wenn es erwiesen wird, dass das Verhalten im konkreten Fall tatsächlich die Gefahr eines „Missbrauchs" der Verbraucher mit sich bringt. Zum anderen, gibt der BGH mit der Qualifizierung einer „Art Missbrauchskontrolle", der sämtliche Formen von Kopplungsgeschäften unterworfen sind, praktisch die bisherige Unterscheidung zwischen den verschiedenen Kategorien von Kopplungsgeschäften, also zwischen offenen und verdeckten Kopplungsangeboten sowie den Vorspannangeboten und den Zugaben, auf.[548] Anstelle der von ihm selbst entwickelten Fallgruppen treten nunmehr zwei neu gebildete Fallgruppe. Es handelt sich nämlich um die Fallgruppe der unzulässigen „missbräuchlichen Kopplungsangebote" einerseits und die Kategorie der zulässigen „nicht missbräuchlichen Kopplungsangebote" andererseits.[549] Sowohl unter der einen als auch unter der anderen Fallgruppe mögen alle Arten von Kopplungsangeboten, unabhängig von ihren aufweisenden Besonderheiten und ihrer Gestaltungsweise, also Gesamtangebote, die in der Vergangenheit als offene, verdeckte Kopplungsgeschäfte oder als Zugabe oder Vorspannangebote qualifiziert waren, fallen.[550] Entscheidend für die Einordnung in die eine oder in die andere Kategorie ist nur, ob die jeweiligen Angebotskombinationen durch eine lauterkeitsrechtliche Überprüfung als wettbewerbskonform anzusehen sind oder nicht.[551]

---

547 *Ohly*, NJW 2003, 2135/2136; *Köhler*, GRUR 2003, 730/732; vgl. auch *Steinbeck*, ZIP 2001, 1741/1743

548 *Pluskat*, WRP 2002, 1381/1384; *Köhler*, GRUR 2003, 730/731; *Ohly*, NJW 2003, 2135/2136; *Fritzsche*, Anmerkung zum Urteil „Kopplungsangebot II", LMK 2003, 30; *Freytag/Gerlinger*, Kombinationsangebote im Pressemarkt,WRP 2004, 537/538

549 Vgl. *Pluskat*, WRP 2002, 1381/1384; *Köhler*, GRUR 2003, 730/731; *Erdmann*, Buchbesprechung: Köhler, Helmut/Piper, Hennig: UWG-Gesetz gegen den unlauteren Wettbewerb, GRUR 2003, 46

550 Vgl. *Erdmann*, GRUR 2003, 46

551 *Pluskat* hat die Ansicht vertreten (WRP 2002, 1381/1384), dass dem BGH, da er einerseits angesichts der tatsächlich problematischen Umstände der von ihm im Rahmen des Urteils „Kopplungsangebot I" herangezogenen Fallkonstellation („Damit sind im Prinzip die Einzelpreise der beiden Bestandteile des kombinierten Warenangebots – nämlich einerseits 49 DM für den Videorecorder und andererseits 237,60 DM + x DM für den Strom – angegeben, was in Richtung eines offenen Kopplungsgeschäfts deutet, wenn auch die insgesamt entstehende Kostenbelastung des einzelnen Kunden, die ja noch durch sein eigenes (Verbrauchs-) Verhalten im Zweijahreszeitraum nach Vertragsschluss maßgeblich beeinflusst wird, noch nicht absehbar ist, was wiederum in Richtung eines verdeckten Kopplungsgeschäfts deutet") Schwierigkeiten begegnete, das einschlägige Gesamtangebot in die von ihm selbst gebildeten Kategorien von offenem und verdecktem Kopplungsgeschäft einzuordnen, und da er andererseits angesichts der Tatsache, dass die gekoppelten Güter keine Funktionseinheit aufwiesen, alle relevanten Informationen über die Angebotsbestandteile allerdings vollständig angeben wurden, wohl vor dem Dilemma stand, diese

Danach lässt sich also zusammenfassen, dass all die bisher unter verschiedenen Untergruppen eingegliederten Kopplungsformen einheitlich unter dem allgemeinen und einzigen nunmehr geltenden Begriff des „Kopplungsangebots" zu beurteilen sind und einer gleichen Missbrauchskontrolle unterliegen. Auf welche Orientierungslinie diese neu qualifizierte, einheitliche, lauterkeitsrechtliche Überprüfung von Kopplungsgeschäften in der Zukunft vollzogen werden soll, versucht der I. Senat des BGH weiterhin zu beantworten. In diesem Zusammenhang lenkt er die Aufmerksamkeit der Gerichte bei einer künftigen Auseinandersetzung mit kombinierten Angeboten auf die aktuellen Gefahren, die in der Regel aus derartigen Werbemethoden für die Abnehmerschaft ausgehen.

Die erste und herkömmlichste Gefahr besteht darin, dass der Verbraucher über den tatsächlichen Wert des Angebots getäuscht oder unzureichend informiert wird. Nachdem das Gericht von dem hohen Irreführungs-, Preisverschleierungs- und Preisvergleicherschwerungspotential, das die Kopplungsangeboten aufgrund ihrer Natur und Gestaltung – zumal die Kopplung nicht nur homogene, sondern auch heterogene Produkte oder Leistungen betreffen mag – enthalten, ausgegangen ist, hat es die Erforderlichkeit an Preiswahrheit und Preisklarheit bei dem Werben mit derartigen Angeboten hervorgehoben und zugleich auf die Transparenz des jeweiligen Angebots besonderen Wert gelegt. Damit hat der BGH das sog. „Transparenzgebot" entwickelt,[552] nach dem die Kombinationsangebote derart gestaltet und dargestellt werden sollen, dass der angesprochene Verkehrskreis alle erforderlichen Mittel verfügt, um die Günstigkeit des Kopplungsgeschäfts einzuschätzen, die Einzelpreise der Angebotselemente, wenn diese nicht angegeben sind, zu ermitteln sowie ferner ein Preisvergleich mit

---

neue Art von Kopplungsgeschäft nicht verbieten zu können, nichts anders übrig blieb, als von der herkömmlichen Unterscheidung zwischen offenem und verdecktem Kopplungsgeschäft anzusehen und jegliche Art von gemeinsamem Verkauf unterschiedlicher Produkte bzw. Leistungen zu einem Gesamtpreis unter dem Begriff einheitlich zu bewerten und der gleichen Missbrauchskontrolle zu unterwerfen. Somit wird dem BGH mittelbar ein abenteuerliches und opportunistisches Verhalten vorgeworfen, und dies zu Unrecht. Es darf nicht verkannt werden, dass sich die Abschaffung der bisher geltenden Fallgruppierung der verschiedenen Formen von Kopplungsangeboten als Folge und nicht als Ursache für die Entwicklung einer neuen Rechtslage darstellt. Der BGH hat nämlich eine innovative Bewertungsmethode (einheitliche Beurteilung im Rahmen eines gleichen für alle Kopplungsformen Kontrollverfahrens) qualifiziert, nicht weil er spontan und im Einzelfall vor Schwierigkeiten stand, sondern weil er im Rahmen der Modernisierung des Lauterkeitsrechts festgestellt hat, dass angesichts der neu entwickelten Rechtslage einige in der Vergangenheit gezogenen Trennlinien nunmehr obsolet und überflüssig waren. Angesichts also der Tatsache, dass nach der Aufhebung von Zugabeverordnung sämtliche Formen von Kombinationsangeboten eine materiellrechtliche Gleichbehandlung genießen dürfen, lässt sich deutlich erkennen, warum die Aufrechterhaltung verschiedener Kategorien (Zugabe, Vorspannangebote u.s.w.) im Bereich des Kopplungswesens überflüssig ist.

552 BGH WRP 2002, 1256/1258 – Kopplungsangebot I; BGH WRP 2002, 1259/1262 – Kopplungsangebot II

Angeboten, gekoppelten oder einheitlichen, anderer Anbieter vorzunehmen. Diesem Gebot wird große Bedeutung beigemessen, zumal es sich als der Maßstab nun qualifiziert, der schwerpunktmäßig ein wettbewerbskonformes von einem unzulässigen Kopplungsangebot unterscheidet.

Im Mittelpunkt der lauterkeitsrechtlichen Beurteilung besteht, laut BGH, darüber hinaus als weitere Gefahr die unsachliche Beeinflussung der Nachfrageentscheidung durch die Kombination verschiedener Waren oder Dienstleistungen.[553] Die Wettbewerbswidrigkeit von Kopplungsangeboten unter dem Gesichtspunkt des übertriebenen Anlockens kann allerdings, wie das Gericht andeuten ließ, nunmehr angesichts des gestiegenen Bildungs- und Informationsniveaus des Verbrauchers nur ausnahmsweise begründet werden.[554] Daher ist deutlich zu erkennen, dass die Kriterien, nach denen in der Vergangenheit etliche Wettbewerbsverhalten unter dem Gesichtspunkt der übermäßigen Anlockwirkung als sittenwidrig beanstandet wurden, nicht mehr maßgeblich für die Bewertung aktueller Sachverhalte sind. Notwendig ist demzufolge eine neue inhaltliche Ausrichtung dieser Fallgruppe, nämlich eine neu zu definierte Schwelle des übertriebenen Anlockens.[555]

Nachdem sich die Darstellung der in der Zeit nach der Aufhebung der Zugabeverordnung erlassenen, kopplungsbezogenen Entscheidungen des BGH vollendet wird, wird anschließend im Rahmen dieser Arbeit auf diese neu angebrachten Bewertungskriterien, die im geltenden und künftigen Lauterkeitsrecht für die Missbrauchskontrolle von Kopplungsangeboten in Betracht kommen, sowie auf ihre weiteren Aspekte ausführlich eingegangen.

2. „Gesamtpreisangebot“

Die in den Urteilen „Kopplungsangebot I und II“ vorgenommene Neuausrichtung der Rechtsprechung zu einer liberaleren Behandlung von Kopplungsgeschäften wurde mit der Entscheidung des I. Zivilsenats des BGH „Gesamtpreisangebot“[556] fortgesetzt und sogar bekräftigt.[557]

---

[553] BGH WRP 2002, 1256/1258 – Kopplungsangebot I; BGH WRP 2002, 1259/1262 – Kopplungsangebot II

[554] Vgl. *Pluskat*, WRP 2002, 1381/1385; *Ohly*, NJW 2003, 2135/2136; *Berlit*, WRP 2001, 349/352

[555] Vgl. *Pluskat*, WRP 2001, 1262/1268; *Fritzsche*, LMK 2003, 31/32; *Freytag*, WRP 2004, 537/538

[556] BGH WRP 2003, 743 ff. = GRUR 2003, 538 ff. = NJW 2003, 1671 ff.

[557] *Ohly*, NJW 2003, 2135/2137; *Borhnhofen*, Neue, liberalere Rechtsprechung, MA 2003, 46/49; *Just*, Kurzkommentar zum BGH Urteil v. 27.2.2003, EWiR 2003, 599/600; *Köhler*, Weitere Erleichterungen für die Werbung mit Koppelungsangeboten – Gesamtpreisangebot, LMK 2003, 110; *Pluskat*, Kopplungsangebote und kein Ende – Zugleich Besprechung des Urteils des BGH

Im vorliegenden Fall wandte sich der Kläger, ein Berufsverband des Sportfachhandels, gegen die Werbung der beklagten Reiseveranstalterin für eine Kombination einer Pauschalreise mit Wintersportartikelausrüstung. Die Reiseveranstalterin bot im Winter 1998/99 eine Pauschalreise für Skifahrer mit Unterbringung in einem Ferienclub an. Im Gesamtpreis enthalten waren Skier der Marke „F" und zwar nach Wunsch Abfahrts-Skier (Standard-Ski oder Carving-Ski) mit Bindung oder Langlauf-Skier mit Bindung, Schuhen und Stöcken. Die Beklagte warb für dieses Gesamtangebot mit einem vorgelegten Werbeblatt, ohne allerdings dabei die Einzelpreise der Angebotsbestandteile und insbesondere den auf die Wintersportartikel entfallenden Teil des Gesamtpreises gesondert zu nennen und ohne weitere Informationen über die Qualität der Skiausrüstung zu geben. Darauf hat sich freilich der Kläger gestützt, um die Reiseveranstalterin wegen wettbewerbswidriger Werbung zu verklagen, weil für ein Kopplungsangebot ungleichartiger Leistungen geworben werde, bei dem verschleiert werde, in welchem Umfang der Gesamtpreis auf die Reiseleistung und auf die Skiausrüstung entfalle. Die Beklagte trug demgegenüber vor, der Preisanteil für die Skiausrüstung könne dem Werbeblatt ohne weiteres rechnerisch entnommen werden. Auf Nachfrage im Reisebüro erhalte zudem ein interessierter Werbeadressat nähere Informationen zu der angebotenen Ausrüstung. Das Landgericht Frankfurt hat den Hauptantrag der Klage zurückgewiesen, der Beklagten aber das konkrete Gesamtangebot untersagt. Die Berufung der Reiseveranstalterin zum OLG Frankfurt war erfolglos. Dieses hat die herbeigeführte Werbung sowohl unter dem Gesichtspunkt des übertriebenen Anlockens als auch in Anbetracht der Tatsache, dass aufgrund der fehlenden Werbeangaben dem Verbraucher nicht möglich sei die Preiswürdigkeit des Kombinationsangebots festzustellen, als wettbewerbswidrige Ankündigung eines Kopplungsgeschäfts beurteilt.

Der BGH, unbeeindruckt von den Ausführungen der Vorgerichte, hat auf die Revision der Beklagten das Berufungsurteil aufgehoben und damit seine Tendenz, die Werbemethode von Kopplungsgeschäften liberaler zu bewerten, bestätigt. Ähnlich wie in seinen bereits erwähnten Entscheidungen vom 13.6.2002 ist der BGH ebenso im vorliegenden Urteil von der grundsätzlichen Zulässigkeit von Kopplungsangeboten ausgegangen und hat erneut erklärt, dass die Möglichkeit, Güter und Dienstleistungen zu Gesamtangeboten zusammenzustellen und dementsprechend zu bewerben, zur Freiheit des Wettbewerbs gehört.[558] In diesem Zusammenhang hat er wiederholt, dass der Funktions- bzw. Gebrauchszusammenhang der gekoppelten Waren oder Dienstleistungen sowie die Ankündigung oder dagegen die Nichtangabe ihrer Einzelpreise Elemente sind, die nunmehr für die Feststellung der Lauterkeit bzw. Unlauterkeit eines kombinierten

---

vom 27.2.2003 – ZR 253/00 – WRP 2003, 743, WRP 2004 282/283; *Freytag/Gerlinger*, WRP 2004, 537/538

[558] BGH GRUR 2003, 538/539 – Gesamtpreisangebot

Angebots unbeachtet bleiben sollen. Gleichermaßen unbeachtet blieb bei der Auseinandersetzung des Gerichts mit der konkreten Werbung die Unterscheidung zwischen den verschiedenen Kategorien von Kopplungsgeschäften. Der BGH hat hierbei sogar nicht nur darauf verzichtet, das herbeigeführte Gesamtangebot, das sich nach dieser Kategorisierung als ein klassisches Beispiel eines verdeckten Kopplungsangebotes darstellen würde,[559] entsprechend zu bezeichnen, sondern auch irgendeine Erwähnung dieser Begrifflichkeiten (offene bzw. verdeckte Kopplungsgeschäfte, sowie Vorspannangebote oder Zugabe) vorzunehmen oder von der Aufgabe der Abgrenzung zwischen den verschiedenen Arten von Kopplungsgeschäften und ihrer unterschiedlichen lauterkeitsrechtlichen Bewertung wieder zu sprechen. Dadurch scheint der BGH die von ihm anhand der Grundsatzurteile durchgesetzten Änderungen in der Beurteilungssystematik von Kopplungsofferten assimiliert und in seine Rechtsprechung integriert zu haben.[560]

Somit hat das Gericht im vorliegenden Fall der Beurteilung des vorhandenen Gesamtpreisesangebots die mit dem Grundsatz einer einheitlichen Zulässigkeitsüberprüfung von Kombinationsofferten verbundene, sog. „Missbrauchskontrolle" zugrundegelegt. Anhand dieser Kontrolle wurde untersucht, ob die konkrete Werbung geeignet war, die Entscheidung der angesprochenen Verkehrskreise in wettbewerbsrechtlich unlauterer Weise zu beeinflussen. Dafür hat der BGH, ähnlich wie in den Grundsatzurteilen, auf ein „zweipoliges System" abgestellt. Er hat nämlich das Angebot unter dem Aspekt der Irreführung einerseits und der übermäßigen Anlockwirkung der Verbraucher andererseits herangezogen. Anders als bei den Urteilen „Kopplungsangebot I und II" hat das Gericht hierbei auf eine detaillierte Auseinandersetzung mit den Bewertungskriterien verzichtet.[561] Jedenfalls schien hierbei das Gericht teilweise an noch strengere Voraussetzungen für das Vorliegen von Unlauterkeitsmomenten zu knüpfen. Dies gilt insbesondere für die Annahme wettbewerbswidriger, irreführender Waren- oder Leistungskombinationen aufgrund fehlender Informationen und der daraus folgenden Erschwernis eines Preisvergleichs und einer Bewertung der Günstigkeit des Gesamtpreisangebotes.

In diesem Urteil hat der BGH an keiner Stelle seiner Begründung das von ihm selbst, wenige Monate früher, qualifizierte „Transparenzgebot" und die unter diesem Stichwort aus den §§ 1 und 3 UWG a.F. ableitende ungeschriebene Informationspflicht des Werbenden ausdrücklich erwähnt.[562] Hierbei beschränkt er sich nur auf die Ausführung, eine Verpflichtung zu aufklärenden Angaben bestehe nach den §§ 1 und 3 UWG (a.F.) nur dann, wenn andernfalls die Gefahr

---

559 *Pluskat,* WRP 2004, 282/285
560 Vgl. *Pluskat,* WRP 2004, 282/285; *Ohly,* NJW 2003, 2135/2137
561 Vgl. *Ohly,* NJW 2003, 2135/2137
562 *Köhler,* GRUR 2003, 729/732; *Ohly,* NJW 2003, 2135/2137

einer unlauteren Beeinflussung der Verbraucher durch Täuschung über den tatsächlichen Wert des Angebots, insbesondere über den Wert einer angebotenen Zusatzleistung, gegeben sei.[563] Daher lässt sich zumindest auf den ersten Blick feststellen, dass das Gericht das jüngst von ihm selbst entwickelte „Transparenzgebot" und die damit verbundene grundsätzliche Informationspflicht des Werbenden abzuschaffen versucht und an ihrer Stelle einem neuen Grundsatz den Vorzug zu geben, nach dem eine umfassende Aufklärungspflicht seitens der Anbieter ausnahmsweise nur dann besteht, wenn der Verbraucher einer konkreten Fehlvorstellung unterliegt.[564] Daraus kann sich allerdings nicht ergeben, dass damit das Gericht von seinen jüngsten Thesen divergiert und einen erneuten Kurswechsel vollzieht. Die oben dargestellte Aussage darf nicht so interpretiert werden, dass sie das bereits ausgesprochene „Transparenzgebot" widerlegt, sondern als eine These, die dieses Gebot nicht vereinzelt, sondern im Verhältnis zu anderen Faktoren untersucht, die seine Tragweite vermeintlich beeinflussen können. Das Gericht stellt nämlich hierbei nicht auf die *einseitige* Interessenbewertung, die durch das „Transparenzgebot" hervorgehoben wird,[565] ab, welche die Interessen der Verbraucher, genügende Informationen über die Angebote zu bekommen, darstellen. Er untersucht vielmehr, ob gegenüber diesen ungeschriebenen Informationspflichten der Anbieter auch jedem Verbraucher entsprechende Informationsrisiken selbst zuzuweisen sind;[566] Informationsrisiken, die den Werbenden von der Verpflichtung zu aufklärenden Angaben über das Angebot teilweise befreien können. Dementsprechend hat hier das Gericht festgestellt und kurz später im Rahmen seiner Auseinandersetzung mit der Frage, ob Wettbewerbswidrigkeit schon dann anzunehmen ist, wenn die Durchführung eines Preisvergleichs erschwert wird, in aller Deutlichkeit erklärt, dass dem informierten, aufmerksamen, mündigen, verständigen, aktiven und informationssuchenden Konsument ein gewisses Informationsrisiko zuzuweisen ist, in dem Sinne dass es grundsätzlich seine Sache ist, Werbeinformationen zu selektieren und zu verarbeiten, sich über verschiedene Elemente des Angebots zu erkundigen, ihre Bedeutungsmöglichkeit und Günstigkeit durchzudenken und sodann aus nüchtern Überlegungen rationale Marktentscheidungen abzuleiten. Trotzdem darf man allerdings nicht verkennen, dass die beobachtete Neigung des Gerichts im Rahmen dieses Urteils, die generelle Verpflichtung der Werbenden zu einer umfassenden Aufklärung zu verneinen, in hohem Grade daran liegt, dass aufgrund der Natur des herangezogenen Kopplungsgeschäfts (und im Unterschied zu den Fallkonstellationen der Urteile „Kopplungsangebot I und II", wo das Gericht Angebote, die sich in den Grenzen von Zugaben bewegten, zum Gegenstand hatte) eine weitere Aufklärung von Angebotsdetails im vorliegenden Fall nicht

[563] BGH GRUR 2003, 538/539 – Gesamtpreisangebot
[564] So die Bedenken von *Köhler* in: GRUR 2003, 729/732 f.
[565] Vgl. *Köhler*, GRUR 2003, 729/734
[566] Vgl. *Köhler*, GRUR 2003, 729/734

nötig war.[567] In dem Urteil „Gesamtpreisangebot" ging es nämlich um das Angebot einer Pauschalreise, wobei es, laut BGH, nicht üblich und in der Regel nicht sinnvoll sei, den Wert aller im Gesamtangebot enthaltenen, sehr verschiedenartigen Leistungen in der Werbung zu erläutern.[568]

Das „Transparenzgebot", wie jedes allgemeine Gebot, bedarf einer Erläuterung. Wann ein Angebot als transparent oder intransparent zu bezeichnen ist, ist nicht selbstverständlich. Welche Handlungen oder Unterlassen seitens der Werbenden der von der Rechtsprechung geforderten Transparenz des Angebots dienen, lassen sich auch nicht einfach feststellen. Daher soll die Reichweite des mehrdimensionalen „Transparenzgebots" von den unterschiedlichsten Seiten und Aspekten untersucht und beleuchtet werden. Man soll sich mit einer Vielzahl von Fragen auseinandersetzen, um festzustellen, was in der Regel als transparent in den Augen der Verbraucher und demzufolge als zulässig in den Augen der Richter erscheint. Dadurch kann dem sog. „Transparenzgebot" eine inhaltliche Ausrichtung verliehen werden und gleichzeitig können Gebotsregeln auftauchen, die im Wesentlichen als Wegweiser für die Feststellung der Transparenz bzw. Intransparenz eines Angebots fungieren können. Absolute Grenze können allerdings nicht gestaltet werden. Wie oben bereits erwähnt, sind abstrakte Gefährdungstatbestände im Lauterkeitsrecht nicht mehr zuzumuten. Daher soll immer die Frage, ob ein Angebot transparent ist oder nicht, erst im konkreten Fall nach einer Heranziehung der jeweiligen Fallkonstellation beantwortet werden. Zumal allerdings jegliches Kopplungsangebot aufgrund seiner Natur (betroffene Güter, bestimmte Personengruppe als Werbeadressaten u.s.w.) Besonderheiten aufweisen mag, soll auf einen „im Beton gegossenen" Regelungskomplex hinsichtlich der Feststellung der Transparenz bzw. Intransparenz nicht abgestellt werden. Dies hindert den BGH dennoch nicht daran, bei jeglicher Gelegenheit im Hinblick auf das „Transparenzgebot" verschiedene Werbeverhalten zu untersuchen und sich darüber zu äußern, ob die eine oder die andere unternehmerische Handlung oder Unterlassung gegen das Transparenzgebot verstößt oder nicht. Somit steckt das Gericht allmählich den Rahmen, der transparente von intransparenten Kopplungsgeschäften unterscheidet. Eine derartige Aufgabe hat der BGH sowohl im Rahmen der Grundsatzentscheidungen „Kopplungsangebot I und II" als auch dem „Gesamtpreisangebot"-Urteil vorgenommen.

Im Rahmen einer solchen Aufgabe setzt sich das Gericht in dem vorliegenden Fall mit der Frage auseinander, ob die Erschwerung eines Preisvergleiches dem Angebot einen intransparenten und daher unlauteren Charakter verleihen kann. Dabei erscheint das Gericht – zumindest auf den ersten Blick - einer im Vergleich

---

[567] Vgl. *Köhler*, GRUR 2003, 729/732

[568] BGH GRUR 2003, 538/539 – Gesamtpreisangebot

zu den Grundsatzurteilen[569] milderen Linie zu Gunsten der Werbenden und zu Lasten der Verbraucherschaft zu folgen. In aller Deutlichkeit erklärt der BGH, ein Kopplungsangebot sei nicht schon deshalb wettbewerbswidrig, weil es den Preisvergleich erschwere. Die Vorschrift des § 1 UWG (a.F.) habe nicht den Zweck, unabhängig vom Schutz der Verbraucher vor unlauterer Beeinflussung und über die für Preisangaben geltenden Vorschriften hinaus die Gewerbetreibenden anzuhalten, in der Werbung die Elemente ihrer Preisbemessung nachvollziehbar darzustellen, um Preisvergleiche zu erleichtern. Es sei vielmehr Sache des Verbrauchers, Preisvergleiche anzustellen und sich Gedanken über die Preiswürdigkeit des Angebots zu machen.[570] Durch diese vertretene Ansicht rückt der BGH klar und unmissverständlich von seiner bisherigen vor der Aufhebung der Zugabeverordnung erlassenen Rechtsprechung ab,[571] nach der ein Verstoß gegen § 1 UWG (a.F.) dann anzunehmen sei, wenn der angesprochene Verkehr die Einzelpreise nicht kenne und auch nicht in Erfahrung bringen können, weil er keinerlei Anhaltspunkte für deren Berechnung habe und deshalb die Preisgestaltung des Angebots mit Konkurrenzangeboten nicht vergleichen könne.[572] Eine gleichartige Feststellung kann allerdings nicht gegenüber den Urteilen „Kopplungsangebot I und II" gelten. Während in den Grundsatzurteilen die Erschwerung des Preisvergleichs als eine Gefahr (und damit etwa als ein Unlauterkeitsmoment) bezeichnet wurde, mit der sich die Adressaten von Werbungen mit Kombinationsangeboten oft auseinandersetzen müssen, weist der BGH im vorliegenden Fall darauf hin, dass die Erschwerung eines Preisvergleichs nicht *sine qua non* zu einem Unlauterkeitsurteil des Gesamtangebots führt. Der BGH widerlegt also nicht seine zunächst vertretene Ansicht: Während er sich im Rahmen der „Kopplungsangebot I und II" nur mit der unlauteren Seite der Erschwerung eines Preisvergleichs befasst, demonstriert er diesmal in der Entscheidung „Gesamtpreisangebot" die zumutbaren, wettbewerbskonformen Aspekte einer solchen Fallkonstellation. Demgemäss verneint er die Aufstellung eines Grundsatzes, nach dem jedes Kopplungsangebot, das, aufgrund seiner Gestaltung die Vornahme eines Preisvergleichs erschwert, von vornherein und ohne weitere Untersuchung als wettbewerbswidrig angesehen werden soll. Dadurch stellt er klar, dass die Erschwerung des Preisvergleichs nicht mit dem automatischen Hinzutreten unlauterer Momente verbunden ist, sondern im Lauterkeitsrecht in gewissen Maßen zumutbar sein kann. Die Zumutbarkeit wird

---

[569] BGH WRP 2002, 1256/1258 – Kopplungsangebot I; BGH WRP 2002, 1259/1262 – Kopplungsangebot II: Hier wurde die Erschwerung des Preisvergleichs als ein Gefahr betrachtet, die neben dem Irreführungs- und Preisverschleierungspotential von dem Werben mit Kopplungsangeboten ausgeht, und die durch die geforderte Transparenz des Angebots verschwinden sollte.

[570] BGH GRUR 2003, 538/539 – Gesamtpreisangebot

[571] *Köhler*, LMK 2003, 110; *Pluskat*, WRP 2004, 282/286, Fn. 34

[572] Vgl. BGH GRUR 1971, 582/584 – Kopplung im Kaffeehandel; BGH GRUR 1996, 363/364 – Saustarke Angebote; vgl. auch OLG München WRP 2001, 319/321 – Kopplungsangebot Auto und Reise; dazu vgl. auch: *Köhler*, LMK 2003, 110; *Pluskat*, WRP 2004, 282/286, Fn. 34

darin begründet und hier befindet sich die Neuerung des Urteils, dass dem Werbenden grundsätzlich keine Pflicht zu einer umfassenden Aufklärung, also über die Preisberechnung, die Qualität der Güter oder andere Details des Angebots, trifft, es sei denn, dass besondere Umstände vorliegen, die die Erfüllung einer solchen Pflicht notwendig machen.[573] Die Erkundigungslast liegt demgegenüber bei dem Verbraucher,[574] sofern es grundsätzlich seine Aufgabe ist, bei Interesse an dem gekoppelten Angebot bei dem jeweiligen Anbieter Preisinformationen über die Bedingungen der Inanspruchnahme des Angebots, über Eigenschaften des Angebots (Qualität sowie Einzelpreis der Angebotsbestandteile) sowie über weitere einschlägige Einzelheiten zu verschaffen, einen Preis- oder allgemeinen Vergleich hinsichtlich der globalen Günstigkeit des Angebots mit den Angeboten anderer Anbieter vorzunehmen und anschließend sich für den Erwerb des Kombinationsangebots zu entscheiden oder darauf zu verzichten.[575]

Kaum überraschend war der Standpunkt des Gerichts hinsichtlich des Vorliegens bzw. Fehlens einer in anstößiger Weise Anlockwirkung der angesprochenen Verkehrskreise durch die vorhandene Werbung. Das Fehlen näherer Angaben zu den Markenskiern begründe nicht die Gefahr einer unsachlichen Beeinflussung der Verbraucher.[576] Die Werbung für das Angebot sei auch nicht deshalb wettbewerbswidrig, weil die Verbraucher annehmen können, sie erhielten wegen der Kopplung an die Reiseleistung zu einem besonders günstigen Preis gute, für ihre Bedürfnisse geeignete Skier. Es sei nicht wettbewerbswidrig, wenn ohne unrichtige oder unrichtig wirkende Angabe lediglich der allgemeine Eindruck eines günstigen Angebots erweckt werde. Eine Irreführung der Verbraucher sei hier nicht festzustellen. Eine wettbewerbsrechtlich unlautere Anlockwirkung gehe von der angegriffenen Werbung nicht aus. Wenn ein günstiges Angebot anlockend wirke, sei dies nicht wettbewerbswidrig, sondern eine erwünschte Folge des Wettbewerbs. Hierbei hat das Gericht die Annahme eines übermäßigen unzumutbaren Anlockens der Werbeadressaten davon abhängig gemacht, ob die beanstandete Werbung das angesprochene Publikum in die Irre leitet.[577] Eine derartige Täuschung kann jedoch allein aufgrund des Fehlens näherer Angaben zu dem Angebot nicht begründet werden. Das Erwecken eines trügerischen Eindrucks über das Angebot und das daraus folgende Vorliegen einer unzumutbaren Anlockwirkung, können erst dann in Betracht kommen, wenn die Werbung unrichtige oder unrichtig wirkende Angaben enthält. Danach lässt sich also feststellen, dass die Fallgruppe des übertriebenen Anlockens ihre Dasein-

[573] *Ohly,* NJW 2003, 2135/2137
[574] *Pluskat,* WRP 2004, 282/286
[575] *Ohly,* NJW 2003, 2135/2137; *Pluskat,* WRP 2004, 282/285 f.
[576] BGH GRUR 2003, 538/540 – Gesamtpreisangebot
[577] Vgl. *Ohly,* NJW 2003, 2135/2137; *Pluskat,* WRP 2004, 282/286

berechtigung und ihre Anwendungsreichweite der Vergangenheit verloren hat.[578] Um überhaupt weiter existieren zu können, bedarf es einer inhaltlichen Neubestimmung.[579] Abgesehen allerdings davon, bleibt für ihre Anwendung so wie so nur noch wenig Raum, und zwar nur in Ausnahmefällen.[580]

3. „Buchclub-Kopplungsangebot"

Nahtlos in die Kette der deutlich liberaler gewordenen Judikate[581] des BGH zu der Werbemethode der Kopplungsgeschäfte reiht sich ferner das Urteil „Buchclub-

---

[578] Vgl. *Pluskat,* WRP 2004, 282/286

[579] Vgl. *Pluskat,* WRP 2001, 1262/1268; *Freytag,* WRP 2004, 537/538

[580] Vgl. *Ohly,* NJW 2003, 2135/2137; Einen Fall, in dem ausnahmsweise das Vorliegen eines übertriebenen Anlockens angenommen wurde, stellt die „Kleidersack"-Entscheidung des BGH (GRUR 2003, 624 ff.) dar, die in der Zeit zwischen den Grundsatzurteilen und dem „Gesamtpreisangebot"-Urteil erlassen worden ist (30.1.2003). Gegenstand dieses Urteils war ein Kopplungsangebot, bei dem Fertigarzneimittel mit einem Goldpfeil-Kleidersack gekoppelt waren. Der Kleidersack, der auch einzeln zu einem Stückpreis von 119,- DM erworben werden konnte, stellte sich in dem Kombinationsangebot nicht als eine Zugabe dar; die Beteiligung seines Wertes an der Gestaltung des Gesamtpreises war vielmehr ersichtlich, auch wenn sie nicht der Höhe des Einzelpreises genau entsprach (85,- DM statt 119,- DM). Der BGH hat trotzdem die Besonderheit (Werbung in dem empfindlichen und extrem schutzwürdigen Arzneimittelbereich) der konkreten Fallkonstellation diagnostiziert und um die Frage der Wettbewerbswidrigkeit zu beantworten, hat er sich nicht auf die herkömmliche eigenständige Heranziehung lauterkeitsrechtlicher Vorschriften beschränkt, sondern auch dabei auf speziellere, für den Arzneimittelbereich, geltende Regel Rücksicht genommen, und daher betont, dass die Anwendung der UWG-Vorschriften auf Fälle der vorliegenden Art auch der Umsetzung dieser spezielleren Normen dienen soll. Demenstrechend hat er erklärt, die Anwendung des § 1 UWG (a.F.) – und demzufolge die Annahme eines übertriebenen Anlockens – diene der Umsetzung des Art. 9 I Richtlinie 92/28/EWG des Rates vom 31.3. 1992 über die Werbung für Humanarzneimittel (ABlEG Nr. L 113, S.13), die auf der Grundlage des Art. 100a EGV (jetzt Art. 95 EG) erlassen worden ist. Nach dieser Vorschrift sei es verboten, den zur Verschreibung oder Abgabe von Arzneimitteln berechtigten Personen im Rahmen der Verkaufsförderung eine Prämie, finanzielle oder materielle Vorteile zu gewähren, anzubieten oder zu versprechen, es sei denn, sie seien von geringem Wert und *für die medizinische oder pharmazeutische Praxis von Belang*. Entsprechend ihrem Wortlaut sei die Vorschrift des Art. 9 I Richtlinie 92/28/EWG – anders als § 7 I HWG - nicht auf die Verkaufsförderung durch Zuwendungen oder Werbegaben (was im vorliegenden Sachverhalt freilich nicht der Fall war) beschränkt, sondern beziehe sich auf finanzielle oder materielle Vorteile aller Art. Demgemäss hat der BGH seine Entscheidung für das Vorliegen einer unsachlichen Beeinflussung darin begründet, dass das angegriffene Angebot den Absatz der Fertigarzneimittel dadurch fördern solle, dass mit diesen gekoppelt ein Kleidersack als ein hauptsächlich im *privaten Bereich* nutzbarer Gegenstand zu einem besonders günstigen Preis abgegeben werde. Die unsachliche Beeinflussung war nämlich im Hinblick auf das Verbot der Spezialnorm darin zu sehen, dass die angesprochenen Verkehrskreise dazu veranlasst werden konnten, die beworbenen Fertigarzneimittel nur wegen des damit verbundenen *sachfremden Vorteils für den Praxisgebrauch* zu erwerben, was nach Art. 9 I Richtlinie 92/28/EWG nicht zulässig ist.

[581] Als jüngster an dieser Kette geknüpfte Entscheidung stellt sich das „Playstation"-Urteil (WRP 2004, 483 ff.) des BGH von 11. Dezember 2003 dar.

Vorspannangebot“[582] vom 10.4.2003 ein. Entscheidungs-Gegenstand war das Kombinationsangebot eines Werbenden, der als Buchclub den Einzelhandel mit Büchern, Tonträgern und Videos betrieb. Dieser bot im September 1998 neuen Kunden für den Fall einer Mitgliedschaft in seinem Buchclub fünf Bücher gegen Zahlung von jeweils 2,- DM für Porto und Verpackung an. In dem mit „Kennenlernen-Angebot“ bezeichneten Prospekt führte der Anbieter insgesamt 117 Bücher zur Auswahl an, die im Buchhandel als Verlagsausgaben zum Preis von 30,- DM oder mehr verkauft wurden. Bestellte der Kunde fünf Bücher und gab er sie nicht binnen zehn Tagen zurück, wurde er vereinbarungsgemäß für mindestens zwei Jahre Mitglied im Buchclub des Werbenden und musste quartalsweise einen Artikel für mindestens 10,- DM erwerben. Sowohl das Landgericht als auch das Oberlandsgericht[583] haben im Wesentlichen gleiche Urteile erlassen, nach denen die herbeigeführte Werbung und die Gewährung eines derartigen Kopplungsangebots als Verstoß gegen die Zugabeverordnung und unter dem Gesichtspunkt des übertriebenen Anlockens als nach § 1 UWG (a.F.) wettbewerbswidrig angesehen wurden. Da allerdings in der Zwischenzeit die Zugabeverordnung aufgehoben worden ist, ging es bei dem Revisionsverfahren nur um die Frage, ob das angegriffene Angebot des Buchclubs unter dem Aspekt der übermäßigen Anlockwirkung der Verbraucher ein wettbewerbsfeindliches Werbeverhalten nach § 1 UWG (a.F.) darstellt oder nicht.

Damit man besser wahrnehmen kann, wieweit die lauterkeitsrechtliche Behandlung von Kopplungsangeboten in der letzen Zeit liberaler geworden ist, genügt eine Gegenüberstellung der aktuellen Entscheidung mit einem etwa vor 20 Jahre erlassenen BGH-Urteil, das einen ähnlichen Sachverhalt zum Gegenstand hatte. Damals hat sich der BGH im Rahmen der Entscheidung „Buchclub-Vorspannangebot“[584] mit einem Kopplungsangebot auseinandergesetzt, das dem hier vorhandenen Kopplungsgeschäft im Wesentlichen glich. Anstatt des preisgünstigen Erwerbs von fünf Büchern war allerdings der Kauf von einem UKW/MW-Radio mit Digital-Uhr und Weck-Automatik und eines Bildbandes „Schönes Deutschland“ zum Gesamtpreis von nur 29,80 DM mit der gleichzeitigen Verpflichtung des Käufers Mitglied in der beworbenen Buchgemeinschaft zu werden (hier allerdings für mindestens ein Jahr) und bestimmte Mindestmengen pro Vierteljahr abzunehmen, gekoppelt. In diesem Fall hat der BGH das herbeigeführte Angebot als Vorspannangebot bezeichnet und die angegriffene Werbung unter dem Gesichtspunkt einer unsachlichen Beeinflussung

---

[582] BGH GRUR 2003, 890 ff.

[583] OLG Hamburg AfP 2001, 231 ff.

[584] BGH WRP 1983, 619 ff.; vgl. auch ähnlichen Sachverhalt in: OLG Hamburg WRP 1992, 388 ff – Gekoppeltes Vorspannangebot

des angesprochenen Publikums für unzulässig erklärt.[585] Demgegenüber hat im vorliegenden Fall das Gericht nunmehr vermieden, das angegriffene Angebot in einer der freilich nicht verwendeten Untergruppen von Kopplungsgeschäften einzuordnen und es als Vorspannangebot zu bezeichnen, wie der Kläger in seinem gestellten Antrag gemacht hat. An keiner Stelle seines Urteils hat der BGH das Wort „Vorspannangebot" erwähnt (weder im Text noch im Titel, der nicht „Buchclub-Vorspanangebot" wie im Jahre 1983, sondern „Buchclub-Kopplungsangebot" lautet), sondern nach seiner jüngst favorisierten Taktik auch dieses Kombinationsangebot der bereits analysierten Beurteilungsmethode der „Missbrauchskontrolle" unterworfen.

Nach dieser Art von Kontrolle soll die lauterkeitsrechtliche Untersuchung, wie bereits erwähnt, an zwei Fragen orientieren: ob das angegriffene Angebot gegen das „Transparenzgebot" verstößt, und ob dabei von einem übertriebenen Anlocken der Verbraucher die Rede sein kann. Hierbei ist das Gericht nicht auf die Frage vertiefend gegangen, ob das vorliegende Angebot tatsächlich genügend transparent war. Ein unlauterer Moment könnte sich vermeintlich daraus ergeben, dass der Werbende in unzumutbarer Weise die Verkehrskreise über die mit der Clubmitgliedschaft verbundenen Belastungen nicht ausreichend unterrichtet hat. Da aber ein etwaiger Verstoß gegen das „Transparenzgebot" nicht Gegenstand des Unterlassungsanspruchs des Klägers war, blieb diese Frage offen.[586] Der BGH hat allerdings in allgemeinerer Weise erklärt, dass sich die beanstandete Werbung nicht deshalb als ein missbräuchliches Kopplungsangebot darstelle, weil der Werbende nicht hinreichend deutlich gemacht habe, welche Verpflichtungen mit der Clubmitgliederschaft verbunden sind.[587] Damit hat er angedeutet, in welche Richtung er neigen würde, wenn er den vorliegenden Fall an den von ihm qualifizierten Maßstäben des „Transparenzgebots" messen würde. Die Verneinung einer intransparenten Fallkonstellation und demzufolge des Hinzutreten eines Unlauterkeitsmomentes würde freilich im Hinblick auf seine Ausführungen in dem „Gesamtpreisangebot"-Urteil über die zumutbare Erschwerung des Preisvergleichs und die Erkundigungslast des Käufers kaum überraschen.

Ähnlich wie in seinen Entscheidungen „Kopplungsangebot I und II" und „Gesamtpreisangebot" hat das Gericht auch in diesem Fall das Vorliegen eines übertriebenen Anlockens ausgeschlossen. Eine etwaige unsachliche Beeinflussung sei, nach den Behauptungen des Berufungsgerichts, darin begründet, dass der Verbraucher, aufgrund des Wertes der angebotenen fünf Bücher, die im

---

[585] BGH WRP 1983, 619/620 – Eintritt in einen Buchclub – Buchclub-Vorspannangebot; vgl. auch: OLG Hamburg, WRP 1992, 388/389/390 – Gekoppeltes Vorspannangebot
[586] BGH GRUR 2003, 890/891 – Buchclub-Kopplungsangebot
[587] BGH GRUR 2003, 890/891 – Buchclub-Kopplungsangebot

Verhältnis zum Wert der während der festen Vertragslaufzeit der Mitgliedschaft im Buchclub des Werbenden von zwei Jahren zu beziehenden Waren ungewöhnlich hoch sei, dazu neigen werde, Konkurrenzangebote anderer Buchclubs und die Möglichkeit des Einzelkaufs der Bücher auszublenden. Demgegenüber erklärte der BGH, das Berufungsgericht habe bei seiner Beurteilung nicht genügend berücksichtigt, dass die Kunden ihre Entscheidung, von dem Angebot des Werbenden Gebrauch zu machen, nach eingehender Durchsicht der Werbebroschüre treffen könnten und nach Erhalt der fünf zu Testzwecken übersandten Bücher weitere zehn Tagen hätten, diese zu prüfen und zu entscheiden, ob sie die Bücher behalten und Mitglied der Beklagten werden wollten oder nicht. Dementsprechend würde man auf einem ersten oberflächlichen Blick behaupten, dass dieses im vorliegenden Fall eingeräumtes Rückgaberecht, das im Angebot, mit dem sich der BGH vor 20 Jahren in seiner „Buchclub-Vorspannangebot"-Entscheidung befasst hat, nicht galt, das entscheidende Merkmal sei, das die unterschiedliche Beurteilung zweier ansonsten ähnlichen Fallkonstellationen rechtfertige; dass nämlich, wenn das damalige Kopplungsangebot auch ein derartiges Rückgaberecht enthalten hätte, das Angebot als zulässig angesehen worden wäre. Man darf jedoch nicht verkennen, dass der BGH heute im Verhältnis zu der Vergangenheit seiner Beurteilung eine völlig andere Basis zugrundelegt. Das Gericht stellte damals zunächst auf den Vorstellungshorizont eines unmündigen, nicht mit besonderer Aufmerksamkeit, sondern ungezwungenen und flüchtigen Verbrauchers ab. Ferner nahm er das Vorliegen eines übertriebenen Anlockens nur deshalb an, weil das Kopplungsangebot den Charakter eines Vorspannangebots aufwies und weil derartige Kopplungsformen, ohne nähere Untersuchung, stets mit der Gefahr einer unsachlichen Beeinflussung der Verbraucher verbunden waren.[588] Zusätzlich wurde die Anlockwirkung, die von einer Werbung ausging, als eine Folge angesehen, die in der Regel dem Sinn des Leistungswettbewerbs widersprach. Daran ist nach der neuen Rechtslage kaum mehr festzuhalten. Neben der Tatsache, dass die Gerichte dem Leitbild eines durchschnittlich informierten und verständigen Verbrauchers[589] den Vorzug geben, und dass die verschiedenen Kategorien von Kopplungsangeboten und die damit verbundenen abstrakten Gefährdungstatbestände keine Geltung mehr beanspruchen können, muss auch mitberücksichtigt werden, dass heute die Gewährung von Geschenken oder „fast geschenkten" Gütern nicht immer mit dem Vorliegen eines übertriebenen Anlockens verbunden sind. Aber auch wenn ein solches vorliegt, wird dies nicht mehr ohne weiteres als ein negatives Element im Werbenwesen betrachtet. Wie der BGH freilich in diesem Urteil wiederholt hat, werden dem Verbraucher für den Fall des Erwerbs einer Ware oder der Inanspruchnahme einer Leistung Vergünstigungen, insbesondere Geschenke,

---

[588] Vgl. im vorliegenden Fall: BGH WRP 1983, 619/620 – Eintritt in einen Buchclub – Buchclub-Vorspannangebot

[589] Vgl. im vorliegenden Fall: BGH GRUR 2003, 890/891 – Buchclub-Kopplungsangebot

versprochen. Darin liege nicht ohne weiteres ein übertriebenes Anlocken vor. Die Anlockwirkung, die von einem attraktiven Angebot ausgehe, sei nicht wettbewerbswidrig, sondern gewollte Folge des Leistungswettbewerbs. Ein wettbewerbswidriger Anlockeffekt könne erst durch das Hinzutreten weitere Umstände entstehen, die die Vergünstigung als sittenwidrig erscheinen lassen. Demgemäss lässt sich deutlich feststellen, dass auch, wenn das Rückgaberecht im vorliegenden Fall nicht vorhanden wäre, für die Annahme einer in anstößiger Weise ausgehenden Anlockwirkung des angegriffenen Angebots wenig Raum geblieben wäre.

III. Die Verdrängung bisheriger Entscheidungskriterien für die Beurteilung von Kopplungsgeschäften

Durch die weiter oben beschriebene Entwicklung lässt sich deutlich feststellen, dass die Rechtsprechung hinsichtlich der Wahrnehmung der neuen Gegebenheiten im Feld des Lauterkeitsrechts gute „Reflexe" bewiesen hat. Mit Blick auf die Aufhebung der Zugabeverordnung und das gewandelte Verbraucherleitbild hat der BGH dem Aufruf des Gesetzgebers des Aufhebungsgesetzes zu einer allgemeinen Modernisierung des deutschen Wettbewerbsrechts und zu einer Überprüfung der bisher geltenden lauterkeitsrechtlichen Behandlungsstrategie der Wertreklame und insbesondere der Kopplungsangebote entsprochen. Neue liberalere Wege werden gesucht, während veraltete Bewertungsmethoden und Beurteilungshilfsmittel aufgegeben werden. Die neue Rechtslage hinsichtlich der Behandlung der Kopplungsangebote wird unzweifelhaft von dem Grundsatz der Zulässigkeit sämtlicher Kopplungsformen geprägt. Um festzustellen, ob im Einzelfall ein verbundenes Angebot eine derartige Freiheit genießen darf oder dagegen von diesem Grundsatz ausnahmsweise abweicht, bedarf einer Heranziehung der nunmehr geltenden Beurteilungskriterien, wie sie in der Rechtsprechung und der rechtswissenschaftlichen Literatur auf- und dargestellt werden. Um einen umfassenden Eindruck von der neu entwickelten Rechtslage zu bekommen, soll allerdings nicht nur darauf geblickt werden, was als aktuell und maßgeblich für die Bewertung von Kombinationsangeboten in Betracht kommt, sondern auch und zuvörderst abgeklärt werden, was nunmehr als obsolet und überflüssig außer Acht bleiben soll. Darauf wurde ausschnittsweise an mehreren Stellen der Arbeit, besonders während der Auseinandersetzung mit den jüngsten Entscheidungen des BGH hingewiesen. Hier wird zusammengefasst, welche Aspekte des alten Beurteilungsmaßstabs heute an Rücksichtsnahme verlieren und gleichzeitig wird eine Begründung dieser Verdrängung versucht.

1. Die Überflüssigkeit der Differenzierung der verschiedenen Erscheinungsformen der Kopplungsangebote

Die am leichtesten erkennbare Wandlung im Recht der Kopplungsangebote ist unzweifelhaft die augenblickliche Streichung der Trennungslinien zwischen den verschiedenen Kategorien von Kopplungsgeschäften. Diese Trennungslinien wurden von der Rechtsprechung abgesteckt und spielten jahrzehntenlang für die Feststellung der Wettbewerbswidrigkeit eine extrem bedeutsame Rolle. Ihre Funktion war mehrseitig, zumal sie nicht nur aus methodischer Sicht als Hilfsmittel für die Eingliederung der jeweiligen Angebotskonstellationen in den entsprechenden Kategorien dienten, sondern vielmehr auch das Ergebnis der gerichtlichen Bewertung hinsichtlich der Konformität derartiger Absatzförderungsmethode im wesentlichen beeinflussten.

Aufgabe des Gerichts war zunächst das konkrete gekoppelte Angebot, das jeweils Gegenstand seiner Entscheidung war, heranzuziehen, seine charakteristischen Merkmale zu lokalisieren und es entsprechend in einer der unterschiedlichen Kategorien von Kopplungsgeschäften einzuordnen. Diese Kategorien wurden als „offene Kopplungsangebote“, „verdeckte Kopplungsangebote“, „Vorspannangebote“ und „Zugaben“ bezeichnet. Ihr inhaltlicher Rahmen wurden mit der Hilfe der Trennungslinien bestimmt. Als Trennungslinien sollen also feste Entscheidungsmerkmale verstanden werden, die die Zugehörigkeit eines Angebots in den oben genannten Gruppen indizierten. Während sich für die Kategorie der „offenen Kopplungsangebote“ die Nennung der Einzelpreise und demgegenüber für die Gruppe der „verdeckten Kopplungsgeschäfte“ die Angabe nur eines Gesamtpreises als die entscheidenden Unterscheidungselemente darstellten, war für das Vorliegen eines Vorspannangebots die Zusammenstellung einer betriebs- oder branchenfremden und zu einem besonders günstig erscheinenden Preis angebotenen Ware neben einer anderen marktüblichen Hauptware maßgeblich. Die Angebotsmerkmale, die für das Vorliegen einer Zugabe entscheidend waren, wurden ausschließlich in der Zugabeverordnung bestimmt. Trotz dieser gefestigten Maßstäbe bereitete die Abgrenzung zwischen der verschiedenen Kategorien oft Schwierigkeiten, und zwar nicht nur zwischen den verwandten und inhaltsnahen Kategorien der Vorspannangebote und der Zugaben, sondern auch zwischen den allgemeinen Kopplungsgeschäften und der besonderen Kopplungsform der Zugabegewährung.[590]

---

[590] Vgl. *Steinbeck*, ZIP 2001, 1741/1743; *Köhler*, GRUR 2001, 1067; *Pluskat* stellt in WRP 2002, 1381/1384 auch eine schwierige Abgrenzungssituation dar, diesmal zwischen offenem und verdecktem Kopplungsangebot; vgl. dazu: BGH GRUR 1996, 363 – Saustarke Angebote, sowie im Rahmen der „Handy“-Rechtsprechung die divergierenden Thesen der Oberlandsgerichte, dazu s. insb.: *Krüger*, WRP 1998, 262 ff.

Nachdem das Gericht das jeweilige Angebot in der entsprechenden Untergruppe eingestuft hatte, folgte die lauterkeitsrechtliche Bewertung. Dafür waren zwar die Umstände des Einzelfalls zu berücksichtigen. Im wesentlichen wurde jedoch für jede Kategorie eine bestimmte Beurteilungslinie herausgearbeitet. Offene Kombinationsangebote galten grundsätzlich als unbedenklich, während verdeckte Kopplungsofferte, aufgrund der Schwierigkeiten der Ermittlung von Einzelpreisen und der Durchführung eines Preisvergleichs, mit großen Argwohn betrachtet wurden. Zugaben waren nach den Vorschriften der damals noch geltenden Zugabeverordnung nur ausnahmsweise zulässig, während Vorspannangebote, aufgrund des zugabeähnlichen Charakters, in der Regel als wettbewerbswidrig beurteilt wurden.[591]

Darum kann man erkennen, dass die unterschiedlichen Erscheinungsformen der Kopplungsangebote keiner einheitlichen Überprüfung unterlagen. Für jede Kategorie waren vielmehr separate und unterschiedliche Behandlungsmaßstäbe vorgesehen, an denen sich die Zulässigkeit der dazugehörigen Kombinationsangebote messen ließ. Je nachdem, in welchem Grad die jeweilige Kategorie mit dem Vorliegen einer abstrakten Gefährdung des Wettbewerbs verbunden war, variierte die Strenge bzw. die Nachsicht der Beurteilung. Dies lässt sich damit begründen, dass der Richter, aufgrund des in dieser Zeit noch favorisierten Leitbilds des flüchtigen und unkritischen Verbrauchers und der Geltung des gesetzlichen Verbots gegenüber der Zugabegewährung, gezwungen war, die Spreu von Weizen zu trennen und für jede verschiedenartige Angebotsgestaltung einen anderen Bewertungsweg zu folgen. Die These, der unmündige und passive Durchschnittsverbraucher sei grundsätzlich nicht in der Lage, die nicht angegebenen Einzelpreise der Angebotsbestandteile zu erfahren, ließ die Trennung zwischen offenem und verdecktem Kopplungsangebot notwendig erscheinen. Das allgemeine und absolute Zugabeverbot hatte neben der Aufgabe der Ausschaltung von unentgeltlichen Zuwendungen noch eine zweite Funktion: es diente als Grenzlinie zwischen einer zulässigen und einer unzulässigen Wettbewerbshandlung. Je mehr Ähnlichkeiten nämlich ein Gesamtangebot, aufgrund seiner Bildung und der Darstellung der gekoppelten Güter, mit einem Zugabesachverhalt aufwies, desto wahrscheinlicher war seine negative lauterkeitsrechtliche Bewertung.

Nach der neuen Rechtslage, die durch das gewandelte Verbraucherleitbild und die Aufhebung der Zugabeverordnung geprägt ist, hat diese oben dargestellte Kategorisierung an Sinnhaftigkeit verloren. Der heutige informierte und verständige Durchschnittsverbraucher kann sämtliche Arten von Kopplungsgeschäften genau so gut einschätzen und bewerten. Die Nichtnennung der

---

[591] *Fezer*, WRP 2001, 989/1009

Einzelpreise und die Erschwerung eines Preisvergleichs können nicht mehr als unüberwindliche Hindernisse für die angesprochenen Verkehrskreise angesehen werden. Die Grenzen zwischen der Zulässigkeit und der Unzulässigkeit, die anhand des Zugabeverbots bestimmt wurden, sind darüber hinaus mit der ersatzlosen Streichung der Zugabeverordnung „weggefallen". Angebote mit Zugaben genießen nunmehr im gleichen Maß, wie die übrigen allgemeinen Kopplungsangebote, eine grundsätzliche Konformität. Daran lässt sich deutlich erkennen, dass die lauterkeitsrechtliche Beurteilung von Kopplungsangeboten vereinfacht worden ist.[592] Diese Vereinfachung ist darin zu sehen, dass sich zunächst die verschiedensten Kopplungsformen allein an den Grenzen des UWG messen lassen müssen und, dass es ferner ihrer lauterkeitsrechtlichen Beurteilung eine gemeinsame Basis zugrundegelegt wird. Sämtliche Kopplungsangebote sind nunmehr aus der gleichen „Startposition" (nämlich der grundsätzlichen Zulässigkeit) heraus zu untersuchen und im Hinblick auf die gleichen Gefahren für alle, ohne Vorbehalte und ohne auf abstrakte Gefährdungstatbestände abzustellen, einer einheitlichen lauterkeitsrechtlichen Überprüfung zu unterwerfen.[593] Diese nach dem neuen Konzept zur wettbewerbsrechtlichen Bewertung von Kopplungsgeschäften qualifizierte materiellrechtliche Gleichbehandlung schlägt sich unzweifelhaft in der Terminologie nieder,[594] sodass die oftmals schwierige Unterscheidung in offene oder verdeckte Kopplung sinnlos und demzufolge überflüssig geworden ist.[595] Das Element der „offenen" bzw. „verdeckten" Kopplung spielt für das heutige und künftige Recht der Kopplungsangebote keine Rolle mehr. Ein etwas variiertes Bild ist allerdings bei dem Fall der Vorspannangebote und Zugaben, insbesondere bei dem Fall der Angebote mit Zugaben anzutreffen: Die Annahme der grundsätzlichen Zulässigkeit aller Arten von Kopplungsgeschäften hat zwar zu einer Auflockerung der Trennungslinien der entsprechenden Fallgruppen geführt. Diese Auflockerung bezieht sich auf die Aufhebung der per se-Verbote, die in der Vergangenheit die Beurteilung dieser Kategorien bestimmten. Aber in Bezug auf die Zukunft ist das Vorhandensein insbesondere der Kategorie der Zugaben von gewisser Relevanz, da, trotz der Aufhebung abstrakter Gefährdungstatbestände, das Vorliegen oder nicht einer Zugabegewährung bei einem Kopplungsangebot - wie später im Rahmen dieses

[592] Vgl. *Steinbeck*, ZIP 2001, 1741/1743

[593] Vgl. *Köhler*, GRUR 2003, 729/731/732; *Ohly*, NJW 2003, 2135/2136; *Stuckel* in: *Harte-Bavendamm/Henning-Bodewig*, § 4 Nr. 1 UWG, Rdnrn. 16, 25 f.; *Pluskat*, WRP 2004, 282/285; *Freytag/Gerlinger*, WRP 537/538

[594] *Steinbeck*, ZIP 2001, 1741/1743

[595] Vgl. *Spätgens* in: *Lange/Spätgens*, Rdnr. 432; *Berlit*, WRP 2001, 349/351; *Heermann*, WRP 2001, 855/864; *Steinbeck*, ZIP 2001, 1741/1743; *Lange*, WRP 2002, 10/14; *Pluskat*, WRP 2002, 1381/1384; *Köhler*, GRUR 2003, 729/731 f.; *Ohly*, NJW 2003, 2135/2136; *Pluskat*, WRP 2004, 282/285; *Freytag/Gerlinger*, WRP 537/538; In diese Richtung auch: BGH WRP 2002, 1256 ff. – Kopplungsangebot I; BGH WRP 2002, 1259 ff. – Kopplungsangebot II; BGH GRUR 2003, 538 ff. – Gesamtpreisangebot; BGH GRUR 2003, 890 ff. – Buchclub-Kopplungsangebot

Beitrags aufgeführt wird - auf seine lauterkeitsrechtliche Beurteilung bewirken kann.

2. Die Unwichtigkeit verschiedener Tatbestandsmerkmale des Kopplungsangebots für seine lauterkeitsrechtliche Beurteilung

Für die Frage nach der Zulässigkeit von Kopplungsangeboten stellte die Rechtsprechung in der Vergangenheit auf Kriterien ab, die sich auf bestimmte Tatbestandsmerkmale der Kopplung bezogen. Bei diesen Merkmalen handelte es sich im Wesentlichen um die aufweisende Beziehung zwischen den gekoppelten Waren oder Dienstleistungen sowie um die Relation des Gesamtpreises zu dem separaten Wert der Angebotsbestandteile. Von besonderer Bedeutung für das Fallen des Lauterkeits- bzw. Unlauterkeitsurteils war dementsprechend, ob die verbundenen Waren oder Dienstleistungen eine Gebrauchs- oder Funktionseinheit bildeten oder dagegen keine oder nur eine schwache Einsatznähe aufwiesen, ob sie brancheneigen, branchennah, branchenfern oder betriebsfremd waren, ob das eine Angebotselement marktüblich war, während das andere dem angesprochenen Publikum unbekannt war, oder ob das eine höherwertig, während das andere geringwertig war. Erheblich war ferner, ob bei einem Gesamtpreisangebot ein Verhältnis der Waren bzw. Leistungen zueinander als Haupt- und Nebenware bzw. Nebenleistung vorlag oder nicht, ob die Einzelpreise der gekoppelten Waren oder Dienstleistungen ersichtlich waren oder schließlich, ob einzelne Angebotsleistungen ganz oder teilweise ohne Berechnung abgegeben wurden oder nicht.

Diesen Merkmalen wurde eine Indizwirkung in dem Sinne verliehen, dass ihr Vorliegen bzw. Fehlen ein Anzeichen für die Wettbewerbskonformität bzw. Wettbewerbswidrigkeit des jeweils zu beurteilenden Kopplungssachverhaltes darstellten.[596] Wurden demgemäss mehrere branchengleiche Waren (z.B. Zahnbürste und Zahnpasta)[597] zu einem Paket mit einem Gesamtpreis zusammengefasst, so wurde diese Kopplung, auch wenn die Einzelpreise der Angebotsbestandteile nicht angegeben wurden, für unbedenklich erachtet. Stammten des weiteren die gekoppelten Güter zwar aus verschiedenen Branchen, gehörten sie aber funktionell zusammen (z.B. Teepackung und Teetasse), dann wurde das herbeigeführte Kombinationsangebot als zulässig angesehen, wenn die Einzelpreise erkennbar waren oder zumindest der Verbraucher sie in Erfahrung bringen konnte.[598] Handelte es sich dagegen um eine Kopplung zweier oder mehrerer Güter, die zueinander keine oder nur eine schwache Gebrauchsnähe aufwiesen

---

[596] Vgl. dazu *Baumbach/Hefermehl*, § 1 UWG, Rdnrn. 127 ff.; HdbWbR/*Klosterfelde/Jaeger-Lenz*, § 50, Rdnrn. 123 ff.

[597] *Baumbach/Hefermehl*, § 1 UWG, Rdnr. 130

[598] Vgl. vor allem: BGH GRUR 1962, 415/417 – Glockenpackung

(z.B. Kaffee mit Taschen-Radio),[599] dann wurde das Kombinationsangebot mit dem Argument einer vermeintlichen Irreführung und unsachlichen Beeinflussung des Käufers als wettbewerbswidriges Werbeverhalten bezeichnet.[600] Das Hinzutreten besonderer Unlauterkeitsmomente unter dem Aspekt einer unsachlichen Beeinflussung[601] indizierte gleichermaßen die Kombination marktüblicher und besonders begehrter Hauptprodukte oder –leistungen mit anderen sehr preisgünstig erscheinenden, meist betriebs- oder branchenfremden (Neben-) waren oder Leistungen (z.B. „Tchibo-Kaffee" und Frühstücksbrettchen).[602] Ferner darf nicht verkannt werden, wie bedeutsam die Frage für die Beurteilung eines Kopplungsangebots war, ob eins der zusammengestellten Güter, offensichtlich oder in verschleierter Weise, unentgeltlich oder zu einem geringen Entgelt mit dem Angebot einer anderen entgeltlichen Ware oder Leistung verbunden wurde oder dagegen, ob seinen Wert ernsthaft in dem Gesamtpreis mitkalkuliert war, zumal beim Vorliegen der erst genannten Fallkonstellation die zugaberechtlichen Vorschriften und das darin ausgesprochene Zugabeverbot Anwendung finden sollten.

Eine vorsichtige Abkehr von der Verwendung einiger von den oben dargestellten Tatbestandsmerkmale als Indizmittel für die Feststellung der Lauterkeit bzw. Unlauterkeit von Kopplungsangeboten wurde erst im Jahre 1996 vollzogen, als der BGH im Rahmen seiner Entscheidung „Saustarke Angebote" es ausdrücklich dahinstehen ließ, ob das Kriterium des Gebrauchszusammenhangs oder der Gebrauchsnähe für die Frage der Zulässigkeit eines Kopplungsgeschäfts von Bedeutung sein könne.[603]

Nach der Aufhebung der Zugabeverordnung und der Favorisierung eines neuen für das deutsche Lauterkeitsrecht Verbraucherleitbildes ist deutlich geworden, dass nicht nur das Kriterium des Gebrauchszusammenhangs, sondern vielmehr die Gesamtheit der Merkmale, die früher ein Anzeichen für die Feststellung von Wettbewerbsverstöße setzten und in der Tat die Beurteilung von Kopplungsangeboten vorbestimmten, ihre Bedeutung und Sinnhaftigkeit zur Beurteilung derartigen Werbemethode verloren hat und daher nunmehr für obsolet und überflüssig gehalten wird.[604] Da Zugaben heute grundsätzlich zulässig sind, kann das Kriterium der Unentgeltlichkeit einer der Angebotsleistungen nicht mehr dazu

---

[599] LG Hamburg, WRP 1975, 184 – Sittenwidriges Kopplungsangebot
[600] Vgl. *Baumbach/Hefermehl*, § 1 UWG, Rdnr. 131
[601] Vgl. vor allem: BGH GRUR 1976, 248/249 – Vorspannangebot; *Baumbach/Hefermehl*, § 1 UWG, Rdnrn. 132 ff.; HdbWbR/*Klosterfelde/Jaeger-Lenz*, § 50, Rdnrn. 124 ff.
[602] BGH GRUR 1976, 637/638 – Rustikale Brettchen
[603] BGH GRUR 1996, 363/364 – Saustarke Angebote; Auf diese Linie auch OLG Düsseldorf GRUR-RR 2002, 285/286
[604] *Berlit*, WRP 2001, 349/351; *Fezer*, WRP 2001, 989/1011; *Steinbeck*, ZIP 2001, 1741/1743; *Lange*, WRP 2002, 10/15; *Köhler*, GRUR 2003, 729/731 f.; *Pluskat*, WRP 2004, 282/286

dienen, ein zulässiges von einem unzulässigen Angebot zu unterscheiden. Ebenso wenig kann das Vorliegen diverser – also branchen- oder betriebsfremder, verschiedenwertiger sowie sachlich zusammen keine Funktionseinheit bildender oder zumindest keine Einsatznähe aufweisender – Leistungen im Kombinationsangebot, sowie die Nichtangabe oder das Fehlen einer Aufschlüsselung der Einzelpreise der Angebotselemente entscheidend für eine negative Bewertung eines Kopplungsgeschäfts sein. Derartigen Kriterien kommt nunmehr untergeordnete Bedeutung zu, zumal der durchschnittlich informierte und verständige Verbraucher nicht so einfach aufgrund fehlender Informationen über die Einzelpreise irregeführt oder aufgrund der vermeintlichen Verwirrung, die von der Zusammenstellung branchenfremder oder nicht funktionell zusammengehörigen Güter verursacht wird, zum Geschäftsabschluss verlockt werden kann. Der heutige Durchschnittsverbraucher befindet sich vielmehr in der Lage, die Preisgünstigkeit und die Qualität jegliches Kopplungsangebots einzuschätzen, und einen zuverlässigen Leistungsvergleich vorzunehmen. Und zwar ist er dazu befähigt, unabhängig davon, ob die gekoppelten Waren oder Leistungen aus verschiedenen Branchen stammen oder in verschiedenen Betrieben vertrieben werden, ob sie zusammen verwendet werden können oder nicht, ob sie von unterschiedlichem Wert sind sowie ob ihre Einzelpreise angegeben oder andernfalls leicht oder schwer ermittelt werden können. Für die lauterkeitsrechtliche Beurteilung von Kopplungsgeschäften bedarf es nicht mehr einer Berücksichtigung dieser Merkmale, was der BGH denn auch in seinen jüngsten Urteilen stillschweigend klar gemacht hat.

Grundsätzlich lauterkeitsrechtlich unbedenklich ist dementsprechend, genau wie jegliches Kopplungsangebot, die Kopplung einer Reise mit dem Kauf einer Küche, eines Wohnzimmers oder eines Schlafzimmers,[605] die Kopplung 500g Kaffee mit einer Segeltuch-Tasche[606] oder mit einem Sportbuch[607] sowie die unentgeltliche Abgabe eines CD-Players[608] bzw. eines Reisegutscheines im Wert von 30,- € ,[609] die allerdings von dem gleichzeitigen Abschluss eines zweijährigen Telefonkartenvertrages abhängig gemacht wird. Gleichermaßen wettbewerbsrechtlich unproblematisch sind nunmehr die herkömmlichen Kombinationsangebote im Bereich der Tageszeitungen und Zeitschriftverlagen, bei denen der Leser, der sich für den Abschluss eines Abonnementvertrags bei der jeweiligen Zeitung bzw. Zeitschrift entscheidet oder einen weiteren Leser wirbt, mit der Gewährung verschiedener Prämien, „belohnt" wird. Diese Prämien beziehen sich entweder auf den unentgeltlichen oder gegen Zuzahlung eines, im Verhältnis zu

[605] Vgl. OLG Frankfurt/Main WRP 2002, 109 ff. – Traumreise beim Kauf einer Küche
[606] Vgl. OLG Düsseldorf WRP 1974, 279 ff.
[607] Vgl. OLG München WRP 1975, 307 ff.
[608] Kopplungsangebot beworben in: STERN vom 05.12.2002 (Nr. 50), S. 45
[609] Kopplungsangebot beworben in: STERN vom 20.11.2003 (Nr. 48), S. 123

dem normalen Wert des Produktes, stehenden geringen Geldbetrags erfolgten Erwerb von Waren (wie z.B. DVD-Player,[610] CD-Brenner, Fernsehgerät,[611] Digitalkamera,[612] Hochdruckreiniger,[613] schnurloses Multifunktions-Komfort-telefon,[614] Armbanduhr,[615] Tintenstrahldrucker,[616] Kaffeemaschine, Friteuse, Brotback-Maschine, Reisebett, Fahrrad,[617] Kinderhochstuhl, Schubladenschrank, Bürodrehstuhl, elektrische Zahnbürste, Fitness-Laufband, Herzfrequenzmesser, Bargeld,[618] Wunsch-Einkaufsgutscheine[619] u.s.w.) oder auf die Inanspruchnahme von Dienstleistungen durch die Gewährung von entsprechenden Gutscheinen (wie z.B. Kino-, Reise-, Zoobesuch- oder Cessna-Rundflug-Gutscheine u.s.w.).[620] Diese mitangebotenen Waren oder Leistungen stehen, wie sich freilich aus den Beispielen deutlich erkennen lässt, in der Regel in keinem funktionellen Zusammenhang mit der gekoppelten Abonnementverpflichtung des Lesers und letztendlich mit dem angebotenen Kauf der Zeitung bzw. der Zeitschrift. Dies ist allerdings, nach der neuen Rechtslage, gleichgültig für die lauterkeitsrechtliche Beurteilung derartiger Angebotsformen, die eben wie alle anderen Kopplungs-geschäfte nunmehr gleich behandelt werden sollen.

---

[610] So in: STERN vom 05.12.2002 (Nr. 50), S. 193; STERN vom 04.12.2003 (Nr. 50), S. 217; FOCUS vom 08.12.2003 (Nr. 50), S. 168; DIE WELT vom 27.05.2004, S. 20

[611] So in: SPIEGEL vom 29.04.2002 (Nr. 18), S. 194; FOCUS vom 09.09.2002 (Nr. 37), S. 163; FOCUS vom 08.12.2003 (Nr. 50), S. 168

[612] So in: DIE WELT vom 27.5.2004, S. 20

[613] So in: STERN vom 05.12.2002 (Nr. 50), S. 192; STERN vom 20.11.2003 (Nr. 48), S. 71

[614] So in: STERN vom 05.12.2002 (Nr. 50), S. 192; GEO vom 12.12.2002, S. 196; STERN vom 06.02.2003 (Nr. 7), S. 93; STERN vom 12.06.2003 (Nr. 25), S. 98; STERN vom 20.11.2003 (Nr. 48), S. 70; STERN vom 04.12.2003 (Nr. 50), S. 216

[615] So in: FOCUS vom 16.09.2002 (Nr. 38), S. 163; STERN vom 20.11.2003 (Nr. 48), S. 70; STERN vom 04.12.2003 (Nr. 50), S. 217; DIE WELT vom 15.07.2004, S. 17

[616] So in: FOCUS vom 10.11.2003 (Nr. 46), S. 101

[617] So in: FOCUS vom 09.09.2002 (Nr. 37), S. 162; STERN vom 12.06.2003 (Nr. 25), S. 98; STERN vom 20.11.2003 (Nr. 48), S. 70; FOCUS vom 08.12.2003 (Nr. 50), S. 168; STERN vom 11.03.2004 (Nr. 12), S. 157

[618] So in: FOCUS vom 10.11.2003 (Nr. 46), S. 101; FOCUS vom 08.12.2003 (Nr. 50), S. 168; DIE WELT vom 27.05.2004, S. 20 sowie vom 10.07.2004, S. 17

[619] So in: STERN vom 05.12.2002 (Nr. 50), S. 192; GEO vom 12.12.2002, S. 197; STERN vom 06.02.2003 (Nr. 7), S. 93; STERN vom 04.12.2003 (Nr. 50), S. 216; STERN vom 11.03.2004 (Nr. 12), S. 157

[620] Zu einer Übersicht der meist angebotenen Prämien insbesondere im Bereich der Zeitschrifgtverlagen s. unter www.tippen4you.com/zeitschriften/

IV. Kopplungsangebote im Lichte des neuen Gesetzes gegen den unlauteren Wettbewerb

1. Zielsetzung des neuen UWG

Die Reform des Gesetzes gegen den unlauteren Wettbewerb, im Februar 2001[621] angestoßen, ist im Sommer 2004 zustande gekommen.[622] Das neue UWG ist am 7. Juli 2004 im Bundesgesetzblatt veröffentlicht worden und ohne Übergangsvorschriften am 8. Juli 2004 in Kraft getreten.[623] Die Reformbemühungen, die von dem Motto „Wirtschaft stärken – Verbraucherrechte sichern" geprägt wurden, orientierten sich im wesentlichen an drei Zielrichtungen: als erstes Ziel galt es, das bisherige Wettbewerbsrecht zu liberalisieren und die mit der Abschaffung des Rabattgesetzes und der Zugabeverordnung begonnene Modernisierung der wirtschaftsrechtlichen Rahmenbedingungen fortzusetzen.[624] In der beim Bundesministerium der Justiz eingerichteten Experten-Arbeitsgruppe[625] bestand Konsens darüber, dass das derzeitige UWG, das in seinen Kernvorschriften seit fast 100 Jahren nahezu unverändert geblieben ist, nicht mehr zeitgemäß war und im internationalen Vergleich als besonders restriktiv galt, was unzweifelhaft zu Wettbewerbsnachteilen deutscher Unternehmer im europäischen Binnenmarkt führte. Als vordringlich wurde daher eine weitgehende Liberalisierung des deutschen Lauterkeitsrechts erkannt. Dies konnte allerdings lediglich mit der bereits in der 14. Legislaturperiode vorangetriebenen Abschaffung der Sondergesetze über die Rabatt- und Zugabegewährung nicht im gewünschten Maß gelingen. Der Grund dafür war, dass ein großer Teil der Beschränkungen für Werbeformen, die nunmehr als überholt anzusehen wurden (wie z.B. die Regelungen über Schlussverkäufe und andere Sonderveranstaltungen), nicht in den aufgehobenen Spezialgesetzen, sondern im UWG

---

[621] Im Februar 2001 hat das Bundesministerium der Justiz, parallel zu den Reformgesetzen einer Aufhebung des Rabattgesetzes und der Zugabeverordnung, die Arbeitsgruppe „Unlauterer Wettbewerb" eingesetzt. Aufgabe der Arbeitsgruppe war zum einen, die Auswirkungen der Aufhebung von Rabattgesetz und Zugabeverordnung auf dem Markt zu beobachten, um – falls erforderlich – weitergehende Maßnahmen auszuarbeiten, und zum anderen, Konzepte für die Fortentwicklung des europäischen Lauterkeitsrechts und für eine europakonforme Modernisierung des Gesetzes gegen den unlauteren Wettbewerb zu entwerfen.

[622] Zur Entstehungsgeschichte des neuen UWG s. insb. in: *Henning-Bodewig,* Das neue Gesetz gegen den unlauteren Wettbewerb, GRUR 2004, 713/714; *Münker/Kaestner,* Das reformierte UWG im Überblick – Die Sicht der Praxis, BB 2004, 1689 f.

[623] BGBl. 2004, I S. 1414

[624] Vgl. Begr. RegE UWG, BT-Drucks. 15/1487 v. 22.8.2003, A I, S. 12

[625] Die Einsetzung der Arbeitsgruppe wurde am 15.3.2001 in der Begründung des Gesetzentwurfes zur Aufhebung der Zugabeverordnung angekündigt, BT-Drucks. 14/5594, S. 9

selbst verankert war.[626] Unter diesen Umständen war für das Gelingen einer effektiven Modernisierung des Wettbewerbsrechts eine grundlegende Novellierung der lauterkeitsrechtlichen Vorschriften erforderlich.

Zweites erklärtes Ziel der UWG-Reform war es ferner, das deutsche Lauterkeitsrecht oder jedenfalls bestimmte Teile davon auf Ebene der Europäischen Gemeinschaft zu harmonisieren[627] und ihm eine neue inhaltliche Gestaltung zu verleihen, die auch Geltung für Europa beanspruchen könnte.[628] Der Auslöser für eine weitere – zumal die ersten Harmonisierungsaktivitäten bereits mit der Aufhebung des Rabattgesetzes und der Zugabeverordnung vorgenommen wurden – Harmonisierung des deutschen Lauterkeitsrechts war die Notwendigkeit der Umsetzung einer europäischen Richtlinie. Insbesondere die gemeinschaftsrechtliche Regelung des Art. 13 der Datenschutz-RiL 2002/58/EG[629] zur Zulässigkeit von Direktwerbung enthält zwingende Vorgaben, die sich so im bisherigen deutschen Lauterkeitsrecht nicht fanden und deshalb umgesetzt werden mussten.[630] Den Übergang zu einem „Euro-kompatibleren" Lauterkeitsrecht machten aber ferner zwei allgemeinere Gründe besonders erforderlich. Zum einen sollten dadurch die oft, aufgrund der Geltung eines im internationalen Bereich besonders restriktiven nationalen Wettbewerbsrechts, festgestellten Wettbewerbsnachteile deutscher Unternehmen gegenüber europäischen Mitbewerbern beseitigt werden. Die Überarbeitung des deutschen UWG im Hinblick auf „Europatauglichkeit" war zum anderen besonders zeitgemäß, da das europäische Lauterkeitsrecht gerade in den letzten Jahren in Bewegung geraten ist. Mit dem Ziel die Rechtsunterschiede zwischen den Mitgliedstaaten zu beseitigen und somit das europäische Wettbewerbsrecht zu vereinheitlichen, befassen sich derzeit die Organe der Gemeinschaft mit zwei lauterkeitsrechtlichen Vorhaben. Dabei handelt es sich einerseits um den Vorschlag für eine „Richtlinie über unlautere Geschäftspraktiken",[631] der auf

---

[626] So in der Begr. RegE UWG, BT-Drucks. 15/1487 v. 22.8.2003, A I, S. 12; vgl. auch die Rede der Bundesministerin der Justiz Brigitte Zypries zur Einbringung eines neuen Gesetzes gegen den unlauteren Wettbewerb am 25. September 2003 (abrufbar unter: www.bmj.bund.de)

[627] So in der Begr. RegE UWG, BT-Drucks. 15/1487 v. 22.8.2003, A I, S. 12

[628] So *Köhler/Bornkamm/Henning-Bodewig*, Vorschlag für eine Richtlinie zum Lauterkeitsrecht und eine UWG-Reform, WRP 2002, 1317/1324; vgl. auch: *Säcker*, WRP 2004, 1199/1200; *Köhler*, NJW 2004, 2121

[629] Richtlinie 2002/58/EG des Europäischen Parlaments und des Rates v. 12. Juli 2002 über dieVerarbeitung personenbezogener Daten und den Schutz der Privatsphäre in der elektronischen Kommunikation: ABlEG Nr. L 201 v. 31. Juli 2002, S. 37

[630] Vgl. *Lettl*, Gemeinschaftsrecht und neues UWG, WRP 2004, 1079/1081

[631] Vorschlag v. 18. Juni 2003 für eine Richtlinie des Europäischen Parlaments und des Rates über unlautere Geschäftspraktiken im binnenmarktinternen Geschäftsverkehr zwischen Unternehmen und Verbrauchern und zur Änderung der Richtlinien 84/450/EWG, 97/7/EG und 98/27/EG (Richtlinie über unlautere Geschäftspraktiken), KOM (2003) 356 endg.; s. dazu in: *Köhler/Lettl*, Das geltende europäische Lauterkeitsrecht, der Vorschlag für eine EG-Richtlinie über unlautere

Grund des Grünbuchs zum Verbraucherschutz[632] von der GD SANCO (Generaldirektion Gesundheit und Verbraucherschutz) am 18. Juni 2003 vorgelegt wurde, und andererseits um den Vorschlag einer „Verordnung über Verkaufsförderung im Binnenmarkt",[633] der von der GD Markt (Generaldirektion Binnenmarkt der Kommission der Europäischen Gemeinschaften) im Oktober 2001 vorgelegt und bisher in zwei geänderten Fassungen[634] veröffentlicht wurde. Als Bestandteil des Pakets zur gemeinschaftsrechtlichen Harmonisierung des Wettbewerbsrechts ist zusätzlich der Verordnungsvorschlag über die Zusammenarbeit im Verbraucherschutz[635] zu verstehen. Mit Blick auf diese neueren Aktivitäten der Kommission auf dem Gebiet des Lauterkeitsrechts scheint der deutsche Gesetzgeber die Notwendigkeit geahnt zu haben, dass er auf nationale Ebene agieren muss und das Gesetz gegen den unlauteren Wettbewerb so zu reformieren ist, dass es nicht nur mit dem bestehenden, sondern auch mit dem geplanten Gemeinschaftsrecht vereinbar sein wird.[636] Er hat nämlich wahrgenommen, dass die gesetzgeberische Initiative der Europäische Kommission die weitere Entwicklung des Lauterkeitsrechts in Europa erheblich beeinflussen werden könne. Daher hat er sich entschlossen *a priori* zu wirken und einen eurokompatiblen Gesetzeskomplex in Funktion zu setzen, der von der

---

Geschäftspraktiken und die UWG-Reform, WRP 2003, 1019 ff.; *Henning-Bodewig,* Richtlinienvorschlag über unlautere Geschäftspraktiken und UWG-Reform, GRUR Int 2004, 183 ff.; *Veelken,* Kundenfang gegenüber dem Verbraucher – Bemerkungen zum EG-Richtlinienentwurf über unlautere Geschäftspraktiken, WRP 2004, 1 ff.; *Apostolopoulos,* Neuere Entwicklungen im europäischen Lauterkeitsrecht: Problematische Aspekte und Vorschläge, WRP 2004, 841 ff.; *Glöckner,* Richtlinienvorschlag über unlautere Geschäftspraktiken, deutsches UWG oder die schwierige Umsetzung von europarechtlichen Generalklauseln, WRP 2004, 936 ff.; *Lettl,* Der lauterkeitsrechtliche Schutz vor irreführender Werbung in Europa, 2004, S. 25 ff. sowie in: WRP 2004, 1079/1086; *Schulte-Nölke/Busch,* Der Vorschlag der Kommission für eine Richtlinie über unlautere Geschäftspraktiken KOM (2003) 356 endg., ZEuP 2004, 99 ff.

[632] Grünbuch zum Verbraucherschutz vom 2. Oktober 2001, KOM (2001), 531 endg.

[633] Vorschlag für eine Verordnung des Europäischen Parlaments und des Rates über Verkaufsförderung im Binnenmarkt, KOM (2001) 546 endg.; s. dazu in: *Göhre,* WRP 2002, 36 ff; *Apostolopoulos,* WRP 2004, 841 ff.; *Lettl,* Der lauterkeitsrechtliche Schutz vor irreführender Werbung in Europa, S. 24 sowie in: WRP 2004, 1079/1085; kritisch zu verschiedenen Anhaltspunkten dieser europarechtlichen Initiative: *Kunz-Hallstein/Loschelder,* Zum Vorschlag für eine Verordnung über „Verkaufsförderung im Binnenmarkt" (Mitteilung der Deutschen Vereinigung für Gewerblichen Rechtsschutz und Urheberrecht), GRUR 2002, 410 ff.

[634] Geänderter Vorschlag v. 25.10.2002 für eine Verordnung des Europäischen Parlaments und des Rates über Verkaufsförderung im Binnenmart, KOM (2002) 585 endg.; Geänderte Fassung v. 15.5.2003 (8297/2003)

[635] Vorschlag für eine Verordnung des Europäischen Parlaments und des Rates über die Zusammenarbeit zwischen den für die Durchsetzung der Verbraucherschutzgesetze zuständigen nationalen Behörden, KOM (2003) 443 endg.

[636] Dies lässt sich freilich in der Begündung des Regierungsentwurfs zur Reform des Gesetzes gegen den unlauteren Wettbewerb leicht erkennen, wobei es lautet „die europäische Rechtsentwicklung war bei der Vorbereitung dieses Gesetzentwurfs eine wichtige Richtschnur": Begr. RegE UWG, BT-Drucks. 15/1487 v. 22.8.2003, A III, S. 12

europäischen Rechtsentwicklung nicht ohne weiteres überholt werden kann. Letzteres bestätigt einstimmig die deutsche Rechtswissenschaft, die das unerfreuliche Szenario, dass das neue UWG bei einer Verwirklichung der europäischen Harmonisierungsprojekte wieder geändert werden muss, ablehnt. Die Zukunftsaussichten des Vorschlags für die Verordnung über Verkaufsförderungsmaßnahmen sprechen von einer deutlichen Blockierung im Rat.[637] Anders sieht dagegen das Schicksal der Richtlinie über unlautere Geschäftspraktiken aus, als nach den letzten Entwicklungen[638] ihre Verabschiedung in naher Zukunft zu erwarten ist.[639] Richtlinienvorschlag und UWG n.F. stimmen allerdings in weiten Bereichen überein, sodass die Differenzen[640] zwischen den beiden Gesetzestexten im Falle des Erlasses dieser Richtlinie wohl nicht zu einer zweimaligen Änderung des UWG in kurzer Zeit nötigen.[641]

Drittes ebenso wichtiges Ziel der UWG-Reform war schließlich die Erhöhung des Verbraucherstellenwertes und dadurch die Erzielung einer verbraucherfreundlicheren Funktion des Lauterkeitsrechts. Darunter ist nicht nur die Verstärkung der Vorsorge und des Schutzes der Verbraucherschaft, da wo es nötig ist, zu verstehen, sondern auch die Stärkung ihrer Eigenverantwortung.[642] Das neue UWG steht deutlich auf mündige Verbraucher, die sich nicht oberflächlich und unreflektiert mit der Werbebotschaft der Anbieter auseinandersetzen, sondern die selbst entscheiden können, welches Angebot sich für sie lohnt. Das neue Lauterkeitsrecht soll daher auf eine Vielzahl von bisherigen Verboten und Einschränkungen verzichten und hingegen die Eigeninitiative, die Eigenverantwortung und die Selbstbestimmung der Verbraucher begünstigen: Also Verbraucherschutz durch das Machen ungünstiger Erfahrung. „Dieser Weg", wie freilich die Bundesministerin der Justiz bei ihrer Bundestagsrede zur Einbringung des neuen UWG erklärte, „ist für den Verbraucherschutz deutlich wirksamer, als etwa bei Räumungsverkäufen auf weitere behördliche Eingriffsmöglichkeiten zu

---

[637] Vgl. *Glöckner*, WRP 2004, 936/945

[638] Bei dem Treffen des Ministerrats für Wettbewerbsfähigkeit wurde eine politische Einigung über den Inhalt einer künftigen Richtlinie über unlautere Geschäftspraktiken erzielt: IP/04/658 v. 18.5.2004

[639] Vgl. *Glöckner*, WRP 2004, 936/945

[640] Dazu s. insb. in: *Köhler/Lettl*, WRP 2003, 1019/1049 ff.; *Henning-Bodewig*, GRUR Int 2004, 183 ff.; *Glöckner*, WRP 2004, 936 ff.. Dabei wurde, angesichts der Besorgnisse über eine erneute Änderung des UWG im Fall einer in absehbarer Zeit Verabschiedung der gemeinschaftsrechtlichen Lauterkeitsvorgaben, ein Vergleich zwischen den Vorschriften der vorgeschlagenen Richtlinie über unlautere Geschäftspraktiken und denen des neuen UWG erarbeitet Dadurch sollte die Frage beantwortet werden, inwieweit sich das neue UWG und die europäischen Gesetzvorgaben übereinstimmen und vor allem unterscheiden.

[641] S. dazu: *Henning-Bodewig*, GRUR Int 2004, 183/193; *Lettl*, WRP 2004, 1079/1132; Skeptisch allerdings dazu: *Glöckner*, WRP 2004, 936

[642] So in der Rede der Bundesministerin der Justiz Brigitte Zypries v. 25.9.2003 zur Einbringung eines neuen Gesetzes gegen unlauteren Wettbewerb (abrufbar unter: www.bmj.bund.de)

setzen. Mit dem neuen UWG wird dagegen darauf gesetzt, dass der Verbraucher *lernt* zu unterscheiden, welche Aktionen für ihn wirklich attraktiv sind, und bei welchen Aktionen ihm minderwertige Ware angeboten wird."[643]

2. Die inhaltlichen Schwerpunkte des neuen Gesetzes[644]

Mit dem Erlass des neuen UWG wurde ein großer Schritt auf dem Weg nach Europa vollzogen. Die Bemühungen des nationalen Gesetzgebers einen soweit wie möglichen vollständigen Gleichlauf des europäischen und des deutschen Lauterkeitsrechts zu erzielen, sind im Gesetztext, hinsichtlich Terminologie und Aufbau, deutlich ausgeprägt. Ein klassisches Beispiel dafür stellt der Ersatz des bisher in § 1 UWG a.F. verwendeten Begriffs der „guten Sitten" durch den Begriff der „Unlauterkeit" dar. Die Ablösung der „Sittenwidrigkeit" durch die „Unlauterkeit" als Kriterium wettbewerbsrechtlicher Unzulässigkeit kann teilweise als ein Versuch des Gesetzgebers angesehen werden, den Wettbewerbumfeld von der antiquierten und missverständlichen Definition der „Unsittlichkeit" zu entlasten.[645] Da allerdings der Begriff der „guten Sitten" nicht an den Kriterien der Sittlichkeit oder Moral zu messen war, sondern als „rein wettbewerbsbezogen" zu verstehen war,[646] bedeutet diese terminologische Änderung für sich genommen keinen inhaltlichen Paradigmenwechsel.[647] Daher soll sie vielmehr als ein Versuch zur begrifflichen Annäherung an das

---

643 Aus der Bundestagsrede der Bundesministerin der Justiz Brigitte Zypries v. 25.9.2003 zur Einbringung eines neuen Gesetzes gegen unlauterenen Wettbewerb (abrufbar unter: www.bmj.bund.de)

644 Die Thematik über das „neue UWG" könnte allein eine eigenständige wissenschaftliche Arbeit füllen. Eine ausführliche Auseinandersetzung mit dieser würde den Rahmen dieses Beitrags sprengen. Daher soll der nachfolgende Abschnitt bewußt knapp gehalt werden und sich lediglich auf einen Einblick in vereinzelte Ausschnitte der UWG-Reform beschränken. Für eine ausführliche globale Darstellung der ganzen Thematik s. insb. in: *Köhler/Bornkamm/Henning-Bodewig,* WRP 2002, 1317 ff.; *Köhler,* UWG-Reform und Verbraucherschutz, GRUR 2003, 265 ff.; *Henning-Bodewig,* GRUR 2004, 713 ff.; *Henning-Bodewig,* GRUR Int. 2004, 183 ff.; *Engels/Salomon,* Vom Lauterkeitsrecht zum Verbraucherschutz: UWG-Reform 2003, WRP 2004, 32 ff.; *Gamerith,* Neue Herausforderungen für ein europäisches Lauterkeitsrecht, WRP 2003, 143 ff.; *Micklitz/Keßler,* Funktionswandel des UWG, WRP 2003, 919 ff.; *Ohly,* GRUR 2004, 889/894 ff.; *Glöckner,* WRP 2004, 936 ff.; *Schünemann,* „Unlauterkeit" in den Generalklauseln und Interessenabwägung nach neuem UWG, WRP 2004, 925 ff.; *Lettl,* WRP 2004, 1079 ff.; *Münker/Kaestner,* BB 2004, 1689 ff.; *Köhler,* NJW 2004, 2121 ff.; *Zettel,* Das neue Gesetz gegen den unlauteren Wettbewerb, MDR 2004, 1040 ff.; Kritisch zum neuen UWG: *Engels/Salomon,* WRP 2004, 32/44; *Borck,* WRP 2004 1440/1445

645 *Engels/Salomon,* WRP 2004, 32/34

646 *Piper* in: *Köhler/Piper,* UWG (2002), Einf., Rdnrn. 264, 267; *Schünemann,* WRP 2004, 925/930

647 So zutreffend: *Schünemann,* WRP 2004, 925/929; ebenso: *Henning-Bodewig,* GRUR 2004, 713/715; *Ohly,* GRUR 2004, 889/895

Gemeinschaftsrecht interpretiert werden,[648] zumal der Begriff der „Unlauterkeit" in vielen gemeinschaftsrechtlichen Vorschriften verwendet wird[649] und in der Rechtsprechung des EuGH seinen festen Platz hat.[650] Neben der sprachlichen Kompatibilität mit dem europäischen Wettbewerbsrecht ist auch der sich an dem gemeinschaftsrechtlichen Gesetzsystematik-Modell orientierte Aufbau des neuen UWG spürbar. So, wie in vielen gemeinschaftsrechtlichen Gesetzestexten üblich ist,[651] enthält § 2 UWG n.F. einen Definitionskatalog. Dabei werden wesentliche lauterkeitsrechtliche Begriffe – allerdings nicht der Begriff der „Unlauterkeit"[652] – definiert, die im Gesetz gegen den unlauteren Wettbewerb verwendet werden, und deren inhaltliche Rahmenbestimmung einer besseren Verständigung und einer rechtlich zutreffenderen Auslegung der Generalklausel und der sonstigen Vorschriften des UWG dient.

Die „große" Generalklausel des alten UWG bleibt im neuen Gesetz erhalten, befindet sich allerdings nicht mehr in § 1 UWG, sondern in § 3 UWG n.F..[653] Dieser, der nunmehr als alleinige Generalklausel im UWG gilt,[654] untersagt entsprechend dem § 1 UWG a.F. ganz allgemein unlautere Wettbewerbs-

---

[648] *Köhler/Bornkamm/Henning-Bodewig,* WRP 2002, 1317/1324; *Schünemann* in: *Harte-Bavendamm/Henning-Bodewig,* § 3 UWG, Rdnr. 53 sowie in: WRP 2004, 925/928; *Lettl,* WRP 2004, 1079/1100; *Engels/Salomon,* WRP 2004, 32/34

[649] Vgl. Art. 5 der vorgeschlagenen Richtlinie über unlautere Geschäftspraktiken im binnenmarktinternen Geschäftsverkehr zwischen Unternehmen und Verbrauchern (Richtlinie über unlautere Geschäftspraktiken), KOM (2003) 356 endg

[650] Vgl. EuGH GRUR Int. 1979, 468/471/472 – Cassis de Dijon; EuGH GRUR Int. 1997, 913/917 – de Agostini

[651] Vgl. Art. 2 der Richtlinie des Rates vom 10. September 1984 über irreführende und vergleichende Werbung (84/450/EWG) in der Fassung der Änderungen durch die Richtlinie 97/55/EG des Europäischen Parlaments und des Rates vom 6. Oktober 1997 zur Änderung der Richtlinie 84/450/EWG über irreführende Werbung zwecks Einbeziehung der vergleichenden Werbung, ABlEG Nr. 290 vom 23.10.1997, S. 18; Art. 2 der Richtlinie 2000/31/EG des Europäischen Parlaments und des Rates vom 8. Juni 2000 über bestimmte rechtliche Aspekte der Dienste der Informationsgesellschaft, insbesondere des elektronischen Geschäftsverkehrs, im Binnenmarkt („Richtlinie über den elektronischen Geschäftsverkehr"), ABlEG Nr. L 178 vom 17.10.2000, S. 1; Art. 2 der vorgeschlagenen Richtlinie des Europäischen Parlaments und des Rates über unlautere Geschäftspraktiken im binnenmarktinternen Geschäftsverkehr zwischen Unternehmen und Verbrauchern und zur Änderung der Richtlinien 84/450/EWG, 97/7/EG und 98/27/EG (Richtlinie über unlautere Geschäftspraktiken), KOM (2003) 356 endg.; Art. 2 der vorgeschlagenen Verordnung des Europäischen Parlaments und des Rates über Verkaufsförderung im Binnenmarkt, KOM (2002) 585 endg.

[652] S. einen Rechtfertigungsgrund dafür in: *Köhler/Lettl,* WRP 2003, 1019/1050/1051

[653] Soweit im Folgenden von UWG gesprochen wird ist das „neue UWG" i.d.F. vom 8.7.2004 gemeint, soweit nichts anders gesagt wird

[654] *Schünemann* sieht allerdings, dass unterhalb der umfassenden„ großen" Generalklausel des § 3 noch zwei „kleine"Generalklauseln rangieren, nämlich eine zu „irreführender Werbung" (§ 5 Abs. 1) und eine zu „unzumutbaren Belästigungen" (§ 7 Abs. 1) in: *Harte-Bavendamm/Henning-Bodewig,* § 3 UWG, Rdnr. 10 sowie in: WRP 2004, 925

handlungen. Ein solches allgemein gehaltenes Verbot sei laut der Begründung des Gesetzesentwurfs[655] deshalb sinnvoll, weil der Gesetzgeber nicht alle denkbaren Fälle unlauteren Handelns im Einzelnen regeln könne. Der Rechtsanwender solle zudem die Möglichkeit haben, neuartige Wettbewerbsmaßnahmen sachgerecht zu beurteilen. Wie bislang auch werde es weiterhin Aufgabe der Rechtsprechung sein, im Einzelnen zu konkretisieren, welche Handlungsweisen als unlauter anzusehen seien. Gegenüber der bisherigen Rechtslage wollte der Gesetzgeber diese Aufgabe nun erleichtern. Dafür hat er in § 4 UWG einen nicht abschließenden, an der Rechtsprechung angelegten Beispielskatalog von Unlauterkeitshandlungen eingefügt, durch den die Generalklausel ergänzt und präzisiert wird. Die Aufzählung in § 4 UWG ist allerdings nicht abschließend. Dabei (§ 4 Nr. 1-11 UWG) werden nur Verhaltensweisen aufgeführt, die schon nach dem alten UWG - ohne allerdings im Gesetzestext ausdrücklich erwähnt zu werden – verboten waren und die nach der bisherigen Rechtsprechung als „Regelbeispiele“ unlauteren Wettbewerbs gelten.

Im Gegensatz zu der alten Fassung erklärt die neue Generalklausel in § 3 unlautere Geschäftspraktiken nicht schlechthin für unzulässig, sondern verlangt die Eignung, den Wettbewerb nicht nur unerheblich zu beeinträchtigen.[656] Dementsprechend muss die Wettbewerbshandlung, über die Beschwerde geführt wird, nicht nur innerhalb eines konkreten Wettbewerbsverhältnisses begangen worden sein, sondern auch eine „Bagatellschwelle“ überschreiten, also von einem gewissen Gewicht für das Wettbewerbsgeschehen sein und die Interessen der geschützten Personenkreise erheblich tangieren.[657] Durch die Einführung einer „Bagatellschwelle“ bzw. eines „Spürbarkeitserfordernis“ können sich die Justiz unzweifelhaft von unwichtigen Fällen missbräuchlicher Verhalten befreien lassen.[658] Es bleibt allerdings abzuwarten, wie hoch oder wie niedrig die Wettbewerbsgerichte diese Schwelle ansetzen werden.

Zu berücksichtigen im neuen UWG ist der Wegfall des Sonderaktionsverbots (§ 7 UWG a.F.) sowie die Aufhebung der Regelung über Räumungsverkäufe (§ 8 UWG a.F.). Sonderveranstaltungen gelten nunmehr, mit einigen Einschränkungen, als erlaubtes Mittel der Werbegestaltung, während die Beschränkungen auf wenige Räumungsverkaufsgründe entfallen sind. Im Bereich

---

[655] Begr. RegE UWG, BT-Drucks. 15/1487 v. 22.8.2003, B, S. 16

[656] Dazu s. insb. in: *Schünemann* in: *Harte-Bavendamm/Henning-Bodewig,* § 3 UWG, Rdnr. 8; *Köhler/Lettl,* WRP 2003, 1019/1051; *Sack,* Vergleichende Werbung und die Erheblichkeitsschwelle in § 3 des Regierungsentwurfs einer UWG-Novelle, WRP 2004, 30 f.; *Münker/Kaestner,* BB 2004, 1689/1692

[657] So in der Begr. RegE UWG, BT-Drucks. 15/1487 v. 22.8.2003, B, S. 17; *Köhler/Bornkamm/Henning-Bodewig,* WRP 2002, 1317/1325

[658] Vgl. *Engels/Salomon,* WRP 2004, 32/34; Bedenklich allerdings über die Abgrenzung in der Praxis: *Ohly,* GRUR 2004, 889/895

der Sanktionen, kennt das neue UWG eine zusätzliche Sanktionsmöglichkeit gegen den Wettbewerbsverletzer. Dies ist der Gewinnabschöpfungsanspruch (§ 10 UWG),[659] der neben den bisher schon bekannten Sanktionsinstrumenten – Unterlassung und Beseitigung, Schadensersatz von Mitbewerbern, Ordnungsgeld und Vertragsstrafe – im Lauterkeitsrecht hinzukommt, um diese Fälle zu erfassen, in denen durch wettbewerbswidriges Verhalten eine Vielzahl von Abnehmern geschädigt wird, der einzelne Verbraucher jedoch keine Maßnahmen ergreift, weil es für ihn nur ein „Bagatell-Schaden" ist. Vorausgesetzt ist weiterhin, dass das vorsätzlich, wettbewerbswidrig handelnde Unternehmen einen Gewinn erzielt, und dieser Gewinnerzielung unmittelbar ein Vermögensnachteil auf Seiten der Abnehmer gegenüber steht. Auf die Herausgabe dieses Gewinns kann der Unternehmer, anhand der neuen Sanktionsregelung, in Anspruch genommen werden. Dieser Anspruch kann allerdings nur von demjenigen geltend gemacht werden, der auch nach § 8 Nr. 2 bis 4 UWG zur Geltendmachung des korrespondierenden Unterlassungsanspruchs berechtigt ist, also etwa von Wettbewerbs- und Verbraucherverbänden. Der herauszugebende Gewinn, der aus den Umsatzerlösen abzüglich der Herstellungskosten der erbrachten Leistungen sowie angefallener Betriebskosten oder durch eine Gewinnschätzung nach § 287 ZPO errechnet werden kann, ist allerdings – bis auf einem Aufwendungsersatz – nicht an den Anspruchssteller abzuführen, sondern fließt dem Bundeshaushalt zu.

3. Die Kopplungsproblematik als Gegenstand der UWG-Reformdiskussion

Die ersten Aktivitäten zur Novellierung des Gesetzes gegen den unlauteren Wettbewerb, waren, wie oben ausgeführt,[660] bereits im Februar 2001 zu spüren, als das Bundesministerium der Justiz eine Arbeitsgruppe „Unlauterer Wettbewerb" zur Beobachtung der Wirtschafts- und Rechtspraxis im Anschluss an die Aufhebung des Rabattgesetzes und der Zugabeverordnung und zur Erarbeitung von Vorschlägen für die weitere Modernisierung des deutschen Lauterkeitsrechts und für ein europäisches Harmonisierungskonzept eingesetzt hat. Erforderlich war allerdings zunächst die Ermittlung rechtstatsächlicher Grundlagen für die Gesetzgebung, insbesondere bezüglich der Notwendigkeit und des Umfangs einer Reform des Lauterkeitsrechts. So hat das Bundesministerium der Justiz die Erstellung von zwei Gutachten in Auftrag gegeben, die als Arbeitsunterlagen für die Arbeitsgruppe „Unlauterer Wettbewerb" dienen sollten. Das erste Gutachten ist im Juni 2001 von Professor Karl-Heinz Fezer erstellt worden und trug den Titel „Modernisierung des deutschen Rechts gegen den unlauteren Wettbewerb auf der Grundlage einer Europäisierung des Wettbewerbs-

---

[659] Dazu s. insb. in: *Köhler,* GRUR 2003, 265 ff.
[660] S. oben in: Fn. 621

rechts".[661] Kurz nachher, im Juli 2001, ist auch das zweite Rechtsgutachten von *Gerhard Schricker* und *Frauke Henning-Bodewig* über „Elemente für eine Harmonisierung des europäischen Lauterkeitsrechts" der Arbeitsgruppe „Unlauterer Wettbewerb"[662] zur Verfügung gestellt worden. Im Anschluss an diesen beiden Gutachten haben *Helmut Köhler*, *Joachim Bornkamm* und *Frauke Henning-Bodewig*, alle Mitglieder der Arbeitsgruppe, im November 2002 von sich aus einen „Vorschlag für eine Richtlinie zum Lauterkeitsrecht und eine UWG-Reform" erarbeitet.[663] Dieser Gesetzgebungsvorschlag, der als sog. „Professorenentwurf" bekannt ist, ist aus den Erörterungen der Arbeitsgruppe „Unlauterer Wettbewerb" hervorgegangen und war im Wesentlichen die Basis für die Erstellung des am 07. Mai 2003 vorgelegten Regierungsentwurfs sowie des vorangegangenen (23. Januar 2003) Referentenentwurfs zur UWG-Reform.

Die Kopplungsproblematik ist, als ein Aspekt von vielen, in die UWG-Reform-Diskussion geraten. Im „Fezer-Gutachten" wurde die Verbindung mehrerer Waren oder Dienstleistungen zum einem einheitlichen Angebot grundsätzlich als zulässig angesehen, und zwar unabhängig davon, ob die verbundenen Waren oder Dienstleistungen brancheneigen, branchennah oder branchenfremd sind, ob sie einen gewissen Funktions- oder Gebrauchszusammenhang aufweisen, ob sie mit oder ohne Nennung der Einzelpreise nur zu einem Gesamtpreis oder auch zu Einzelpreisen angeboten werden, oder schließlich, ob entgeltliche mit unentgeltlichen Waren oder Dienstleistungen kombiniert werden.[664] In diesem Zusammenhang wurde allerdings ein Vorschlag für eine gesetzliche Regelung der verbundenen Angebote erarbeitet. Eine Normierung von Spezialtatbeständen für Kopplungsangebote sollte dazu dienen, zum einen den Zulässigkeitsrahmen von Kopplungsangeboten abzustecken, und zum anderen den Leistungswettbewerb mit verbundenen Angeboten, insbesondere vor einer zu restriktiven Rechtsprechung zu sichern.[665] Gesetztechnisch sollte sich diese Regelung an § 2 UWG a.F. orientieren, wonach in einem ersten Absatz der Tatbestand der verbundenen Angebote formuliert und in einem zweiten Absatz die Wettbewerbswidrigkeit preisintransparenter, wettbewerbsbehindernder und marktstörender Kopplungsgeschäfte normiert werden sollte.[666] Als Regelungsgegenstand im neuen UWG wurde weiterhin die Konkretisierung eines Transparenzgebots empfohlen, das allerdings nicht nur für vereinzelte Verkaufsförderungsmaßnahmen, sondern für

[661] Abgedruckt in: WRP 2001, 989 ff.
[662] Abgedruckt in: WRP 2001, 1367 ff.
[663] Abgedruckt in: WRP 2002, 1317 ff.
[664] WRP 2001, 989/1011
[665] WRP 2001, 989/1012
[666] WRP 2001, 989/1012

den gesamten Bereich der Verkaufsförderung, also auch für den Fall verbundener Angebote, gelten sollte.[667]

Im Gegensatz zum „Fezer-Gutachten“, dessen Reformansätze sich im Wesentlichen an einer Modernisierung des UWG auf der Grundlage des autonomen nationalen Lauterkeitsrechts orientierten, wurden im Gutachten von *Schricker/Henning-Bodewig* Vorschläge für die europäische Harmonisierung im Bereich des Rechts des unlauteren Wettbewerbs erarbeitet.[668] Vorschläge für die Regulierung von Kopplungsangeboten wurden zunächst im Rahmen einer Auseinandersetzung mit der Problematik der Wertreklame gemacht. Dabei wurde zum einen festgestellt, dass die fragmentarische Regulierung des Rechts der Wertreklame auf europäische Ebene dazu geführt hat, dass zum Teil sehr große Unterschiede zwischen den einzelnen europäischen Rechtsordnungen bestehen, was nur als Hemmschuh für die europäische Harmonisierung des Lauterkeitsrechts gesehen werden könne.[669] Zum anderen wurde festgestellt, dass in vielen nationalen Rechten all die als Wertreklame einzustufenden Werbemaßnahmen mit großem Argwohn behandelt werden.[670] Im Anschluss daran wurde ein Konzept für eine weitgehende Liberalisierung der Wertreklame vorgestellt, deren Grenzen allerdings auf europäische Ebene abgesteckt werden sollten. Danach sollten Maßnahmen der Absatzförderung wie Kopplungsangebote, Sonderangebote, Geschenke, Preisnachlässe und Kundenbindungssysteme, ebenso wie die diesbezügliche Werbung, zukünftig nur dann als unlauter verboten werden, wenn die Bedingungen ihrer Inanspruchnahme und der tatsächliche Wert des Angebots und der gewährten Vorteile nicht klar und unzweideutig erkennbar seien.[671] Insbesondere hinsichtlich der Kopplungsproblematik stimmen die beiden Rechtsgutachten, trotz ihrer divergierenden methodischen Ansätze,[672] in weiten Teilen überein. So wurden Kopplungsgeschäfte auch hier als grundsätzlich wettbewerbskonform betrachtet, und zwar unabhängig vom Inhalt und der Gestaltung der Kopplung.[673] Ebenfalls wurde einer Transparenzvorschrift vorgeschlagen - die allerdings diesmal nicht generell für alle Verkaufsförderungsmaßnahmen, sondern spezifisch für das Werben mit Kopplungsangeboten gelten sollte – wonach der Wert der einzelnen gekoppelten Gegenstände oder Leistungen klar und unmissverständlich erkennbar sein müsse.[674] Die Art und Weise, in der diese

---

[667] WRP 2001, 989/1014 f.

[668] Vgl. *Micklitz/Keßler*, WRP 2003, 919/920; vgl. auch ferner *Göhre*, WRP 2002, 36/37

[669] WRP 2001, 1367/1401

[670] WRP 2001, 1367/1401 f.

[671] WRP 2001, 1367/1400

[672] *Micklitz/Keßler*, WRP 2003, 919/920

[673] WRP 2001, 1367/1404

[674] WRP 2001, 1367/1404

Transparenz erfolgen sollte, wurde allerdings dem jeweiligen Werbeanbieter überlassen.[675]

4. Die Regulierung von Kopplungsangeboten im neuen UWG

Die mit diesen beiden Gutachten präsentierten Reformvorschläge über das Recht der Kopplungswerbung haben, zumindest hinsichtlich ihrer gesetztechnischen Ansätze, im jüngst erlassenen Gesetz gegen den unlauteren Wettbewerb kaum Anwendung gefunden. Weder wurde eine dem Modell des § 2 UWG a.F. entsprechende Kodifizierung von Spezialtatbeständen der verbundenen Angebote verwirklicht, noch wurde eine spezielle Transparenzvorschrift für das Werben mit Kopplungsangeboten eingefügt.

Mit Ausnahme zweier Normen, § 4 Nr. 4 u. § 4 Nr. 6 UWG, ist das Werben mit Kopplungsgeschäften als eine besondere wettbewerbsrechtliche Erscheinung im neuen Gesetz an sich nicht speziell geregelt. Ausdrücklich erwähnt sind nur vereinzelte Erscheinungsformen des Kopplungswesens, die freilich als Kopplungsangebote im weiteren Sinne bezeichnet werden.[676] Dabei handelt es sich zum einen um die Angebote mit Zugaben, die in § 4 Nr. 4 UWG als Beispielfall einer nach § 3 UWG unlauteren Wettbewerbshandlung genannt werden, wenn der Anbieter derartiger Angebote die Bedingungen für ihre Inanspruchnahme nicht klar und eindeutig angibt. Die zweite ausdrückliche Erwähnung von verbundenen Angeboten im neuen UWG befindet sich in § 4 Nr. 6 UWG, in dem ein allgemeines Kopplungsverbot für Preisausschreiben oder Gewinnspiele besteht. Danach ist es, aufgrund der Gefahr des Ausnutzens der Spiellust und der angeblich folgenden Trübung der Kaufentscheidung des Verbrauchers,[677] wettbewerbswidrig, wenn die Teilnahme an einem Preisausschreiben oder Gewinnspiel in irgendeiner Form mit dem Warenabsatz oder die Inanspruchnahme einer Dienstleistung verkoppelt wird. Eine Abweichung von diesem Verbot gilt jedoch für solche Waren oder Dienstleistungen, mit denen das Gewinnspiel bzw. Preisausschreiben „naturgemäß“ verbunden ist. Diese Regelung bewirkt allerdings eine Dissonanz in dem am sonsten liberalen neuen UWG. Nach der Aufhebung der Zugabeverordnung, dem Wandel des Verbraucherleitbildes und angesichts der Bestrebungen zu einer weitgehenden Liberalisierung des Rechts der Wertreklame könnte diese Fallgruppe durchaus anders beurteilt werden.[678] Insbesondere ist es nicht nachzuvollziehen, weshalb derartige Kopplungsformen anders als Angebote mit Zugaben zu behandeln sind, insofern

---

[675] WRP 2001, 1367/1404
[676] S. Erster Teil, B. II., S. 33 ff.
[677] So in der Begr. RegE UWG, BT-Drucks. 15/1487 v. 22.8.2003, B, S. 18
[678] Vgl. auch *Engels/Salomon*, WRP 2004, 32/35

beide bezüglich der Unentgeltlichkeit eines ihrer Angebotsbestandteile Ähnlichkeiten aufweisen. Anders ausgedrückt: warum soll der intelligente, informierte und kritische Verbraucher Schwierigkeiten haben, die „Lockvogel-Funktion" der mit dem Warenabsatz bzw. der Leistungsinanspruchnahme verbundenen Teilnahmeberechtigung an einem Preisausschreiben oder Gewinnspiel wahrzunehmen und daher sich vorschnell durch seine Spiellust verleiten lassen, während er bei einer Zugabegewährung wahrnimmt, dass der Anbieter nichts zu verschenken hat und die Kosten für wertvolle Nebenleistungen durch den Preis der Hauptleistungen abdeckt,[679] und er somit nicht so einfach dazu veranlasst wird, seine Wahl nicht in erster Linie nach seinen Vorstellungen über die Eigenschaften der Hauptware zu treffen, sondern vor allem danach, wie er an die ihnen als besonders günstig erscheinende Nebenware oder –leistung gelangen zu können? Das Bestehen einer Glückspielmöglichkeit und die daraus folgende Gefahr der vermeintlichen Ausnutzung der Spiellust, die unzweifelhaft ein wichtiges Merkmal des menschlichen Verhaltens ist, kann nicht verkannt werden. Dies kann allerdings die divergierende Behandlung der beiden Fallgruppen nicht rechtfertigten. Man soll freilich daran denken, dass bei Angeboten mit Zugaben die Einräumung eines Geschenks gegeben ist, während bei den anderen die Abnahme der Hauptware bzw. Inanspruchnahme einer Dienstleistung nur die Teilnahme an einem Preisausschreiben bzw. Gewinnspiel und somit die bloße Hoffnung auf ein Geschenk zulässt.

Kopplungsangebote im engeren Sinne sind als unmittelbarer Regelungsgegenstand im neuen Gesetz gegen den unlauteren Wettbewerb nicht zu sehen. Für ihre lauterkeitsrechtliche Beurteilung beanspruchen allerdings verschiedene Vorschriften Geltung. Unter denen fallen § 4 Nr. 1, 2, 4, 10 und 11 UWG in Verbindung mit der Generalklausel von § 3 UWG sowie § 5 Abs. 1 UWG und § 5 Abs. 2 Satz 1 und 2 UWG. Diese enthalten Normen, an denen sich die Zulässigkeit von Kopplungsgeschäften, nach den aktuellen Entscheidungskriterien, also im Wesentlichen unter dem Gesichtspunkt des übertriebenen Anlockens, der Irreführung der Verbraucher und des Verstoßes gegen das Transparenzgebot, messen lässt. Während jedoch die lauterkeitsrechtliche Bewertung der Kopplungsgeschäfte unter dem Aspekt des „übertriebenen Anlockens" nach § 4 Nr. 1 i.V.m. § 3 UWG und unter dem Aspekt der „Irreführung durch positives Tun" nach § 5 Abs. 1 UWG klar und eindeutig erfolgt, sieht dies für die Feststellung der Verletzung des sog. Transparenzgebots anders aus. Fraglich ist, ob ein derartiger Verstoß, durch eine extensive Auslegung der „Verletzung von Informationspflichten" bei Verkaufsförderungsmaßnahmen (§ 4 Nr. 4 i.V.m. § 3 UWG) oder der „Irreführung durch Unterlassen" (§ 5 Abs. 2 Satz 2 UWG) zuzuschlagen ist. Denkansätze zu dieser Problematik, ihrer Auf-

679 BGH WRP 1999, 90/92 – Handy für 0,00 DM

klärung für die Feststellung der genauen Reichweite des Transparenzgebots von enormer Bedeutung ist, werden in einem nachstehenden Abschnitt dieses Beitrags erarbeitet.

Es kann zusammenfassend festgestellt werden, dass der Erlass des neuen UWG zu keiner Rechtsänderung bei der lauterkeitsrechtlichen Beurteilung der Kopplungsangebote geführt hat.[680] Neu im Vergleich zu dem alten Gesetz gegen den unlauteren Wettbewerb ist die Normierung des sog. Transparenzgebots. Da allerdings dieses Gebot bereits unter Geltung des alten UWG von der Rechtsprechung entwickelt wurde und aus den §§ 1 und 3 UWG a.F. abzuleiten war, schafft das neue Gesetz durch diese Kodifizierung keinen innovativen Bewertungsmaßstab für Kopplungsgeschäfte, sondern bestimmt bloß den Umfang der Transparenzpflicht beim Werben mit verbundenen Angeboten. Daher ist die Zulässigkeit von Kopplungsangeboten weiterhin, allerdings mit der Hilfe der neuen UWG-Vorschriften, an den Kriterien einer „Art Missbrauchskontrolle" zu messen, wie sich diese durch die jüngste BGH-Rechtsprechung entwickelt hat.[681]

V. Die aktuellen Entscheidungskriterien für die Beurteilung von Kopplungsgeschäften

Für die lauterkeitsrechtliche Behandlung etlicher Wettbewerbsmaßnamen, z.B. Sonderangebote oder Räumungsverkäufe, brachte der Erlass des neuen Gesetzes gegen den unlauteren Wettbewerb liberalere Ansätze. Dies war allerdings nicht der Fall für die Fallgruppe der Kopplungsangebote, zumal der große Schritt zu ihrer Liberalisierung bereits zuvor vollzogen worden ist. Insbesondere nach der Aufhebung der Zugabeverordnung und der Übernahme des gemeinschaftsrechtlichen Verbraucherleitbildes haben sich, wie bereits mehrfach im Rahmen dieser Arbeit betont, die Maßstäbe zur wettbewerbsrechtlichen Beurteilung von Kopplungsgeschäften geändert. In diesem Zusammenhang wurden *per se*-Verbote und das Abstellen auf abstrakte Gefährdungstatbestände für lauterkeitsrechtliche Überprüfung verbundener Angebote aufgegeben. An deren Stelle tritt nunmehr eine Art Missbrauchskontrolle im Einzelfall, nach der Kopplungsofferten als „missbräuchlich" oder dagegen „wettbewerbskonform" zu qualifizieren sind. Wichtig ist dabei – und dies ist freilich der Kernpunkt dieses Beitrags – genau zu untersuchen, welche Bewertungskriterien im geltenden Lauterkeitsrecht für diese Missbrauchskontrolle in Betracht kommen. Die Rechtsprechung hat bisher den Weg gezeigt und wird mit Sicherheit auch in der Zukunft mit neuen Ansätzen

---

680 Vgl. *Pluskat,* WRP 2004, 282/288

681 BGH WRP 2002, 1256/1258 – Kopplungsangebot I; BGH WRP 2002, 1259/1262 – Kopplungsangebot II; BGH GRUR 2003, 538/539 – Gesamtpreisangebot; BGH GRUR 2003, 890/891 – Buchclub-Kopplungsangebot

diesem neu gebildeten Beurteilungsmechanismus Orientierungshinweise liefern. Neben der Einhaltung des sog. Transparenzgebots und der Sicherung der Rationalität der Kaufentscheidung, die sich als die wichtigsten Bewertungsfilter darstellen, soll die Missbrauchskontrolle weiterhin unter dem Gesichtspunkt der Irreführung erfolgen.[682]

1. Irreführung durch positives Tun

Der irreführende Wettbewerb stellt eine der wichtigsten Besorgnisse für das Lauterkeitsrecht dar. Dies gilt nicht nur, weil dadurch das oberste Gebot im Wettbewerb, nämlich das Wahrheitsgebot, verletzt wird,[683] sondern auch, weil jegliche Art von Werbemaßnahmen ein gewisses Irreführungspotential in sich birgt. Bei dem Werben mit Kopplungsgeschäften ist aufgrund der Natur derartiger Angebotsformen eine solche Gefahr besonders hoch. Ihre komplexe Gestaltung, die von der Zusammensetzung zwei oder mehrerer Gütern geprägt ist, die Heterogenität der gekoppelten Waren oder Dienstleistungen sowie die herkömmliche Praxis, die Einzelpreise der Angebotselemente nicht anzugeben, bieten einen fruchtbaren Boden für das Eintreten von Irreführungsmomenten.[684] Die Täuschung kann dabei sowohl in einem *positiven Tun* (§ 5 Abs. 1 UWG) als auch in einem *Unterlassen*[685] (§ 5 Abs. 2 Satz 1 UWG) liegen. Richtigerweise ist auch hier zwischen den *allgemeinen* und den *kopplungsbezogenen* Irreführungstatbeständen zu unterscheiden. Bei den ersten handelt es sich um Fallkonstellationen, in denen sich die unrichtigen Angaben des Werbenden nicht auf Merkmalen der Kopplung, etwa Preisgünstigkeit des Kopplungsangebots, Kopplungsbedingungen, Wert der Zugabe[686] u.s.w., beziehen, sondern - wie das bei jeder Werbung der Fall sein kann - bei den angesprochenen Verkehrskreisen einen unrichtigen Eindruck über die Eigenschaften der Angebotsbestandteile, unabhängig von ihrer Beteiligung an der Waren- bzw. Leistungskombination, vermitteln. Dies ist beispielsweise der Fall, wenn eins der gekoppelten Güter als

---

682 Zum dreistufigen Schutzmodell für Kopplungsangebote vgl. *Stuckel* in: *Harte-Bavendamm/Henning-Bodewig*, § 4 Nr. 1 UWG, Rdnrn. 35 ff.

683 Vgl. *Piper* in: *Köhler/Piper*, UWG (2002), § 3 UWG, Rdnrn. 15, 115

684 BGH WRP 2002, 1256/1258 – Kopplungsangebot I; BGH WRP 2002, 1259/1262 – Kopplungsangebot II

685 Die „Irreführung durch Unterlassen“ wird im Rahmen der Untersuchung des Transparenzgebots (V 2. c. aa), S. 181 ff.) diskutiert.

686 Die irreführende Angabe, die sich auf die Zugabegewährung und insbesondere auf den Wert der Zugabe bezieht, stellt einen „kopplungsbezogenen“ Irreführungstatbestand, weil die zugegebene Ware oder Leistung, die manchmal auch einzeln - gegen Entgelt diesmal - erhalten werden kann, ihre Eigenschaft als „Zugabe“ erst dann erlangt, wenn sie an der Gestaltung eines Gesamtangebots teilnimmt. Daher kann die „Zugabe“, im Gegensatz zu den übrigen Angebotsbestandteilen, nicht vereinzelt angesehen werden, sondern immer als Teil eines Kopplungsgeschäfts.

„Markenware“[687] oder „Spitzenerzeugnis“[688] bezeichnet wird, obwohl es diese Bezeichnung nicht verdient, oder weiterhin, wenn die Werbung falsche Informationen über die geographische Herkunft, die Menge (z.B. 100g statt 200 g Käse, Fernseher 15 statt 21 Zoll), die stoffliche Beschaffenheit (z.B. Aluminium statt Edelstahl) die Herstellungsart oder andere Eigenschaften (z.B. Modell X statt Y) einer der gekoppelten Leistungen enthält. Irreführende Angaben dieser Art beeinflussen freilich den Werbeadressat bei der Bewertung des Kombinationsangebots und sind daher wettbewerbswidrig. Sie betreffen allerdings das Wesen der Kopplung nicht unmittelbar und sind demzufolge im Rahmen dieses Beitrags nicht zu berücksichtigen. Anderes gilt für die *kopplungsbezogenen* Täuschungsfälle, die naturgemäß im Mittelpunkt der Auseinandersetzung für die Annahme wettbewerbswidriger Kopplungen unter dem Gesichtspunkt der Irreführung stehen. Durch „positives Tun“ kann dabei eine Irreführung nach § 5 Abs. 1 i.V.m. § 5 Abs. 2 Satz 1 UWG dann in Betracht kommen, wenn der Werbende falsche Informationen über das Gegenstand der Kopplung, die Preisgünstigkeit des Kombinationsangebots sowie über den wahren Wert, die Eigenschaften der Angebotsbestandteile oder sogar über die Voraussetzungen ihrer Gewährung gibt.[689]

Die klassische Fallkonstellation von Irreführung beim Werben mit Kopplungsangeboten besteht darin, dass der Anbieter entweder deutlich ankündigt oder zumindest den Eindruck erweckt, die Abnahme des Kopplungsangebots sei preisvorteilhafter als der vereinzelte Erwerb (wenn so was freilich möglich ist) der Angebotselemente, obwohl dies tatsächlich nicht der Fall ist.[690] Mit dem Werbeslogan „Sie sparen X €“, „Preisvorteil bis zu...“ oder etwa „Profitieren Sie von diesem Angebot...“ hebt der Werbende die Preisgünstigkeit seiner Warenkombination, allerdings nicht in abstrakter Weise oder in Gegenüberstellung mit Angeboten anderer Mitbewerber, sondern in Gegenüberstellung mit den von ihm angesetzten – aber nicht in der Werbung ersichtlichen - Preisen hervor, die für die vereinzelte Abgabe seiner gekoppelten Güter gelten sollen. Eine Irreführung liegt hier dann vor, wenn trotz der Werbeaussagen, der von ihm verlangte Gesamtpreis der Summe der Einzelpreise der gebündelten Artikel entspricht. In diesem Zusammenhang ist fraglich, ob das Vorliegen einer Irreführung i.S. von § 5 Abs. 1 UWG auch dann anzunehmen ist, wenn der Gesamtpreis zwar der Summe der Einzelpreise unterliegt, der Unterschied zwischen den beiden Beträgen allerdings so gering ist, dass man von einer echten Vergünstigung nicht sprechen kann. Werden z.B. zwei Produkte, die jedes Einzelne für 10,- € erhältlich sind, zu einem Gesamtpreis von 19,99 € angeboten, sieht die Mehrheit der Verbraucher in der

---

[687] Vgl. *Baumbach/Hefermehl,* Wettbewerbsecht, § 3 UWG, Rdnr. 182
[688] Vgl. *Piper* in: *Köhler/Piper,* UWG (2002), § 3 UWG, Rdnr. 240
[689] Vgl. *Köhler,* GRUR 2003, 729/732 sowie in: GRUR 2001, 1067/1078
[690] Vgl. *Stuckel* in: *Harte-Bavendamm/Henning-Bodewig,* § 4 Nr. 1 UWG, Rdnr. 38

Vergünstigung von 0,01 € keinen Preisvorteil, worauf sie Wert legen kann. Bei derartigen Sachverhalten dürfte es sich für die Annahme oder Verneinung einer Irreführung empfehlen, auf die Art und Weise, in der diese bei Null liegende Vergünstigung in der Werbung angekündigt wird, abzustellen. Wird also der gewährte Preisvorteil verhältnismäßig dargestellt, so ist die Werbung nicht zu beanstanden. Wirbt dagegen der Anbieter mit übertreibenden Aussagen[691] über die eingeräumte Vergünstigung (etwa mit dem Slogan „Sensationell...", „Starke Preisherabsetzung...", oder „Dies gibt's doch gar nicht..." u.s.w.), dann verstößt er gegen § 5 Abs. 1 UWG, weil er eine Fehlvorstellung des Verbrauchers über den Umfang der Vergünstigung hervorruft.

Eine Täuschung der Verbraucherschaft kann allerdings auch dann eintreten, wenn der Gesamtpreis, zu dem die gekoppelten Produkte angeboten werden, im Vergleich zu der Summe der Einzelpreise tatsächlich niedriger ist. Dies geschieht, wenn das einschlägige Angebot die Charakteristika der sog. Mondpreiswerbung aufweist.[692] Dabei werden im Gegensatz zu der vorher beschriebenen Fallkonstellation die Einzelpreise der Angebotsbestandteile angegeben. Diese Preise sind jedoch „Mondpreise", d.h. nicht ernsthaft kalkulierte Preise, die regelmäßig gefordert und von dem Kunden gezahlt werden.[693] Sie liegen dagegen erheblich über dem vom Markt gebildeten Marktpreis oder zumindest dem Preis, in dem die angekündigte Leistung tatsächlich und dauerhaft im Laden des Werbenden erhalten werden kann. Die Funktion dieser unechter Preisdarstellung besteht darin, den niedrigeren Gesamtpreis des Kopplungsangebots in einen zu günstigen Licht erscheinen zu lassen.[694] Kündigt z.B. der Werbende an, dass konkrete Waren seines Sortiments, die in seinem Geschäft im Preis von 10,- Euro auch einzeln abzunehmen sind, zu einem Gesamtpreis von 10,- Euro zusammen erhalten werden können, denkt der Verbraucher, er erlange durch den Kauf des Kopplungsangebots einen wichtigen Preisvorteil. Wenn allerdings diese Einzelpreise nie ernsthaft oder noch nicht über einem gewissen Zeitraum verlangt worden sind, sondern für jede einzelne Ware nur der Betrag von 5,- € tatsächlich gefordert wird, dann wird die angesprochene Kundschaft in die Irre geführt. Die Täuschung liegt darin, dass bei dem Verbraucher der irrige Eindruck erweckt wird, ihm würde durch das Kopplungsangebot ein besonders günstiger Preis geboten, was allerdings nicht der Fall ist, zumal er in Wirklichkeit bloß die Summe der normal kalkulierten Einzelpreise entrichten muss.

---

[691] Vgl. *Piper* in: *Köhler/Piper*, UWG (2002), § 3 UWG, Rdnrn. 174 ff.
[692] Vgl. *Köhler*, GRUR 2003, 729/732; *Hoß*, MDR 2001, 1094/1098
[693] *Marshall*, Unlauterer Wettbewerb, 2. Aufl. (1993), Rdnr. 136; *Köhler*, GRUR 2003, 729/732; vgl. dazu BGH GRUR 1984, 212/213 – Unechter Einzelpreis
[694] Großkomm/*Lindacher*, § 3, Rdnr. 934

Ein Kopplungsangebot ist weiterhin irreführend i.S. von § 5 Abs. 1 UWG, wenn der Werbende sein Versprechen über den Gegenstand der Kopplung, die Bedingungen, unter denen sie erfolgen kann, oder den von ihm verlangten Gesamtpreis nicht einhalten kann oder will. Dies ist der Fall, wenn das in der Werbung dargestellte Kombinationsangebot hinsichtlich Preis, Abnahmebedingungen und Zusammensetzung mit dem zur Verfügung stehenden Kopplungsangebot nicht übereinstimmt. Hierbei nimmt der Werbeadressat, erst nachdem er den Laden des Werbenden betritt bzw. mit ihm kontaktiert, wahr, dass sich die Waren bzw. Dienstleistungen, die tatsächlich zu einem Gesamtpreis angeboten werden, von den beworbenen Gütern völlig unterscheiden, (z.B. Fernseher statt Home-Cinema, Teppichverlegung statt Teppichreinigung), was allerdings nicht oft der Fall ist. Was demgegenüber nicht selten geschieht, ist, dass der Verbraucher am Ort des Verkaufs erfährt, dass er für die Erhaltung des Kopplungsangebots einen höheren Betrag zahlen muss, als ihm durch die Werbung angekündigt wurde oder, wenn die Bedingungen, unter denen er zum Abschluss des Kopplungsgeschäfts gelangen kann, den Werbeaussagen nicht entsprechen (z.B. Abnahme eines Elektrogerätes im Preis von 1,- € bei dem gleichzeitigen Abschluss eines dreijährigen Stromvertrages, während in der Werbung die Pflicht des Abschluss eines zweijährigen Vertrages angekündigt worden ist). Bei allen diesen Fällen sorgt die Diskrepanz zwischen Werbeaussagen und tatsächlichen Umständen für eine negative Überraschung für die Verbraucher, soweit ihnen dadurch ein Bild über das Angebot vermittelt wird, das von der Wirklichkeit weit entfernt ist.

Erheblich größer als bei den Kombinationsangeboten, bei denen alle Angebotsbestandteile an der Bildung des Gesamtpreises beteiligt sind, ist die Irreführungsgefahr bei den Angeboten mit Zugaben. Das höhere in dieser Form von Kopplungsangeboten enthaltene Potential an Irreführung der Verbraucher ist darin begründet, dass der Anbieter durch die dargestellte Unentgeltlichkeit eines der gekoppelten Güter tatsächliche Elemente des Angebots leichter verschleiern kann. Die Irreführungsgefahr bezieht sich insbesondere auf die Verschleierung des wahren Werts der Zugabe. Eine Irreführung tritt dementsprechend zunächst dann ein, wenn die Zugabe in der Werbung als kostbarer dargestellt wird, als sie es in der Wirklichkeit ist.[695] Wird z.B. ein „wertvoller Kugelschreiber", der tatsächlich nur einen Wert von 20,- € hat, als Zugabe zu dem Abschluss eines Abonnementvertrages im Wert von 200,- € angekündigt, führt diese übertriebene Anpreisung die Verbraucherschaft in die Irre. Eine Irreführung liegt weiterhin vor, wenn Waren als Zugaben angeboten werden, die entgegen dem äußeren Anschein

[695] *Henning-Bodewig,* WRP 2000, 886/888; *Berneke,* WRP 2001, 615/621; *Köhler,*GRUR 2001, 1067/1078; *Hoß,* MDR 2001, 1094/1098; *Köhler,* GRUR 2003, 729/732; *Stuckel* in: *Harte-Bavendamm/Henning-Bodewig,* § 4 Nr. 1 UWG, Rdnr. 38; vgl. dazu OLG Düsseldorf WRP 2001, 711; OLG Stuttgart GRUR 2002, 906/907

wertlos oder minderwertig sind.[696] Dabei handelt es sich um Produkte, die unter normalen Umständen einen gewissen Wert haben sollten, nachdem sie aber einige negative Besonderheiten aufweisen, ihren üblichen Wert verloren hatten. Darunter sind mangelhafte oder gefährliche (z.B. Produkte mit abgelaufener Haltbarkeit) Produkte zu verstehen. Dazu gehören auch Waren, die vom Anfang an, also ohne das Hinzutreten besonderer Umstände, eine Wertlosigkeit aufwiesen. Diese sind insbesondere die „Ramschware" sowie Sachen, die sowieso unentgeltlich erlangt werden können. Ein Kopplungsangebot mit Zugaben ist ferner irreführend i.S. von § 5 Abs. 1 UWG, wenn der Werbende sein Zugabeversprechen nicht einhält.[697] Die Täuschung besteht darin, dass der Werbeadressat mit der Gewährung einer Zugabe rechnet, während der Anbieter in der Tat bei dem Erwerb der Hauptleistung entweder auf die unentgeltliche Abgabe der angekündigten Leistung verzichtet oder für sie, trotz der Werbeaussagen, ein Entgelt verlangt. Gleichermaßen irreführend ist die Werbung eines Angebots mit Zugabe, wenn sie dem Werbeadressat den falschen Eindruck vermittelt, die Zugabe werde unabhängig vom Kauf der Hauptleistung gewährt, obwohl dies tatsächlich nicht der Fall ist.[698] Fraglich ist allerdings, ob eine Werbung auch dann als irreführend angesehen werden kann, wenn bloß die Unentgeltlichkeit einer Leistung in der Werbung herausgestellt wird, die Kosten dieser unentgeltlichen Zuwendung dennoch in die Kalkulation der Preise für die Hauptware oder -leistung einfließen. Nach einer Ansicht sollten in diesem Fall die ausdrücklichen Hinweise auf die Unentgeltlichkeit der Zusatzleistung als irreführend angesehen werden, weil der Verbraucher glaube, er bekomme etwas geschenkt, während er in der Tat durch die Überschreitung des Preises der Hauptleistung auch für die Erhaltung der „Zugabe" ein Entgelt entrichten müsse.[699] Nach der zutreffenderen Meinung, wie sie sich mit der Hilfe der Rechtsprechung entwickelt hat, kann demgegenüber dadurch keine Irreführung erfolgen. Dies findet seine Begründung darin, dass der verständige Durchschnittsverbraucher weiß, dass der Anbieter nichts zu verschenken hat,[700] und daher damit rechnen muss, dass trotz ausdrücklicher Hinweise über die Unentgeltlichkeit der Zusatzleistung, wie z.B. „Gratis", „Gratisgabe", „Geschenk" oder ähnlicher Ankündigungen, der Preis der Zugabe zumeist in dem Preis für die Hauptware miteinkalkuliert ist.[701]

---

[696] So *Köhler*, GRUR 2003, 729/732

[697] So *Köhler*, GRUR 2003, 729/732; *Stuckel* in: *Harte-Bavendamm/Henning-Bodewig*, § 4 Nr. 1 UWG, Rdnr. 38

[698] So *Berneke*, WRP 2001, 615/621; *Nordemann Jan Bernd*, NJW 2001, 2505/2510

[699] *Dittmer*, BB 2001, 1961/1964; *Berneke*, WRP 2001, 615/621

[700] BGH GRUR 1999, 264/266 – Handy für 0,00 DM

[701] *Heermann*, WRP 2001, 855/864; *Cordes*, WRP 2001, 867/871; *Steinbeck*, ZIP 2001, 1741/1744; *Köhler*, GRUR 2001, 1067/1078 sowie in: GRUR 2003, 729/732; vgl. OLG Frankfurt WRP 1999, 991 – Brillen zum Nulltarif

2. Die Verletzung des „Transparenzgebots"

Nach der Aufhebung der Zugabeverordnung und der daraus folgenden Liberalisierung des Werbens mit Kopplungsgeschäften wurde befürchtet, dass die neue Rechtssituation zu einer Verschärfung des Wettbewerbs im Bereich der Verkaufsförderungsmaßnahmen zu Lasten der Verbraucher führen würde. Um einen Ausgleich zu dieser neu gewonnenen Freiheit der Anbieter hinsichtlich der Gestaltung ihrer verbundenen Angebote sowie zu dem neu favorisierten Leitbild des durchschnittlich informierten, aufmerksamen, verständigen und demzufolge weniger schutzbedürftigen Verbrauchers zu schaffen,[702] hat die Rechtsprechung einen neuen Beurteilungsmaßstab für Kopplungsgeschäfte entwickelt. Gestützt auf §§ 1 und 3 UWG a.F. hat sie in den Grundsatzurteilen „Kopplungsangebot I"[703] und „Kopplungsangebot II"[704] neben den „traditionellen" Bewertungskriterien der Irreführung und der übermäßigen Anlockwirkung, die Transparenz des Angebots als maßgebliches Mittel für die Feststellung der Lauterkeit bzw. Unlauterkeit von Kopplungsangeboten dargestellt. Wann ein Angebot als transparent oder aber als intransparent und somit als wettbewerbswidrig anzusehen ist, ist nicht immer leicht zu erkennen, zumal der Begriff der „Transparenz" unbestimmt ist. Dieses Problem reduziert sich allerdings, wenn man berücksichtigt, dass das „Transparenzgebot" die Bedeutung eines „Informationsgebots" der Werbetreibenden hat. Danach sind die Werbenden verpflichtet, den Verbrauchern in ausreichendem Umfange Informationen und Aufklärungshinweise zur Verfügung zu stellen, ohne dass allerdings der mündige Verbraucher von seiner Pflicht, sich die für seine Kaufentscheidung erforderlichen Informationen zu beschaffen, befreit wird. Ziel der Einführung eines solchen Gebots im deutschen Lauterkeitsrecht ist im Wesentlichen die Verteilung von Informationspflichten zu Lasten der Werbenden und Informationsrisiken zu Lasten der Verbraucher in ein wettbewerbsdienliches Gleichgewicht zu bringen. Diese höchstrichterliche Konstruktion hat ihre Wurzeln in der von der Rechtsprechung anerkannten Aufklärungspflicht des Werbenden im Fall der Irreführung durch Unterlassen. Dabei hat die Judikatur angenommen, dass eine – allerdings nicht allgemeine - Aufklärungspflicht der Werbenden, sofern sie nicht schon aus gesetzlicher oder vertraglicher Verpflichtung oder vorangegangenem Tun folgt, auch dann besteht, wenn das Publikum bei Unterbleiben aufklärender Hinweise in einem wesentlichen Punkt, der die wirtschaftliche Entschließung zu beeinflussen geeignet ist, getäuscht würde.[705] Durch das „Transparenzgebot"

---

[702] Vgl. *Henning-Bodewig,* GRUR 2004, 713/717; *Apostolopoulos,* WRP 2004, 841/849

[703] BGH WRP 2002, 1256/1258

[704] BGH WRP 2002, 1259/1262

[705] BGH GRUR 1952, 416/417 – Dauerdose; BGH GRUR 1958, 30 – Außenleuchte; BGH GRUR 1964, 269/271 – Grobdesign; BGH GRUR 1973, 206/207 – Skibindungen; BGH GRUR 1982, 437/438 – Test Gut; BGH GRUR 1985, 450/451 – Benzinverbrauch; BGH GRUR 1989, 757/758

erstreckt sich die - in eingeschränktem Umfang dennoch bestehende – Informationspflicht des Werbenden nun auch auf Fällen, in denen der Werbeadressat zwar keiner konkreten Fehlvorstellung über das Angebot unterliegt, er aber eine unzureichende Information über wesentliche Aspekte des Angebots erhält. Bei intransparenten Angeboten ergibt sich die Wettbewerbswidrigkeit zunächst aus dem Gesichtspunkt der „Irreführung durch Unterlassen" (§ 5 Abs. 2 Satz 2 UWG), wenn die Werbung aufgrund fehlender Informationen eine konkrete Fehlvorstellung bei dem Verbraucher hervorruft, oder weiterhin aus dem Gesichtspunkt des „Wettbewerbsverstoßes durch Rechtsbruch" (§ 4 Nr. 11 UWG), wenn der Werbende geschriebene Informationspflichten verletzt.[706] Das „Transparenzgebot" bezieht sich allerdings schwerpunktmäßig, wie bereits angedeutet, auf Fälle, in denen der Verbraucher lediglich unzureichend informiert ist. Dabei kann sich also die Wettbewerbswidrigkeit aus dem Gesichtspunkt der bloßen „Uninformiertheit" oder, anders gesagt, der „unzureichenden Information" ergeben.[707] Während die zwei zunächst dargestellten Fallkonstellationen eine ausdrückliche Erwähnung im Gesetz gegen den unlauteren Wettbewerb genießen, ist es fraglich, auf welche gesetzliche Grundlage sich das „Transparenzgebot" stützen kann, oder anders formuliert, welcher (-n) UWG-Vorschrift(en) die Verletzung des „Transparenzgebots" durch unzureichende Information zuzuordnen ist. Entgegen ander lautender Forderungen,[708] hat hierbei der Gesetzgeber auf eine generelle Regelung von Informationspflichten zu Lasten der Werbenden und somit auf eine Kodifizierung des „Transparenzgebots" verzichtet. Er hat sich lediglich auf die vereinzelte Regelung bestimmter Informationspflichten bei Verkaufsförderungsmaßnahmen in § 4 Nr. 4 UWG und bei

– Auslaufmodelle I; BGH GRUR 1999, 1017/1018 – Kontrollnummerbeseitigung; BGH GRUR 2000, 76/77 – Shareware-Version; BGH GRUR 2000, 616/618 – Auslaufmodelle III; Dazu s. insb. in: *Piper* in *Köhler/Piper*, UWG (2002), § 3 UWG, Rdnrn. 102 ff.

[706] Vgl. *Ohly*, GRUR 2004, 889/898

[707] *Köhler*, GRUR 2003, 729/733

[708] *Fezer*, WRP 2001, 989/1015; *Schricker/Henning-Bodewig*, WRP 2001, 1367/1404; *Köhler/Bornkamm/Henning-Bodewig*, WRP 1317/1319/1325 f.; *Keßler/Micklitz*, Die Harmonisierung des Lauterkeitsrechts in den Mitgliedstaaten der Europäischen Gemeinschaft und die Reform des UWG, 1. Aufl. (2003), S. 69/70: Hierbei wurde sogar nicht nur die Einführung eines allgemeinen Informationsgebots im deutschen Lauterkeitsrecht vorgeschlagen, sondern zusätzlich eine Kodifizierung gesetzlicher Informationspflichten dergestalt, dass einzelne Aspekte des Informationsgebots (wie z.B. die Umwelteigenschaften der beworbenen Erzeugnisse sowie sicherheitsrelevante Hinweise) in besonderer Weise betont werden.; Dieser Vorschlag, umfassende Informationspflichten in das Gesetz gegen den unlauteren Wettbewerb einzuführen, stellt ein neue Philosophie des Verbraucherschutzes dar, wonach an die Stelle von Verbotsgrundsätzen sanktionierte Informationspflichten treten sollen. Dieses Konzept des Verbraucherschutzes durch Information liegt auch dem Vorschlag einer Verordnung über Verkaufsförderung im Binnenmarkt (KOM (2002) 585 endg., Erw. 11) zu Grunde: s. dazu in: *Fezer*, Wettbewerbsrecht als Verbraucherschutz – das Informationsmodell im Kommissionsentwurf über Verkaufsförderung, WuW 2002, 217; *Beater*, Europäisches Wettbewerb gegen unlauteren Wettbewerb – Ansatzpunkte, Grundlagen, Entwicklung, Erforderlichkeit, ZEuP 2003, 11/33

Preisausschreiben und Gewinnspielen in § 4 Nr. 5 UWG beschränkt, worauf allerdings ein allgemeines „Informationsgebot" nicht fußen kann. Aufgabe des folgenden Kapitels ist es den gesetzlichen Rahmen, dem das „Transparenzgebot" zuzuordnen ist, aufzuzeigen und weiterhin den Inhalt und die Reichweite der erforderlichen Transparenz beim Werben mit Kopplungsangeboten zu bestimmen.

a) Begriffbestimmung der „Transparenz" im Kopplungsangebot

Das im deutschen Lauterkeitsrecht eingeführte „Transparenzgebot" darf nicht mit dem „Transparenzgebot" verwechselt werden, das ebenso von der Rechtsprechung entwickelt und im Zuge des zum 01.01.02 in Kraft getretenen Schuldrechtsmodernisierungsgesetzes gemeinsam mit den Vorschriften über die „Allgemeinen Geschäftsbedingungen" in das BGB (§ 307 Abs. 1 Satz 2) eingebaut wurde. Letzteres ist anwendbar, wenn ein Vertragspartner dem Vertrag vorformulierte Vertragsbedingungen zu Grunde legt, und bezeichnet die Pflicht des Verwenders „Allgemeiner Geschäftsbedingungen" die Vertragsklausel klar und verständlich zu bestimmen, um eine mögliche, unangemessene Benachteiligung des Verbrauchers durch Missverständnisse zu vermeiden. Ein Verstoß gegen diese gesetzliche Anforderung kann zu der Unwirksamkeit einer Klausel führen. Demgegenüber wird für die Anwendbarkeit des wettbewerbsbezogenen „Transparenzgebots" keine derartige spezifische Bedingung vorausgesetzt. Es gilt dagegen generell für jegliche Wettbewerbshandlung und bezeichnet die Pflicht des Werbenden stets sein Angebot mit Klarheit und Verständlichkeit darzustellen.

Bei dem Werben mit Kopplungsangeboten verlangt das „Transparenzgebot" Klarheit und Verständlichkeit bei der Gestaltung des Angebots und insbesondere bei der Herausstellung des Vorliegens einer Güterkombination, der Darstellung der verbundenen Waren oder Dienstleistungen hinsichtlich Qualität, Wert oder anderer Eigenschaften, der Erklärung der Kopplungsbedingungen oder schließlich der Bestimmung und Angabe des geforderten Gesamtpreises. Der inhaltliche Umfang der Transparenz im Kopplungsangebot kann dennoch besser negativ bestimmt werden, d.h. durch Beantwortung der Frage, wann sich ein Kopplungsangebot als intransparent darstellt. Ein intransparentes Kopplungsgeschäft liegt generell dann vor, wenn „wesentliche Informationen" über verschiedene Parameter des Angebots, die der Verbraucher für eine „informierte Kaufentscheidung" benötigt, vorenthalten werden. Die Intransparenz ist also grundsätzlich mit dem Vorliegen einer gewissen Uninformiertheit der Verbraucher aufgrund unzureichender Informationen verbunden. Ungenügend informiert ist der Werbeadressat nicht nur, wenn die Angabe wichtiger Informationen durchaus fehlt, sondern auch dann, wenn der Werbeadressat zwar alle einschlägige Informationen erhält, diese allerdings auf unklare, unverständliche oder zweideutige Weise gegeben oder verborgen werden. Das Transparenzgebot darf allerdings nicht überspannt werden.[709] Nicht jedes Fehlen von Informationen kann das Kopplungsgeschäft als intransparent erscheinen lassen. Eine solche Betrachtung würde zu einer Überstrapazierung des Transparenzgebotes führen. Zugleich würde dadurch die Gesamtheit von Kopplungsangeboten für wettbewerbswidrig gehalten werden, zumal der Werbende zumeist nur lapidar sein Angebot darstellt,[710] und erst nachher, bei einem persönlichen Kontakt mit dem Werbeadressat in die Einzelheiten seines Angebots eindringt. Die Feststellung der Transparenz bzw. Intransparenz des Kopplungsangebots unterliegt einer Überprüfung im Einzelfall. Dabei wichtig ist jedenfalls die Beantwortung der Frage, ob sich überhaupt und falls ja inwieweit die fehlende Information des Verbrauchers auf seinen Kaufentschluss auswirkt. Von besonderer Bedeutung für die Annahme eines transparenten bzw. intransparenten Angebots ist also den Grad von Wesentlichkeit der Information, die vorenthalten wird, um zu erkennen, d.h. um darauf zu achten, ob der Verbraucher ohne die fehlende Information eine rationale Kaufentscheidung nach Qualität und Preis treffen kann. Welches Maß an Information der Verbraucher benötigt, beurteilt sich primär nach den Besonderheiten des jeweiligen Kopplungsgeschäfts. Generell beurteilt es sich allerdings auch weiter nach den Anforderungen des geltenden Verbraucherleitbilds und des mit ihm verbundenen „Informationsmodells".[711] Der durchschnittlich informierte, verständige und aufmerksame Durchschnittsverbraucher, dessen Leitbild nunmehr im deutschen Lauterkeitsrecht favorisiert wird, trägt ein gewisses – und zwar hohes - Maß an Selbstverantwortung[712] und wird unter anderem als *„information searcher"*[713] bezeichnet. Daher sind ihm gewisse Informationsrisiken zuzumuten. Die Beantwortung also der Frage, welches Maß an Information der Werbeadressat benötigt und welche Informationen er selbst beschaffen muss, um somit die ursprünglich gestellte Frage der Transparenz bzw. Intransparenz zu beantworten, ergibt sich aus einer Abwägung der Informationsrisiken der Verbraucher und der Informationspflichten der Werbetreibenden. Darauf soll jedoch später eingegangen werden.

---

[709] Vgl. *Keßler/Micklitz*, S. 64

[710] Vgl. *Pluskat*, WRP 2004, 282/285

[711] *Köhler*, GRUR 2001, 1067/1069

[712] *Steindorff*, EG-Vertrag und Privatrecht, 1. Aufl. (1996), S. 196; vgl. auch die Rede der Bundesministerin der Justiz Brigitte Zypries v. 25.9.2003 zur Einbringung eines neuen Gesetzes gegen unlauterenen Wettbewerb (abrufbar unter: www.bmj.bund.de)

[713] *Micklitz/Keßler*, WRP 2003, 919/930; *Doepner*, WRP 1997, 999/1005

b) Kopplungsangebote als transparenzbedürftige Verkaufsförderungsmaßnahmen

Die Klarheit der Werbung stellt neben der Wahrheit eine der wichtigsten Voraussetzung für das Vorliegen eines gesunden und funktionsfähigen Wettbewerbs dar. Es genügt also nicht, dass sich jegliche Werbemaßnahme in Richtung der Wahrheit bewegt, sondern sie soll zusätzlich transparent hinsichtlich Gestaltung, Inhalt und Ziel sein. Dies gilt umso mehr für das Werben mit Kopplungsangeboten, weil sie aufgrund ihrer aufweisenden Besonderheiten ein verhältnismäßig höheres Potential an Intransparenz in sich bergen als jede andere Werbemaßnahme. Die übliche Heterogenität der gekoppelten Waren oder Dienstleistungen, die gleichzeitige Darstellung zahlreicher Leistungen im Rahmen derselben Werbung, das Bestehen oft komplizierter Bedingungen, unter denen die Kopplung erfolgen soll, sowie die Bildung eines Gesamtpreises für das Komplettangebot sind Faktoren, die automatisch das Risiko erhöhen, dass sich ein Kopplungsangebot als intransparent darstellt. Dies wird auch durch das folgende Beispiel deutlich: wenn das Gegenstand einer Werbung ein Fernsehgerät ist, kann sich Intransparenz theoretisch daraus ergeben, dass der Werbeadressat unzureichende Informationen über die Eigenschaften des Geräts oder über den Preis, den er entrichten muss, erhält. Wird dagegen dieses Fernsehgerät als Bestandteil eines Kopplungsangebots beworben, bei dem das Gerät zwar zu einem niedrigen Preis angeboten wird, dieser Preis allerdings nur im Verbindung mit dem Abschluss eines zweijährigen Stromvertrags gültig ist,[714] erhöht sich automatisch die Wahrscheinlichkeit für das Hinzutreten intransparenter Momente. Diese können sich darauf beziehen, dass dem Verbraucher nicht deutlich gemacht wird, dass es sich hierbei um ein Kopplungsangebot handelt, also dass die Abgabe des Fernsehgeräts zu einem extrem niedrigen Preis den gleichzeitigen Abschluss eines Stromvertrags bedingt. Ferner kann die Intransparenz darin liegen, dass der Verbraucher unzureichende Information diesmal nicht nur über die Eigenschaften des Fernsehgeräts (etwa tragbares, x Zoll, mit Videotext u.s.w.), sondern auch über die Bedingungen des abzuschließenden Stromvertrags (Laufzeit, Grundgebühr/Monat, Verbrauchsgebühr/KWh) erhält. Zum Hervorrufen von Intransparenz neigt gleichermaßen ferner das Angebot, bei dem zahlreiche und heterogene Waren (z.B. Auto, Handy, Motorroller, Drucker, Kamera, Notebook) und Dienstleistungen (z.B. Reise) zu einem Gesamtpreis angeboten werden.[715] Hierbei setzt sich der Werbetreibende mit so vielen Leistungen auseinander, dass die Gefahr besteht, dass er im Rahmen seiner in der Regel kurzgefassten Werbeaussage auf die Angabe wesentlicher Informationen verzichtet, die sich auf

[714] So der Fall in: BGH WRP 2002, 1259 ff. – Kopplungsangbot II

[715] Vgl. OLG Karlsruhe WRP 2001, 1238 ff. – Jetzt schlägt's Punto; OLG Köln WRP 2002, 472 ff. – Punto

die Eigenschaften und den Wert der Einzelleistungen des Angebots sowie auf die Beteiligung jeder von ihnen an der Bildung des Gesamtpreises beziehen.

c) Verletzung von lauterkeitsrechtlichen Informationspflichten

Die Verletzung des Transparenzgebots ist, wie oben bereits aufgeführt, mit einer Verletzung von Informationspflichten gleichzusetzen.[716] Wie ebenfalls erklärt wurde, trifft den Werbenden keine *generelle* Pflicht zu einer vollständigen Darstellung seines Angebots oder zur Bereitstellung zusätzlicher Aufklärungshinweise.[717] Dies wird freilich auch nicht von dem angesprochenen Verkehr erwartet.[718] Eine solche Pflicht zu Lasten der Werbetreibenden besteht nur dann, wenn sie gesetzlich ausdrücklich vorgesehen ist oder zumindest durch das Hinzutreten von Unlauterkeitsmomenten (wie z.B. bei Entstehung einer Irreführungsgefahr) begründet werden kann.[719] Da verschiedene Ursachen zur Markierung eines Angebots als intransparent führen können, muss man je nach Entstehungsgrund der Intransparenz entsprechend variiert vorgehen. So kann sich zunächst die Intransparenz aus der Verletzung gesetzlicher Informationspflichten ergeben. Dies ist etwa der Fall, wenn der Anbieter gegen die Gebote der Preisangabenverordnung verstößt. Bei einem intransparenten Angebot kann weiterhin die Wettbewerbswidrigkeit mit der Begründung eines Irreführungstatbestands verbunden sein. Dabei ist die Verletzung des „Transparenzgebots" dem dogmatischen Aspekt einer „Irreführung durch Unterlassen", wie letztere in § 5 Abs. 2 Satz 2 UWG kodifiziert wird. Bei diesen zwei aufgeführten Fällen handelt es sich dennoch um eine Verletzung des „Transparenzgebots" im *weiteren Sinne*, zumal die Intransparenz zwar einen Unlauterkeitsgrund darstellt, die Wettbewerbswidrigkeit aber primär mit einem Verstoß gegen gesetzliche Anforderungen bzw. mit einer Verletzung des Irreführungsgebots einhergeht. Eine Verletzung des „Transparenzgebots" im *engeren Sinne* besteht demgegenüber, wenn sich die Wettbewerbswidrigkeit lediglich aus dem Gesichtspunkt der unzureichenden Information ergibt, also dann, wenn die Unlauterkeit nicht auf dem Hervorrufen konkreter Fehlvorstellungen bei den Verbrauchern oder auf der Verletzung gesetzlicher Informationspflichten basiert, sondern bloß auf die Uninformiertheit des Verbrauchers. Diese Fallkonstellation ist dennoch nicht selbständig gesetzlich verankert. Die Problematik also dieser Thematik

[716] Vgl. GroßK/*Lindacher,* § 3, Rdnr. 52
[717] Vgl. dazu: *Piper* in: *Köhler/Piper,* UWG (2002), § 3 UWG, Rdnr. 103; *Keßler/Micklitz,* S. 65; vgl. auch BGH GRUR 1999, 264/267 – Handy für 0,00 DM
[718] *Piper* in: *Köhler/Piper,* UWG (2002), § 3 UWG, Rdnr. 103; vgl. BGH GRUR 1996, 793/795 – Fertiglesebrillen m.w.N.
[719] Vgl. *Lettl,* BB 2004, 1913/1914

konzentriert sich auf die zentrale Frage, welcher Regelkomplex des geltenden Rechts Anwendung für diesen Unlauterkeitstatbestand beanspruchen soll.

aa) Irreführung als Folge der Intransparenz

Die Darstellung eines intransparenten Kopplungsgeschäfts, sei es aufgrund der Unvollständigkeit oder der Mehrdeutigkeit der Werbebotschaft, kann zu einer Täuschung der Verbraucher über den wahren Inhalt und die tatsächlichen Parameter der beworbenen Waren- bzw. Leistungskombination führen. § 3 UWG a.F. enthielt zwar ein Irreführungsverbot, aus seinem Tatbestand war allerdings unmittelbar nicht abzuleiten, dass eine irreführende Angabe auch im Verschweigen einer Tatsache oder in der unvollständigen Darstellung des beworbenen Gegenstands liegen konnte. Dem Tatbestand des § 3 UWG a.F. war gleichermaßen weder ein Informations- oder Aufklärungsgebot noch ein Gebot inhaltlicher Vollständigkeit bezüglich der Werbeaussage zu entnehmen.[720] Nach der ständigen BGH-Rechtsprechung[721] wurde dennoch angenommen, dass das Verschweigen von Informationen über das Angebot die Werbung als irreführend erscheinen lässt, wenn für den Werbenden eine Aufklärungspflicht aus Gesetz, Vertrag oder vorangegangenem Tun besteht. Eine Aufklärungspflicht konnte sich aber, laut der Rechtsprechung, weiterhin auch aus der besonderen Bedeutung ergeben, die der vorenthaltenden Tatsache nach der Auffassung der Verbraucherschaft für die Kaufentscheidung zukam,[722] sodass das Verschweigen oder die unvollständige Angabe von Informationen geeignet war, das angesprochene Publikum in relevanter Weise irrezuführen, also seine wirtschaftliche Entschließung zu beeinflussen. Umgekehrt galt es also, dass der Werbetreibende zur ausreichenden Information der Werbeadressaten und zur Bereitstellung zusätzlicher Aufklärungshinweise dann verpflichtet war, wenn unter gewissen Umständen eine Irreführungsgefahr ersichtlich war. Diese Thematik wurde dem Aspekt einer „Irreführung durch Unterlassen" (oder „Irreführung durch Verschweigen einer Tatsache") zugeordnet[723] und, obwohl sie nicht ausdrücklich geregelt war, waren die zur Vermeidung einer begründeten Täuschungsgefahr

---

[720] Vgl. *Keßler/Micklitz*, S. 65; *Apostolopoulos*, WRP 2004, 841/848

[721] S. vor allem: *Piper* in: *Köhler/Piper*, UWG (2002), § 3 UWG, Rdnrn. 102 ff. m.w.N. zu der entsprechenden Judikatur

[722] Vgl. *Loewenheim*, Aufklärungspflichten in der Werbung, GRUR 1980, 14/16; Dort wird allerdings betont, dass das Kriterium der Bedeutung der verschwiegenen Tatsache für den Verkehr nicht genügt, sondern mit noch zwei Kriterien, namentlich der Üblichkeit von aufklärenden Hinweisen und dem üblichen Vorhandensein bestimmter Eigenschaften des Warenangebots, kumulativ vorhanden sein, um eine Aufklärungspflicht zu begründen.

[723] Großkomm/*Lindacher*, § 3, Rdnrn. 92 f.; *Lettl*, Der lauterkeitsrechtliche Schutz vor irreführender Werbung in Europa, S. 181

vorgesehenen Informations- und Aufklärungspflichten zu Lasten der Werbenden dem § 3 UWG a.F. zu entnehmen.

Der Fall der „Irreführung durch Unterlassen“ genießt nunmehr im neuen Gesetz gegen den unlauteren Wettbewerb eine ausdrückliche Erwähnung. Dieser ist speziell in § 5 Abs. 2 Satz 2 UWG geregelt, wonach das Verschweigen einer Tatsache irreführend sein kann. Diese Vorschrift, die im Wesentlichen eine Kodifizierung der bisherigen Rechtsprechung darstellt,[724] betont durch die Anerkennung eines Irreführungstatbestandes die Pflicht des Werbetreibenden sein Angebot vollständig darzustellen und den Verbrauchern all die benötigten Informationen zu vermitteln, damit bei den Verbrauchern kein irriger Eindruck über das Angebot erweckt wird. Somit wird sowohl einer der Fälle, in denen die Einhaltung der Transparenz im Angebot lauterkeitsrechtlich erforderlich ist, und zugleich eine der Fallkonstellationen gekennzeichnet, bei denen die Verletzung des „Transparenzgebotes“ im weiteren Sinne erfolgen kann: dies ist die wettbewerbswidrige Intransparenz unter dem Gesichtspunkt der Irreführung.

Kopplungsangebote können unter diesem Aspekt für unzulässig gehalten werden, wenn der Werbetreibende wesentliche Informationen verbirgt, auf unklare, unverständliche oder zweideutige Weise bereitstellt oder sogar nicht rechtzeitig bereitstellt, und dieses Verhalten zur Folge hat, dass die Verbraucherschaft einer *konkreten* Fehlvorstellung über die Preisgünstigkeit des Kopplungsgeschäfts, die Eigenschaften oder auch den Wert der gekoppelten Leistungen unterliegt. Ein erhöhtes Irreführungspotential liegt dementsprechend beim Werben mit Kopplungsgeschäften in den Fällen vor, in denen bei der Kopplung zweier oder mehrerer Angebote mit der besonderen Preiswürdigkeit des einen Angebots geworben wird. Eine Irreführung kann dabei darin liegen, dass in der einschlägigen Werbung allein der günstige Preis des eines Angebotsbestandteils, oder sogar das Versprechen unentgeltlicher Teilleistungen – wenn das Angebot Zugabe enthält – herausgestellt wird, während andererseits der Preis des anderen Teils des Kopplungsangebots oder die damit verbundenen Folgekosten und demzufolge die wirtschaftliche Gesamtbelastung des Verbrauchers in der Darstellung untergeht oder in den Hintergrund tritt.[725] Liegt eine solche Situation vor, dann ist das Kopplungsangebot nach § 5 Abs. 2 Satz 2 UWG zu beanstanden, weil damit ein unzutreffender Eindruck über die Preiswürdigkeit des verbundenen

[724] *Köhler,* NJW 2004, 2121/2124; *Henning-Bodewig,* GRUR 2004, 713/718; *Engels/Salomon,* WRP 2004, 32/37

[725] Dazu s. insb. in: *Lettl,* BB 2004, 1913/1919; *Dreyer* in: *Harte-Bavendamm/Henning-Bodewig,* § 5 UWG, Rdnrn. 798, 803; BGH GRUR 1999, 264/267 – Handy für 0,00 DM; BGH GRUR 1999, 261/264 – Handy Endpreis; BGH WRP 2002, 1256/1259 – Kopplungsangebot I; BGH WRP 2002, 1259/1262 – Kopplungsangebot II; BGH NJOZ 2002, 972/973 f. – Für'n Apfel und n' Ei; BGH GRUR 2003, 890/891 – Buchclub-Kopplungsangebot

Angebots hervorgerufen wird.[726] Die Informations- bzw. Aufklärungspflicht des Werbenden besteht bei einer solchen Fallkonstellation darin, gleichzeitig mit dem herausgestellten Hinweis auf die günstige Teilleistung in klarer Zuordnung leicht erkennbar und deutlich lesbar auf das Entgelt hinzuweisen, das für den anderen Teil des Kopplungsangebots verlangt wird[727] oder zumindest auf den Gesamtbetrag, den der Abnehmer zahlen muss, sodass letzterer durch die Subtraktion des auffällig dargestellten Preises den Preis der anderen Leistung erfahren kann. Weiterhin ist ein Kopplungsangebot irreführend, wenn eine der Leistungen zu einem extrem niedrigen Preis angeboten wird, die Bedingungen allerdings, unter denen dieser Preis gültig ist, verschwiegen werden oder zumindest in den Hintergrund treten. Üblicherweise handelt es sich dabei um Kopplungsangebote, bei denen der eine Teil des Angebots ein Elektrogerät (etwa Fernseher,[728] Playstation,[729] Videorecorder,[730] Handy[731] u.s.w.) ist, das zu einem ungewöhnlich günstigen oder sogar bei Null liegenden Preis angeboten wird. Dieser Preis entspricht allerdings nicht dem Betrag, den der Verbraucher für die vereinzelte Abnahme der Leistung entrichten muss, sondern ist nur dann gültig, wenn er gleichzeitig einen langzeitigen Vertrag, zumeist Netzkarten- oder Stromvertrag abschließt. Eine Irreführung kann hierbei dann eintreten, wenn diese Bedingung total verschwiegen wird, sodass in der Werbeaussage von einem Vertrag überhaupt nicht die Rede ist, und der Werbeadressat diesen erst erfährt, wenn er den Laden des Anbieters betritt. Das ist z.B. der Fall, wenn der Werbetreibende Waren wie Uhrenradios oder Bücher anbietet, ohne allerdings darauf hinzuweisen, dass an den Kauf die Mitgliedschaft in einem Lesering mit weiteren Abnahmepflichten geknüpft ist[732] oder ferner, wenn ein Möbelversandgeschäft in Zeitungsanzeigen Brautpaaren Mietwohnungen anbietet, er dennoch verschweigt, dass die Vermietung von der Abnahme von Möbeln abhängig ist.[733] Das Hinzutreten von Irreführungsmomenten ist aber auch dann anzunehmen, wenn in der Werbung zwar beide Leistungen dargestellt werden, zwischen denen es allerdings an einer Anknüpfung fehlt, etwa durch einen wörtlichen Hinweis oder zumindest durch eine Sternchenverknüpfung. Da bei

---

[726] BGH GRUR 1999, 264/267 – Handy für 0,00 DM; BGH GRUR 1999, 261/264 – Handy Endpreis; BGH WRP 2002, 1256/1259 – Kopplungsangebot I; BGH WRP 2002, 1259/1262 – Kopplungsangebot II ; BGH GRUR 2003, 890/891 – Buchclub-Kopplungsangebot; OLG Karlsruhe GRUR-RR 2002, 168/169 – Zwei Knaller

[727] BGH GRUR 1999, 264/267 – Handy für 0,00 DM; BGH GRUR 1999, 261/264 – Handy Endpreis; BGH WRP 2002, 1256/1259 – Kopplungsangebot I; BGH WRP 2002, 1259/1262 – Kopplungsangebot II ; BGH GRUR 2003, 890/891 – Buchclub-Kopplungsangebot; BGH WRP 2004, 481/482 f. – Treue-Punkte

[728] BGH GRUR 2002, 1259 – Kopplungsangebot II

[729] BGH WRP 2004, 483 – Playstation

[730] BGH GRUR 2002, 1256 – Kopplungsangebot I

[731] BGH GRUR 1999, 264/267 – Handy für 0,00 DM; BGH WRP 2004, 483 – Playstation

[732] OLG Stuttgart GRUR 1978, 722 – Radio-Digital-Uhr

[733] OLG Stuttgart GRUR 1978, 658/659 – Möbelwerbung

einem solchen Fall der Verbraucher darüber getäuscht werden kann, dass er in den Genuss der gewährten Preisvergünstigung ohne weitere Belastung gelangen kann, ist der Werbetreibende verpflichtet, klar und deutlich auf die Kopplung hinzuweisen. Dafür genügt es, wenn ein bei der blickfangmäßig herausgestellten Preisangabe angebrachter Stern den Leser darauf verweist, dass der Angebotspreis nur in Verbindung mit dem Abschluss eines bestimmten Vertrags Gültigkeit beanspruchen kann.[734] Eine Irreführung liegt ferner vor, wenn der Werbetreibende darauf verzichtet, in seiner Werbung auf nachteilige Eigenschaften der angebotenen Leistungen hinzuweisen. Dies ist beispielsweise der Fall, wenn eine der gekoppelten Waren nicht mehr produziert bzw. nicht mehr geführt wird oder von dem Hersteller zum Auslaufmodell erklärt worden ist, der Werbende aber unterlässt die Werbeadressaten darauf hinzuweisen. Der Verbraucher legt bei der Abnahme bestimmter Waren, wie z.B. Haushaltsgeräte, Geräte aus dem Bereich der Unterhaltungselektronik oder Kraftfahrzeuge, besonderen Wert darauf, dass diese nicht schon nach kurzer Zeit veraltet sind,[735] soweit es sich hierbei um Gegenstände handelt, die man einfach so im Vorbeigehen nicht kauft. Daher geht der potentielle Käufer derartiger Waren davon aus, dass das von ihm erworbene Produkt nicht von einer Modellneuheit schon überholt geworden ist, und erwartet, wenn es nicht anders angekündigt wird, dass er Produkte der aktuellen Modellreihe erhalten wird. Angesichts dieser Erwartungen und in Kombination mit der Tatsache, dass der Modellwechsel besonders im Bereich des Kfz-Marktes oder der Unterhaltungselektronik rasant ist, ist der Werbende verpflichtet, wenn das geworbene Produkt nicht mehr in der aktuellen Modellreihe steht, also wenn sein Nachfolger bereits im Handel ist, die Werbeadressaten darauf hinzuweisen, dass es sich hierbei um ein Auslaufmodell handelt.[736] Unterlässt er dies, dann ist seine Werbung irreführend, weil der Verbraucher glaubt, er bekomme ein neu eingeführtes Produkt, obwohl dies in der Tat nicht der Fall ist. § 5 Abs. 2 Satz 2 UWG kann schließlich auch dann eingreifen, wenn bei einem Kopplungsangebot mit Zugabe der Anbieter den tatsächlichen Wert der zugegebenen Leistung in der

---

[734] Vgl. BGH WRP 2004, 483/485 - Playstation

[735] S. dazu *Piper* in: *Köhler/Piper*, UWG (2002), § 3 UWG, Rdnr. 104

[736] BGH GRUR 1982, 374/356 – Ski-Auslaufmodelle; BGH WRP 1999, 839/840 - Auslaufmodelle; BGH GRUR 1999, 760/761 - Auslaufmodelle II; BGH GRUR 2000, 616/618 – Auslaufmodelle III; OLG Köln NJWE-WettbR 1998, 221/222; OLG Karlsruhe WRP 2001, 1238/1242; Großkomm/*Lindacher*, § 3, Rdnrn. 189, 193; *Dreyer* in: *Harte-Bavendamm/Henning-Bodewig*, § 5 UWG; Rdnr. 803; Geklärt von der Rechtsprechung ist allerdings noch nicht, ob eine Hinweispflicht des Werbenden auch dann besteht, wenn der Modellwechsel lediglich das Design oder die Farbe der Waren betrifft: dazu OLG München WRP 1977, 279/280, das in diesem Fall eine Hinweispflicht bejaht hat (vgl. auch OLG München WRP 1979, 157 f. – Auslaufmodelle von Skiern); a.A. allerdings OLG Düsseldorf WRP 1976, 474/476; OLG Frankfurt WRP 1977, 802/804; OLG Bamberg WRP 1978, 212/213; Ferner, wenn es sich um einen Modellwechsel bei der Bekleidung und Sportausrüstung handelt, wobei man nicht von neuen Modellen sondern besser von einer neuen „Collection" spricht: dazu sowie zur ersten Problematik s. in: *Loewenheim*, GRUR 1980, 14/16 ff.

Werbung nicht angibt. Den Werbenden trifft grundsätzlich keine derartige Angabepflicht.[737] Wettbewerbswidrigkeit ist dabei allerdings primär unter dem Gesichtspunkt der Irreführung durch Unterlassen und sekundär unter dem Aspekt der Verletzung ungeschriebener Informationspflichten anzunehmen, wenn der Verbraucher aufgrund fehlender Angaben über die wertqualifizierenden Merkmale der Zuwendung über den tatsächlichen Wert der Zugabe und demzufolge über die tatsächliche Vorteilhaftigkeit des Gesamtangebots getäuscht wird.[738] Dies ist etwa der Fall, wenn die Zugabe in der Werbung nicht freilich durch eine falsche Bezifferung ihres Werts oder durch andere aussagekräftige Begriffe wie z.B. „wertvoll“ oder „hochgeschätzt“ (zumal in diesem Fall eine Irreführung durch positives Tun vorliegt), sondern aus dem Zusammenhang des Werbetextes oder der Darstellung der Zugabe in der Werbung als kostbarer hingestellt als sie es in Wirklichkeit ist, und diesen falschen Eindruck der angesprochene Verbraucher gewinnt.

bb) Verletzung geschriebener Informationspflichten

Ein Verstoß im weiteren Sinne gegen das Transparenzgebot besteht weiterhin, wenn bei der Darstellung des Kopplungsgeschäfts Informationspflichten verletzt werden, die in Gesetzestexten ausdrücklich vorgesehen sind. Dabei erfolgt die Verletzung des Transparenzgebots durch die Verletzung „geschriebener Informationspflichten“.[739] In diesen Fällen ergibt sich die Wettbewerbswidrigkeit primär aus dem Verstoß gegen die jeweiligen speziellen vorgesehenen Informationsgeboten, subsidiär und allgemein kann allerdings die Unlauterkeit jedenfalls dem Tatbestand des Wettbewerbsvorstoßes durch Rechtsbruch (§ 3 UWG i.V.m. § 4 Nr. 11 UWG) zugeordnet werden.[740] Gesetzliche Informationspflichten, die sich auf die werbliche Gestaltung von Kopplungsgeschäften beziehen, sind aus drei verschiedenen Gesetzstellen abzuleiten.[741]

---

737 BGH WRP 2002, 1256/1258/1259 – Kopplungsangebot I; BGH WRP 2002, 1259/1262 – Kopplungsangebot II

738 BGH WRP 2002, 1256/1258/1259 – Kopplungsangebot I; BGH WRP 2002, 1259/1262 – Kopplungsangebot II; BGH WRP 2003, 1428/1429 – Einkaufsgutschein; BGH WRP 2004, 483/485 – Playstation; BGH I ZR 161/01 Urteil vom 11. März 2004 (bislang unver.)

739 So zutreffend: *Köhler*, GRUR 2003, 729/733

740 *Köhler*, GRUR 2003, 729/733

741 Gesetzliche Infomationspflichten für das Werben mit Kopplungsangeboten können sich außer aus dem Bereich lauterkeitsrechtlicher Vorschriften auch aus dem Bürgerlichen Recht ergeben, und insbesondere aus den Vorschriften der BGB-InfoV (Verordnung über Informationspflichten nach bürgerlichem Recht v. 2. Januar 2002, BGBl. I S. 342): dazu s. insb. in: *Köhler*, GRUR 2003, 729/733

(1.) Kopplungsangebote unter die Lupe der Preisangabenverordnung

Eine wichtige gesetzliche Quelle von Informationspflichten zu Lasten der Werbetreibenden stellt zunächst die Preisangabeverordnung[742] dar. Die darin befindlichen Informationsgebote beziehen sich ausschließlich auf die Preisgestaltung des jeweiligen Angebots und dienen der Sicherung der Preistransparenz im Wettbewerb. Kopplungsgeschäfte werden in diesem Gesetz nicht ausdrücklich geregelt. Informationspflichten allerdings, die im Rahmen derartiger Angebotsformen Anwendung finden können, sind zumindest der Preisangabenverordnung in zwei Fällen zu entnehmen.

Demgemäss ist zunächst, wie das freilich allgemein bei jeglichem Angebot der Fall ist, auch der Anbieter eines Kopplungsgeschäfts nach § 1 Abs.1 Satz 1 PAngV verpflichtet, mit Endpreisen zu werben. Beim Werben mit Kopplungsangeboten steht es dem Anbieter grundsätzlich frei, die Einzelpreise der gekoppelten Leistungen anzugeben oder sogar nur den geforderten Gesamtpreis zu offenbaren. Unabhängig davon, welche der beiden Möglichkeiten der Werbende zur Preisdarstellung seines Angebots auswählt, soll er jedenfalls den insgesamt zu zahlenden Preis, also der Preis, der einschließlich der Umsatzsteuer und sonstiger Preisbestandteile zu entrichten ist, nennen.[743] Der angegebene Einzel- bzw. Gesamtpreis soll also einem Bruttopreis entsprechen,[744] und all die Kosten enthalten, die der Verkäufer üblicherweise in der Kalkulation seiner Endpreise einbezieht (z.B. zwangsläufig anfallende Gebühren wie Flughafengebühren[745] oder Öko-Steuern).[746] Nur dadurch wird es den Werbeadressaten ermöglicht, zu einer zuverlässigen Gesamtbewertung des Kopplungsangebots zu gelangen und zutreffende, der Wirklichkeit entsprechende Preisvergleiche mit Angeboten anderer Konkurrenten durchzuführen. Wirbt dagegen der Anbieter nicht mit Endpreisen, so weist die Werbung Merkmale von Intransparenz auf, soweit hierbei wesentliche Informationen vorenthalten werden, die eine wahrheitsgemäße Würdigung des Angebots hinsichtlich seiner Preisgünstigkeit zulassen würden. Zwar gilt dies unabhängig davon, ob die Nichtangabe des Endpreises zu dem Hervorrufen einer konkreten Fehlvorstellung des Verbrauchers führt oder zumindest dazu geeignet ist. Das heißt also, dass die Pflicht des

[742] Preisangabenverordnung (PAngV) in der Neufassung der Bekanntmachung vom 18. Oktober 2002 (BGBl. I, S. 4197 ff.) geändert durch § 20 Abs. 9 des UWG vom 3. Juli 2004; in Kraft ab 8.7.2004 (BGBl. Teil 1/2004, S.1414 ff.)

[743] S. dazu auch § 1 Abs. 6 Satz 3 PangV, wonach die Aufgliederung der Preisen – also im Fall der Kopplungsangebote in die einzelnen Preisbestandteile, d.h. in die Einzelpreise der verbundenen Leistungen – befreit nicht von der Angabe des des Endpreises; vgl. dazu: *Piper* in: *Köhler/Piper,* UWG (2002), § 1 PAngV, Rdnr. 52

[744] *Piper* in: *Köhler/Piper,* UWG (2002), § 1 PAngV, Rdnrn. 21, 28

[745] Vgl. BGH GRUR 1981, 140/141 – Flughafengebühr

[746] *Piper* in: *Köhler/Piper,* UWG (2002), § 1 PAngV, Rdnrn. 22, 28

Werbenden die Verbraucher über den Endpreis seines Kopplungsangebots zu informieren, bleibt auch dann aufrechterhalten, wenn auch der Endpreis unschwer durch einen einfachen Rechnenvorgang ermittelt werden kann.[747] Gegen seine Pflicht, die Endpreise anzugeben, verstößt der Werbetreibende grundsätzlich auch dann, wenn er in seiner Werbung auf die Mitteilung fester Preise verzichtet. Dies ist der Fall, wenn er mit sog. „Ca-Preisen" oder „Margenpreisen" („von...bis"-Preise, „ab"-Preise) wirbt,[748] die allerdings keine genaue Ermittlung, sondern lediglich eine Einschätzung des verlangten Preises ermöglichen. Ausgenommen von der Pflicht einer Endpreisangabe werden dennoch die Fälle, in denen der Endpreis aufgrund der Natur des Angebots nicht vom Anfang an bestimmt werden kann. Dies ist bei dem Werben mit Kopplungsangeboten der Fall, wenn sich eine der gekoppelten Leistungen auf den Abschluss eines Vertrags bezieht. Wird also der Abschluss eines Kaufvertrags über ein Produkt, z.B. ein Mobiltelefon bzw. ein Fernsehgerät oder ein Videorecorder, vom gleichzeitigen Abschluss eines Dauerlieferungsvertrags, z.B. eines Netzkarten-[749] bzw. Stromvertrags,[750] abhängig gemacht, kann kein Endpreis über das Gesamtangebot gebildet und somit angekündigt werden. Dies ist darauf zurückzuführen, dass bei derartigen Kopplungsgeschäften zwar die ohnehin entstehenden Mindestkosten errechnet werden können, die Gesamtkosten allerdings nicht, da die im Rahmen des Dauerlieferungsvertrags verbrauchsabhängig anfallenden Kosten im Einzelfall sehr unterschiedlich ausfallen können.[751] Abgesehen also von den Fixkosten (Preis des Produkts, einmalige Anschlussgebühren, monatliche Grundgebühren, Mindestumsätze u.s.w.) variieren die zusätzlichen, mit dem Abschluss des Dauerlieferungsvertrags verbundenen Kosten nach dem Verbrauchsverhalten des jeweiligen Nutzers, sodass die insgesamt entstehende Kostenbelastung nicht von vornherein bestimmt werden kann.

Aus der Preisangabeverordnung ist darüber hinaus ein weiteres Gebot abzuleiten, das der Sicherung der Preistransparenz bei Kopplungsangeboten dient. Dabei handelt es sich um die Pflicht des Werbetreibenden, die Preise der gekoppelten Leistungen stets einheitlich zu bewerben. Dieses Gebot wendet sich gegen die Fälle von Kopplungsgeschäften, in denen die Einzelpreise der Angebotsbestandteile unverhältnismäßig dargestellt werden. Dies geschieht dann, wenn in der Werbung allein das Versprechen unentgeltlicher Teilleistungen oder der günstige

---

[747] *Piper* in: *Köhler/Piper*, UWG (2002), § 1 PAngV, Rdnr. 23; BGH GRUR 1979, 553/554 – Luxus-Ferienhäuser; BGH GRUR 1983, 665/666 – qm-Preisangaben I

[748] Vgl. *Piper* in: *Köhler/Piper*, UWG (2002), § 1 PAngV, Rdnrn. 26 f.

[749] Vgl. BGH GRUR 1999, 264 ff. – Handy für 0,00 DM

[750] Vgl. BGH WRP 2002, 1256 ff. – Kopplungsangebot I; BGH WRP 2002, 1259 ff. – Kopplungsangebot II

[751] *Piper* in: *Köhler/Piper*, UWG (2002), § 1 PAngV, Rdnr. 25; vgl. auch *Pluskat*, WRP 2002, 1381/1384

Preis einer Teilleistung herausgestellt wird, während der Preis des anderen Teils des Kopplungsangebots und damit die Gesamtbelastung verschwiegen wird, oder in der Darstellung untergeht oder in den Hintergrund tritt. Die Wettbewerbswidrigkeit ergibt sich dabei, wie oben bereits aufgeführt,[752] aus dem Gesichtspunkt der „Irreführung durch Unterlassen“ (§ 5 Abs. 2 Satz 2 UWG), zumal dadurch dem Verbraucher ein unzutreffender Eindruck über die Preiswürdigkeit des Kopplungsangebots vermittelt werden würde. Ein Wettbewerbsverstoß kann allerdings auch der Preisangabenverordnung, insbesondere dem § 1 Abs. 6 Satz 2 PangV, entnommen werden,[753] wonach die allgemeine Pflicht des Werbenden geregelt ist, dem Angebot der Werbung eindeutig zuzuordnen sowie leicht erkennbar und deutlich lesbar oder sonst gut wahrnehmbar zu machen. Daraus ergibt sich also, dass der Werbende in dem Fall, in dem er die Preisgünstigkeit eines Angebotselements hervorhebt, dazu gezwungen ist, gleichzeitig in klarer Zuordnung, leicht erkennbar und deutlich lesbar auch auf das Entgelt hinzuweisen, das für den anderen Teil des Kopplungsangebots gefordert wird.[754]

(2.) Gesetzliche Informationsanforderungen im elektronischen Handel

Gesetzlich vorgeschriebene Informationspflichten gegenüber Verbrauchern ergeben sich weiterhin aus dem sog. Teledienstgesetz (TDG).[755] Dieses Gesetz, das in seiner neuen Fassung am 01. Januar 2002 in Kraft trat, enthält verschärfte Informationspflichten zu Lasten den Betreibern von Homepages mit gewerblichem Inhalt. Die Kodifizierung dieser Pflicht soll vor allem größere Transparenz bei Online-Transaktionen schaffen und dem Verbraucherschutz dienen. Danach sind alle Unternehmen, die einen Internetauftritt betreiben, zu umfangreicher und vollständiger Angabe bestimmter Informationen verpflichtet. Diese Informationspflichten beziehen sich einerseits auf die vollständige Bekanntmachung der Identität (etwa Angabe des Namens mit Rechtsform, vollständige Adresse, unmittelbare Kontaktmöglichkeiten, Vertretungsorgane bzw. Vertretungs-

---

[752] In: Dritter Teil, C. V. 2. c. aa), S. 182 ff.

[753] BGH GRUR 1999, 261/264 – Handy-Endpreis; BGH GRUR 1999, 264/267 – Handy für 0,00 DM; BGH WRP 1999, 509/511 – Kaufpreis je je nur 1,- DM; BGH WRP 2002, 1256/1259 – Kopplungsangebot I; BGH WRP 2002, 1259/1262 – Kopplungsangebot II; s. auch in: *Köhler*, GRUR 2003, 729/733

[754] BGH WRP 2002, 1256/1259 – Kopplungsangebot I; BGH WRP 2002, 1259/1262 – Kopplungsangebot II

[755] Gesetz über die Nutzung von Telediensten (Teledienstgesetz – TDG) vom 22. Juli 1997 (BGBl. I 1997, S. 1870) zuletzt geändert durch Art. 1 und 4 Abs. 1 des Gesetzes über rechtliche Rahmenbedingungen für den elektronischen Geschäftsverkehr v. 14. Dezember 2001 (BGBl. I 3721) zur Umsetzung der Richtlinie 2000/31/EG des Europäischen Parlaments und des Rates vom 8. Juni 2000 über bestimmte rechtliche Aspekte der Dienste der Informationsgesellschaft, insbesondere des elektronischen Geschäftsverkehrs, im Binnenmarkt („Richtlinie über den elektronischen Geschäftsverkehr“).

berechtigte) des Anbieters (§ 6 TDG) und andererseits auf die Erkennbarkeit kommerzieller Kommunikationen als solche (§ 7 TDG).

Für Kopplungsangebote, soweit sie natürlich im Rahmen des elektronischen Geschäftsverkehrs beworben werden, können § 7 Satz 1 Nr. 3 TDG und § 7 Satz 1 Nr. 4 TDG Anwendung beanspruchen.[756] Nach § 7 Satz 1 Nr. 3 TDG[757] muss der jeweilige Dienstanbieter mindestens dafür sorgen, dass Angebote zur Verkaufsförderung wie Preisnachlässe klar als solche erkennbar sind, und dass die Bedingungen für ihre Inanspruchnahme leicht zugänglich sind sowie klar und unzweideutig angegeben werden. Mit der Pflicht zur Angabe von Informationen, die sich auf die Erkennbarkeit und die Inanspruchnahme eines online-Kopplungsangebots setzt sich weiterhin § 7 Satz 1 Nr. 4 TDG[758] auseinander. Nach dieser Vorschrift müssen Preisausschreiben oder Gewinnspiele mit Werbecharakter klar als solche erkennbar sein und die Teilnahmebedingungen leicht zugänglich sein sowie klar und unzweideutig angegeben werden. Dazu ist also unter anderen auch der Dienstanbieter eines Kopplungsgeschäfts verpflichtet, wenn die Kopplung ein Gut und die Teilnahme an einem Preisausschreiben oder Gewinnspiel betrifft, d.h. also, wenn er die Teilnahme von Verbrauchern an einer derartigen Veranstaltung von dem Erwerb einer Ware oder der Inanspruchnahme einer Dienstleistung abhängig macht. Da allerdings derartige Kopplungsformen nach § 4 Nr. 6 UWG nur eingeschränkt zulässig sind,[759] und angesichts der Vorbehaltung in § 7 Satz 2 TDG, dass die Vorschriften des Gesetzes gegen den unlauteren Wettbewerb unberührt bleiben, hat § 7 Satz 1 Nr. 4 TDG für Kopplungsangebote nur dann eine Bedeutung, wenn das jeweils angekündigte Preisausschreiben oder Gewinnspiel naturgemäß mit der Ware oder der Dienstleistung verbunden ist, also nur dann, wenn das Kopplungsangebot nach dem UWG nicht zu beanstanden ist. Wird dagegen ein derartiges Angebot als unzulässig angesehen, erübrigt sich infolge dieses Kopplungsverbots die Prüfung, ob diese klaren, in § 7 Satz 1 Nr. 4 TDG statuierten Pflichten verletzt geworden sind oder nicht.

---

[756] *Köhler*, GRUR 2003, 729/733

[757] Durch diese Vorschrift wird Art. 6 lit. c) der Richtlinie 2000/31/EG über den elektronischen Geschäftsverkehr umgesetzt.

[758] Durch diese Vorschrift wird Art. 6 lit d) der Richtlinie 2000/31/EG über den elektronischen Geschäftsverkehr umgesetzt.

[759] S. dazu oben in: Dritter Teil, C. IV. 4., S. 168 ff.

(3.) Gesetzliche Informationspflichten beim Betreiben eines offline-Kopplungsangebots

Nach dem Motto „was online gilt, muss auch offline gelten“[760] wurden im neuen UWG die bereits in E-Commerce bestehenden Informationspflichten auf alle Maßnahmen der Verkaufsförderung, online sowie offline, erstreckt.[761] Die Übertragung dieser Regelungen auf das allgemeine Lauterkeitsrecht wurde von dem Gesetzgeber darin begründet, dass eine unterschiedliche Behandlung des elektronischen Geschäftsverkehrs im Fall der Angebote zur Verkaufsförderung nicht sachgerecht sei.[762] So wurde im neuen Gesetz gegen den unlauteren Wettbewerb und spezieller in § 4 Nr. 4 UWG eine Regelung eingeführt, die der für Teledienste geltenden Bestimmung des § 7 Satz 1 Nr. 3 TDG sowie der für Mediendienste geltenden Vorschrift des § 10 Abs. 4 Nr. 3 des Mediendienste-Staatsvertrages[763] entspricht. Danach sind Gewerbetreibende, wenn sie mit Verkaufsförderungsmaßnahmen wie Preisnachlässen, Zugaben oder Geschenken werben, verpflichtet, die Bedingungen für die Inanspruchnahme derartiger Verkaufsförderungsaktionen klar und eindeutig anzugeben. Entsprechend den Verkaufsförderungsmaßnahmen in § 4 Nr. 4 UWG ist auch das Transparenzgebot bei Preisausschreiben und Gewinnspielen mit Werbecharakter normiert. In § 4 Nr. 5 UWG wurde also gleichermaßen eine Regelung eingeführt, die der für Teledienste schon geltenden Bestimmung des § 7 Satz 1 Nr. 4 TDG sowie der für die Mediendienste geltenden Vorschrift des § 10 Abs. 4 Nr. 4 des Mediendienste-Staatsvertrages entspricht, wonach die Teilnahmebedingungen klar und eindeutig angegeben werden müssen.

Schon allein die Tatsache, dass der Gesetzgeber einerseits darauf verzichtet hat, eine generelle Regelung zu Informationspflichten in das UWG aufzunehmen, es andererseits dennoch für notwendig gehalten hat, Informationspflichten bei Verkaufsförderungsmaßnahmen einschließlich Preisausschreiben und Gewinn-

---

760 *Köhler,* NJW 2004, 2121/2123

761 Vgl. dazu *Köhler/Bornkamm/Henning-Bodewig,* WRP 2002, 1317/1326; *Köhler,* GRUR 2003, 729/733 sowie in: NJW 2004, 2121/2123; *Henning-Bodewig,* GRUR 2004, 713/717; *Engels/Salomon,* WRP 2004, 32/35; *Günther/Beyerlein,* Zur Zulässigkeit von Zugaben nach dem Wegfall der Zugabeverordnung, WRP 2004, 1142/1144 f.

762 Begr. RegE UWG, BT-Drucks. 15/1487 v. 22.8.2003, B, S. 17; vgl. auch: *Köhler,* GRUR 2001, 1067/1070; *Lettl,* WRP 2004, 1079/1106; *Fezer* erklärt allerdings (in: WRP 2001, 989/1015), dass der in der Art. 6 der E-Commerce Richtlinie normierte Mindeststandard an Verbraucherinformation im elektronischen Geschäftsverkehr bei der Auslegung der wettbewerbsrechtlichen Generalklausel des UWG zu Grunde zu legen ist und somit als Mindeststandard automatisch auch außerhalb des elektronischen Geschäftsverkehrs gelten wird.

763 Staatsvertrag über Mediendienste (Mediendienste-Staatsvertrag) zuletzt geändert durch Artikel 3 des Sechsten Staatsvertrages zur Änderung des Rundfunkstaatsvertrages, des Rundfunkfinanzierungsstaatsvertrages und des Mediendienste-Staatsvertrages (Sechster Rundfunkänderungsstaatsvertrag) v. 20. Dezember 2001, GVBl. Berlin 2002, S. 162

spielen im Gesetz zu statuieren, lässt keinen anderen Schluss zu, als dass es sich hierbei um verschärfte Informationspflichten gegenüber den Verbrauchern handelt. Während er also den Vorschlag eines Ersatzes der generellen lauterkeitsrechtlichen Verbote durch die weitergehende Regelung von Informationspflichten mit der Begründung verneint hat, dass es nicht gerechtfertigt wäre, die Unternehmen mit weitergehenden Informationspflichten zu belasten,[764] hat er mit der vereinzelten Regelung Informationspflichten für bestimmte Ausprägungen der Wettbewerbstätigkeit die zunehmende Verantwortung, die der Werbetreibende bei solchen Fällen tragen soll, betont. Dies hat der Gesetzgeber damit begründet, dass derartige Werbeaktionen aufgrund ihrer hohen Attraktivität mit einem gleichermaßen hohen Missbrauchspotential der Kunden verbunden sind.[765] Daraus ergibt sich, dass ein zunehmender Informationsbedarf[766] der Verbraucher bei diesen Werbeformen im Verhältnis zu sonstigen Werbeaktionen besteht, und demzufolge werden dem Werbenden gesteigerte Informationspflichten auferlegt.

§ 4 Nr. 4 UWG stellt allerdings keine abschießende Regelung hinsichtlich der Informationsanforderungen dar. Er enthält dagegen bestimmte Transparenz- und Informationserfordernisse, die als Mindeststandard an Verbraucherinformation gelten sollen.[767] Als Mindestanforderung beim Werben mit Verkaufsförderungsmaßnahmen stellt sich also die Pflicht des Werbenden dar, klare und genügende Informationen über das Vorliegen des jeweiligen Angebots und zusätzlich über die Voraussetzungen seiner Inanspruchnahme anzugeben. Diese Informationen sind aufgrund der besonderen Natur von Verkaufsförderungsmaßnahmen von besonderer Bedeutung, soweit ihre Angabe die Basis für das Vorliegen eines transparenten und wettbewerbskonformen Angebots schafft. Daher genießt ihre Angabepflicht freilich eine außerordentliche Erwähnung im Gesetz. Dadurch soll sichergestellt werden, dass der Verbraucher bewusst entscheiden kann, ob die Verkaufsförderungsaktion den Kauf lohnenswert macht oder nicht. Mit den Informationen über die Erkennbarkeit des Angebots und die Bedingungen seiner Inanspruchnahme kann allerdings nicht genüge getan worden sein.[768] Neben diesen gesetzlich statuierten Informationspflichten, wird der Werbende mit weiteren Informationspflichten belastet. Letztere sind die sog. ungeschriebenen Informationspflichten, die sich auf weitere Aspekte des Angebots beziehen, etwa den Wert oder den Gegenstand des Angebots. Was das in der Praxis heißt, kann anhand des Beispiels über das Zugabeangebot erläutert werden: nach § 4 Nr. 4 UWG ist der Anbieter eines Angebots mit Zugabe zunächst verpflichtet, den

---

[764] Begr. RegE UWG, BT-Drucks. 15/1487 v. 22.8.2003, B, S. 20
[765] Begr. RegE UWG, BT-Drucks. 15/1487 v. 22.8.2003, B, S. 17/18
[766] Vgl. *Apostolopoulos,* WRP 2004, 841/849
[767] Vgl. etwa *Bruhn* in: *Harte-Bavendamm/Henning-Bodewig,* § 4 Nr. 4 UWG, Rdnr. 18
[768] Vgl. *Köhler,* GRUR 2001, 1067/1070

Zugabecharakter der angebotenen Leistung, d.h., das Vorliegen der Gewährung einer unentgeltlichen Zuwendung, deutlich erkennen zu lassen. Ferner muss er in seiner Werbung unmissverständlich klarstellen, unter welchen Bedingungen die Zugabegewährung erfolgen kann. Er muss also klarmachen, ob es sich dabei um ein Werbegeschenk oder eine kaufabhängige Zugabe handelt;[769] falls letzteres gilt, so muss er klarmachen, welches Produkt der Verbraucher aus seinem Sortiment abnehmen muss, um die Zugabegewährung zu erhalten, oder weiterhin in welchem zeitlichen Rahmen die Zugabeaktion läuft, falls ein Befristungsvorbehalt besteht.[770] Diese genannten Informationspflichten stellen dennoch nur Mindestanforderungen dar, die von dem Werbenden stets erfüllt werden müssen. Das heißt also, dass der Werbende je nachdem, welche Besonderheiten das jeweilige Angebot aufweist, oder welche besondere Gefahr im Einzelfall lauert, er weitere Informationen zu geben hat. Demgemäss ist er verpflichtet, den Wert der Zugabe anzugeben, wenn die Gefahr besteht, dass die Verbraucher über den Wert des tatsächlichen Angebots, namentlich über den Wert der angebotenen Zusatzleistung getäuscht oder sonst unzureichend informiert werden.[771]

In diesem Zusammenhang fraglich ist allerdings ob diese vorgegebenen Mindestinformationserfordernisse nur für Angebote mit Zugaben gelten, oder sogar auf die gesamte Fallgruppe von Kopplungsangeboten Anwendung finden können. Durch eine grammatische Auslegung des § 4 Nr. 4 UWG, gelangt man zu dem Ergebnis, dass außer den Zugaben auch sonstige Erscheinungsformen von Kopplungsgeschäften dieser Regelung unterliegen. Denn zum einen sind Kopplungsangebote unzweifelhaft auch als Verkaufsförderungsmaßnahmen zu verstehen.[772] Neben namentlich Preisnachlässen, Sonderangeboten, Werbegeschenken, Zugaben und Kundebindungssystemen zählen auch Gesamtpreisangebote, Vorspannangebote oder sonstige Kopplungsformen zu der Kategorie der Werbeaktionen, die in der Literatur und der Rechtsprechung als Maßnahmen der Absatzförderung bezeichnet werden. Zum anderen ergibt sich aus der Formulierung *„bei Verkaufsförderungsmaßnahmen <u>wie</u> Preisnachlässen,*

[769] Vgl. *Bruhn* in: *Harte-Bavendamm/Henning-Bodewig,* § 4 Nr. 4 UWG, Rdnrn. 29 f.
[770] Vgl. *Bruhn* in: *Harte-Bavendamm/Henning-Bodewig,* § 4 Nr. 4 UWG, Rdnr. 32
[771] BGH WRP 2002, 1256/1259 – Kopplungsangebot I; BGH WRP 2002, 1259/1262 – Kopplungsangebot II; WRP 2004, 483/485 – Playstation; WRP 2004, 1359/1360 – 500 DM-Gutschein für Autokauf
[772] Dazu s. insb. in: *Schricker/Henning-Bodewig,* WRP 2001, 1367/1400; *Fezer,* WRP 2001, 989/1014; *Lettl,* BB 2004, 1913/1914; vgl. auch ferner HdbWbR/*Wilde,* § 6, Rdnr. 35 sowie HdbWbR/*Gloy,* § 14, Rdnr. 2; Im Art. 2 lit b) des Entwurfs einer Verordnung des Europäischen Parlaments und des Rates über Verkaufsförderung im Binnenmarkt, KOM (2001) 546 endg., wurden allerdings in ausschließlicher Weise als „Verkaufsförderaktionen" die Rabatte, die unentgeltlichen Zuwendungen die Kopplungsangebote mit Zugaben und die Möglichkeit zur Teilnahme an einem Preisausschreiben oder einem Gewinnspiel bezeichnet: s. in: *Göhre,* WRP 2002, 36/39

Zugaben oder Geschenken...", dass die Aufzählung der Verkaufsförderungsmaßnahmen in der einschlägigen Vorschrift nicht abschließend ist. Aufgrund der Verwendung der Konjunktion „wie" ist vielmehr zu verstehen, dass es sich hierbei lediglich um die Aufnahme von drei Regelbeispielen von Absatzförderungsmaßnahmen handelt.[773] Daher lässt sich feststellen, dass der in § 4 Nr. 4 UWG normierte Mindeststandard für Informationspflichten der Anbieter nicht nur für das Angebot von Rabatten, Zugaben und Geschenken, die nur erläuternd als Beispiele von Angeboten zur Verkaufsförderung darin genannt werden, gilt, sondern vielmehr für den gesamten Bereich der Verkaufsförderung.[774] Als Fazit kann festgestellt werden, dass die gesetzlich vorgesehenen Mindestinformationsanforderungen, die sich auf die Erkennbarkeit und die Bedingungen der Inanspruchnahme des Angebots beziehen, nicht nur auf die Sonderform des Angebots mit Zugabe, sondern auf den gesamten Bereich der verbundenen Angebote anzuwenden sind.[775]

Demgemäss ist aus § 4 Nr. 4 UWG die geschriebene Pflicht des Werbetreibenden abzuleiten, Kopplungsangebote als solche kenntlich zu machen.[776] Unabhängig davon, ob es sich um Kopplungsgeschäfte, bei denen alle Leistungen an der Bildung des Gesamtpreises beteiligt sind, um Vorspannangebote oder sogar um Angebote mit Zugaben handelt, ist der Anbieter stets verpflichtet, deutlich zu machen, dass die von ihm angebotenen Waren oder Dienstleistungen nur beim gleichzeitigen Erwerb weiterer Waren oder Dienstleistungen erhältlich sind. Unterlässt der Anbieter eines Kopplungsgeschäfts deutlich und unmissverständlich auf das Bestehen der Kopplung hinzuweisen, dann verletzt er das Transparenzgebot, wie es nach § 4 Nr. 4 UWG bedient wird. Es ist also nach § 4 Nr. 4 UWG i.V.m. § 3 UWG wettbewerbswidrig, wenn z.B. Bücher zu einem vorteilhaften Preis angeboten werden, ohne darauf hinzuweisen, dass an den Kauf dieser Waren und besonders zu dem angekündigten Preis die Mitgliedschaft in einem Buchclub mit weiteren Abnahmepflichten geknüpft ist,[777] oder ferner, wenn ein Möbelversandgeschäft in Zeitungsanzeigen Brautpaaren Mietwohnungen anbietet, ohne darauf hinzuweisen dass der Mietvertrag nur bei einem gleichzeitigen Möbelkauf geschlossen wird.[778] Schließlich gilt dies auch, wenn ein Möbelgeschäft die Abgabe eines Gutscheins für eine Reise verspricht, ohne

[773] So auch: *Henning-Bodewig*, GRUR 2004, 713/717; *Münker/Kaestner*, BB 2004, 1689/1694

[774] *Henning-Bodewig*, GRUR 2004, 713/717; vgl. *Bruhn* in: *Harte-Bavendamm/Henning-Bodewig*, § 4 Nr. 4 UWG, Rdnr. 4; vgl. auch *Fezer*, WRP 2001, 989/1014

[775] So auch *Bruhn* in: *Harte-Bavendamm/Henning-Bodewig*, § 4 Nr. 4 UWG, Rdnrn. 4, 13; Bedenken darüber hat allerdings *Ohly* (in: NJW 2003, 2135/2137) geäußert

[776] Vgl. *Köhler*, GRUR 2003, 729/734

[777] So die gekoppelten Leistungen allerdings nicht so der Sachverhalt in: BGH WRP 1983, 619 ff. – Eintritt in einem Buchclub – Buchclub Vorspannangebot; BGH WRP 2003, 1217 ff. – Buchclub-Kopplungsangebot; vgl. weiter: OLG Stuttgart GRUR 1978, 722 – Radio-Digital-Uhr

[778] OLG Stuttgart GRUR 1972, 658 – Möbelwerbung

allerdings darauf zu hinweisen, dass die Erhaltung dieses Gutscheins nur bei dem Kauf bestimmter Möbel möglich ist.[779] Nach § 4 Nr. 4 UWG beschränkt sich allerdings die Pflicht des Werbetreibenden nicht nur darauf, Informationen zu geben, die die Erkennbarkeit des Vorliegen einer Kopplung zulassen. Er ist darüber hinaus verpflichtet, den Verbrauchern ausreichende Informationen über die Bedingungen zu ermitteln, unter denen die Kopplung erfolgen kann. Dementsprechend muss er deutlich klarmachen, falls es sich um eine befristete Kopplungsaktion handelt, bis wann der Verbraucher mit der Abnahme eines verbundenen Angebots rechnen muss. Außer den zeitlichen Bedingungen muss er ferner deutliche Angabe über die Voraussetzungen machen, die er selber für die Entstehung der Kopplung gesetzt hat, und die gekoppelte Abnahme von Waren oder Dienstleistungen erlauben. Um noch mal auf das letztere der oben erwähnten Bespiele zurückzukommen, so wirbt der Möbelhändler auch dann unlauter, wenn er zwar über das Bestehen der Kopplung, d.h., über die Notwendigkeit des Kaufs von Möbel für den Erhalt des Reisegutscheins informiert, er aber unterlässt darauf hinzuweisen, dass der Erhalt des Gutscheins nicht an den Erwerb irgendeines Möbelstückes aus seinem Sortiment, sondern an den Kauf bestimmter Möbelstücke oder sogar eines Möbelkomplexes (etwa Küche, Wohnzimmer oder Schlafzimmer) knüpft.

cc) Verletzung ungeschriebener Informationspflichten

Zu den prinzipiellen Fragen des Rechts der Kopplungsangebote gehört die Frage, ob Wettbewerbswidrigkeit auch dann anzunehmen ist, wenn der Werbeadressat weder eine falsche Information erhält („Irreführung durch positives Tun") noch aufgrund vorenthaltener Informationen getäuscht wird („Irreführung durch Unterlassen"), noch weiterhin ihm gegenüber eine der oben dargestellten gesetzlichen Informationspflichten verletzt wird, er aber eine unzureichende Information über das Angebot erhält.[780] Die Antwort findet sich in der jüngsten Rechtsprechung über die lauterkeitsrechtliche Beurteilung von Kopplungsgeschäften. Gestützt auf §§ 1 und 3 UWG (a.F.) hat der BGH vom sog. Transparenzgebot gesprochen, an dessen Anforderungen sich die Zulässigkeit verbundener Angebote im Rahmen der nunmehr geforderten „Missbrauchskontrolle" messen lassen soll. Ziel dieser höchstrichterlichen Konstruktion, war diejenigen Fälle zu erfassen, in denen die Unlauterkeit aufgrund fehlender gesetzlicher Basis schwer zu bejahen war. Die Transparenz im Angebot wird, wie bereits aufgeführt wurde, durch mehrere lauterkeitsrechtliche Anhaltspunkte sichergestellt. Es gibt allerdings Fälle, in denen die Transparenz verletzt wird, die

---

[779] So die gekoppelten Leistungen allerdings nicht so der Sachverhalt in: OLG Frankfurt/Main WRP 2002, 109 ff.

[780] *Köhler*, GRUR 2003, 729/733

bestehenden Regelungen aber nicht eingreifen können, sei es, weil bestimmte Transparenzanforderungen nicht vorgesehen werden, oder, weil keine Täuschung oder Täuschungseignung vorliegt. Um diese Lücke zu schließen, hat der BGH einen Beurteilungsmaßstab statuiert, wonach überprüft werden muss, ob die unzureichende Information der Verbraucher an eine Verletzung ungeschriebener Informationspflichten des Werbenden geknüpft ist, und, ob demzufolge sich daraus ein wettbewerbswidriges Verhalten ergibt. Im Gegensatz zum „Transparenzgebot" im weiteren Sinne, nach dem jegliches Angebot allgemein transparent sein muss, bezieht sich das hier diskutierte „Transparenzgebot" ausschließlich auf die Verletzung ungeschriebener Informationspflichten, und kann daher als „Transparenzgebot" im engeren Sinne gesehen werden. Dies hat der BGH gemeint, wenn er neben den bereits existierenden Bewertungskriterien von Kopplungsangeboten die Einhaltung des Transparenzgebots als besonders wichtiges Instrument der Missbrauchskontrolle eingesetzt hat. Demgemäss kann sich die Wettbewerbswidrigkeit auch aus dem Gesichtspunkt der Verletzung ungeschriebener Informationspflichten, d.h. aus dem Gesichtspunkt der unzureichenden Information ergeben.[781] Die prinzipiellen – eher von akademischer Bedeutung allerdings - Fragen, die in diesem Zusammenhang auftauchen, konzentrieren sich darauf, welcher UWG-Vorschrift der Unlauterkeitstatbestand der Verletzung des Transparenzgebots durch unzureichende Information zuzuordnen ist, sowie, welche Reichweite dem Transparenzgebot bei Kopplungsangeboten beizumessen ist, also welche Informationspflichten den Werbetreibenden zuzumuten sind und daher, wann der Verbraucher in der Regel in unlauterer Weise unzureichend informiert wird.

(1.) Die Stelle des Transparenzgebots im neuen UWG

Der BGH hat bei seinen Aussagen zum Bewertungsmaßstab der Transparenz beim Werben mit Kopplungsangeboten nicht klargestellt, welcher Vorschrift des UWG die Verletzung des Transparenzgebots zuzuordnen ist. Denn während er in den „Kopplungsangebot I" und „Kopplungsangebot II"- Entscheidungen das Transparenzgebot aus §§ 1 und § 3 UWG (a.F.) abgeleitet hat,[782] ließ er in seinem späteren „Gesamtpreisangebot"-Urteil andeuten, dass die Verletzung des Transparenzgebots durch unzureichende Information dem Verbot der unsachlichen Beeinflussung[783] zu entnehmen ist.[784] Im neuen UWG scheint diese Frage dank spezieller Vorschriften allerdings nicht so rätselhaft zu sein. Mit

[781] So *Köhler*, GRUR 2003, 729/733
[782] BGH WRP 2002, 1256/1258 – Kopplungsangebot I; BGH WRP 2002, 1259/1262 – Kopplungsangebot II
[783] BGH GRUR 2003, 538/540 – Gesamtpreisangebot
[784] Dazu: *Köhler*, GRUR 2003, 729/733

Rücksicht auch auf die bisherige Haltung der Rechtsprechung beschränkt sich die Problematik auf die Beantwortung der Frage um die Anwendungskonkurrenz zwischen § 4 Nr. 1 i.V.m. § 3 UWG einerseits und § 5 UWG und insbesondere § 5 Abs. 2 Satz 2 UWG andererseits.

Die Einschlägigkeit von § 4 Nr. 1 UWG könnte zum einen darin gründen, dass der Verbraucher, mangels genügender Informationen über das Angebot, die Preiswürdigkeit und die Qualität der zu einem Gesamtangebot zusammengefassten Einzelangebote nicht zuverlässig beurteilen kann und daher leichter in einer unsachlichen Weise verleitet werden kann. Mit anderen Worten könnte dabei die unsachliche Beeinflussung darin begründet werden, dass in einem solchen Fall die Gefahr besteht, dass die Werbung bei den angesprochenen Verbrauchern den Eindruck eines besonders vorteilhaften Angebots erweckt und daher einen erheblichen Kaufanreiz ausübt, insbesondere weil sich die Verbraucher aufgrund der unzureichenden Information kein klares Bild über das Angebot selber verschaffen können. Noch deutlicher: dem Werbeadressat fehlen genügende Anhaltspunkte, um eine rationale und zuverlässige Würdigung des Angebots vorzunehmen und demzufolge lässt er sich in seinem Denken und Handeln von dem ihm vorgestellten Werbebild leicht treiben.

Zum anderen könnte die Verletzung des Transparenzgebots durch unzureichende Information dem Tatbestand der Irreführung, und insbesondere dem Tatbestand der „Irreführung durch Unterlassen", der, wie bereits aufgeführt, freilich im neuen UWG eine eigene Regelung in § 5 Abs. 2 Satz 2 erfahren hat, entnommen werden. Dieser Zuordnung den Vorzug zu geben, hat *Köhler*[785] in einer der wenigen bisher in der Literatur erschienen Auseinandersetzungen mit dieser Problematik empfohlen. *Köhlers* Vorschlag ist durchaus zu folgen, weil sich beide Tatbestände bis auf dem Merkmal der Irreführung bzw. Eignung zur Irreführung gleichen. Sowohl bei der „Irreführung durch Verschweigen" als auch bei der Verletzung ungeschriebener Informationspflichten ist die Wettbewerbswidrigkeit darauf zurückzuführen, dass der Werbende wesentliche Informationen vorenthält und somit gegen das oberste – neben dem Wahrheitsgebot – Gebot im Wettbewerbsrecht, namentlich das Gebot der transparenten Darstellung des Angebots, verstößt. Während allerdings bei der „Irreführung durch Unterlassen" die Wettbewerbswidrigkeit an das Hervorrufen einer *konkreten* Fehlvorstellung des Werbeadressaten knüpft, leitet man die Unzulässigkeit bei der Verletzung des Transparenzgebots durch die Verletzung ungeschriebener Informationspflichten bloß daraus her, dass der Verbraucher lediglich unzureichende Informationen erhält und daher an einer „informierten" Entscheidung gehindert wird. Nimmt

[785] In: GRUR 2003, 729/733 sowie in: NJW 2004, 2121/2124; Zustimmend: *Ohly,* GRUR 2004, 889/891/898; vgl. auch: *Lettl,* BB 2004, 1913/1914; *Apostolopoulos,* WRP 2004, 841/849

man dennoch an, dass sich das Transparenzgebot auf § 5 Abs. 2 Satz 2 UWG stützen kann, darf man, wie *Köhler* weiterhin zutreffend bemerkt, nicht verkennen, dass damit eine Erweiterung des Irreführungstatbestands gegenüber dem bisher geltenden Recht verbunden ist.[786] Zumal nämlich diese Vorschrift auch als Grundlage für ungeschriebene wettbewerbsrechtliche Informationspflichten des Werbetreibenden gegenüber den Werbeadressaten dienen soll, ist als Irreführung nicht mehr nur das Hervorrufen oder Aufrechterhalten einer konkreten Fehlvorstellung des Verbrauchers über das Angebot, sondern auch das im Ungewissen Lassen des Verbrauchers über wesentliche Bestandteile des Angebots zu verstehen.[787] Damit stellt also das Unterlassen von Informationen, die für die Entscheidung der Verbraucherschaft wesentlich sind, einer Irreführung gleich, sodass der Irreführungstatbestand des § 5 Abs. 2 Satz 2 UWG nicht nur diese Fälle umfasst, in denen dem Verbraucher ein falscher Eindruck vermittelt wird oder vermittelt werden kann, sondern auch diejenigen, bei denen eine bloße Uninformiertheit der Werbeadressaten festgestellt wird.

Eine derartige extensive Auslegung von § 5 Abs. 2 Satz 2 UWG, durch die der bisher geltende Begriff der Irreführung nach Sinn und Inhalt erweitert wird, ist freilich mit der Art und Weise kompatibel, mit der der Tatbestand der „Irreführung durch Unterlassen" auf gemeinschaftsrechtliche Ebene interpretiert wird.[788] Der europäischer Gesetzgeber legt also im Rahmen des „Vorschlags für eine Richtlinie über unlautere Geschäftspraktiken zwischen Unternehmen und Verbrauchern",[789] diese bereits oben favorisierte Gleichstellung der Begriffbestimmung der „Irreführung durch Unterlassen" zugrunde.[790] So gilt nach Art. 7 Abs. 1 der Richtlinie, in dem der Begriff des irreführenden Unterlassens als irreführende Geschäftspraxis eingeführt wird, eine Geschäftspraxis als irreführend, wenn wesentliche Informationen vorenthalten werden, die der durchschnittliche Verbraucher nach den Umständen benötigt, um eine informierte Geschäftsentscheidung treffen zu können, sodass sie einen Durchschnittsverbraucher zu einer geschäftlichen Entscheidung veranlasst oder zu veranlassen geeignet ist, die er sonst nicht getroffen hätte.[791] Daraus ergibt sich also, dass der

---

[786] *Köhler*, GRUR 2003, 729/733

[787] *Köhler*, GRUR 2003, 729/733

[788] *Köhler*, GRUR 2003, 729/734; Ebenso *Ohly*, GRUR 2004, 889/898

[789] Vorschlag v. 18. Juni 2003 für eine Richtlinie des Europäischen Parlaments und des Rates über unlautere Geschäftspraktiken im binnenmarktinternen Geschäftsverkehr zwischen Unternehmen und Verbrauchern und zur Änderung der Richtlinien 84/450/EWG, 97/7/EG und 98/27/EG (Richtlinie über unlautere Geschäftspraktiken), KOM (2003) 356 endg.

[790] Zum Informationskonzept der geplanten Richtlinie und zur Zuordnung des Gebots der Gewährung wesentlicher Informationen zu dem Tatbestand der „Irreführung durch Unterlassen" s. insb. in: *Schulte-Nölke/Busch*, ZEuP 2004, 99/104 ff.

[791] In Abs. 2 des Art. 7 steht weiterhin: „als Irreführung durch Unterlassen gilt es auch, wenn ein Gewerbetreibender derartige wesentliche Informationen verbirgt oder auf unklare, un-

Irreführungstatbestand weder die Erregung einer unrichtigen Vorstellung beim Verbraucher noch die Eignung zur Beeinflussung der Verbraucherentscheidung voraussetzt, sondern bloß am „Vorenthalten" von wesentlichen Informationen ansetzt und damit eine bloße Uninformiertheit der Abnehmerschaft genügen lässt.[792] Dass die Verletzung des Transparenzgebots durch unzureichende Information in den Tatbestand des Art 7 der einschlägigen Richtlinie zu integrieren ist, nicht nur wenn der Verbraucher einer konkreten Fehlvorstellung unterliegt, sondern auch bereits, wenn die unzureichende Information den Verbraucher an einer „informierten" Entscheidung hindert, wird in der Begründung der Richtlinie bestätigt. Dort[793] heißt es, dass nach Art. 7 der Gewerbetreibende dazu verpflichtet ist, eine begrenzte Anzahl von Kerninformationen beizufügen, um den Verbraucher dazu zu befähigen, eine informierte geschäftliche Entscheidung zu treffen. Allein die Tatsache, dass im europäischen Lauterkeitsrecht das Unterlassen von wesentlichen Informationen einer Irreführung gleichgestellt ist, genügt allerdings nicht, um die Aufnahme dieser Auslegung in das deutsche Lauterkeitsrecht zu rechtfertigen. Bei einer Gegenüberstellung der vorgeschlagenen Richtlinie mit dem neuen Gesetz gegen den unlauteren Wettbewerb kann man etliche Differenzen feststellen.[794] Mitentscheidend ist deshalb der Wille des Gesetzgebers. Wenn also der deutsche Gesetzgeber, im Gegensatz zu dem europäischen, der mit der Regulierung der „Irreführung durch Unterlassen" die „informierte" Entscheidung schützen wollte, nur Irreführungen verhindern will,[795] dann läuft die vom *Köhler* vorgeschlagene Gleichstellung dem gesetzgeberischen Willen zuwider und ist daher unzutreffend. Aus diesem Grund, obwohl die favorisierte Lösung, die Verletzung ungeschriebener Informationspflichten dem Tatbestand des § 5 Abs. 2 Satz 2 UWG zuzuordnen, vorerst an Akzeptanz gewinnt, bleibt es abzuwarten, welchem Ansatz die Rechtsprechung in der Zukunft den Vorzug geben wird.

---

verständliche, zweideutige Weise oder nicht rechtzeitig bereitstellt oder, wenn der kommerzielle Zweck nicht erkennbar ist." daraus ergibt sich das allgemeine Verbot des Verbergens oder der unklaren, unverständlichen oder zweideutigen Bereitstellung wesentlicher Informationen, das das „Transparenzgebot im weiteren Sinne" (Dritter Teil, C. V. 2. c., S. 181 f.) begründet: s. auch *Köhler/Lettl,* WRP 2003, 1019/1042

[792] *Köhler/Lettl,* WRP 2003, 1019/1041; *Henning/Bodewig,* GRUR Int. 2004, 183/192; *Apostolopoulos,* WRP 2004, 841/848

[793] Erwägungsgrund 64 des Vorschlags für eine Richtlinie des Europäischen Parlaments und des Rates über unlautere Geschäftspraktiken im binnenmarktinternen Geschäftsverkehr zwischen Unternehmen und Verbrauchern und zur Änderung der Richtlinien 84/450/EWG, 97/7/EG und 98/27/EG (Richtlinie über unlautere Geschäftspraktiken), KOM (2003) 356 endg.

[794] Dazu: *Köhler/Lettl,* WRP 2003, 1019 ff.; *Henning-Bodewig,* GRUR Int. 2004, 183 ff.

[795] So *Henning-Bodewig,* GRUR Int. 2004, 183/192

(2.) Informationspflichten und Informationsrisiken

Die Verletzung des „Transparenzgebots" im engeren Sinne als Maßstab für die lauterkeitsrechtliche Beurteilung von Kopplungsangeboten, setzt die Verletzung ungeschriebener Informationspflichten voraus. Gestützt auf dieses Gebot, könnte man dem Werbetreibenden die Pflicht auferlegen, der Verbraucherschaft *alle* Informationen zu geben, die sie benötigt, um eine fundierte Transaktionsentscheidung zu treffen. Hinter dieser Aussage steht allerdings eine einseitige Interessenbewertung, die im Wettbewerbsrecht nicht richtig sein kann.[796] Ein so strenges Transparenzgebot, das den Anbieter zur Angabe aller Informationen um das jeweilige Kopplungsangebot verpflichtet, würde nicht nur mit dem jüngst im deutschen Lauterkeitsrecht favorisierten Leitbild des durchschnittlich informierten, aufmerksamen und verständigen Verbrauchers inkompatibel sein, liefe vielmehr auch auf eine Rückkehr zu den früheren Zeiten der strengen Beurteilung von Kopplungsgeschäften hinaus.[797] Die Wettbewerbsgerichte haben deshalb auch klargemacht, dass den Werbenden keine Pflicht zu einer *umfassenden* Aufklärung seines Angebots trifft,[798] den Werbeadressaten vielmehr auch ein längeres Suchen und ein gewisser Aufwand, um sich die nötigen Informationen, die sie brauchen, zu verschaffen, zumutbar ist.[799] Neben also den Informationspflichten, die den Gewerbetreibenden zukommen, erkennt das Wettbewerbsrecht auch ein Maß an Informationsrisiko, das jedem Verbraucher zuzumuten ist. Die Bestimmung der Reichweite des „Transparenzgebots" soll also durch eine Gegenüberstellung zwischen den Informationspflichten der Werbenden und den Informationsrisiken der Verbraucher erfolgen.[800] Wieweit der Werbetreibende mit der Pflicht belastet wird, dem potentiellen Kunden die nötigen Informationen zu geben, sodass letzterer eine „informierte" Entscheidung treffen kann, hängt auch davon ab, bis zum welchem Punkt die Beschaffung von Informationen „auf Kosten" des Verbrauchers geht.[801] Der Umfang der ungeschriebenen Informationspflichten, aus denen Verletzung sich die Wettbewerbswidrigkeit ergibt, bestimmt sich also in hohem Grade nach den Informationsrisiken, die generell oder im Einzelfall, je nach den besonderen Umständen, den Verbrauchern zumutbar sind.

---

796 *Köhler,* GRUR 2003, 729/734; vgl. auch *Leible,* Anmerkung zur EuGH- Entscheidung „Gut Springenheide", EuZW 1998, 526/528 f.

797 Vgl. *Ohly,* NJW 2003, 2135/2137

798 BGH GRUR 2003, 538/539 – Gesamtpreisangebot; In diese Richtung auch: BGH GRUR 1999, 264/267 – Handy für 0,00 DM; BGH WRP 2000, 517/520 – Orient-Teppichmuster; BGH WRP 2002, 1256/1258 – Kopplungsangebot I; BGH WRP 2002, 1259/1262 – Kopplungsangebot II; BGH GRUR 2003, 890/891 – Buchclub-Kopplungsangebot

799 Vgl. BGH GRUR 1996, 363/364 – Saustarke Angebote; OLG Karlsruhe WRP 2001, 1238/1240 – Jetzt schlägt's Punto; OLG Köln WRP 2002, 472/474 – Punto

800 Vgl. *Lettl,* Der lauterkeitsrechtliche Schutz vor irreführender Werbung in Europa, S. 94 ff.

801 Vgl. *Köhler,* GRUR 2003, 729/734

Dabei ist zunächst das Leitbild des durchschnittlich informierten, aufmerksamen und verständigen Durchschnittsverbrauchers zu berücksichtigen, worauf das deutsche Lauterkeitsrecht nunmehr abstellt. Daraus ergibt sich primär, dass der heutige Verbraucher ein souveräner, informierter und informierbarer (*„well-informed and well-to-be-informed consumer“*)[802] Marktteilnehmer ist, der aufgrund seines gestiegenen Bildungsniveau und seiner erhöhten Sensibilität keine ausführliche Analyse des jeweiligen Angebots benötigt, um eine zuverlässige Würdigung des Angebots vorzunehmen und eine rationale Kaufentscheidung treffen zu können. Vielmehr wird es für gegeben gehalten, dass er mit Wissen und mit einer Mindestbasis an Informationskenntnissen ausgestattet ist.[803] Daher ist anzunehmen, dass der Werbetreibende nicht solche Informationen geben muss, deren Kenntnis bei einem Durchschnittsverbraucher vorausgesetzt werden darf,[804] also solche Informationen, die zu dem gegebenen „Kenntnis-Köcher“ des Verbrauchers gehören. Aus dem aktuellen Verbraucherleitbild ergibt sich aber weiterhin, dass der heutige Verbraucher nicht nur von vornherein informiert ist und dank seines Bildungsniveau und seiner erhöhten Sensibilität die Werbeinformationen, die er erhält, kritisch wahrnimmt, verarbeitet und selektiert,[805] sondern dass er auch ein aktiver und kritischer informationssuchender Konsument ist (*„active and critical information seeker“*, *„information searcher“* oder *„problem-solving man“*),[806] d.h., er ist zusätzlich ein an Informationen interessierter Verbraucher,[807] der im Fall unzureichender Information über das jeweilige Angebot, nicht passiv, hilflos und manipulationsgefährdet bleibt, sondern der mit eigenen Kräften – und je nach Betroffenheit (*Involvement*)[808] - versucht, sich darüber zu informieren.[809] Die aktuelle Ver-

[802] *Doepner*, WRP 1997, 999/1005; *Gormley*, A well-tempered consumer? Comments on Stephen Weatherill's Paper, in: *Micklitz* (Hrsg.), Rechtseinheit oder Rechtsvielfalt in Europa?, 1. Aufl. (1996), S. 473/476

[803] Vgl. *Lettl*, Der Schutz der Verbraucher nach der UWG-Reform, GRUR 2004, 449/454/457

[804] *Köhler*, GRUR 2003, 729/734; vgl. *Ohly*, GRUR 2004, 889/894: „Weitergehende Informationespflichten vertragen sich schlecht mit dem normativen Leitbild desmündigen autonomen Verbrauchers.“; dazu s. auch in: *Lettl*, Der lauterkeitsrechtliche Schutz vor irreführender Werbung in Europa, S. 54

[805] So die Charakterisierung bei *Doepner*, WRP 1997, 999/1004; Diese Charakterisierung ergibt sich aus den Attributen „aufmerksam“ und „verständig“: *Köhler*, GRUR 2003, 729/734; vgl. auch: *Leisner*, EuZW 1991, 498/502; *Meyer Alfred Hagen*, WRP 1993, 216/222; *Reuthal*, WRP 1997, 1154/1159

[806] *Doepner*, WRP 1997, 999/1005; *Schiffman/Kanuk*, Consumer Behavior, 3. Aufl. (1987), S. 246; *Micklitz/Keßler*, WRP 2003, 919/930

[807] Vgl. *Groescke/Kiethe*, WRP 2001, 230/232

[808] Das *Involvement*-Konzept ist eine der Schlüsselkonstrukte der Marketingtheorie und spezieller eine der Zustandskonstrukte der Theorie des Konsumentenverhaltens. Unter *Involvement* ist der Grad wahrgenommener persönlicher Wichtigkeit und/oder persönlichen Interesses, der durch einen oder mehrere stimulusspezifische Faktoren (sog. „Determinanten“: also nach der Person, dem Produkt, dem Medium, der Botschaft oder der Situation – psychische Situation der Zielperson oder Umweltsituation - bzw. Verwendungsart) in einer bestimmten Situation hervorgerufen wird,

braucherschaft verfügt also über Kapazitäten nicht nur zur Informationsaufnahme, -verarbeitung und -speicherung, sondern auch zur Informationssuche und -auffindung. Berücksichtigt man diese dem heutigen Verbraucher anerkannte Eigenschaft des „Informationsjägers“, so lässt sich feststellen, dass es grundsätzlich, und im Rahmen des selbstverständlich Gebotenen, Angelegenheit des mündigen Konsumenten selbst ist, sich um die für seine Konsumentscheidung wichtig erscheinenden Informationen zu kümmern.[810] Der an weiteren Informationen über das jeweilige Angebot interessierte Verbraucher wird freilich sowohl für fähig als auch für bereitwillig gehalten, sich zu seiner Information aller zur Verfügung stehenden Kommunikationsmöglichkeiten (Erkundigung beim Anbieter vor Ort, per Telefon, Fernsehen, Internet u.s.w.) zu bedienen,[811] sodass er potentielle Informationslücke bezüglich der verschiedenen Aspekte des Angebots schließen kann und somit zuverlässig die beworbene Leistung mit Leistungen anderer Konkurrenten vergleichen und schließlich bewerten kann. Es ist also Sache des *Verbrauchers*, bei einem Kopplungsangebot selbst die

---

(Definition nach *Antil*, Conceptualization and Operationalization of Involvement in *Kinnear* (Hrsg.) „Advances in Consumer Research XI“, 1984, S. 203/204) oder mit anderen Worten der Aktivierungsgrad bzw. die Motivstärke zur objektgerichteten Informationssuche, -aufnahme, -verarbeitung und –speicherung (Definition nach *Trommsdorf*, Konsumentenverhalten, 5. Aufl. (2003), S. 54/56) zu verstehen. Demgemäß unterscheidet man grob zwischen dem *High-Involvement-Konsumentenverhalten*, das von einer intensiven auf Informationserwerb und –verarbeitung gerichteten Aktiviertheit (z.B. aktive Informationssuche, hohe Verarbeitungstiefe, vergleichende Bewertung vor dem Kauf, viele Merkmale beachtet, wenige akzeptable Alternativen, Markentreue durch Überzeugung u.s.w.) des Verbrauchers geprägt wird und dem *Low-Involvement-Konsumentenverhalten*, das durch eine allgemeine Passivität des Verbrauchers gegenüber dem Informationserwerb und –verarbeitung (z.B. keine Informationssuche, sondern nur passive Informationssaufnahme, beiläufige Informationsverarbeitung, Bewertung allenfalls nach dem Kauf, wenige Merkmale beachtet, viele akzeptable Alternativen u.s.w.) chrakterisiert wird: dazu s. insb. in: *Trommsdorf*, S. 56 (Abbildung); Zum *Involvement*-Konzept s. grundlegend in: *Krugman*, The Impact of Television Advertising: Learning without Involvement, The Public Opinion Quarterly (Vol. 29) 1965, S. 349 ff.; ferner in: *Ray*, Advertising and communication management, 1982, S. 184 ff.; *Murphy/Enis*, S. 230 ff.; *Schiffman/Kanuk*, S. 217/253 ff./309 ff.; *Kroeber-Riel/Weinberg*, Konsumentenverhalten, 8. Aufl. (2003), S. 345 ff.; *Wilkie*, Consumer Behavior, 2. Aufl. (1990), S. 219 ff.; *Mowen*, Consumer Behavior, 1987, S. 32 ff; *Loudon/Della Bitta*, Consumer Behavior – Concepts and Applications, 2. Aufl. (1984), S. 404 ff.; Zum *Involvement*-Konzept als zu berücksichtigender Punkt für die Beurteilung von Kopplungsangeboten: *Pluskat*, WRP 2002, 789/794; s. auch in: *Helm*, FS für Tilmann, S. 135/144: „Seine Fähigkeit und Bereitschaft, Informationen aufzunehmen, ist individuell unterschiedlich und hängt sehr vom Kaufrisiko ab.“; so auch *Lettl*, Der lauterkeitsrechtliche Schutz vor irreführender Werbung in Europa, S. 101 f.

[809] Vgl. *Scherer*, WRP 1999, 991/992

[810] Vgl. *Micklitz/Keßler*, WRP 2003, 919/930; *Ullmann*, Das Koordinatensystem des Rechts des unlauteren Wettbewerbs im Spannungsfeld von Europa und Deutschland, GRUR 2003, 817/818; dahin gehend auch: EuGH GRUR Int. 1991, 215 ff. – Pall/Dahlhausen; EuGH WRP 1993, 233 f. – Nissan; EuGH GRUR 1994, 303 f. – Clinique; EuGH WRP 1995, 677 ff. – Mars; EuGH WRP 2000, 289 ff. – Lifting-Creme

[811] Vgl. *Pluskat*, WRP 2001, 1262/1265

Einzelpreise der verbundenen Leistungen in Erfahrung zu bringen und damit Preisvergleiche anzustellen und sich Gedanken über die Preiswürdigkeit des Angebots zu machen.[812] Aus dem oben dargestellten Leitbild dürfte allerdings nicht resultieren, dass der Verbraucher bei der Informationserlangung ganz allein gelassen werden darf, und dass die Informationslast nämlich, die ihm trifft, übermäßig belastend sein darf. Der heutige Konsument wird zwar für intelligent und aktiv gehalten, er übernimmt allerdings nicht die Rolle eines Wahrsagers. Daher muss er eine Mindestbasis von Informationen zur Kenntnis nehmen, auf die er sich stützen kann, um weitere Informationen über das Angebot zu sammeln und seine Schlussfolgerung über die Günstigkeit des Angebots zu ziehen. Ohne Mindest-Anhaltspunkte ist auch der mündige Konsument zur Unwissenheit „verurteilt". Damit er also aus dem Informationsspektrum mündig und selbständig seine Schlüsse ziehen kann, sind die Werbenden verpflichtet, dem Werbeadressat eine Mindestzahl von Informationen bereitzustellen.[813] Dieses Gebot entspricht dem sog. „Informationsmodell", das von der EuGH-Rechtsprechung geprägt wurde und das mit dem Leitbild des souveränen und informierten Verbrauchers verknüpft ist. Damit der Verbraucher in der Lage sein kann, eigenverantwortlich am Marktgeschehen teilzunehmen und dort rationale Kaufentscheidungen zu treffen, soll der Zugang zu einer gewissen Zahl von Informationen nicht ihm versperrt werden.[814] Durch die Zuverfügungstellung von bestimmten Informationen und die Sicherstellung eines erforderlichen Informationsumfangs soll zum einen die Belastung des heutigen Durchschnittsverbrauchers mit Informationspflichten kompensiert werden und zum anderen ihm ermöglicht werden, die Rolle des kritisch prüfenden, verständigen Verbrauchers, der sich mit der Hilfe ausreichend vorhandener Informationen von der Werbung nur schwerlich auf das Glatteis führen lässt, zu übernehmen, wie das freilich das heutzutage favorisierte Verbraucherleitbild vorschreibt.[815] Fraglich ist allerdings, welche Informations-

---

[812] BGH GRUR 1999, 363/364 – Saustarke Angebote; BGH GRUR 2003, 538/539 – Gesamtpreisangebot; BGH WRP 2004, 481/482 – Treue-Punkte; OLG Karlsruhe WRP 2001, 1238/1240 – Jetzt schlägt's Punto; OLG Frankfurt/Main WRP 2002, 109/110 – Traumreise beim Kauf einer Küche

[813] Vgl. *Eppe*, S. 79

[814] EuGH GRUR Int. 1990, 955/956 – GB-Inno-BM: Hier sieht der Gerichtshof eine angemessene Information der Verbraucher als eines der fundamentalen Rechte der Verbraucher an; S. dazu in: *Hucke*, S. 98 ff.; *Meyer Alfred Hagen*, WRP 1993, 215/222; *Fezer*, WRP 1995, 671/674; *Doepner*, WRP 1999, 999/1004 f.; *Strepp*, Irreführung und Verwechslungsgefahr – Einige dogmatische Aspekte des Verhältnisses von Wettbewerbs- und Markenrecht, 2000, S. 93 f.; *Calliess*, Werbung, Moral und Europäische Menschenrechtskonvention, AfP 2000, 248/252; *Fezer*, WRP 2001, 989/992; *Groeschke/Kiethe*, WRP 2001, 230/23; vgl. ferner *Steindorff*, S. 195 f.; *Van den Bergh/Lehman*, Informationsökonomie und Verbraucherschutz im Wettbewerbs- und Warenzeichenrecht, GRUR Int. 1992, 588/589

[815] Der hierfür erforderliche Informationsumfang orientiert sich am „durchschnittlich informierten, verständigen und aufmerksamen Durchschnittverbraucher": dazu s. insb. in: EuGH EuZW 1998, 526 ff. – Gut Springenheide mit Anmerkung von *Leible*

rechte hier dem eigenverantwortlich handelnden Verbraucher zustehen sollen. Sofern man von einer Mindestbasis von Informationen spricht, handelt es sich hierbei um die eingeschränkte Pflicht des Werbenden, ausreichende *verkehrwesentliche* Informationen bereitzustellen.[816] Für die Feststellung der Wesentlichkeit einer Information kommt es maßgeblich auf die Wichtigkeit der betreffenden Angabe für die Entscheidung des Durchschnittsverbrauchers an, die auch von der Art der jeweiligen Leistung abhängen kann.[817] Gestützt auf Art. 7 Abs. 3 Satz 2 der vorgeschlagenen „EU-Richtlinie über unlautere Geschäftspraktiken"[818] könnte trotzdem angenommen werden, dass bestimmte Informationen, wie etwa die wichtigsten Merkmale des Produktes, der Name des Anbieters, Zahlungs- oder andere Vertragsbedingungen sowie bestehende Widerrufs- und Rücktrittsrechte, *per se* als essenziell gelten.[819]

Die Korrelation zwischen den Informationspflichten der Werbenden und den Informationsrisiken der Werbeadressaten bleibt nicht immer stabil. Sie entspricht dagegen der Folge einer Abwägung der jeweiligen Interessen des Werbenden mit denen des angesprochenen Verbrauchers. Daher muss man bei der Beantwortung der Frage, welcher Seite die Last der Informationsbeschaffung jedes mal zufallen soll, stets das Vorliegen besonderer Umstände, die im Einzelfall hinzutreten, berücksichtigen, um einen Interessenausgleich zu erzielen. Eine wichtige Rolle bei der Verteilung von Pflichten und Risiken spielt beispielsweise die Frage der jeweils anfallenden Informationskosten. Dabei ist es also zu fragen, welche Kosten für die Informationsbeschaffung und –weitergabe beim Werbetreibenden anfallen und welche Kosten die entsprechende Informationsbeschaffung beim Werbeadressat verursacht.[820] Kann also der Anbieter die entsprechenden Informationen leicht und ohne erheblichen Kostenaufwand beschaffen und weitergeben, während für den Verbraucher der Kostenaufwand für die Informationsbeschaffung größer wäre, dann spricht dies dafür, dem Werbenden die Informationslast (etwa Aufdruck auf Werbezettel u.s.w.)[821] aufzubürden.[822] Dies ist z.B. der Fall bei der Ermittlung der Einzelpreise der Angebotsbestandteile: Es

---

[816] S. *Eppe*, S. 79

[817] *Köhler/Lettl*, WRP 2003, 1019/1041

[818] Vorschlag v. 18. Juni 2003 für eine Richtlinie des Europäischen Parlaments und des Rates über unlautere Geschäftspraktiken im binnenmarktinternen Geschäftsverkehr zwischen Unternehmen und Verbrauchern und zur Änderung der Richtlinien 84/450/EWG, 97/7/EG und 98/27/EG (Richtlinie über unlautere Geschäftspraktiken), KOM (2003) 356 endg.

[819] Dazu s. insb. in: *Köhler/Lettl*, WRP 2003, 1019/1041 f.; vgl. auch: *Henning-Bodewig*, GRUR Int. 2004, 183/187; *Apostolopoulos*, WRP 2004, 841/848

[820] So *Köhler*, GRUR 2003, 729/734; *Lettl*, Der lauterkeitsrechtliche Schutz vor irreführender Werbung in Europa, S. 102 f.; *Bruhn* in: *Harte-Bavendamm/Henning-Bodewig*, § 4 Nr. 4 UWG, Rdnr. 20

[821] Vgl. *Köhler*, GRUR 2001, 1067/1072

[822] *Köhler*, GRUR 2003, 729/734

ist anzunehmen, dass es für die Anbieter wesentlich leichter ist, die Einzelpreise ihrer gekoppelten Güter anzugeben, als für die Verbraucher diese Preise, mit eigenem Aufwand in Erfahrung zu bringen. Ähnliche Wirkung, wie das Problem der Informationskosten, bezüglich der Verteilung der Informationspflichten für beide Marktseiten hat der Faktor der Dauer der Kopplungsaktion.[823] Wirbt also der Gewerbetreibende mit einem kurz befristeten Kopplungsangebot, und ist der Zeitraum, der dem Verbraucher für eine Informationsbeschaffung zur Verfügung steht, so kurz, dass er objektiv nicht an den erwünschten Informationen gelangen kann, dann ist der erstere zu der Beschaffung und der Weitergabe auch dieser Informationen verpflichtet, deren Beschaffung die Last unter normalen Umständen dem Verbraucher zufallen würde.

Zu einer Abweichung von der üblich ausgeglichenen Verteilung von Informationspflichten und –risiken kommt es weiterhin, wenn besondere Umstände vorliegen, bei denen dem Werbenden eine gesteigerte Pflicht zur Information trifft. Dies ist der Fall, wenn der Werbeadressat, sei es aus Gründen, die sich auf seine Person beziehen, oder aufgrund der Besonderheiten, die die beworbenen Leistungen aufweisen, die Rolle eines besonders schutzwürdigen Geschäftspartners bekommt. Besondere Umstände, die für eine solche Schutzwürdigkeit sprechen, können, beispielsweise, bei der Werbung gegenüber bestimmten Personengruppen (z.B. Kinder oder Jugendliche, die aufgrund ihrer geschäftlichen Unerfahrenheit besonders schutzwürdig sind,[824] ältere Personen, die sich nicht so einfach und schnell weitere vertiefende Informationen zum Angebot verschaffen können,[825] Analphabeten, Ausländer,[826] Kranken u.s.w.),[827] bei der Werbung für Vertrauensgütern, deren Kauf nicht überschaubar ist, weil deren Qualität und Preiswürdigkeit komplizierte Bewertungen erfordert oder bei der Werbung für komplexe Gesamtpreisangebote, insbesondere solche, bei denen sich die Gegenleistung nicht nur auf einem einmaligen Geldbetrag beschränkt, sondern schwer abschätzbare Folgekosten erfordert,[828] darstellen. Bei diesen Fällen ist der

---

[823] So *Köhler*, GRUR 2003, 729/734; *Lettl*, Der lauterkeitsrechtliche Schutz vor irreführender Werbung in Europa, S. 102 f.

[824] Vgl. *Hilger*, Informationsbedarf und Informationsbeschaffung jugendlicher Konsumenten beim Kauf langlebiger Güter – Ein Vergleich berufstätiger Jugendlicher mit gleichartigen Schülern und Studenten, in: *Raffée/Silberer* (Hrsg.), Informationsverhalten des Konsumenten – Ergebnisse empirischer Studien, 1981, S. 143 ff.

[825] Vgl. *Fritz*, Informationsbedarf und Informationsbeschaffung alter Menschen beim Kauf rezeptfreier Medikamente, in: *Raffée/Silberer* (Hrsg.), Informationsverhalten des Konsumenten – Ergebnisse empirischer Studien, S. 113 ff.

[826] Vgl. *Hefner*, Informations- und Kaufverhalten ausländischer Arbeitnehmer, in: *Raffée/Silberer* (Hrsg.), Informationsverhalten des Konsumenten – Ergebnisse empirischer Studien, S. 199 ff.

[827] Vgl. *Lettl*, GRUR 2004, 449/457; *Ohly*, GRUR 2004, 889/898; Zur divergierenden Reichweite von Informationspflichten und –interessen aufgrund personbezogener Unterscheidungen s. in: *Lettl*, Der lauterkeitsrechtliche Schutz vor irreführender Werbung in Europa, S. 54/98 f.

[828] *Beater*, § 16, Rdnr. 66; *Ohly*, NJW 2003, 2135/2137

Werbetreibende nicht nur zu der Beschaffung der üblichen Informationen, sondern auch zur Bereitstellung zusätzlicher Informationen und falls nötig zur Abgabe von Aufklärungshinweisen verpflichtet.[829] Dabei muss allerdings das Gebot der Verhältnismäßigkeit Rechnung getragen werden, wonach die Begründung von Informationspflichten mit Maß erfolgen soll, sodass die Wettbewerbs- und Kommunikationsfreiheit der Werbenden nicht in erheblichem Umfange beschränkt wird.[830]

(3.) Die Mehrdimensionalität der Transparenz im Kopplungsangebot

Mit der Hilfe der gerade oben skizzierten Systematik der Wechselwirkung zwischen Informationspflichten der Werbenden und Informationsrisiken der Verbraucher soll weiterhin im Rahmen des Werbens mit Kopplungsangeboten die Reichweite des Transparenzgebots bestimmt werden. Mit Rücksicht auf die besonderen Merkmale, die derartige Angebotsformen aufweisen, und auf die Gefahren die mit dieser Art der Verkaufsförderung verbunden sind, soll konkretisiert werden, wann das Unterlassen von Informationsverschaffung seitens der Gewerbetreibenden eine Verletzung von ungeschriebenen Informationspflichten und demzufolge eine in anstößiger Weise unzureichende Information an die Werbeadressaten darstellt, und wann dagegen das Fehlen von Informationen über das Kopplungsangebot wettbewerbsrechtlich nicht zu beanstanden ist, weil ihre Beschaffung den Verbrauchern selbst zuzumuten ist. *Die Bereitstellung von genügenden Informationen über die Erkennbarkeit der Kopplung und über die Bedingungen für der Inanspruchnahme des jeweiligen Kopplungsangebots gilt als Mindestanforderung für die Charakterisierung eines Angebots als transparent und belastet per se den Werbenden.* Diese Verpflichtung zählt aber nicht zu den ungeschriebenen Pflichten der Werbetreibenden, zumal sie dem § 4 Nr. 4 UWG entnommen wird. Für die Bestimmung der ungeschriebenen Informationspflichten der Anbieter oder dagegen für die Verneinung des Bestehens einer Informationspflicht ist die Heranziehung von weiteren, aus wettbewerbsrechtlicher Sicht, wichtigen Eckpunkten des Angebots maßgeblich, wie der Preis, der Wert oder die Produkteigenschaften sowie ferner weitere Details über die gekoppelten Leistungen.

---

[829] *Ohly*, NJW 2003, 2135/2137; *Beater*, § 15, Rdnr. 31; vgl. auch *Apostolopoulos*, WRP 2004, 841/848

[830] *Keßler/Micklitz*, S. 64; dahin gehend auch *Beater*, § 15, Rdnr. 31

α. Preistransparenz

Die Gesamtheit der Informationspflichten, die sich auf die Darstellung eines preistransparenten Angebots beziehen, ist lauterkeitsrechtlichen Regelungen und insbesondere der Preisangabenverordnung zu entnehmen.[831] Die Auseinandersetzung mit der Thematik der Preistransparenz im Rahmen der Diskussion über den Verstoß gegen das Transparenzgebot durch die Verletzung ungeschriebener Informationspflichten beschränkt sich daher nur auf die Frage, ob der Anbieter eines Kopplungsangebots die Einzelpreise der gekoppelten Leistungen angeben muss oder nicht.[832] Diese Frage wurde allerdings unter dieser Formulierung schon längst in aller Deutlichkeit beantwortet, und sowohl in der Rechtsprechung als auch in der wissenschaftlichen Literatur besteht Konsens darüber, dass die Nichtangabe der Einzelpreise im Kopplungsangebot *grundsätzlich* nicht zu beanstanden ist. Aus diesem Grund sollte anhand einer besseren Formulierung die Frage so lauten, ob es Fälle gibt, in denen die Nichtnennung der Einzelpreise das Angebot intransparent erscheint lässt, und daher der Werbetreibende in diesen bestimmten Fällen verpflichtet sein soll, die Einzelpreise der Angebotskomponenten anzugeben. Die Intransparenz könnte sich dabei daraus ergeben, dass der Verbraucher die Preisgünstigkeit des Angebots nicht einschätzen kann, da er weder die Summe der nicht genannten Einzelpreise mit dem verlangten Gesamtpreis vergleichen kann, um einen Preisvorteil darin erkennen zu können, noch einen Preisvergleich der vereinzelten Kopplungsbestandteile mit den Einzelleistungen anderer Konkurrenten vornehmen kann.

Bis Anfang der 90er Jahre machte die Rechtsprechung die Lauterkeit bzw. Unlauterkeit der verdeckten Kopplungsangebote von dem Merkmal der Brancheneigenheit bzw. Branchenfremdheit der verbundenen Leistungen abhängig. So wurde die verdeckte Kopplung bei branchenverschiedenen Waren oder Dienstleistungen unterschiedlicher Art und Beschaffenheit, die in keinem Zusammenhang miteinander standen, regelmäßig für sittenwidrig erklärt.[833] Als Grund dafür wurde zum einen die Unmöglichkeit eines Preisvergleichs bei den branchenfremden Gütern und zum anderen die Gefahr einer Preisverschleierung oder sogar einer Irreführung angeführt.[834] Ab Anfang der 90er Jahre wurde nicht mehr auf das Kriterium der Branchenfremdheit oder des Gebrauchszusammen-

---

[831] S. oben in: Dritter Teil, V bb) (1.), S. 187 ff.

[832] Vgl. *Köhler*, GRUR 2003, 729/734

[833] BGH GRUR 1962, 415/418 – Glockenpackung; BGH GRUR 1971, 582/584 – Kopplung im Kaffeehandel; OLG Köln WRP 1981, 227/229; OLG Hamm GRUR 1988, 553/554 – Video-Koppelungsangebot; OLG Hamm GRUR 1989, 923 – Auto und Urlaub; Abweichend allerdings BGH GRUR 1967, 530/532 – Fahrschule

[834] Dazu s. oben in: Zweiter Teil, B. I. 1. a) aa), S. 61 ff.; weiter in: *Baumbach/Hefermehl*, § 1 UWG, Rdnr. 128; HK/*Ekey*, § 1 UWG, Rdnrn. 148 f.; *Scherer*, S. 161

hangs zwischen den Angebotsbestandteilen abgestellt, sondern es kam nur darauf an, ob im Einzelfall die Ermittlung der Einzelpreise und damit die Durchführung eines Preisvergleichs unzumutbar erschwert wurde. Danach waren Kopplungsangebote dann wettbewerbswidrig, wenn die Einzelpreise nicht bekannt waren und der Abnehmer sie auch nicht in Erfahrung bringen konnte, weil er keinerlei Anhaltspunkte für ihre Berechnung hatte und er deshalb die Preisgestaltung des Angebots nicht mit Konkurrenzangeboten vergleichen konnte. Dem Käufer wurden allerdings gewisse eigene Bemühungen zugemutet, sodass, wenn er etwa durch ein längeres und aufwendigeres Suchen nach Vergleichsobjekten die Einzelpreise doch in Erfahrung bringen konnte, keine unzumutbare und daher wettbewerbswidrige Erschwerung der Bewertung der Preiswürdigkeit des Kopplungsangebots angenommen wurde.[835] Bei einem Kopplungsgeschäft wurde allerdings Wettbewerbswidrigkeit angenommen und damit dem Werbenden die Pflicht zugewiesen, die Einzelpreise im Angebot ersichtlich zu machen, wenn etwa der Verbraucher wegen der Anzahl und der Art der gekoppelten Waren sowie wegen der begrenzten Laufzeit des Angebots keine ausreichende Möglichkeit hatte, sich in angemessener Zeit und ohne unzumutbaren Aufwand auch nur annähernderweise zuverlässig darüber zu informieren, welche Einzelpreise auf dem Markt für die Waren gefordert wurden,[836] oder ferner, wenn es dem Verbraucher mangels genauerer Angaben über wesentlichen wertbildenden Faktoren einer der Leistungen unmöglich war, den ungefähren Wert auch durch längere beanspruchende Erkundigung zu ermitteln.[837]

Von ihren Thesen ist die Rechtsprechung allerdings zum zweiten Mal abgerückt. So hat der BGH in der „Gesamtpreisangebot"-Entscheidung die Aufstellung eines Grundsatzes abgelehnt, nachdem die Werbung für ein gekoppeltes Angebot zu einem Gesamtpreis allgemein wegen der Erschwerung des Preisvergleichs wettbewerbswidrig ist.[838] Zur Begründung hat er ausgeführt, die Vorschrift des § 1 UWG (a.F.) habe nicht den Zweck, unabhängig vom Schutz der Verbraucher vor unlauterer Beeinflussung und über die für Preisangaben geltenden Vorschriften hinaus die Gewerbetreibenden anzuhalten, in der Werbung die Elemente ihrer Preisbemessung nachvollziehbar darzustellen, um Preisvergleiche zu erleichtern. Es sei vielmehr Sache des Verbrauchers selbst, Preisvergleiche

---

[835] BGH GRUR 1991, 468/469 – Preisgarantie II; BGH GRUR 1994, 57/58 – Geld-zurück-Garantie; OLG München WRP 2001, 319/321 – Kopplungsangebot Auto und Reise; OLG Karlsruhe WRP 2001, 1238/1240 – Jetzt schlägt's Punto; OLG Düsseldorf GRUR-RR 2002, 285/286 – Strom & Fon; OLG Frankfurt/Main WRP 2002, 109/110 – Traumreise beim Kauf einer Küche; OLG Köln WRP 2002, 472/474 – Punto; vgl. auch BGH GRUR 2003, 624/625 – Kleidersack; vgl. aber auch Kritik dazu anlässlich des „Saustarke Angebote"-Urteils in: *Köhler*, GRUR 2001, 1067/1072

[836] OLG Köln WRP 2002, 472/474 – Punto

[837] OLG Frankfurt/Main WRP 2002, 109/110/111 – Traumreise beim Kauf einer Küche

[838] BGH GRUR 2003, 538/539

anzustellen und sich Gedanken über die Preiswürdigkeit des Angebots zu machen. Zumindest anhand des letztlich maßgebenden Gesamtpreises seien Preisvergleiche immer möglich.[839] Dieses Postulat und insbesondere die Erwägungen des Gerichts zur Möglichkeit eines Preisvergleichs durch die Verbraucherschaft erscheinen allerdings nicht zwingend und bieten Anlass zur Erhebung zahlreicher Einwände seitens der lauterkeitsrechtlichen Literatur. Denn im Gegensatz zu der vertretenen These des Gerichts ist ein Preisvergleich anhand des Gesamtpreises im Grunde nur möglich, wenn vergleichbare Leistungspakte auch von anderen Mitbewerbern angeboten werden, was allerdings nicht oft der Fall ist.[840] Unabhängig davon, ob die neue noch liberalere zu Gunsten der Werbenden abgesteckte Kurslinie der Judikatur an völlige Akzeptanz gewinnt oder nicht, ist immerhin Tatsache, dass sie als jüngste Ausprägung der höchstrichterlichen Entwicklung als Maßstab für die Beurteilung von Kopplungsangeboten dient. Daraus ergibt sich also, dass der Werbetreibende nicht nur grundsätzlich, sondern nunmehr stets von der Verpflichtung entlastet wird, den Verbrauchern über die Einzelpreise der gekoppelten Leistungen zu informieren. Die potentielle Erschwerung der Ermittlung der Einzelpreise und die daraus folgende Erschwerung eines Preisvergleichs sind folglich Umstände, die in die Sorge des Verbrauchers fallen, zumal sie zu den Risiken zählen, die er als Marktteilnehmer tragen soll. Eine Abweichung von diesem Grundsatz dürfte allerdings im Extremfall angenommen werden, wenn das Kopplungsangebot nicht eine herkömmliche Kopplung zwischen Waren bzw. Dienstleistungen, sondern die ungewöhnliche Verbindung einer Ware mit einer Sponsorleistung, also mit einer Aktion zur Unterstützung Dritter, zum Gegenstand hat. Dabei soll dem Werbetreibenden die Pflicht zugemutet werden, die Einzelpreise der Angebotskomponenten aufzuschlüsseln und insbesondere den Wert der Sponsoringleistung zu offenbaren. So wurde im Fall der Kopplung einer Sponsoringleistung zum Schutz eines Quadratmeters des Regenwaldes durch eine Regenwaldstiftung mit dem Kauf eines Bierkastens bejaht, dass die Sponsoringleistung umrissen werden muss, damit der Kunde weiß, was er letztlich neben der Ware für sein Geld erhält, also praktisch, welcher Betrag vom Entgelt für die gekoppelte Ware für den guten Zweck abgeführt wird.[841] Die sich mit diesem Kopplungsangebot befassten Gerichte sind bewusst von der jüngsten höchstrichterlichen Tendenz, den Werbenden keinesfalls die Last der Einzelpreisangabe aufzubürden, abgewichen. So hat das *LG Siegen* betont, dass die Beurteilungslinie des *OLG Hamm*, welcher es selbst gefolgt ist, der „Gesamtpreisangebot"-Entscheidung des BGH nicht

---

[839] BGH GRUR 2003, 538/539 – Gsamtpreisangebot

[840] So *Köhler* in: GRUR 2003, 729/735 sowie in: LMK 2003, 110, der immerhin aus drei verschiedenen Gründen die Entscheidung im Ergebnis für begrüßenswert hält

[841] So OLG Hamm NJW 2003, 1745/1746 – Regenwald-Projekt; LG Siegen GRUR-RR 2003, 379/380 – Regenwaldprojekt II

widerspricht.[842] Dies wurde sogar darin begründet, dass die herkömmliche Kopplung zwischen Waren bzw. Dienstleistungen, bei denen die Einzelpreise nicht angegeben werden, mit der Kopplung einer Ware mit einer Sponsoringleistung nicht vergleichbar ist. Während bei den üblichen Angebotskombinationen der Käufer über den Wert der gekoppelten Güter Vergleichspreise in Erfahrung bringen könne, könne er bei einer Sponsoringleistung ausschließlich auf Informationen des Werbenden angewiesen sein.[843] Daher soll dabei sowie bei ähnlichen Fallkonstellationen dem Werbenden ausnahmsweise die Pflicht zugemutet werden, Einzelheiten seiner Preisgestaltung zu offenbaren, damit der Werbeadressat nicht im Unklaren hinsichtlich der bestimmten Geldsumme, die als Hilfleistung vorgesehen wird, bleibt.

β. Werttransparenz

Von der Angabe der Einzelpreise zu unterscheiden ist die Frage, ob der Werbetreibende den Werbeadressaten über den tatsächlichen Wert der einzelnen Leistungen des Kopplungsangebots informieren muss. Die Unterscheidung zwischen dem Einzelpreis und dem tatsächlichen Wert liegt darin, dass der Einzelpreis dem Betrag entspricht, den der konkrete Anbieter für den vereinzelten Erwerb bzw. die vereinzelte Inanspruchnahme einer der Angebotselemente verlangen würde, während unter dem tatsächlichen Wert der Marktwert oder der objektive Wert im Sinne des handelsüblichen Endverbraucherpreises, also nicht unbedingt der Einkaufspreis für die jeweils angebotene Leistung zu verstehen ist.[844] Für die klassischen Kopplungsangebote, bei denen alle verbundenen Leistungen an der Gestaltung des Gesamtpreises beteiligt sind, scheint indessen die Sache grundsätzlich unproblematisch zu sein, soweit der Einzelpreis in der Regel dem Marktpreis entspricht. Daher erübrigt sich bei diesen Fällen die Prüfung, ob eine Wertangabepflicht zu Lasten des Werbenden besteht, soweit diese Frage durch die Verneinung einer Angabepflicht der Einzelpreise bereits beantworten wurde. Aber auch für den Extremfall, in dem sich Einzelpreis und tatsächlicher Wert des Angebotsbestandteils miteinander unterscheiden, hat die Rechtsprechung das Bestehen einer Wertangabenpflicht zu Lasten des Werbenden verneint. In diesem Zusammenhang hat der BGH erklärt, den Werbenden treffe keine Pflicht zu einer umfassenden Aufklärung, zumal freilich eine solche von einem verständigen Verbraucher auch nicht erwartet wird.[845] Eine Verpflichtung zu aufklärenden Angaben bestehe nach § 1 und § 3 UWG (a.F.) nur dann, wenn

---

[842] In: GRUR-RR 2003, 380; a.A. allerdings *Günther/Beyerlein,* WRP 2004, 1142/1144

[843] OLG Hamm NJW 2003, 1745/1746 – Regenwald-Projekt; LG Siegen GRUR-RR 2003, 379/380 – Regenwaldprojekt II

[844] *Köhler,* GRUR 2001, 1067/1071

[845] BGH GRUR 2003, 538/539 – Gesamtpreisangebot

andernfalls die Gefahr einer unlauteren Beeinflussung der Verbraucher durch Täuschung über den tatsächlichen Wert des Angebots, insbesondere über den Wert einer angebotenen Zusatzleistung gegeben sei.[846] Daraus ergibt sich also, dass, eben wie bei dem Fall der Einzelpreise, die Informationslast für die Ermittlung des tatsächlichen Werts der angebotenen Leistungen dem Werbenden aufzubürden ist.

Eine vorsichtige Annäherung benötigt indessen die Problematik der Werttransparenz beim Werben mit Kopplungsgeschäften, wenn die Kopplung Zugaben betrifft. Dabei können hinsichtlich der zugegebenen Leistung die geltenden Ansätze über die Pflicht zur Angabe der Einzelpreise keine analoge Anwendung finden. Die Wertangabepflicht gleicht nämlich im Fall der Zugabegewährung nicht der Pflicht zur Angabe der Einzelpreise, weil bei einer Zugabe nicht von einem Einzelpreis die Rede sein kann, zumal die einschlägige Leistung unentgeltlich gegeben wird. Ob also für die Einhaltung der Transparenz die Angabe des tatsächlichen Werts einer Zugabe entscheidend ist, darf ausnahmsweise nicht mit der Problematik der Angabe der Einzelpreise gleichgesetzt werden. In diesem Zusammenhang hat *Köhler*, damit eine gewisse Transparenz beim Werben mit Zugaben sichergestellt wird, für sinnvoll gehalten, dass vom Werbenden grundsätzlich verlangt werden soll, den Wert der Zugabe in seiner Werbung in einem Geldbetrag anzugeben.[847] Begründet hat er dieses Postulat dadurch, dass auch der verständige Durchschnittsverbraucher häufig den Wert einer Zugabe nicht kennt.[848] Ferner hat er darauf hingewiesen, dass die Zugabegewährung als besondere und von den Gewerbetreibenden beliebte Verkaufsförderungsmaßnahme erhebliche Irreführungs- und Preisverschleierungspotenziale in sich birgt, sofern die Zugabe häufig als kostbarer hingestellt wird als sie es in der Wirklichkeit ist.[849] Als weiteren Begründungsstrang stützt er sich schließlich auf die zutreffende Feststellung, dass die Ermittlung des Werts der zugegebenen Leistung für den Werbenden leichter und mit weniger Kosten möglich ist als dem Verbraucher.[850] Immerhin hat er klargestellt, dass der von ihm vorgeschlagene Grundsatz der Wertangabepflicht nicht uneingeschränkt, sondern nach dem Prinzip der Zumutbarkeit und Verhältnismäßigkeit gelten soll.[851] *Köhlers* Vorschlag ist, trotz seiner umfassenden Begründung und seiner Anpassung an den Sinn der Abwägung zwischen Informationspflichten der

---

[846] BGH GRUR 2003, 538/539 – Gesamtpreisangebot; vgl. auch: BGH WRP 2002, 1256/1258/1259 – Kopplungsangebot I; BGH WRP 2002, 1259/1262 – Kopplungsangebot II
[847] In: GRUR 2001, 1067/1071 f.
[848] *Köhler*, GRUR 2001, 1067/1071
[849] *Köhler*, GRUR 2001, 1067/1071; vgl auch: *Henning-Bodewig*, WRP 2000, 886/888; *Berneke*, WRP 2001, 615/621; *Nordemann Jan Bernd*, NJW 2001, 2505/2510; *Hoß*, MDR 2001, 1094/1098
[850] *Köhler*, GRUR 2001, 1067/1071 f.
[851] *Köhler*, GRUR 2001, 1067/1071

Werbenden und Informationsrisiken der Verbraucher, von der höchstrichterlichen Rechtsprechung explizit abgelehnt worden. Anhand der Entscheidungen „Kopplungsangebot I“ und „Kopplungsangebot II“ hat der BGH erklärt, die von *Köhler* für sinnvoll gehaltene Verpflichtung, stets (*Köhler* hat allerdings nicht „stets“ sondern „grundsätzlich“ gesagt) den Wert einer Zugabe anzugeben, könne weder der Generalklausel des § 1 UWG (a.F.) noch dem Irreführungsverbot entnommen werden, und hat dies teilweise darin begründet, das es dem Gesetzgeber vorbehalten wäre, eine solch allgemeine Pflicht zu begründen.[852] Immerhin hat er ausgeführt, ungeachtet der spezifischen Pflichten, die sich auch nach geltendem Recht aus der Preisangabenverordnung ergeben, sei eine solche aus §§ 1 und § 3 UWG (a.F.) begründete Verpflichtung aber immer dann anzunehmen, wenn die Gefahr besteht, dass die Verbraucher über den Wert des tatsächlichen Angebots, namentlich über den Wert der angebotenen Zusatzleistung, getäuscht oder sonst unzureichend informiert werden.[853] Daraus ergibt sich also, dass auch bei der Sonderform der Kopplungsangebote mit Zugaben der Werbende grundsätzlich keine Wertangabepflicht gegenüber dem Abnehmer trifft und in *der Regel* die Last für die entsprechenden Informationen dem jeweiligen Verbraucher aufzubürden ist.[854] Als vereinzelte Ausnahmefälle, in denen der Anbieter mit der ungeschriebenen Pflicht zur Angabe des tatsächlichen Werts der Zugabe belastet wird, gelten, wie der BGH betont hat, immerhin die Fälle, in denen der Verbraucher aufgrund der fehlenden Wertangaben getäuscht werden kann oder über das Gesamtangebot unzureichend informiert wird. Über die konkrete Fehlvorstellung des Verbrauchers, die unter solchen Umständen hervorgerufen werden kann, finden sich bereits zuvor Ausführungen.[855] Der zweite Ausnahmefall, wobei der Werbende dazu verpflichtet ist, den tatsächlichen Wert der Zugabe in der Werbung anzugeben, umfasst die Situationen, in denen sich die Wettbewerbswidrigkeit aus dem Gesichtspunkt der unzureichenden Information der Verbraucher ergeben kann. Dabei unterliegt der Werbeadressat keiner konkreten Fehlvorstellung über den Wert der Zugabe und folglich über die Preisgünstigkeit und die Vorteilhaftigkeit des angebotenen Leistungspakets, sondern aufgrund fehlender Angaben über den tatsächlichen Wert der Zugabe lediglich an einer zuverlässigen Würdigung des Gesamtangebots, und er ferner an einer „informierten“ Kaufentscheidung gehindert wird. Wann sich die

---

[852] BGH WRP 2002, 1256/1258 und BGH WRP 2002 1259/1262; Zugestimmt mit zutreffender Begründung: *Eppe*, WRP 2004, 153/157 f.

[853] BGH WRP 2002, 1256/1258/1259 – Kopplungsangebot I; BGH WRP 2002, 1259/1262 – Kopplungsangebot II; so auch in: BGH GRUR 2003, 538/539 – Gesamtpreisangebot; BGH WRP 2004, 483/485 – Playstation; BGH WRP 2004, 1359/1360 – 500 DM-Gutschein für Autokauf

[854] Nach dieser Entwicklung hat *Köhler* seinen Vorschlag in die Richtung der höchstrichterlichen Aussagen „korrigiert“ und die Anerkennung einer generellen Wertangabepflicht für Zugaben verneint mit der Begründung, dass eine solche Regelung in der Tat dem Gesetzgeber vorbehalten bleiben sollte: GRUR 2003, 729/735

[855] Dritter Teil, C. V. 2. c. aa), S. 182 ff.

Wertangabe der Zugabe als erforderliche Information darstellt, sodass ihre potenzielle Ermangelung dazu führt, dass der Verbraucher in unlauterer Weise unzureichend informiert ist, ist nicht leicht zu bestimmen. Es dürfte sich allerdings empfehlen, dass darunter die Sachverhalte zu verstehen sind, in denen der Werbeadressat, trotz eigener Bemühungen und längeres Suchens, keinerlei Anhaltspunkte hat, den Wert der Zugabe in Erfahrung zu bringen. Dies ist etwa dann anzunehmen, wenn der Gegenstand der Zugabe keine marktübliche Ware, sondern z.B. ein speziell für diese konkrete Werbeaktion angefertigter Artikel ist.[856] In diesem Fall besitzt das einschlägige Produkt naturgemäß keinen Marktpreis, sodass von einem durchschnittlich informierten, aufmerksamen und verständigen Durchschnittsverbraucher zu erwarten wäre, dass er diesem Preis ohnehin kennen sollte oder sich zumindest über ihn informieren könnte. Der Verbraucher ist hier vielmehr ausschließlich auf Informationen des Werbenden angewiesen.[857] Daher muss von dem Werbenden verlangt werden, dass er den tatsächlichen Wert der konkreten Zugabe oder zumindest, wie *Köhler* hinzufügt,[858] den Schätzwert des Artikels oder die Selbstkosten für seine Herstellung angibt.

γ. Transparenz über die Eigenschaften der gekoppelten Leistungen

Nahtlos in die Kette der Bemühungen zur Bestimmung der Reichweite des Transparenzgebots ordnet sich ferner die Frage ein, ob dem Werbenden die ungeschriebene Pflicht zuzumuten ist, die Leistungskomponente seines Kopplungsangebots so genau zu beschreiben oder abzubilden, dass der Werbeadressat annähernd erkennen kann, welche Eigenschaften die entsprechenden Waren bzw. Dienstleistungen haben. Die zumindest wesentlichen Eigenschaften der angebotenen Leistung zu wissen, ist für den jeweiligen Verbraucher aus drei Gründen besonders wichtig: zum ersten kann er dadurch beurteilen, ob das fragliche Leistungspaket seinen (Kauf)wünschen und Erwartungen entspricht, und ob er tatsächlich für seinen Erwerb Bedarf hat; zum zweiten kann er den Wert der gekoppelten Gütern besser einschätzen und daraus rationale Schlüsse über die tatsächliche Preisgünstigkeit und Vorteilhaftigkeit des Kopplungsgeschäfts ziehen; zum dritten kann er schließlich einen zutreffenderen und zuverlässigeren Preis- und Qualitätsvergleich des entstehenden Angebots mit entsprechenden Leistungen anderer Anbieter vornehmen, soweit er weiß, mit welcher Leistung er genau bei dem beworbenen Kopplungsangebot zu tun hat, und welche Leistung anderer Konkurrenten er zum Vergleich gegenüberstellen soll.

---

[856] *Köhler*, GRUR 2003, 729/736

[857] Ähnliche Denkweise wie bei: OLG Hamm NJW 2003, 1745/1746 – Regenwaldprojekt; LG Siegen GRUR-RR 2003, 379/380 – Regenwaldprojekt II

[858] In: GRUR 2003, 729/736

Gestützt auf diese Gedanken hat das Berufungsgericht im „Gesamtpreisangebot"-Fall beanstandet, dass über die Qualität der im Gesamtpreis für eine Pauschalreise enthaltenen Skiausrüstung keine näheren Angaben gemacht worden waren. Insbesondere hat es beanstandet, dass sich der Anbieter in seiner Werbung mit dem bloßen Hinweis begnügt hat, dass es sich hierbei um Skier der Marke „F" handelt, obwohl es jedem bekannt ist, dass Markenskier von jedem Hersteller in höchst unterschiedlichen Qualitäts- und Preisstufen angeboten werden.[859] Der BGH hat dagegen hierzu ausgeführt, das Fehlen näherer Angaben zu den Markenskiern begründe nicht die Gefahr einer unsachlichen Beeinflussung,[860] und hat mit dieser lapidaren Aussage das Bestehen einer Verpflichtung des Werbenden, weitere Informationen über die Eigenschaften der beworbenen Leistung zu geben, verneint. Diese höchstrichterliche Haltung ist unzweifelhaft streng, soweit jeder versteht, dass für den potenziellen Betrachter einer derartigen Werbung tatsächlich im Dunklen bleibt - wenn er nicht weiter fragt – welches bestimmtes Skimodell der Anbieter meint. Sie soll allerdings nicht überraschen, zumal sie dem von der jüngsten Rechtsprechung verfolgten zurückhaltenden Kurs entspricht, dessen Grundlinie auf diesen Grundsatz hinauslaufen, dass eine Pflicht des Anbieters, den jeweiligen Geschäftspartner über die Preisberechnung, die Qualität der Ware oder andere Details des Angebots aufzuklären, nur dann in Betracht kommt, wenn dies aufgrund besonderer Umstände gerechtfertigt wird.

Daraus lässt es sich also feststellen, dass dem Werbenden *generell* keine Verpflichtung trifft, die Eigenschaften der angebotenen Leistungskomponenten in der Werbung zu erwähnen. Produktbezogene Informationspflichten sind allerdings dem Werbenden dann zuzumuten, wenn aufgrund der Art der Kopplung oder der Art und der Besonderheiten der verbundenen Waren bzw. Dienstleistungen die Ermittlung derartiger Informationen ein Wesenselement bildet, damit sich auch der durchschnittlich informierte, aufmerksame und verständige Verbraucher überhaupt in der Lage befinden kann, einen rationalen und „informierten" Kaufentschluss treffen zu können. Trotz der allgemeinen Bestimmung von Kopplungsformen, bei denen der Werbende mit der Angabe zumindest der wesentlichsten Eigenschaften der Kopplungsbestandteile etwa durch Abbildung oder Beschreibung belastet werden soll, bedarf dennoch die Annahme einer solchen Informationspflicht jedenfalls der besonderen Begründung im Einzelfall.[861]

Nach einer Ansicht sollen Informationspflichten bezüglich der Eigenschaften der gekoppelten Waren bzw. Dienstleistungen den Anbieter eines Kopplungsangebots

---

859 OLG Frankfurt/Main: s. kurze Darstellung der Begründung im Rahmen des BGH-Urteils, GRUR 2003, 538/539

860 GRUR 2003, 538/540

861 Vgl. *Ohly*, NJW 2003, 2135/2137

hauptsächlich dann treffen, wenn er anhand des Kopplungsangebots die Gewährung einer Zugabe verspricht.[862] Danach soll er dazu verpflichtet sein, nähere Angaben insbesondere über den Bestandteil des Kopplungsangebots, der unentgeltlich abgeben wird, in seiner Werbung beizufügen. Begründet wurde diese These unter anderem darin, dass der Anbieter, der eine Zugabe in Aussicht stellt, dadurch dem Verbraucher einen so besonderen Vorteil suggeriert, dass die nicht absehbare Gefahr besteht, dass der Kunde dazu veranlasst wird, seine Wahl nicht in erster Linie nach Preiswürdigkeit und Qualität der anderen mitgekoppelten Leistung oder des gesamten Leistungspakets zu treffen, sondern danach, wie er in den Genuss der fraglichen Leistung kommen kann.[863] Damit der jeweilige Betrachter eines derartigen Angebots den tatsächlichen Umfang des eingeräumten Vorteils wahrnehmen kann, darf er nicht im Unklaren hinsichtlich des Gegenstands der Zugabe gelassen werden.[864] Vielmehr muss die außergewöhnliche Anziehungskraft, die aus solcher Werbeaktionen ausfließt, mit der Einräumung genügender Informationen über zumindest die wesentlichen Eigenschaften der geschenkten Güter entschärft werden, sodass gewährleistet werden kann, dass der Verbraucher einen gewissen Anhaltspunkt hat, um eine rationale Kaufentscheidung treffen zu können. Nur so kann er sich ein klares Bild verschaffen, das zulässt, vernünftige Gedanken zu machen, die für oder gegen den Erwerb der fraglichen Leistung sprechen würden. Ausgestattet mit einer gewissen Anzahl von leistungsbezogenen Informationen kann er nämlich feststellen, welchen konkreten Gegenstand die Zugabegewährung betrifft sowie welchen Wert die Zugabe besitzt, sodass er rational entscheiden kann, ob subjektiv nach seinen Kaufbedürfnissen und Erwartungen oder objektiv die Zugabe tatsächlich so vorteilhaft ist, wie sie in der Werbung dargestellt wird und folglich, ob es sich lohnt, an den Erwerb des Kopplungsangebots zu gelangen. Diese Informationspflicht soll allerdings nicht uneingeschränkt für alle möglichen Zugabeaktionen gelten, zumal bei einem solchen Fall der Gewerbetreibende übermäßig und ungerechtfertigt belastet werden würden und man von einer Überstrapazierung des Transparenzgebots sprechen könnte. *Köhler* hat deshalb vorgeschlagen, dass die Annahme von ungeschriebenen leistungsbezogenen Informationspflichten zu Lasten des Zugabeanbieters dem Grundsatz der Verhältnismäßigkeit entsprechen soll.[865] Danach soll eine derartige Pflicht dem Werbenden zugemutet werden, wenn die Kopplung wertvolle, unentgeltlich angebotene Leistungskomponente betrifft, die angesichts ihrer Kostbarkeit den Ausgang der Kaufentscheidung der

---

[862] *Köhler*, GRUR 2003, 729/736

[863] *Köhler*, GRUR 2003, 729/736; dort sowie in: GRUR 2001, 1067/1072 s. die Erwähung weiterer Gründe, die allerdings nicht so aussagekräftig sind, weil sie für alle Formen von Kopplungsangebten Geltung beansprüchen können

[864] *Köhler*, GRUR 2001, 1067/1072; vgl. auch: *Steinbeck*, ZIP 2001, 1743/1744/1748; *Eppe*, WRP 2004, 153/158

[865] GRUR 2001, 1067/1072 sowie in: GRUR 2003, 729/736

Verbraucher wesentlich beeinflussen können. Für Güter dagegen, die einen geringen Wert besitzen und deren Platzierung im Kopplungsangebot daher für keine große Aufregung sorgt, scheint die Zuverfügungstellung umfassender produktbezogener Informationen die Werbenden ohne Grund zu belasten. So ist beim Angebot eines kostenlos oder zum Preis, der nahe Null liegt, angepriesenen Fernsehgeräts im Zusammenhang mit dem Anschluss eines Stromlieferungsvertrags der Werbende gehalten, durch wörtliche oder bildliche Abgabe dem Werbeadressat über gewisse Eigenschaften des Geräts zu informieren (wie z.B. Modell, Typenbezeichnung, Zollzahl u.s.w.).[866] Wird dagegen mit dem Kauf bestimmter Produkte eine Flasche Wein als Belohnung zugegeben, ist anzunehmen, dass der Anbieter nicht verpflichtet ist anzugeben, um welche Marke es sich hierbei handelt, und von welchem Jahrgang der Wein ist.[867]

Eine Abweichung von dem Grundsatz, nach dem der Gewerbetreibende generell nicht dazu verpflichtet ist, die wesentlichen Eigenschaften der Angebotsbestandteile anzugeben, soll weiterhin erlaubt werden, wenn die Kopplungsangebote Besonderheiten hinsichtlich der infrage stehenden Leistungen aufweisen. Darunter sind diese Kopplungsangebote zu verstehen, bei denen die Kopplung *komplexe* Güter betrifft.[868] Dabei soll eine generelle Informationspflicht der Werbenden angenommen werden und zwar unabhängig davon, ob die gekoppelten Leistungskomponenten gegen Entgelt oder schenkungsweise abgegeben werden, also unabhängig davon, ob das fragliche Kopplungsangebot ein allgemeines Gesamtpreisangebot oder ein Angebot mit Zugabe ist.

Als komplexe Güter sind zunächst die sog. Vertrauensgüter zu verstehen, z.B. Versicherungen wie Lebensversicherung oder Krankenversicherung, Finanzdienstleistungen wie Baufinanzierung u.s.w.[869] Deren Qualität und Preisgünstigkeit erfordert komplizierte Bewertungen.[870] Im Gegensatz zu den sog. Erfahrungsgütern, deren Preiswürdigkeit und Qualität der Verbraucher durch seine Konsumerfahrung theoretisch unproblematisch einschätzen kann, kann bei dem Vertrauensgut seine Qualität weder vor dem Kauf noch nach dem Kauf eindeutig beurteilt werden. Über ihre realen Eigenschaften kann man auch durch Konsumerfahrung kaum etwas erfahren. Daraus ergibt sich, dass es sich dabei um einen Fall eingeschränkter Konsumsouveränität handelt. Als Ersatz für die Bewertbarkeit stellt sich in diesen Fällen das Vertrauen in die Informations-

---

[866] S. auch entsprechende Beispiele in: *Köhler*, GRUR 2001, 1067/1073 sowie in: GRUR 2003, 729/736

[867] So etwa: *Köhler*, GRUR 2001, 1067/1073

[868] Dazu: *Ohly*, NJW 2003, 2135/2137; *Beater*, § 16, Rdnr. 66; vgl. *Stuckel* in: *Harte-Bavendamm/Henning-Bodewig*, § 4 Nr. 1 UWG, Rdnr. 46; a.A. *Köhler*, GRUR 2003, 729/736

[869] Vgl. *Beater*, § 15, Rdnr. 29

[870] *Beater*, § 16, Rdnr. 66

quelle.[871] Es kommt nämlich für den Kunden maßgeblich auf die Vertrauenswürdigkeit des Anbieters an. Damit bei diesen Fällen die Gefahr einer Informationsasymmetrie zu Lasten der Verbraucherschaft eliminiert wird und damit sich das gegenüber den Anbietern gegebene Vertrauen „auszahlt", sind die Werbenden in hohen Maße gefordert, umfassend und qualitativ hochwertig über die Eigenschaften und die verschiedensten Aspekten der infrage stehenden Leistungen dem angesprochenen Publikum zu informieren.[872]

Als komplexe Kopplungsangebote bezeichnen sich ferner diese Angebotskombinationen, bei denen eine der Leistungskomponente weiterhin in mehreren kleineren Leistungen aufgespaltet wird. Dies ist praktisch der Fall, wenn sich eine der gekoppelten Güter auf die Inanspruchnahme einer Dienstleistung bezieht, deren Gewährung sich nicht auf die Erledigung einer Aufgabe beschränkt (z.B. Teppichverlegung, Autowäsche, Kfz-Service, oder Hauslieferung von Waren) sondern sich als eine Kombination mehrerer Dienstleistungen darstellt. Klassisches Beispiel dafür ist das Angebot einer Reise, das oft in Kombination mit dem Kauf anderer Waren gegen Entgelt oder unentgeltlich gekoppelt ist. Abgesehen davon, dass es sich hierbei um ein nicht standardisiertes Leistungsangebot handelt, spricht zusätzlich die Komplexität des Angebots dafür, dass der Verbraucher ohne die Bereitstellung seitens des Werbenden ausreichender Informationen, behindert wird, zuverlässige Schlüsse über die entsprechende Leistung zu ziehen. Bei der Veranstaltung einer Reise können mehrere Leistungen eingeschlossen sein. Dazu gehört also der Transfer zum Flughafen, der Flug mit einer bestimmten Fluglinie, die Übernachtung im Hotel, die Verpflegung, die Betreuung, mögliche Ausflüge u.s.w.. Natürlich soll der Anbieter nicht verpflichtet sein, alle mögliche Informationen über die Durchführung der Reise in Einzelheiten anzugeben. Der bloße Hinweis auf den Reiseveranstalter reicht allerdings auch nicht aus.[873] Daher ist anzunehmen, dass der Unternehmer, der entweder im Rahmen eines Gesamtpreisangebots oder einer Zugabegewährung mit dem Angebot einer Reise wirbt, zumindest dazu gehalten ist, Informationen über die wesentlichen Aspekten der Reise und zugleich wertbestimmende Faktoren der Leistung wie etwa Zielort, Zeitdauer der Reise, Hotelkategorie und Verpflegung anzugeben (z.B. Vollpension, Halbpension u.s.w.).[874]

---

[871] Vgl. *Van den Bergh/Lehman*, GRUR Int. 1992, 588/591

[872] Vgl. *Lettl*, Der lauterkeitsrechtliche Schutz vor irreführender Werbung in Europa, S. 104 f.

[873] OLG München WRP 2001, 319/321 – Kopplungsangebot Auto und Reise; OLG Frankfurt/Main WRP 2002, 109/111 – Traumreise beim Kauf einer Küche

[874] Vgl. *Köhler*, GRUR 2003, 729/736, der allerdings eine produktbezogene Informationspflicht des Werbetreibenden nur dann bejaht, wenn die Reise Gegenstand eines Gratisangebots ist

δ. Transparenz über die Folgekosten

Nach dem Ausgeführten kann zusammenfassend festgestellt werden, dass Kopplungsangebote nicht unter ein Transparenzgebot fallen, welches generell den Werbetreibenden verpflichtet, Einzelheiten seiner Preisgestaltung zu offenbaren und umfassende Informationen über die Eigenschaften seines Sortiments anzugeben. Eine derartige Pflicht besteht in eingeschränktem Umfang, insbesondere wenn das Angebot Zugaben oder komplexe Güter zum Gegenstand hat. Als komplexe Kopplungsgeschäfte und daher mit einer besonderen Schutzwürdigkeit im Sinne der Anerkennung erhöhter Informationspflichten zu Lasten der Gewerbetreibenden verbundene Verkaufsförderungsmaßnahme sind Kopplungsgeschäfte zu verstehen, die Leistungen enthalten, die mit Folgekosten belastet sind.[875] Derartige Leistungen sind in der Regel Dienstleistungen, die mit einer Ware oder einer anderen Dienstleistung zu einem Gesamtpreisangebot angeboten werden. Zu denken ist also an die Kopplung eines Mobiltelefons mit einem Netzkartenvertrag,[876] eines elektronischen Geräts mit einem Stromlieferungsvertrag,[877] an die Kopplung von Grundstückverkauf mit Bezug von Fernwärme[878] oder sogar an die Kopplung von Stromlieferungsvertrag mit Telekommunikationsdienstleistungen.[879] Die Komplexität bei derartigen Leistungen liegt darin, dass der Abschluss des jeweiligen Vertrags mit der Entstehung von Folgekosten verbunden ist, deren Auszahlung sich sogar nicht auf die Entrichtung eines einmaligen Geldbetrags beschränkt. Vielmehr die zu entrichtende Gegenleistung, die sich auf diese Folgekosten bezieht, tritt in der Form einer Dauerleistung, deren Höhe sogar teilweise von vornherein schwer abschätzbar ist.[880] So sind neben den Freischaltungsgebühren bzw. den Bereitstellungskosten, die der Kunde beim Abschluss des Vertrags einmalig entrichten muss, noch weitere wirtschaftliche Belastungen zu berücksichtigen, wie die monatlichen Grundgebühren und die monatlichen Verbrauchsgebühren. Während die Grundgebühren einen festen Preis besitzen und lediglich die entstehenden Mindestkosten pro Monat darstellen, können die im Rahmen des Dauerlieferungsvertrags anfallenden Verbrauchsgebühren im Einzelfall sehr unterschiedlich ausfallen und daher nicht errechnet werden, da sich dabei die Kostenbelastung nach dem eigenen Verbrauchs-

---

[875] *Beater,* § 16, Rdnr. 66; *Ohly,* NJW 2003, 2135/2137; vgl ferner *Apostolopoulos,* WRP 2004, 841/848

[876] S. vor allem im Grundsatzurteil: BGH GRUR 1999, 264 ff. – Handy für 0,00 DM; Vgl. auch ein noch kompliziertes Angebot in BGH WRP 2004, 483 ff. – Playstation

[877] BGH WRP 2002, 1256 – Kopplungsangebot I; BGH WRP 2002, 1259 – Kopplungsangebot II; BGH I ZR 161/01 Urteil vom 11. März 2004 (bislang unver.)

[878] BGH WRP 2002, 1008 – Fernwärme für Börnsen

[879] BGH WRP 2004, 382 ff. – Strom und Fon II; OLG Düsseldorf GRUR-RR 2002, 285 ff. – Strom & Fon; OLG Düsseldorf CR 2002, 893 ff. - Ruhrpowerpakete

[880] *Beater,* § 16 Rdnr. 66

verhalten des jeglichen Verbrauchers bestimmt.[881] Bei derartigen Angebotsformen verlangt die Rechtsprechung von den jeweiligen Anbietern eine umfassende Aufklärung der sich aus dem Abschluss solcher Geschäfte ergebenen Belastungen für den Abnehmer. Diese Anforderung ist nicht auf die Befürchtung zurückzuführen, dass der Verbraucher die mit dem Kauf derartiger Angebote entstehenden Folgekosten verkennt. Es wird angenommen, dass sich der durchschnittlich verständige, informierte und aufmerksame Verbraucher nicht blind für die mit dem Geschäft verbundenen weiteren wirtschaftlichen Belastungen für den Abschluss eines solchen Kopplungsgeschäfts entscheidet.[882] Vielmehr ist er mit dem Wissen ausgestattet, dass sich aus derartigen Geschäften weitere Kosten ergeben. Die Anforderungen an eine umfassende Information über die in Frage stehenden Folgekosten werden darin begründet, dass ihre Verschleierung die ohnehin schwere Errechnung der präzisen Gesamtbelastung erschwert. Die Angabe der Folgekosten in der Werbung soll zumindest der groben Orientierung des Kunden und der Gewinnung eines Überblicks über die künftig zu erwartende Kostenbelastung dienen. Für die Einhaltung des Transparenzgebots legt die Rechtsprechung besonderen Wert auf die Zuverfügungstellung ausreichender Angaben über die mit dem Abschluss eines Kopplungsgeschäfts möglicherweise entstehenden Folgekosten[883] und erklärt damit, dass die Verschleierung von Folgekosten im Kopplungsangebot zur sofortigen Annahme von Wettbewerbswidrigkeit unter dem Gesichtspunkt der unzureichenden Information und daher zur Anerkennung der Missbräuchlichkeit des Angebots führt.[884] Demgemäss, wird dem Werbenden stets die Pflicht zugemutet, in seiner Werbung alle diese Informationen anzugeben, die sich auf die aus dem Erwerb des Kopplungsangebots und demzufolge dem Abschluss des Vertrags weiter ergebenen Belastungen beziehen (also: Mindestlaufzeit des Vertrags, Freischaltungs- bzw. Bereitstellungsgebühr, Grundgebühr/Monat, Verbrauchsgebühr). Zwar genügt es nicht, dass diese Angaben in der Werbung bloß enthalten sind, sondern sie müssen zusätzlich auch im Werbetext in klarer Zuordnung aufgelistet werden, leicht erkennbar und deutlich lesbar sein.[885] Das Problem der Lesbarkeit und der Erkennbarkeit derartiger Angaben betrifft nicht so sehr die in Printmedien abgedruckte Werbung (etwa in Zeitungen, Zeitschriften, Broschuren, Werbeplakate u.s.w.) oder die Internet-Werbung, bei der der Werbeadressat die Möglichkeit hat, sich Zeit zu nehmen, um die Einzelheiten der Werbungen näher

---

[881] Vgl. *Pluskat,* WRP 2002, 1381/1384

[882] BGH WRP 2002, 1256/1259 – Kopplungsangebot I

[883] Vgl. *Ullmann,* GRUR 2003, 817/818

[884] S. vor allem: *Günther/Beyerlein,* WRP 2004, 1142/1144; vgl. BGH WRP 2002, 1256/1259 – Kopplungsangebot I; BGH WRP 2002, 1259/1263 – Kopplungsangebot II; BGH WRP 2004, 483/485 – Playstation; BGH I ZR 161/01 Urteil vom 11. März 2004 (bislang unver.)

[885] BGH WRP 2002, 1256/1259 – Kopplungsangebot I; BGH WRP 2002, 1259/1263 – Kopplungsangebot II

zu überprüfen. Vielmehr betrifft dieses Problem die Art von Werbung, die in den audiovisuellen Medien erscheint (Fernsehen, Radio), bei denen die Angaben über die Folgekosten zu schnell vor dem Bildschirm laufen oder so kleingeschrieben sind, dass sie nicht lesbar sind, was allzu oft geschieht. Im Fall der Radiowerbung befindet sich das Problem darin, dass die einschlägigen Informationen nicht selten zu schnell erwähnt werden, sodass ihre Hörbarkeit und Verständlichkeit auch von einem aufmerksamen Radiohörer in Frage gestellt wird.

3. Wettbewerbswidrigkeit unter dem Aspekt der unsachlichen Beeinflussung

Ein weiterer Gesichtspunkt, der neben der Irreführung und der Verletzung des Transparenzgebots maßgeblich für die lauterkeitsrechtliche Beurteilung der Kopplungsangebote ist, und dem bei der sog. Missbrauchskontrolle derartiger Werbemaßnahmen Rechnung getragen werden soll, stellt die Gefahr der unsachlichen Beeinflussung der Verbraucher dar.[886] Dieses Unlauterkeitsmoment genießt nunmehr als Beispiel unlauteren Handels im neuen UWG seine eigene Regelung. So wird in dem generalklauselartig[887] ausgestalteten weiten Beispieltatbestand des § 4 Nr. 1 UWG geregelt (in Alt. 3), dass Wettbewerbswidrigkeit unter anderem auch dann anzunehmen ist, wenn die Wettbewerbshandlung geeignet ist, die Entscheidungsfreiheit der Verbraucher und anderer Marktteilnehmer durch unangemessenen unsachlichen Einfluss zu beeinträchtigen. Was unter einem „unangemessenen unsachlichen Einfluss" zu verstehen ist, wurde in der Begründung des Gesetzentwurfs nicht erläutert. An dieser Stelle soll in Rechnung getragen werden, dass nach der verfassungsgerichtlichen Einmischung in die Wettbewerbssachen[888] der Grundsatz der Sachlichkeit der Werbung, also das sog. „Sachlichkeitsgebot", im Lauterkeitsrecht keine Geltung mehr beanspruchen soll. Dementsprechend kann das die Rechtsprechung in der Vergangenheit beherrschende Dogma, dass der Kunde *nur* in sachlicher Weise beeinflusst werden darf[889] und die Kaufentscheidung auf sachlichen Motiven beruhen soll, nicht länger haltbar sein.[890] Der Einsatz von Mitteln in der Werbung, die in keinem sachlichen Zusammenhang mit dem Angebot stehen, die sich namentlich nicht auf die angebotene Ware bzw. Dienstleistung, insbesondere auf bestimmte Eigenschaften der Ware bzw. Dienstleistung, auf ihre Qualität und Preiswürdigkeit oder auf sonstige Leistungselemente beziehen, ist heute als entscheidende Kaufmotivationen von vornherein nicht zu beanstanden und kann

---

[886] Vgl. BGH WRP 2002, 1256/1258 – Kopplungsangebot I

[887] *Köhler*, NJW 2004, 2121/2123; *Eppe*, WRP 2004, 153/154

[888] S. insb. in: BVerfG GRUR 2002, 455 – Tier und Artenschutz

[889] S. vor allem: *Sosnitza*, Wettbewerbsbeschränkungen durch die Rechtsprechung. Erscheinungsformen und Ursachen auf dem Gebiet des Lauterkeitsrechts, 1995, S. 58/60

[890] *Säcker*, WRP 2004, 1199/1215; s. ferner in: *Hartwig*, WRP 2003, 582/586

per se keine Wettbewerbswidrigkeit begründen.[891] Die Verabschiedung von dem „Sachlichkeitsgrundsatz" deutet auch das neue UWG mit der Einführung des Kriteriums der Unangemessenheit in § 4 Nr. 1 UWG an. Dadurch, so in der Begründung des Gesetzentwurfes,[892] werde der Tatsache Rechnung getragen, dass der Versuch einer gewissen unsachlichen Beeinflussung der Werbung nicht fremd und auch nicht *per se* unlauter sei. Demgemäss bekommt der „angestaubte" Begriff der „unsachlichen Beeinflussung" eine neue inhaltliche Ausrichtung. Damit soll also nunmehr eine Einwirkung - vornehmlich - auf Verbraucher oder auf sonstige Marktteilnehmer gemeint sein, die die Ausschaltung oder zumindest die ernsthafte Beeinträchtigung der Rationalität der Nachfrageentscheidung bezweckt.[893] Der Hauptausdruck einer derartigen „Verfälschung" der Entscheidungsfreiheit ist die Rechtsfigur des „übertriebenen Anlockens". Dieser Topos stellt neben der Fallgruppe der fehlenden Transparenz des Angebots die zweitwichtigste Fallgruppe der missbräuchlichen Kopplung dar.[894] Die Unsachlichkeit der Beeinflussung der Nachfrageentscheidung unter diesem Gesichtspunkt kann sich bei den Kopplungsangeboten daraus ergeben, dass aufgrund der besonderen Attraktivität der Kopplungsaktion eine derartige Anreizwirkung ausgelöst werden kann, dass der Verstand und die Vernunft der Konsumenten aussetzen und dass eine freie Willensentschließung untergraben wird. Das unlauterkeitsbegründende Moment des „übertriebenen Anlockens" hat allerdings in letzter Zeit einen anderen Stellenwert bekommen, als es in der Vergangenheit hatte.[895] Seine Schwelle ist angesichts der letzteren Entwicklungen im Feld des Lauterkeitsrechts neu zu bestimmen, mit der Tendenz diesen Topos als Unlauterkeitskriterium restriktiv auszulegen und seinen Anwendungsbereich stark einzuschränken. Unter Berücksichtigung dieser neuen inhaltlichen Ausrichtung der Fallgruppe der „übermäßigen Anlockwirkung" ist interessant zu sehen, wann und in welchem Grad Kopplungsangebote unter diesem Gesichtspunkt angreifbar sein können. Darüber hinaus sind auch andere Aspekte diskussionswürdig, aus denen sich das Vorliegen unlauterkeitsbegründender Umstände unter dem Gesichtspunkt der unsachlichen Beeinflussung ergeben kann. Darunter fällt insbesondere das Unlauterkeitspotential von Kopplungsgeschäften unter dem Aspekt des „psychologischen Kaufzwangs", einer Unlauterkeitskategorie namentlich, die zusammen mit der Rechtsfigur des „übertriebenen Anlockens" die Fallgruppe des sog. „Kundenfangs" im Rahmen des § 1 UWG a. F. maßgeblich geprägt haben, sowie ferner das Unlauterkeitsmerkmal der Überforderung der Verbraucher.

---

[891] Dazu s. *Lindacher,* FS für Tilmann, S. 195 ff.; *Hösch,* WRP 2003, 936/938 f.

[892] Begr. RegE UWG, BT-Drucks. 15/1487 v. 22. 8. 2003, B, S. 17

[893] *Köhler,* GRUR 2003, 729/736 sowie in: NJW 2004, 2121/2123; *Henning-Bodewig,* GRUR 2004, 713/716; *Münker/Kaestner,* BB 2004, 1689/1693; *Lettl,* BB 2004, 1913/1914

[894] Vgl. *Ullmann,* GRUR 2003, 817/818

[895] *Henning-Bodewig,* GRUR 2004, 713/716

a) „Übertriebenes Anlocken“

Hauptdomaine des seit den 60en Jahren in der Rechtsprechung etablierten Begriffs des „übertriebenen Anlockens“[896] war die Fallgruppe der sog. Wertreklame.[897] Dieser Topos wurde vornehmlich als Kriterium zur Beurteilung der Wertwerbung herangezogen und diente meistens zu ihrer Belegung mit dem Bann der Unlauterkeit.[898] Die Begründung der Wettbewerbswidrigkeit unter dem Aspekt des „übertriebenen Anlockens“ war zweideutig: zum einen wurde angenommen, dass im Fall der Wertreklame das Anlocken von Kunden - das zum Wesen der Werbung gehört und daher zunächst grundsätzlich wettbewerbsrechtlich unbedenklich ist[899] –durch verwerfliche Reizmittel erfolgte. Im Gegensatz zu den traditionellen Formen der Wort- und Anschauungswertreklame, bei denen der Werbetreibende durch das Anpreisen der Güte und der Preiswürdigkeit der eigenen Ware oder Leistung Kunden zu gewinnen suchte, versuchte der Treibende einer Wertreklame mit Werten, also mit schenkungsweisen Vergünstigungen, die Verbraucherschaft anzulocken. Der Einsatz dieser Vergünstigungen wurde für eine sachfremde und eine mit dem Leitbild eines an Güte und Preiswürdigkeit orientierten Leistungswettbewerbs schwer zu vereinbarende Reizmethode gehalten.[900] Zum anderen wurde die Absatzförderung durch Wertreklame von den Befürchtungen begleitet, dass das Versprechen besonderer Vorteile zum Hervorrufen übertriebener Anreizeffekte führen könnte. Die Unsachlichkeit der zum Einsatz gebrachten Lockmittel einerseits und das Potential eines in übertriebener Weise Anlockens der Verbraucher andererseits, begründeten einen Sittenwidrigkeitsvorwurf gegenüber Wertreklame unter dem Gesichtspunkt eines „übertriebenen Anlockens“. Dies bedeute allerdings nicht, dass die Wertreklame ohne weiteres als sittenwidrig angesehen wurde. Um die Sittenwidrigkeit zu begründen, war das Hinzutreten besonderer einzelfallbezogener Umstände nötig, die vornehmlich von der Intensität und der Wirkung der Wertwerbung abhängig waren.[901] Sittenwidrigkeit wurde also dann angenommen, wenn von der in Aussicht gestellten Vergünstigung eine so starke Reizwirkung auf den Verbraucher ausgeübt wurde, dass er „gleichsam magnetisch“ angezogen und in seiner Entscheidungsfreiheit unsachlich beeinflusst wurde. Dies sei der Fall, wenn er von einer sachgerechten Prüfung des Warenangebots abgelenkt werde, und seine Kaufentscheidung statt nach Preiswürdigkeit und Qualität danach treffe, wie er in den Genuss der

[896] Zur Herkunft und Entwicklung des Begriffs s. in: *Sosnitza,* S. 43 ff.
[897] S. vor allem in: *Baumbach/Hefermehl,* § 1 UWG, Rdnr. 85
[898] Vgl. *Eppe,* WRP 2004, 153; *Sosnitza,* S. 42/60
[899] *Baumbach/Hefermehl,* § 1 UWG, Rdnrn. 85, 90a
[900] S. insb in: *Baumbach/Hefermehl,* § 1 UWG, Rdnr. 85
[901] Vgl. *Berlit,* WRP 2001, 349/351; *Günther/Beyerlein,* WRP 2004, 1142/1143

jeweiligen Vergünstigung kommen könne.[902] Aus der in der Rechtsprechung unter Geltung des „Sachlichkeitsgebots“[903] standardisierten These, „an die Zulässigkeit der Wertreklame seien strenge Anforderungen zu stellen, weil sie für den Fall, dass sie den Rahmen reiner Aufmerksamkeitswerbung überschreite, die Gefahr mit sich bringe, dass die angesprochenen Verkehrskreise in ihren wirtschaftlichen Entschließungen unsachlich beeinflusst werden, insbesondere dazu veranlasst werden können, ihre Ware nicht in erster Linie nach ihren Vorstellungen über die Preiswürdigkeit und die Qualität der konkurrierenden Waren zu treffen, sondern vor allem danach, wie sie in den Genuss der Vergünstigung gelangen können“[904] lässt sich allerdings leicht feststellen, dass in der Vergangenheit, die Schwelle des „übertriebenen Anlockens“ zumindest im Rahmen der Beurteilung der Wertreklame, obwohl sie allmählich mit immer mehr Auflockerung behandelt wurden,[905] breit genug angesetzt wurde. Die zu dem Topos des „übertriebenen Anlockens“ bisher qualifizierten Ansätze der Rechtsprechung betrafen auch Kopplungsangebote, zumal sie als eine besondere Erscheinungsform der Wertreklame zu verstehen sind. In Betracht kamen insbesondere attraktive Kopplungen von Waren oder Dienstleistungen,[906] also etwa Vorspannangebote, die von den Gerichten oft mit dem Vorwurf der übermäßigen Anlockwirkung der Werbeadressaten als sittenwidrig angesehen wurden.[907]

aa) Die neue zu definierende Schwelle des „übertriebenen Anlockens“ und ihre Anwendung im Rahmen der Beurteilung von Kopplungsangeboten

Unter dem Motto „die Anlockwirkung, die von einem attraktiven Angebot ausgeht, ist gewollte Folge des Leistungswettbewerbs“[908] hat die höchstrichterliche

[902] BGH GRUR 1974, 345/346 – Geballtes Bunt; BGH GRUR 1974, 729/730 – Sweepstake; BGH WRP 1993, 758/760 – Hotelgutschein; NJW 1989, 3013/3014 – McBacon; BGH WRP 1995, 485 – Super-Spar-Fahrkarten; immerhin mit liberalerer Tendenz: BGH WRP 1998, 724/726 – Rubbelaktion; BGH NJW-RR 2000, 1136/1137 – Space Fidelity Peep-Show; BGH GRUR 2003, 626/627 – Umgekehrte Versteigerung II; s. auch in: *Piper* in: *Köhler/Piper*, UWG (2002), § 1 UWG, Rdnr. 196

[903] Zur Beurteilung der Wertreklame unter Geltung des „Sachlickeitsgrundsatzes“ s. in: *Sosnitza*, S. 60

[904] Vgl. BGH GRUR 1974, 345/346 – Geballtes Bunt; BGH WRP 1990, 28/30 – Wirtschaftsmagazin; BGH GRUR 1992, 621/622 – Glücksball-Festival

[905] Vgl. BGH NJW-RR 2000, 1136/1137 – Space Fidelity Peep-Show

[906] Vgl. *Baumbach/Hefermehl*, § 1 UWG, Rdnr. 85

[907] S. dazu oben in: Zweiter Teil, B. I. 2. a), S. 71 f.

[908] BGH WRP 1994, 610/612 – Zinsgünstige Kfz-Finanzierung durch Herstellerbank; BGH WRP 1998, 388/391 – Skibindungsmontage; BGH GRUR 1999,261/263 – Handy-Endpreis; BGH GRUR 1999, 264/266 – Handy für 0,00 DM; BGH WRP 1999, 505/507 – Nur 1 Pfennig; BGH WRP 1999, 509/510 – Kaufpreis je nur 1,- DM; BGH WRP 1999, 512/515 – Aktivierungskosten; BGH WRP 1999, 517/518 – Am Telefon nicht süß sein?

Rechtsprechung bereits vor der Aufhebung der Zugabeverordnung versucht, allmählich von ihrer in der Vergangenheit eingenommenen Position hinsichtlich der Bedeutung der Fallgruppe des „übertriebenen Anlockens" abzurücken und bei der Anwendung dieses Unlauterkeitskriteriums Zurückhaltung anzubringen.[909] Der große Wendepunkt kam allerdings mit der ersatzlosen Aufhebung der Verbotstatbestände der Zugabeverordnung und des Rabattgesetzes sowie mit dem Wandel des Verbraucherleitbildes.[910] Der Wegfall der Sondergesetze hat die Liberalisierung des Lauterkeitsrechts zur Folge, aber im Besonderen die Liberalisierung des Rechts der Wertreklame. Dieser gesetzgeberischen Initiative lag die gesetzgeberische Wertung eines liberaleren Wettbewerbsverständnisses zugrunde, wonach das Werben mit Zugaben und Rabatten aber auch die Wertreklame im Allgemeinen nicht mehr in erhöhten Maße wettbewerbsrechtlich bedenklich sein soll.[911] Zwar erfolgte diese Wertung, obwohl es offensichtlich wurde, dass der Anlockeffekt bei Wertreklame verstärkt würde, zumal der Handel den Wegfall der Sondergesetze zum Anlass nehmen würde, nunmehr in großem Umfang durch Rabattaktionen bzw. Zugaben mit nicht unerheblichem Wert die Attraktivität des eigenen Angebots zu erhöhen versuchen.[912] Als Ausgleich dafür kommt allerdings die Zugrundelegung des aktuellen Verbraucherleitbildes. Vor dem Hintergrund des gewandelten Verbraucherleitbildes und der folgenden erhöhten Verbraucherverantwortung bleibt für die Annahme einer übertriebenen Anlockwirkung der Verbraucherschaft weniger Raum als zuvor.[913] Die Rechtsordnung traut also dem durchschnittlich informierten, situationsadäquat aufmerksamen, verständigen und mit gestiegenem Bildungs- und Informationsniveau ausgestatteten Durchschnittsverbraucher bei der Befassung mit einer Wertreklame zu, das Werbeverhalten mit einer der Situation angemessenen Aufmerksamkeit zu verfolgen,[914] zwischen einem attraktiven, kostenfreien und einem attraktiven, aber überteuerten Angebot zu unterscheiden zu wissen[915] und zuverlässige Schlüsse zu ziehen, ohne allein von dem Wunsch beherrscht zu werden, in den Genuss der versprochenen Vergünstigung zu gelangen.[916] *Expressis verbis* dürfte der heutige Verbraucher kaum mehr einem sittenwidrigen Anlockeffekt unterliegen.[917] In Anlehnung an die neue Rechtssituation hat die oberlandesgerichtliche Rechtsprechung sofort reagiert, und

---

909 Zur Kehrtwende der Rechtsprechung s. in: *Berlit,* WRP 2001, 349/352

910 Dazu s. insb in: *Eppe,* WRP 2004, 153 ff.

911 *Eppe,* WRP 2004, 153/158/159

912 So zutreffend: *Berlit,* WRP 2001, 349/352; vgl. auch *Berneke,* WRP 2001, 615/618

913 Vgl. *Stuckel* in: *Harte-Bavendamm/Henning-Bodewig,* § 4 Nr. 1 UWG, Rdnrn. 1, 40 ff.

914 Vgl. *Münker/Kaestner,* BB 2004 1689/1693

915 Vgl. *Berlit,* § 1 UWG, Rdnr. 111 sowie in: WRP 2001, 349/352

916 So BGH WRP 2002, 1256/1259 – Kopplungsangebot I; vgl. *Stuckel* in: *Harte-Bavendamm/Henning-Bodewig,* § 4 Nr. 1 UWG, Rdnr. 42

917 So *Berlit,* WRP 2001, 349/352; *Dietrich,* Die Aufhebung des Rabattgesetzes – Eine neue Chance für Konsumgenossenschaften?, ZfgG 2002, 3/6

das bisherige Verständnis vom sittenwidrigkeitsbegründenden „übertriebenen Anlocken“ in Frage gestellt. So hat das OLG Stuttgart in einer Entscheidung im Anschluss an die beiden Abschaffungsgesetze festgestellt, dass die Fallgruppe des „übertriebenen Anlockens“ einer neuen inhaltlichen Ausrichtung bedarf,[918] während das OLG Karlsruhe angeführt hat, dass das Unlauterkeitskriterium des „übertriebenen Anlockens“ grundsätzlich ausgedient hat.[919] In Übereinstimmung mit dem Zitat des OLG Stuttgart wurde sogar vereinzelt die These in der Literatur vertreten, dass die Rechtsfigur des „übertriebenen Anlockens“ im Grunde obsolet geworden ist und daher in der Zukunft als lauterkeitsrechtlichen Beurteilungsinstrumentarium gestrichen werden soll.[920] Ein solcher radikaler Schnitt stößt allerdings an Bedenken, soweit ein Werbeverhalten im Einzelfall immer noch eine so starke Reizwirkung entfalten kann, dass eine freie Entscheidung der Konsumenten getrübt wird.[921] Ob die Fallgruppe des „übertriebenen Anlockens“ also weiteren Bestand im heutigen und künftigen Lauterkeitsrecht haben wird, wird nicht in Frage gestellt.[922] Dies wurde freilich auch von der jüngst erlassenen höchstrichterlichen Rechtsprechung bestätigt, die im Rahmen der Neubestimmung der Schwelle des „übertriebenen Anlockens“ einen *gewissen Überlebensspielraum* für dieses Unlauterkeitskriterium anerkannt hat.[923] Trotzdem hat sie anschließend ausgeführt, eine das zulässige Maß übersteigende Werbung könne nur in eng begrenzten Einzelfällen gegeben sein, sofern von der Vergünstigung einer derart starke Anziehungskraft ausgehe, dass der Kunde davon abgehalte werde, sich mit dem Angebot der Mitbewerber zu befassen. Von einem übertriebenen, die Wettbewerbswidrigkeit begründenden Anlocken, hat der BGH fortgeführt, könne in diesem Zusammenhang aber nur ausgegangen werden, wenn auch bei einem verständigen Verbraucher *ausnahmsweise* die Rationalität der Nachfrageentscheidung vollständig in den Hintergrund trete.[924] An dieser Stelle darf freilich nicht verkannt werden, dass zusätzlich das Festhalten an dem Grundsatz der Sachlichkeit der Werbung, wonach die Gefahr für eine wettbewerbsrechtliche Unzulässigkeit bestand, wenn die Werbebotschaft den angesprochenen Verbraucher dazu veranließ, sich dem

---

[918] Abgedruckt in: GRUR 2002, 906 – Schmuck-Set

[919] Abgedruckt in: GRUR-RR 2002, 168 – Zwei Knaller

[920] *Köhler,* GRUR 2003, 729/736 sowie in: NJW 2004, 2121/2123

[921] S. Begründung dazu in: *Eppe,* WRP 2004, 153/158/160

[922] Vgl. *Henning-Bodewig,* GRUR 2004, 713/716; *Eppe,* WRP 2004, 153/154

[923] BGH WRP 2002, 1256/1258/1259 – Kopplungsangebot I; BGH WRP 2002, 1259/1262 – Kopplungsangebot II; BGH GRUR 2003, 624/626 – Kleidersack; BGH GRUR 2003, 890/891 – Buchclub-Kopplungsangebot; BGH WRP 2003, 1428/1429 – Einkaufsgutschein; BGH WRP 2004, 481/482 – Treue-Punkte; BGH WRP 2004, 483/485 - Playstation

[924] BGH WRP 2002, 1256/1258 – Kopplungsangebot I; BGH WRP 2002, 1259/1262 – Kopplungsangebot II; BGH GRUR 2003, 890/891 – Buchclub-Kopplungsangebot; BGH WRP 2003, 1428/1429 – Einkaufsgutschein; BGH WRP 2004, 481/482 – Treue-Punkte; BGH WRP 2004, 483/485 - Playstation

Angebot unter Vernachlässigung der Prüfung von Qualität und Preiswürdigkeit zuzuwenden, nicht mehr gerechtfertigt sein kann. So hat die Rechtsprechung ein wichtiges Argument, mit dem sie nicht selten die Wettbewerbswidrigkeit der Wertreklame insbesondere unter dem Gesichtspunkt der „übermäßigen Anlockwirkung“ begründete, verloren. Daraus ergibt sich in aller Deutlichkeit, dass der Tatbestand des „übertriebenen Anlockens“ in seiner Bedeutung und seinem bisherigen Stellenwert stark beschnitten wird.[925] Die Schwelle, ab der eine Vergünstigung eine solche Anziehungskraft entfaltet, dass der Werbeadressat übermäßig angelockt wird, wird so eingeengt, dass der Eingriff von § 4 Nr. 1 UWG, zum Schutz vor Übermaß, das Hinzutreten besonders erschwerender Umstände erfordert. Sein Anwendungsbereich, der bisher als Hauptdomaine für die Begründung der Unlauterkeit verschiedener Wettbewerbshandlungen galt, ist nunmehr so stark eingeschränkt worden, dass Wettbewerbswidrigkeit unter dem Gesichtspunkt eines „übertriebenen Anlockens“ nur noch in atypischen Konstellationen, also nur in Ausnahmefällen und unter strengen Anforderungen angenommen werden kann.[926]

Die neu definierte Schwelle des „übertriebenen Anlockens“ legte der BGH auch seiner Beurteilung bezüglich der Kopplungsproblematik zugrunde. Unter Berücksichtigung der legislativen Liberalisierung und unter Zugrundestellung des heute geltenden Verbraucherleitbildes, hat er angedeutet, dass Fälle einer wettbewerbswidrigen Anlockwirkung durch Kopplungsangebote nunmehr eine extreme Ausnahme darstellen. Zwar er hat angenommen, dass dieser Gesichtspunkt die Wettbewerbswidrigkeit eines Kopplungsgeschäfts immer noch begründen kann, er hat aber dagegen verneint, dass allgemeine Befürchtungen bestehen, wonach der Abnehmer eines Kopplungsangebots in der Regel übermäßig angelockt wird. Die Entstehung eines wettbewerbswidrigen Anlockeffekts kann nur in eng begrenztem Umfang durch das Hinzutreten sehr besonderer Umstände – etwa im Falle einer auf besonders schutzbedürftige Verbraucherkreise gerichtete Werbung[927]– angenommen werden, oder jedenfalls in Einzelfällen von Kopplungsangeboten, insbesondere wenn ein Teil des Angebots unentgeltlich gewährt werden soll, wobei eine so starke Anlockwirkung ausgehen kann, dass auch bei einem verständigen Verbraucher ausnahmsweise die Rationalität der Nachfrageentscheidung vollständig in den Hintergrund tritt.[928]

---

[925] Vgl. *Köhler*, GRUR 2003, 729/736; *Henning-Bodewig*, GRUR 2004, 713/716

[926] Vgl. *Berlit*, WRP 2001, 349/352; *Pluskat*, WRP 2001, 1262/1266 f.; *Lange*, WRP 2002, 10/16; *Köhler*, GRUR 2003, 729/736; *Ullmann*, GRUR 2003, 817/818; *Ohly*, NJW 2003, 2135/2137; *Henning-Bodewig*, GRUR 2004, 713/716; *Eppe*, WRP 2004, 153/154; *Münker/Kaestner*, BB 2004, 1689/1693; *Lettl*, BB 2004, 1913/1915

[927] BGH WRP 2002, 1256/1259 – Kopplungsangebot I

[928] BGH WRP 2002, 1256/1258 – Kopplungsangebot I; BGH WRP 2002, 1259/1262 – Kopplungsangebot II; BGH GRUR 2003, 626/627 – Umgekehrte Versteigerung II; BGH GRUR 2003, 890/891 – Buchclub-Kopplungsangebot; BGH GRUR 2004, 249/250 – Umgekehrte

bb) Die ausnahmsweise Überschreitung der neu definierten Schwelle des „übertriebenen Anlockens“ beim Werben mit Kopplungsangeboten

Wann ein Kopplungsangebot als Instrument der Verkaufsförderungsmaßnahme die Rationalität der Entscheidung des durchschnittlich informierten, situationsadäquat aufmerksamen und verständigen Durchschnittsadressaten vollständig in den Hintergrund treten lassen kann, ist eine Frage des Einzelfalls. Welche Kriterien dabei eine Rolle spielen können, kann auch nicht in der Form eines abschließenden Katalogs gesagt werden, soweit die Rechtsprechung bisher nur Indizien zur Orientierung dazu gegeben hat. Hält man allerdings daran fest, das sich die von einem Kopplungsangebot jeweils ausgelöste Anlockwirkung auf die Gewährung eines finanziellen Vorteils bezieht, lässt sich feststellen, dass je größer der versprochene Vorteil ist, desto stärker kann der entstehende Anlockeffekt des Angebots sein. Jede Form von Kopplungsangeboten birgt einen gewissen Preisvorteil in sich. So nicht nur Angebote, bei den sich die Unentgeltlichkeit oder der besonders günstige Preis eines der Kopplungskomponente herausgestellt wird, sondern auch übliche Gesamtpreisangebote, bei denen alle Angebotsbestandteile eine Deckung zum Gesamtpreis haben, sind mit der Einräumung einer Vergünstigung verbunden. Dieser Vorteil entspricht dabei dem Unterschied zwischen dem verlangten Gesamtpreis und der Summe der angesetzten Einzelpreise.[929] Unter Zugrundelegung des oben ausgesprochenen Axioms lässt sich indessen erkennen, dass Gesamtpreisangebote aufgrund der beschränkten Vorteilsspanne, die sie bieten, in der Regel nur eine mäßige Reizwirkung auslösen können. Dieses Maß an von einem derartigen preisgünstigen Angebot ausgehender Anlockwirkung kann nach ständiger Rechtsprechung[930] dennoch nicht wettbewerbsbedenklich sein, sondern ist eine erwünschte Folge des Wettbewerbs. Als Fazit kann man daher festhalten, dass bei Kopplungsangeboten im engeren Sinne, quasi also Gesamtpreisangeboten, eine unsachliche und damit unlautere Beeinflussung des Konsumenten durch „übertriebenes Anlocken“ grundsätzlich von vornherein entfällt.[931] Bedenklich dagegen sind die Kopplungsgeschäfte, bei denen ein Teil des Angebots unentgeltlich oder zu einem besonders günstigen Preis abgegeben wird. Es handelt sich namentlich um Angebote mit Zugaben oder zugabeähnliche Angebotsformen, bei denen die Gefahr der Übersteigerung des zulässigen Maßes an Anlockwirkung wegen der breiten versprochenen Vorteilsspanne nicht übersehbar ist.[932] Auf das Potential einer übermäßigen und damit wettbewerbswidrigen Anlockwirkung, das derartige Kopplungsformen in sich

---

Versteigerung im Internet; BGH WRP 2004, 483/485 – Playstation; BGH WRP 2004, 1359/1360 – 500 DM-Gutschein für Autokauf

[929] Vgl. Erster Teil, B I. 1., S. 29 ff.

[930] Vgl. vor allem BGH GRUR 2003, 538/540 - Gesamtpreisangebot

[931] *Köhler*, GRUR 2003, 729/736

[932] Vgl. *Berlit*, WRP 2001, 349/353

bergen, weist freilich die Rechtsprechung explizit hin.[933] Da allerdings die Entstehung eines wettbewerbswidrigen Anlockeffekts die Ausschaltung der Rationalität der Nachfrageentscheidung der Verbraucherschaft voraussetzt, was dennoch bei einem aufmerksamen und verständigen Durchschnittsverbraucher nicht so einfach geschehen kann, beschränkt sich auch bei den Zugaben oder ähnlichen Angebotskombinationen die Annahme der Wettbewerbswidrigkeit unter dem Gesichtspunkt des „übertriebenen Anlockens" nur auf Ausnahmefälle.[934] Zu berücksichtigen sind ferner Ausnahmesituationen, wobei die von einem Kopplungsangebot, sei es ein Gesamtpreisangebot oder ein Angebot mit Zugabe, als solche ausgehende Anlockwirkung im Rahmen des Zumutbaren erfolgt, das Hinzutreten dennoch besonderer Umstände dieses Angebot doch als in übertriebener und damit anstößiger Weise anlockend erscheinen lässt. Bei der Heranziehung dieser Umstände ist vor allem an die Verknüpfung der Gewährung der Vergünstigung mit der kurzen Befristung des Angebots, mit einer besonderen Rechtssituation, die im Einzelfall entstehen kann, oder mit der Besonderheit des Verbraucherkreises, an den die Werbeaktion adressiert ist, zu denken.

(1.) Die Kriterien für die Feststellung des Übermaßes bei der Zugabegewährung

Obwohl in den wettbewerbsrechtlichen Literaturkreisen als auch in der einschlägigen Rechtsprechung Einigkeit darüber herrscht, dass die Latte des unlauteren „übertriebenen Anlockens" bei Angeboten mit Zugaben heute im Gegensatz zu der Vergangenheit sehr hoch liegen soll, werden divergierende Meinungen vertreten, welche Elemente des Angebots eine ausschlaggebende Rolle für die Beurteilung derartiger Angebote unter dem Gesichtspunkt der „übermäßigen Anlockwirkung" spielen können. Der Gegenstand des Meinungsstreits bezieht sich vor allem auf die Berücksichtigung des Wertes der Zugabe und insbesondere auf die Frage, ob der absolut oder relativ (im Verhältnis zur Hauptleistung) hohe Wert der Zugabe für sich allein die Unlauterkeit einer Zugabegewährung zu rechtfertigen vermag.[935] In den Kreisen der Literatur hat zunächst die erste Meinungsgruppe das Merkmal des absoluten Wertes der Zugabe als Indiz für ein „übertriebenes Anlocken" abgelehnt.[936] Sie hat allerdings,

---

[933] BGH WRP 2002, 1256/1258 – Kopplungsangebot I; BGH WRP 2002, 1259/1262 – Kopplungsangebot II; BGH GRUR 2003, 890/891 – Buchclub-Kopplungsangebot; BGH WRP 2004, 483/485 – Playstation

[934] Vgl. *Köhler*, GRUR 2003, 729/737

[935] Zum Streitstand s. insb in: *Freytag/Gerlinger*, WRP 2004, 537/538; vgl. auch: *Eppe*, WRP 2004, 153/159 f.; *Köhler*, GRUR 2001, 1067/1073 (Fn. 71) sowie in: GRUR 2003, 729/737

[936] *Heermann*, WRP 2001, 855/863; *Heermann/Ruess*, WRP 2001, 883/886; *Cordes*, WRP 2001, 867/870; *Berlit* hat allerdings auch von Zulässigkeits-Mindestgrenzen gesprochen und angedeutet, dass mindestens eine Verdopplung des bislang nach § 1 Abs. 2 lit. a) ZugabeVO für

teilweise mit der Eingabe starrer prozentualer Wertgrenzen, auf das bloße Wertverhältnis zwischen Zugabe und Hauptangebot für die Feststellung einer unlauteren Anlockwirkung abgestellt. So erklärt *Nordemann,*[937] es solle unter normalen Umständen wettbewerbsrechtlich unproblematisch sein, wenn die Vergünstigung die Hälfte des Werts der Hauptware erreiche, während *Spätgens*[938] eine Grenze von etwa 20% bis 25% des Wertes der Nebenware im Vergleich zur Hauptleistung vorschlägt. Ohne feste prozentuale Obergrenzen anzusetzen, sieht *Berlit*[939] mittlerweile den Anwendungsbereich der „übermäßigen Anlockwirkung" auf solche Fälle begrenzt, in denen der Wert der Vergünstigung in einem Maße das übliche Maß eines herkömmlichen Wertverhältnisses übersteige, dass der angesprochene Verkehr jede Vernunft ausblende, wie etwa im Fall der kostenlosen Beigabe von einem Fahrraddachständer mit zwei Fahrrädern bei dem Kauf eines Autos.[940] *Cordes,*[941] vermeidet auch starre prozentuale relative Wertgrenzen zu bestimmen und behauptet, dass sich die Frage, in welchem Verhältnis der Wert der Hauptware und der der Zugabe zueinander stehen dürfen, nur im Einzelfall beantwortet werden kann. Allerdings fügt er hinzu, dass Wettbewerbswidrigkeit unter dem Gesichtspunkt des „übertriebenen Anlockens" jedenfalls dann anzunehmen sei, wenn der Wert der Zugabe den der Hauptleistung deutlich übersteige. *Heermann/Ruess*[942] schließlich erklären etwa auf der gleichen Linie, dass ein Wettbewerbsverstoß ausscheiden solle, solange die Zugabe im Verhältnis zur Hauptware nicht so wertvoll sei, dass sich die Gefahr einer unsachlichen Kundenbeeinflussung aufdränge, also *vice versa*, dass eine im Verhältnis zur Hauptleistung besonders wertvolle Vergünstigung eine unlautere Reizwirkung auslösen könne. Im Gegensatz zu der ersten Meinungsgruppe lehnt ein anderer Teil der Lehre die bloße Heranziehung sowohl des absoluten Wertes der Zugabe als auch des Wertverhältnisses gänzlich ab. So vertreten *Köhler,*[943] *Berneke,*[944] *Steinbeck,*[945] *Stuckel*[946] und *Eppe,*[947] die Ansicht, dass weder der absolute noch der relative (an der Hauptleistung gemessen) Wert einer Zugabe oder eines sehr preisgünstig angebotenen Teils des Kopplungsangebots *für sich genommen* zum ausschlaggebenden Gradmesser für die Unlauterkeitsbeurteilung

---

Reklamegegenstände von geringem Wert und geringwertige Kleinigkeiten erlaubten Zugabewertes zulässig sei: WRP 2001, 349/352

[937] In: NJW 2001, 2505/2511 sowie in: Wettbewerbs- und Markenrecht, 9. Aufl. (2003), Rdnr. 742

[938] In: *Lange/Spätgens,* Rdnr. 439

[939] In: WRP 2001, 349/352

[940] Kritisch allerdings zu den vom *Berlit* erwähnten Beispielen einer unlauteren Zugabegewährung: *Heermann* in: WRP 2001, 855/865

[941] In: WRP 2001, 867/870

[942] In: WRP 2001, 883/886; nicht eindeutig allerdings *Heermann* in: WRP 2001, 855/863

[943] In: GRUR 2001, 1067/1073 sowie in: GRUR 2003, 729/737

[944] In: WRP 2001, 615/618

[945] In: ZIP 2001, 1741/1745

[946] In: *Harte-Bavendamm/Henning-Bodewig,* § 4 UWG, Rdnr. 45

[947] In: S. 184 sowie in: WRP 2004, 153/160

gemacht werden kann.[948] Sie verneinen zwar nicht, dass der objektive Wert der Vergünstigung oder ihr Wertverhältnis zu dem Wert der Hauptware oder –leistung einen wichtigen Faktor bei der lauterkeitsrechtlichen Beurteilung von Zugabegewährungen darstellt. Sie betonen dennoch, dass der absolut oder relativ hohe Wert der Zugabe nur im Zusammenhang mit anderen Umständen, etwa mit einer Intransparenz des Kopplungsangebots, eine übermäßige und damit unlautere Anlockwirkung besitzen kann.[949]

Hinsichtlich der Berücksichtigung des Wertes der Zugabe ist sich aber auch die Rechtsprechung uneinig.[950] So hat das OLG Stuttgart in seiner Entscheidung „Schmuck-Set“[951] angeführt, dass das Wertverhältnis von Hauptware und Nebenleistung zwar ein Beurteilungselement innerhalb der Fallgruppe „übertriebenes Anlocken“ sein könne, nicht aber eigenständig diese Fallgruppe schon ausfülle.[952] Vielmehr hat das Gericht klargestellt, dass dem objektiven Wert der Nebenleistung und dem Wertverhältnis von Hauptleistung und Beigabe nur die Bedeutung eines von mehreren Beurteilungskriterien zukomme, und damit auch auf zwei weitere Indizien für die Beurteilung einer „übermäßigen Anlockwirkung abgestellt: die Häufigkeit des Einsatzes derartiger Vergünstigungen und den damit einhergehenden Gewöhnungseffekt sowie den Gebrauchszusammenhang zwischen Haupt- und Nebenleistung.[953] Etwa in die gleiche Richtung bewegt sich auch das OLG Frankfurt/Main in seinem Urteil „Traumreise beim Kauf einer Küche“,[954] wobei angedeutet wird, dass neben dem Kriterium des relativen Wertes der Zugabe auch zwei andere Kriterien, namentlich der Gebrauchszusammenhang zwischen Zugabe und Hauptangebot und die hinreichende bzw. nicht hinreichende Bestimmbarkeit des Werts der Nebenleistung in die Würdigung eines „übertriebenen Anlockens“ Eingang zu finden haben.[955] Anders sieht es allerdings im Fall weiterer oberlandesgerichtlicher Entscheidungen aus, bei denen für die Annahme der Wettbewerbswidrigkeit unter dem Aspekt des „übertriebenen Anlockens“ auf das bloße Wertverhältnis zwischen Vergünstigung und Hauptangebot abgestellt wurde. So erklärt OLG Karlsruhe in einem ersten Urteil, dass wettbewerbsrechtlich eine Preiswerbung für ein Gesamtpreisangebot nur noch in wenigen Ausnahmefällen anstößig sein dürfe, z.B. bei denen ein besonders krasses Missverhältnis zwischen den gewährten Vorteil und der

---

948 Ebenso im Rahmen allerdings der Diskussion über die Höhe der Rabattgewährung: *Rath-Glawatz*, AfP 2001, 169/171; *Dietrich*, ZfgG 2002, 3/6

949 *Köhler*, GRUR 2001, 1067/1073 sowie in: GRUR 2003, 729/737; *Berneke*, WRP 2001, 615/618; *Eppe*, WRP 2004, 153/160

950 Zu einem Überblick s. auch in: *Eppe*, WRP 2004, 153/159

951 In: GRUR 2002, 906 ff.

952 OLG Stuttgart GRUR 2002, 906/907 – Schmuck-Set

953 OLG Stuttgart GRUR 2002, 906/907/908 – Schmuck-Set

954 Abgedruckt in: WRP 2002, 109 ff.

955 OLG Frankfurt/Main WRP 2002, 109/110/111 – Traumreise beim Kauf einer Küche

entgeltlichen Leistung bestehe.[956] Unter Zugrundelegung dieses Grundsatzes konkretisiert das Gericht anhand eines zweiten Urteils seine These und führt an, dass nach dem Fortfall der Sondergesetze über die Zugabe- und Rabattgewährung die Fallgruppe des „übertriebenen Anlockens" nur noch bei Vergünstigungen anwendbar sei, die aus Sicht des Verbrauchers den Wert des Hauptangebots erreichen.[957] Wohl dahingehend ist schließlich auch das OLG Hamburg zu verstehen, das ein Unlauterkeitsmoment darin sieht, wenn der Wert einer Zugabe deutlich über dem Wert der Hauptleistung liegt.[958]

Zuzustimmen ist der in der Literatur und der Rechtsprechung teilweise vertretenen These, dass selbst die absolute oder relative Hochwertigkeit einer Vergünstigung für sich allein nicht ausreicht, um die Unlauterkeit eines Kopplungsangebots unter dem Gesichtpunkt des „übertriebenen" Anlockens zu begründen. Auch der BGH stellt klar, dass selbst wertvolle Zugaben nicht zu einer irrationalen Nachfrageentscheidung führen müssen.[959] Dass das bloße Wertverhältnis zwischen Haupt- und Nebenleistung nicht per se ausschlaggebend ist, findet seine Begründung in verschiedenen Ansätzen. Zunächst: Aus der Sicht des Gewerbetreibenden stellt die Zugabegewährung wie jegliche Verkaufsförderungsmaßnahme kein leistungsfremdes Wettbewerbsmittel dar, sondern ist eine Maßnahme des Wettbewerbs, die sich insbesondere zum Eindringen in einem neuen oder geschlossenen Markt anbietet.[960] Vor diesem Hintergrund ist der Einsatz hochwertiger Vergünstigungen, der dazu beitragen soll, die Attraktivität des Angebots zu erhöhen und damit dem Anbieter den Marktzutritt zu erleichtern,[961] wettbewerbsrechtlich unbedenklich, soweit natürlich diese Aktion nicht zu einer Marktstörung oder einer Behinderung von Mitbewerbern führt. Aber auch wenn letzteres geschieht, handelt es sich um eine unbillige Behinderungsmaßnahme, aber nicht notwendig um eine Ausschaltung bzw. ernsthafte Beeinträchtigung der Rationalität der Nachfrageentscheidung.[962] Aus Verbrauchersicht lässt sich ferner unter Zugrundestellung des aktuellen Verbraucherleitbildes feststellen, dass allein die Hochwertigkeit der Zugabe oder des besonders preisgünstigen Teils eines Kopplungsangebots nicht geeignet sein

[956] OLG Karlsruhe GRUR-RR 2002, 168 f. – Zwei Knaller; dahin gehend auch: OLG Jena GRUR-RR 2002, 32 ff. – Abo-Karten für Haarfärbungen; OLG Hamburg GRUR-RR 2002, 203 f. – Büroartikel-Gutschein

[957] OLG Karlsruhe GRUR 2002, 909 f. – Geburtstagsgutschein

[958] OLG Hamburg, Urteil v. 27. 6. 2002, Az. 3 U 281/01 (Vorinstanz: LG Hamburg – Az: 315 O 978/00)

[959] BGH WRP 2002, 1256/1258 – Kopplungsangebot I; BGH WRP 2002, 1259/1262 – Kopplungsangebot II

[960] BGH WRP 2002, 1256/1258 – Kopplungsangebot I; BGH WRP 2002, 1259/1262 – Kopplungsangebot II; S. auch in: *Lettl*, BB 2004, 1913/1915

[961] Vgl. *Köhler*, GRUR 2003, 729/737

[962] Vgl. etwa *Köhler*, GRUR 2003, 729/737

kann, die Vernunft der Abnehmerschaft auszublenden. Dies, weil der durchschnittlich aufmerksame, informierte und verständige Durchschnittsverbraucher nicht blind für sonstige Parameter des Angebots allein von dem Wunsch beherrscht wird, in den Genuss der versprochenen hochwertigen Vergünstigung zu gelangen.[963] Vielmehr kann gerade für den verständigen und kritisch prüfenden Konsument der hohe Wert der Zugabe ein wichtiges und rationales Kalkül der Kaufentscheidung sein;[964] also völlig bewusst und nach rationaler und reiflicher Überlegung das angebotene Leistungspaket zu erwerben und von dem hochwertigen Vorteil zu profitieren. Ferner soll auch nicht verkannt werden, dass der heutige Konsument auch für intelligent und argwöhnisch gehalten wird. Gerade also die Hochwertigkeit der Zugabe ruft bei den Kunden häufig eher Misstrauen[965] (etwa über den Wahrheitsgehalt der Werbebotschaft, die tatsächliche Hochwertigkeit der Vergünstigung, die Preisgünstigkeit des Kopplungsangebots, weitere potenzielle wirtschaftliche Belastungen u.s.w.) hervor, als sie diese anlockt.

Der absolut oder relativ hohe Wert der Zugabe kann allerdings im Zusammenhang mit anderen Umständen doch zu einem übermäßigen und damit wettbewerbswidrigen Anlocken auch der heutigen mit Wissen, Verstand und Vernunft ausgestatteten Konsumenten führen. Dem Kriterium des fehlenden Zusammenhangs zwischen dem Hauptangebot und der Zuwendung, das teilweise von der Rechtsprechung[966] als mitentscheidend in die Diskussion gebracht wurde, kann nicht mehr in Rechnung getragen werden, soweit der Kaufmann nunmehr frei und ohne Rücksicht darauf, ob ein Funktionszusammenhang zwischen den Waren oder Dienstleistungen besteht oder nicht, entscheiden kann, ob er Güter auch ganz verschiedener Art gekoppelt anbieten will.[967] Unter Berücksichtigung des aktuellen Verbraucherleitbildes und des damit verbundenen „Informationsmodells" soll es dagegen vorrangig auf das Kriterium der ausreichenden Information der Verbraucher ankommen. Der ausschlaggebende Punkt besteht also darin, ob in einer solchen Fallkonstellation die Transparenz des Angebots gegeben ist, ob namentlich der Werbeadressat über die wertbildenden Merkmale der infrage stehenden hochwertigen Vergünstigung korrekt, also ausreichend,

---

963 Vgl. BGH WRP 2002, 1256/1259 – Kopplungsangebot I

964 *Köhler*, GRUR 2003, 729/737; *Steinbeck*, ZIP 2001, 1741/1745; *Eppe*, WRP 2004, 153/160; vgl. auch *Stuckel* in: *Harte-Bavendamm/Henning-Bodewig*, § 4 Nr. 1 UWG, Rdnr. 45

965 Vgl. etwa *Lange*, WRP 2002, 10/16

966 OLG Stuttgart GRUR 2002, 906/907 – Schmuck-Set; OLG Frankfurt/Main WRP 2002, 109/110 – Traumreise beim Kauf einer Küche; so auch: *Cordes*, WRP 2001, 867/870; *Dittmer*, BB 2001, 1961/1963

967 BGH WRP 2002, 1256/1258 – Kopplungsangebot I; BGH WRP 2002, 1259/1262 – Kopplungsangebot II; BGH GRUR 2003, 538/539 – Gesamtpreisangebot; BGH GRUR 2003, 890/891 – Buchclub-Kopplungsangebot

informiert ist oder nicht.[968] Werden ihm etwa all die wertqualifizierenden Elemente der Zugabe vermittelt, sodass er den tatsächlichen Wert der versprochenen Leistung klären und mithin den Umfang der Vorteilhaftigkeit des gesamten Angebots einschätzen kann, dann scheidet in der Regel - falls nicht weitere besondere Umstände hinzutreten - der Verdikt der „übermäßigen Anlockwirkung“ aus, unabhängig davon, welchen absoluten Wert der gewährte Vorteil besitzt, oder ob sein Wert in einem krassen Missverhältnis zu der entgeltlichen Leistung steht.[969] Werden ihm dagegen wichtige wertbezogene Informationen vorenthalten, dann liegt bei der Gewährung einer absolut oder relativ hochwertigen Zuwendung die Gefahr eines „übertriebenen Anlockens“ nicht fern.

(2.) Unlautere Anlockwirkung im Sonderfall bestimmter Adressatenkreise

Die lauterkeitsrechtliche Beurteilung von Kopplungsangeboten unter dem Gesichtspunkt des „übertriebenen Anlockens“ bedarf einer differenzierten Annäherung, soweit sich die Kopplungsaktion gezielt an besonders schutzwürdigen Personenkreisen richtet. Als besonders schutzbedürftige Werbeadressaten sind diese Personen zu verstehen, bei denen mangels rechtlicher oder geschäftlicher Erfahrung oder wegen ihres besonderen Zustands eine rationale Kaufentscheidung typischerweise nicht zu erwarten ist oder zumindest die Rationalität der Nachfrageentscheidung schneller zu beeinflussen ist als diejenige von erfahrenen und herkömmlichen Marktteilnehmern.[970] Dabei ist etwa an Kinder und Jugendliche, alte Menschen, Aussiedler, Kranke oder Analphabeten zu denken. Bei der Beurteilung von Werbungen, die sich an solche Personengruppe wenden, kann nicht mehr auf das Verbraucherleitbild des durchschnittlich informierten, aufmerksamen und verständigen Durchschnittsverbrauchers abgestellt werden.[971] Das Konsumentenverhalten derartiger Personen wird stark von Besonderheiten, im Sinne von Nachteilen gegenüber der üblichen Verbraucherschaft, die sie wegen ihres Alters oder ihres persönlichen Zustands aufweisen, geprägt, sodass es sich von dem zu erwartenden Kaufverhalten des aufgeklärten, zurückhaltenden, aufmerksamen und mit Wissen, Erfahrung und kritischem Denken ausgestatteten „Standard-Verbrauchers“ erheblich unterscheidet. Charakteristisches Merkmal des Verhaltens derartiger Zielgruppen ist, dass sie von der Werbebotschaft leichter als üblich gesteuert werden können und

[968] *Köhler*, GRUR 2001, 1067/1073 sowie GRUR 2003, 729/737; *Berneke*, WRP 2001, 615/618; *Steinbeck*, ZIP 2001, 1741/1745; *Eppe*, S. 183/184 sowie in: WRP 2004, 153/160; *Stuckel* in: *Harte-Bavendamm/Henning-Bodewig*, § 4 Nr. 1 UWG, Rdnr. 45; vgl. auch: *Nordemann*, 9. Aufl., Rdnr. 742; *Freytag/Gerlinger*, WRP 2004, 537/538
[969] *Köhler*, GRUR 2001, 1067/1073 sowie GRUR 2003, 729/737; *Eppe*, WRP 2004, 153/160
[970] *Köhler*, GRUR 2001, 1067/1074 sowie GRUR 2003, 729/737 f.; *Eppe*, WRP 2004, 153/161
[971] Dazu s. insb. *Lettl*, GRUR 2004, 449/457

den Verlockungen, die von Werbemaßnahmen wie Kopplungsangeboten ausgehen, leichter als erfahrene Konsumenten erliegen.[972]

Aussiedler z.B. – insbesondere diejenigen, die sich erst kurze Zeit in Deutschland aufhalten – gelten rechtlich und geschäftlich als unerfahrene Werbeadressaten, soweit sie in der Regel noch über keinerlei Erfahrungen mit den hiesigen Geschäftsgepflogenheiten verfügen.[973] Ihnen ist das bestehende Wirtschafts- und Rechtssystem völlig fremd und die Sprache oft noch nicht vertraut,[974] sodass mangels Erfahrung und aufgrund der Tatsache, dass wegen sprachlicher Schwierigkeiten der Zugang zu einschlägigen Informationen über das Angebot erschwert wird, von den ungefähr üblichen Marktpreisen von Waren oder Dienstleistungen keine Kenntnis haben können. Vor diesem Hintergrund können sie die wirtschaftliche Tragweite eines Angebots – und vielmehr eines kombinierten Angebots – nicht einfach abschätzen und demzufolge können sie durch attraktive Angebote viel leichter als geschäftlich Erfahrene beeinflusst werden.[975] Um eine an typischerweise besonders schutzbedürftige Verbraucher gerichtete Werbung handelt es sich ferner, wenn diese Kinder und Jugendliche als Adressaten hat.[976] Charakteristische Merkmale dieser Personengruppen sind die geschäftliche Unerfahrenheit und die mangelnde kritische Beurteilungsfähigkeit.[977] Jugendliche und insbesondere Kinder verfügen wegen ihres jungen Alters gar keine oder nur sehr beschränkte Vorstellungen über die Marktgegebenheiten. Zusätzlich sind sie noch nicht ausreichend in der Lage ein Angebot kritisch zu beurteilen, und ihre Begehrlichkeit zu beherrschen, sondern sie werden weniger vom Verstand als von momentanem Begehren gelenkt.[978] Dieses spontane und noch nicht durch rationale Entscheidungsprozesse gesteuerte Verhalten vornehmlich von Kindern bzw. die Neigung von Jugendlichen sehr viel stärker, im Gegensatz zu Erwachsenen, spontane Kaufentscheidungen zu treffen,

---

972 *Cordes,* WRP 2001, 867/870; Als besonders schtutzwürdige Person kann auch ein im übrigen informierte, situationsadäquat aufmerksame und verständige Verbraucher, wenn der Werbende darauf abzielt, im konkreten Fall die „persönlichen menschlichen Schwächen" des ersteren auszunutzen: vgl. dazu *Steinbeck,* ZIP 2001, 1741/1745

973 BGH GRUR 1998, 1041/1042 – Verkaufsveranstaltung in Aussiedlerwohnheim

974 BGH GRUR 1998, 1041/1042 – Verkaufsveranstaltung in Aussiedlerwohnheim

975 Vgl. *Piper* in: *Köhler/Piper,* UWG (2002), § 1 UWG, Rdnr. 370

976 Dazu s. insb. in: *Benz,* Werbung von Kindern unter Lauterkeitsgesichtspunkten – Zum Entwurf eines Gesetzes gegen den unlauteren Wettbewerb, § 4 Nr. 2, WRP 2003, 1160 ff.; s. ferner zur Funktion der sich an Kinder und Jugendliche gerichtete Werbung als Marketinginstrument: *Srnka/Schiefer,* Kinder und Jugendliche als Zielgruppe der Werbung: Ihre Charakteristika & Ansatzpunkte für eine wirksame Gestaltung von Werbebotschaften, der Markt 2002, 98 ff.

977 *Baumbach/Hefermehl,* § 1 UWG, Rdnr. 198

978 OLG Düsseldorf GRUR 1975, 267/269 – Milky Way; OLG München WRP 1984, 46/47 – Werbung mit einer „Sammelschnipsel-Aktion"; OLG Frankfurt/Main GRUR 1994, 522/523 – LEGO-Hotline; OLG Hamburg WRP 2003, 1003/1006 – Klingeltonwerbung in Jugendzeitschriften

führt in Kombination mit der gegebenen Unerfahrenheit dieser Adressatengruppen dazu, dass sich letztere leichter als die Erwachsenen durch die Attraktivität des Angebots überrumpeln lassen.[979]

Die leichte Beeinflussbarkeit bzw. Verführbarkeit von bestimmten Verbraucherkreisen bietet einen fruchtbaren Boden für das Hinzutreten von Unlauterkeitsmomenten, insbesondere für ein „übertriebenes Anlocken“. Die Gefahr einer unlauteren Beeinflussung ist bei den Werbungen, die sich gezielt an derartige Personengruppen wenden, deutlich größer als bei denen mit üblichen Zielgruppen. Dies hat freilich der Gesetzgeber auch wahrgenommen und daher im neuen UWG eine Regelung (§ 4 Nr. 2) zum Schutz besonders schutzbedürftiger Verbraucherkreise vor einer Ausnutzung ihrer Unerfahrenheit, ihrer sprachlicher, geschäftlicher oder rechtlicher Ungewandtheit oder ihrer Leichtgläubigkeit eingeführt.[980] Der Grad an Anlockwirkung steht im Einklang mit der Möglichkeit zur Beeinflussung.[981] Daher lässt sich also leicht feststellen, dass bei besonders schutzwürdigen Personengruppen eine „übermäßige Anlockwirkung“ eher in Betracht kommt als bei der Allgemeinheit der Verbraucher oder sonstigen Marktteilnehmern.[982] Diesem Umstand muss auch bei der lauterkeitsrechtlichen Beurteilung von Kopplungsangeboten Rechnung getragen werden. So kann der im übrigen ausgediente und nunmehr eine untergeordnete Rolle spielende Gesichtspunkt des „übertriebenen Anlockens“ doch im Fall einer an diese Sondergruppen adressierten Werbeaktion seinen früheren „Glanz“ und Bedeutung wiedererlangen und die Wettbewerbswidrigkeit eines Kopplungsangebots begründen.[983] Mit dem Verdikt des „übertriebenen Anlockens“ sollen also dabei nicht nur Kopplungsangebote belegt werden, die auch gegenüber der Allgemeinheit eine in anstößiger Weise übermäßige Anlockwirkung auslösen lassen, also Angebote mit hochwertigen Zugaben, deren wertqualifizierende Merkmale nicht offenbart werden. Im Gegensatz zu den an allgemein aufklärende Verbraucher adressierten Kopplungsaktionen soll freilich der Einsatz von absolut oder im Verhältnis zum Hauptangebot relativ hochwertigen Vergünstigungen bei einer an besonders schutzwürdige Personen, insbesondere an Kinder und Jugendliche, gerichtete Zugabegewährung ohne Berücksichtigung der Einhaltung der Transparenz stets wettbewerbswidrig sein. Kinder und Jugendliche messen nach allgemeiner

---

[979] OLG Düsseldorf GRUR 1975, 267/269 – Milky Way; OLG Stuttgart WRP 1978, 151/153 – Formularschreiben; OLG Frankfurt/Main GRUR 1994, 522/523 – LEGO-Hotline; OLG Hamburg, Urteil v. 5. 11. 2002, Az. 5 U 26/02 (unver.) sowie in: WRP 2003, 1003/1006 – Klingeltonwerbung in Jugendzeitschriften; vgl. auch: *Baumbach/Hefermehl*, § 1 UWG, Rdnr. 198; *Piper* in: *Köhler/Piper*, UWG (2002), § 1 UWG, Rdnr. 371; *Eppe*, WRP 2004, 153/161

[980] So: Begr. RegE UWG, BT-Drucks. 15/1487 v. 22. 8. 2003, B, S. 17

[981] *Eppe*, WRP 2004, 153/161

[982] Vgl. *Cordes*, WRP 2001, 867/870; *Lettl*, BB 2004, 1913/1915; *Eppe*, WRP 2004, 153/161

[983] BGH WRP 2002, 1256/1259 – Kopplungsangebot I; vgl. *Lange*, WRP 2002, 10/16; *Ohly*, NJW 2003, 2135/2137; *Lettl*, BB 2004, 1913/1915; *Eppe*, WRP 2004, 153/161

Ansicht dem in der Zugabe liegenden Vorteil große oder ganz ausschlaggebende Bedeutung bei.[984] Selbst wenn folglich die Transparenz des Angebots sichergestellt wird, werden sie nicht, wie ein verständiger Verbraucher,[985] den hohen Wert der Zugabe für ein wichtiges und rationales Kalkül für ihre Kaufentscheidung halten, sondern sie werden allein von dem Wunsch beherrscht, in den Genuss der versprochenen attraktiven Vergünstigung zu gelangen.[986] Die Transparenz kann allerdings zu einem wichtigen Gradmesser der Begründung der Wettbewerbswidrigkeit gemacht werden, besonders im Fall von Kopplungsangeboten, bei denen der gewährte Vorteil von milderer Intensität ist. Dabei kann man insbesondere an Fälle von Angeboten mit wertmäßigen Zugaben oder auch von Gesamtpreisangeboten denken, bei denen wertqualifizierende Merkmale der Zuwendung bzw. wichtige Informationen über das Angebot vorenthalten werden. Dort lauert nämlich die Gefahr, dass bei dem schutzbedürftigen Adressat, von dem freilich keine kritische Distanz zur Werbebotschaft erwartet werden kann, und dem somit keine rationale Kaufentscheidung zu unterstellen ist, der Eindruck erweckt wird, er könne durch den Kauf des Angebots in den Genuss eines erheblichen Vorteils gelangen, während in der Tat die versprochene Vergünstigung bzw. der durch den Erwerb des Gesamtpreisangebots erlangte Vorteil nicht so groß ist, wie er in der Werbung dargestellt wird und wie der Adressat geglaubt hat. Daher soll hierbei das Kriterium der ausreichenden Informationsbeschaffung eine ausschlaggebende Rolle für die Bejahung bzw. Verneinung eines „übertriebenen Anlockens". Anders gesagt soll die Einhaltung der Transparenz die Rolle eines Ausgleichsinstruments zu den Schwächen und den Besonderheiten einnehmen, die diese besonders schutzbedürftigen Verbraucherkreise aufweisen.

(3.) „Übertriebenes Anlocken" als Folge der kurzen Befristung der Kopplungsaktion

Mit dem Verdikt „eines übertriebenen Anlockens" kann weiterhin das Werben mit Kopplungsangeboten belegt werden, wenn sich der aufmerksame, informierte und verständige Verbraucher, aus Gründen, die nicht an ihm liegen, in einer solchen Entscheidungssituation befindet, dass eine von ihm erwartete rationale Kauf-

[984] OLG Düsseldorf GRUR 1975, 267/269 – Milky Way

[985] S. *Köhler*, GRUR 2003, 729/737

[986] Vgl. OLG Hamburg, Urt. v. 5. 11. 2002, Az. 5 U 26/02 (unver.): Hier hat das Hanseatische Oberlandesgericht die unentgeltliche Gewährung von Sonnenbrillen beim Kauf einer Jugendzeitschrift für wettbewerbswidrig erklärt. Für seine Entscheidung hat er auf den relativ, gemessen an der Zeitschrift, hohen Wert der Sonnenbrillen abgestellt und die Unlauterkeit mit der Gefährdung einer ratinalen Nachfrageentscheidung bei der jugendlichen Zielgruppe der Zeitschrift begründet.

entscheidung ausgeschaltet oder zumindest ernsthaft beeinträchtigt wird. Hier ist vor allem an Fälle von Kopplungsangeboten, insbesondere von Angeboten mit Zugaben zu denken, die nur innerhalb eines bestimmten, begrenzten Zeitraums gültig sind und für deren Erwerb der Verbraucher einem gewissen zeitlichen Entscheidungsdruck ausgesetzt wird.[987] Dabei kann die Wettbewerbswidrigkeit der Kopplungsaktion unter dem Gesichtpunkt der „übermäßigen Anlockwirkung" darin begründet werden, dass dem Konsument, aufgrund der kurzen Befristung des Kopplungsangebots, nicht ausreichend Zeit bleibt, die verschiedene Aspekte des Angebots heranzuziehen, sich mit Konkurrenzangeboten zu befassen und anschließend hieraus rationale Schlüsse zu ziehen, die für oder gegen den Erwerb des herbeigeführten Angebots sprechen würden. Aufgrund der Ausübung zeitlichen Drucks steht der Verbraucher vor dem Dilemma, sofort zuzugreifen oder den gewährten Vorteil nicht mehr zu bekommen.[988] In einem solchen Fall besteht die Gefahr, dass er auf die kritische Prüfung des Angebots und die Tätigung reiflicher Überlegungen verzichtet und sich spontan und vorschnell für den Kauf des Angebots entschließt, um die Frist der Aktion nicht zu versäumen und den Genuss des versprochenen Vorteils sicherzustellen.[989] Diese Konstellation ist vor allem vorstellbar, wenn das kurz befristete Kopplungsangebot ein Angebot mit Zugabe ist. Da die mit solchen Angeboten ausgelöste Anlockwirkung in den angesprochenen Verkehrskreisen aufgrund der Unentgeltlichkeit der gewährten Leistung ohnehin groß ist, kann bei solchen Werbeaktionen die Ausübung zeitlichen Drucks ein „übertriebenes Anlocken" leichter bewirken oder verstärken. Wird also auf den Verbraucher ein solcher zeitlicher Entscheidungsdruck ausgeübt, dass er keine Möglichkeit hat, das Angebot zu verarbeiten und seine Günstigkeit rational abzuschätzen, dann ist er extrem angreifbar und verwundbar gegenüber der unentgeltlichen Gewährung nicht nur hochwertiger, sondern auch wertmäßiger Güter, und kann daher die Verstickung des abgeschwächten Konsumenten in eine zum Erwerb des Hauptangebots führende Situation leichter einhergehen. Wann die zeitliche Befristung eines Kopplungsangebots für so kurz gehalten wird, dass dadurch die Ausübung eines unlauteren zeitlichen Drucks auf das Kaufverhalten des Verbrauchers angenommen werden kann, lässt sich nur anhand des jeweiligen Einzelfalls beurteilen. Dabei ist freilich zu berücksichtigen, dass die Bestimmung des „unlauteren Kürzens" bei der Befristung eines Kopplungsangebots nicht durch die Bestimmung absoluter Zeitspanne, sondern nach relativen Kriterien erfolgen soll. So hängt die Beantwortung der Frage, wann sich aus dem Vorliegen kurzer

---

[987] *Köhler,* GRUR 2001, 1067/1074 sowie in: GRUR 2003, 729/738; *Berneke,* WRP 2001, 615/619; *Heermann,* WRP 2001, 855/860; *Hoß,* MDR 2001, 1094/1096; *Lettl,* BB 2004, 1913/1915; *Eppe,* WRP 2004, 153/160/161; *Berlit,* § 1 UWG, Rdnrn. 111, 113; *Stuckel* in: *Harte-Bavendamm/Henning-Bodewig,* § 4 Nr. 1 UWG, Rdnr. 48

[988] *Köhler,* GRUR 2001, 1067/1074 sowie in: GRUR 2003, 729/738

[989] Vgl. *Berlit,* § 1 UWG, Rdnr. 113

Entscheidungsfristen für den Erwerb des Kopplungsangebots Wettbewerbswidrigkeit im Sinne eines „übertriebenen Anlockens" ergeben kann, vor allem davon ab, im welchen Verhältnis die zeitlich befristete Werbaktion zur wirtschaftlichen Tragweite der Entscheidung steht.[990] Bezieht sich nämlich die kurz befristete Kopplungsaktion auf die Kombination von Gütern des täglichen Bedarfs, mit deren Kauf der Konsument vertraut ist und deren Erwerb schließlich aufgrund ihres beschränkten Werts keine große wirtschaftliche Belastung für die Käufer mit sich bringt, dann soll die Einschränkung „sehr kurz" restriktiv ausgelegt werden, zumal der Verbraucher ohnehin schnell und ohne großen Zeitaufwand rationale Schlüsse über die Günstigkeit des vorliegenden Angebots ziehen kann. Sind dagegen im Angebot Güter enthalten, die selten gekauft werden und deren Erwerb angesichts des der Kaufentscheidung innenwohnenden finanziellen, ästhetischen oder sozialen Risikos der Fehlbeurteilung typischerweise mit einer sorgfältigen Vorbereitung der Kaufentscheidung verbunden ist,[991] dann soll die „kurze Zeit" der Befristung extensiver ausgelegt werden. Allgemein kann allerdings gesagt werden, dass die Tendenz herrscht, die Einschränkung „sehr kurz" in der Regel restriktiv auszulegen.[992] Unzulässig sind demnach Zeitspannen, die sich auf wenige Stunden beziehen[993] und allenfalls, wenn der Verbraucher z.B. bei einem telefonischen Angebot unverzüglich entscheiden muss, ob er die angekündigte Zugabe bekommen – natürlich unter der Bedingung des gleichzeitigen Kaufs des Hauptangebots - will oder nicht.[994] Die unentgeltliche Überlassung dagegen von fünf Büchern für den Fall einer zweijährigen Mitgliedschaft in einem Buchclub stellt keine unlautere, kurz befristete Kopplungsaktion dar, wenn die Kunden ihre Entscheidung, von dem Angebot Gebrauch zu machen, nach eingehender Durchsicht der Werbebroschüre treffen können und nach Erhalt der fünf zu Testzwecken übersandten Bücher weitere zehn Tage haben, diese zu prüfen und zu entscheiden, ob sie die Bücher behalten und Mitglied des Buchclubs werden wollen oder nicht.[995] Die Wettbewerbswidrigkeit einer Kopplungsaktion unter dem Gesichtspunkt der Ausübung eines unlauteren zeitlichen Drucks auf das Kaufverhalten und die Entscheidungsfreiheit des Kunden und damit unter dem Gesichtspunkt des „übertriebenen Anlockens" kann gleichermaßen nicht begründet werden, wenn in der Werbung allein auf die beschränkte Vorratsmenge etwa mit der standardisierten Bemerkung

---

[990] Vgl. *Lettl,* BB 2004, 1913/1915

[991] Vgl. *Pluskat,* WRP 2002, 789/794

[992] *Eppe,* WRP 2004, 153/161, Fn. 89

[993] *Eppe,* WRP 2004, 153/161, Fn. 89; *Berlit* sieht ein Indiz für „ein übertriebenes Anlocken" auch bei Angeboten, deren zeitliche Befristung nur einen Tag beträgt: § 1 UWG, Rdnr. 113; vgl. auch *Ernst,* Rechtliche Zulässigkeit von Preisnachlässen an virtuelle Kaufgemeinschaften im Internet – Zugleich Anmerkung zu OLG Hamburg CR 2000, 182, CR 2000, 239/242

[994] *Köhler,* GRUR 2001, 1067/1074

[995] BGH GRUR 2003, 890/891 – Buchclub-Kopplungsangebot

„Abgabe nur in haushaltsüblichen Mengen, solange der Vorrat reicht" hingewiesen wird.[996]

(4.) Kopplungsangebote gegenüber drittverantwortlichen Personen

Ein immer noch großer Anwendungsbereich wird der Fallgruppe des „übertriebenes Anlockens" im Extremfall der Kopplungsangebote gegenüber drittverantwortlichen Personen geboten.[997] Der Grund, weshalb dieses Unlauterkeitsmoment dabei einen besonderen Stellenwert einnimmt und oft in Betracht kommt, liegt nicht an der Ausgestaltung des Angebots, also weder an der Art, dem Wert oder der Verwendbarkeit der gekoppelten Leistungen noch an der Befristung des Angebots oder der Handelsüblichkeit der Kombination. Die infrage stehenden Kopplungsangebote könnten unter normalen Umständen wettbewerbsrechtlich unbedenklich bleiben. Er liegt demgegenüber an den umworbenen Personen, und zwar hier nicht an den Charakteristika ihres Konsumentenverhaltens, wie das bei den besonders schutzwürdigen Verbraucherkreisen der Fall war, sondern an ihrer Stelle in der Gesellschaft und an ihrer Eigenschaft als Diener von Interessen Dritter oder der Allgemeinheit. Zu berücksichtigen sind also hier Kopplungsangebote, die sich an derartige Personen wenden, die aus Rechtsgründen gehalten sind, bei ihrer Kaufentscheidung die Interessen Dritter oder der Allgemeinheit zu schützen und die daher die Pflicht zu einer objektiven und neutralen Entscheidung haben.[998] Klassisches Beispiel derartiger Personen sind die Ärzte und die Apotheker oder ferner öffentliche Bedienstete. Die strengere Anwendung der Fallgruppe des „übertriebenen Anlockens" bei solchen Fällen hat nicht das Endziel, die umworbenen Personen vor einem übermäßigen Anlocken zu wahren. Die betroffenen Personen gelten freilich als aufmerksame, verständige und informierte Verbraucher und bedürfen daher keinen besonderen zunehmenden Schutz. Sie zielt vielmehr darauf ab, die Rationalität, die Objektivität und die Neutralität ihrer Kaufentscheidung sicherzustellen, und dadurch die Interessen Dritter oder der Allgemeinheit zu wahren. Die hier umworbenen Personen tragen eine gewisse Verantwortung Dritten oder der Allgemeinheit gegenüber. Werden sie demnach in ihrer - im Rahmen und zum Zweck ihrer Tätigkeit getroffenen – Kaufentscheidung in unlauterer Weise beeinflusst, schlägt sich dies auf die

[996] BGH WRP 2004, 483/485 – Playstation; *Köhler*, GRUR 2001, 1067/1074; *Günther/Beyerlein*, WRP 2004, 1142/1144; a.A. etwa *Tavanti*, Gesamtpreis, Zugabe oder übertriebenes Anlocken – Handy für DM 1,- auch nach Abschaffung der Zugabeverordnung unzulässig?, WRP 2001, 977/978; Wettbewerbswidrigkeit kann sich dennoch in einem solchen Fall aus anderen Gründen ergeben: BGH WRP 2003, 1101/1103 – Foto-Aktion; vgl. dazu *Köhler*, GRUR 2001, 1067/1074

[997] *Köhler*, GRUR 2003, 729/738; *Ullmann*, GRUR 2003, 817/818; *Ohly*, NJW 2003, 2135/2137 (Fn. 20) sowie in: GRUR 2004, 889/897; *Lettl*, BB 2004, 1913/1915/1916

[998] So *Köhler*, GRUR 2003, 729/738

Bedienung der Allgemeinheit oder der Interesse Dritter nieder. Aus diesem Grund soll das im übrigen nicht mehr geltende „Sachlichkeitsgebot" in diesen Fällen ausnahmsweise doch Geltung beanspruchen. Danach darf also bei einer solchen Situation die umworbene Person nur in sachlicher Weise beeinflusst werden, während der Einsatz sachfremder Mittel für sich allein die Wettbewerbswidrigkeit eines Angebots begründen kann. Die Unlauterkeit unter dem Gesichtspunkt der unsachlichen Beeinflussung kann sich aus der Art der gekoppelten Leistungen ergeben.[999] Von ausschlaggebender Bedeutung ist hier, im Gegensatz zu den üblichen Fällen von Kopplungsangeboten, ob die verbundenen Leistungen in einem Sachzusammenhang stehen oder nicht. Das Gewähren oder Versprechen von Zugaben bzw. die Abgabe des einen Teils des Kopplungsangebots zu einem besonders günstigen Preis führt zu der Annahme einer unsachlichen Beeinflussung, es sei denn, die Vergünstigung ist von geringem Wert und steht in einem Funktions- bzw. Gebrauchszusammenhang mit dem Hauptangebot. Darauf hat der BGH in seiner „Kleidersack"-Entscheidung[1000] abgestellt und eine unsachliche Beeinflussung von Zahnärzten unter dem Gesichtspunkt des „übertriebenen Anlockens" darin gesehen, dass ihnen beim Kauf bestimmter Fertigarzneimittel für den Praxisgebrauch ein Kleidersack zu einem besonders günstigen Preis angeboten wurde.[1001] Seiner Begründung legte er den Art. 9 I Richtlinie 92/28/EWG des Rates vom 31.3.1992 über die Werbung für Humanarzneimittel zugrunde,[1002] wonach es verboten ist, den zur Verschreibung oder Abgabe von Arzneimitteln berechtigten Personen im Rahmen der Verkaufsförderung eine Prämie, finanzielle oder materielle Vorteile zu gewähren, anzubieten oder zu versprechen, es sei denn, sie sind von geringem Wert und für die medizinische oder pharmazeutische Praxis von Belang.[1003] Vor diesem Hintergrund hat er die unsachliche und damit unlautere Beeinflussung der umworbenen Zahnärzte unter dem Aspekt des „übertriebenen Anlockens" dadurch bejaht, dass der Erwerb einer beruflich benötigten Leistung (Fertigarzneimittel) mit dem Erwerb eines hauptsächlich im privaten Bereich nutzbaren, also sachfremden, Gegenstandes (Kleidersack) zu einem besonders günstigen Preis gekoppelt wurde, und daher eine derartige Vergünstigung die angesprochenen Ärztekreise veranlassen konnte, die beworbenen Fertigarzneimittel nur wegen des damit verbundenen sachfremden Vorteils für den Praxisgebrauch zu erwerben.[1004] Die Gewährung sachfremder Zuwendungen kann gleichermaßen den Vorwurf der

---

999 *Lettl*, BB 2004, 1913/1916
1000 Abgedruckt in: GRUR 2003, 624 ff.
1001 BGH GRUR 2003, 624/626 - Kleidersack
1002 ABlEG Nr. L 113, S. 13
1003 Über die Aufrechterhaltung des Zugabeverbots in derartigen Fällen s. in: *Spätgens* in: *Lange/Spätgens*, Rdnrn.. 228 ff.; *Nordemann* 9. Aufl., Rdnr. 503; *Stuckel* in: *Harte-Bavendamm/Henning-Bodewig*, § 4 Nr. 1 UWG, Rdnr. 43
1004 BGH GRUR 2003, 624/626 - Kleidersack

Unlauterkeit begründen, wenn sich die Werbung an Organe der öffentlichen Hand wendet.[1005] Staatliche Behörden, wie z.B. Schulen und deren Leitung, sind nach ihrem gesetzlichen Auftrag zur Sachlichkeit und Unparteilichkeit verpflichtet. So müssen sie sich bei der Ausübung eines ihnen eingeräumten Ermessens bereits kraft Gesetzes an den jeweils sachlich gebotenen Gesichtspunkten orientieren, sodass sachfremde Gesichtspunkte bei ihren Entscheidungen von vornherein ausscheiden. Werden also den Bediensteten der öffentlichen Hand sachfremde Zuwendungen versprochen, dann besteht die Gefahr, dass die von ihnen eigentlich zu berücksichtigenden sachlichen Gesichtspunkte in den Hintergrund treten, und sich diese, im Gegensatz zu ihrem gesetzlichen Auftrag, dazu verleiten lassen, in den Genuss der sachfremden Zuwendung zu gelangen.[1006]

b) Der Extremfall des „psychischen Kaufzwangs"

Die Fallgruppe des „psychischen - oder psychologischen oder moralischen – Kaufzwangs"[1007] zählte in der Vergangenheit zusammen mit der Fallgruppe des „übertriebenen Anlockens" zu den wichtigsten Unlauterkeitsaspekten der großen Fallgruppe des sog „Kundenfangs".[1008] Das Anwendungsgebiet dieser Fallgruppe bezieht sich auf Fälle, in denen der Verbraucher in einer Situation versetzt wird, in der er sich zum Abschluss eines Geschäfts genötigt fühlt. Die Wettbewerbswidrigkeit des „psychischen Kaufzwangs" beruht nach der höchst-

---

[1005] Vgl. *Köhler*, GRUR 2003, 729/738

[1006] Mit dieser Begründung hat OLG Karlsruhe in seiner Entscheidung „Schulschließfächer" (GRUR-RR 2003, 191 f.) erklärt, dass unentgeltliche Zuwendungen in Form von Provisionangeboten gegenüber Schulen im Zusammenhang mit der Aufstellung und Anmietung von Schließfächern durch den Schulträger eine unlautere Absatzförderung durch Gewährung sachfremder Sondervorteile darstellen. Schulen und deren Leiter haben sich, so das OLG, bei ihrem gesamten Handeln ausschließlich am gesetzlichen Schulauftrag (wie er im vorliegenden Fall in § 1 BadWürttSchulG in Ausdruck kommt) zu orientieren. Dieser Schulauftrag habe auch bei Entscheidungen außerhalb des eigentlichen Lehrbetriebs Bedeutung, also auch bei Entscheidungen über originäre Verwaltungsaufgaben eines Schulleiters, wie z.B. bei der im vorliegenden Fall Entscheidung der Schullleitung, ob ein Angebot – und wenn ja, welches – eines Schließfachvermieters gegenüber dem Schulträger empfohlen werden solle. Bei dieser Entscheidung müsse für die Schulleitung ein maßgeblicher Gesichtspunkt neben der Qualität des Angebots vor allem dessen Preis sein, um jedem Schüler ohne Rücksicht auf dessen wirtschaftliche Leistungsfähigkeit eine Teilhabe an der schulischen Einrichtung zu ermöglichen wie dies der jeweilige (im vorliegenden Fall der in § 1 BadWürttSchulG formulierte) Schulauftrag fordere. Angesichts dieser Feststellungen hat das Gericht die Gewährung sachfremder Zuwendungen, in Form von Provisionsangeboten, gegenüber den jeweiligen Schülen als unlauter angesehen.

[1007] Zur Terminologie s. in: *Weiler*, Psychischer Kaufzwang – Ein Abschiedsplädoyer, WRP 2002, 871 (Fn. 4)

[1008] In der Vergangenheit fehlten allerdings nicht die Stimmen, die sich für eine beschränkte Anwendung der Fallgruppe des „psychischen Kaufzwangs" nur in fest umgrenzten Sachverhalten aussprachen: dazu vgl. *Bülow*, Psychologischer Kaufzwang – ein Schlagwort?, GRUR 1971, 64/68

richterlichen Rechtsprechung auf die Einflussnahme auf die Willensentschließung des Umworbenen mit außerhalb der Sache liegenden Mitteln, Umständen und Auswirkungen in einem solchen Ausmaß, dass der Umworbene aufgrund dessen zumindest anstandshalber, oder zwecks Vermeidung einer ihm peinlichen Situation nicht umhin kann, auf das Angebot einzugehen.[1009] Hauptdomaine des Unlauterkeitsmoments des „moralischen Kaufzwangs" waren vor allem die Wertreklame sowie Gewinnspiele und Preisausschreiben.[1010] Dabei war zu befürchten, dass der Verbraucher durch die Vergünstigung in eine psychologische Zwangslage geraten könnte, in der er es als unanständig oder jedenfalls peinlich empfinden würde nichts zu kaufen.[1011]

Beim Werben mit Kopplungsangeboten, und insbesondere im Fall der Zugabegewährung, kam vornehmlich die Gefahr des „rechtlichen Kaufzwangs", bei dem anders als beim „psychischen Kaufzwang" die Gewährung der Vergünstigung vom Abschluss des Kaufgeschäfts abhängig war, in Betracht.[1012] Da die Gewährung der Zugabe die gleichzeitige Abnahme der Hauptleistung voraussetzte, lag die besondere Gefährlichkeit eines zugabebezogenen Angebots mit „rechtlichem Kaufzwang" darin, dass der Umworbene das Hauptangebot zunächst kaufen musste.[1013] Das Vorliegen eines psychischen Zwangs des Verbrauchers war allerdings bei derartigen Angebotsformen auch spürbar. Dieser war demnach anzunehmen, wenn sich der Kunde – vornehmlich des stationären Handels – aus Gründen der Dankbarkeit für die Gewährung des Vorteils, zum Kauf des Leistungspakets (Hauptangebot und Zugabe) verpflichtet sah und sich demzufolge zum Anschluss eines sonst nicht getätigten Folgengeschäfts entschloss.[1014] Aber auch im Fall der üblichen Kopplungsangeboten konnte ein „psychischer Kaufzwang" des Kunden vorliegen, wenn er sich, um dem durch das Verlassen des Ladenlokals ohne gleichzeitigen Warenerwerb oder durch die Ablehnung eines Angebots etwa bei einer Telefon- oder Haustürwerbung entstandenen Gefühl der Peinlichkeit zu entgehen, oder sogar im Fall einer direkten Ansprache

[1009] BGH GRUR 1971, 322 – Lichdi Center; BGH NJW 1989, 3013 – McBacon; BGH WRP 1998, 162/163 – Erstcoloration; BGH WRP 1998, 724/725 – Rubbelaktion; BGH NJW-RR 2000, 1136/1137 – Space Fidelity Peep-Show; BGH GRUR 2002, 1000/1002 – Testbestellung

[1010] Dazu: *Weiler,* WRP 2002, 871/872 m.w.N. aus der Rechtsprechung

[1011] *Baumbach/Hefermehl,* § 1 UWG, Rdnr. 89

[1012] *Piper* in: *Köhler/Piper,* UWG (2002), § 1 UWG, Rdnr. 206

[1013] *Baumbach/Hefermehl,* § 1 UWG, Rdnr. 88; Das bei Zugaben stets erfüllte Kriterium des „rechtlichen Kaufzwangs" hat nach dem Wegfall der ZugabeVO seine Bedeutung verloren, soweit es nunmehr nur auf die Angemessenheit der Zugabegewährung im Hinblick auf eine möglicherweise „übertriebenes Anlocken" ankommt: *Cordes,* WRP 2001, 867/871; so auch *Spätgens* in: *Lange/Spätgens,* Rdnr. 434

[1014] Vgl. *Heermann,* WRP 2001, 855/857; *Cordes,* WRP 2001, 867/871; *Hoß,* MDR 2001, 1094/1097

von dem Werbenden, um sich ihn baldmöglichst vom Hals zu schaffen, zum Erwerb des Kopplungsangebots genötigt fühlt.

Nach der Streichung der Zugabeverordnung und des Rabattgesetzes und der damit einhergehenden Liberalisierung des Lauterkeitsrechts, aber vornehmlich nach der Statuierung eines neuen Verbraucherleitbildes scheint der verbleibende „Überlebensspielraum“ des Unlauterkeitsmoments des „psychischen Kaufzwangs“ gefährdet zu sein.[1015] Der nunmehr moderne, aufmerksame, verständige und informierte Durchschnittsverbraucher ist mit den Marktgegebenheiten und den Verkaufsförderungspraktiken der Gewerbetreibenden vertraut. Er wird als ein Marktteilnehmer betrachtet, der Herr seiner selbst ist, eine kritische Distanz zu den verschiedensten Werbemethoden wahrt, dem nunmehr ein Mindestmaß an Eigenverantwortlichkeit und wirtschaftlicher Rationalität unterstellt wird, und dem schließlich zugetraut wird, ein besonnenes Verhalten an den Tag zu legen, das nicht allein von seiner Begehrlichkeit geleitet wird.[1016] Vor diesem Hintergrund kann das die Annahme von Wettbewerbswidrigkeit unter dem Gesichtspunkt des „moralischen Kaufzwangs“ begründete Argument des Kaufs aus Anstand (als Folge der Dankbarkeit oder eines Peinlichkeitsgefühls) nicht mehr haltbar sein.[1017] Entsprechendes gilt auch für die Beurteilung von Kopplungsangeboten unter dem Gesichtspunkt des „moralischen Kaufzwangs“. Unter Zugrundestellung des aktuellen Verbraucherleitbildes lassen sich nunmehr kaum Fälle konstruieren, in denen der Kunde bei dem Angebot eines Kopplungsgeschäfts oder sogar bei der Gewährung einer Zugabe in die Situation geraten würde, die zu einem moralischen Zwang zum Abschluss des Kopplungsgeschäfts bzw. Folgegeschäfts und damit zum Erwerb des kompletten Leistungspakets führen würde. Kopplungsangebote mit dem Unlauterkeitsverdikt des „psychischen Kaufzwangs“ zu belegen, wäre heute für den Extremfall vorstellbar, in dem für die lauterkeitsrechtliche Beurteilung eines Angebots nicht mehr auf das Leitbild des durchschnittlich informierten, situationsadäquat aufmerksamen und verständigen Verbrauchers abgestellt werden kann. Dies kann tatsächlich der Fall sein, wenn sich die Werbung gezielt an Verbraucherkreise richtet, denen kein dem aufmerksamen, verständigen und informierten Verbraucher entsprechendes

---

[1015] Die Meinungen in der Literatur variieren, sie konvergieren indessen überwältigend dazu, dass die Fallgruppe des „psychischen Kaufzwangs“ zum Aussterben verurteilt ist: *Weiler* (in: WRP 2002, 871/876) spricht von einer sofortigen Verabschiedung von dieser Fallgruppe; wohl dahin gehend auch: *Berlit* (in: WRP 2001, 349/352 f.) und *Heermann* (in: WRP 2001, 855/857); *Hoß* (in: MDR 2001, 1094/1097) sieht eine Heranziehung dieses Unlauterkeitsmoments in der Zukunft nur bedingt; *Cordes* (in: WRP 2001, 867/871) hält ein Fortbestehen dieser Fallgruppe im künftigen Lauterkeitsrecht für möglich.

[1016] *Heermann,* WRP 2001, 855/857; *Weiler,* WRP 2002, 871/874

[1017] So: *Berlit,* WRP 2001 349/352; *Heermann,* WRP 2001, 855/857; *Steinbeck,* ZIP 1741/1745; *Hoß,* MDR 2001, 1094/1097; *Weiler,* WRP 2002, 871/876; zurückhaltend: *Spätgens* in: *Lange/Spätgens,* Rdnr. 435; *Cordes,* WRP 2001, 867/871

Kaufverhalten zu unterstellen ist, und bei denen auch eine rationale Kaufentscheidung typischerweise nicht zu erwarten ist.[1018] Zu denken ist vor allem an den oben bereits erwähnten[1019] Zielgruppen der besonders schutzbedürftigen Personen. Diese Personen können aufgrund der „Schwäche“ (Unerfahrenheit, Ungewandtheit, leichte Verführbarkeit u.s.w.), die sie aufweisen, leichter in eine Zwangslage gebracht werden, in der sie sich aus verschiedenen Gründen zu einem Kauf des Angebots verpflichtet fühlen. Jugendliche und vornehmlich Kinder können z.B. im Fall einer direkten Ansprache besonders gefährdet sein, da sie wegen ihrer Unerfahrenheit und Leichtgläubigkeit noch nicht vertraut sind, den Überzeugungsversuchen des jeweiligen Anbieters zu widerstehen und der unangenehmen Situation, in der sie sich angeblich befinden, zu entgehen. Ein „psychischer Kaufzwang“ kann auch dann vorliegen, wenn die umworbenen Kinder oder Jugendliche nicht nur selbst die angebotene Leistung erwerben können (etwa Leistungen, deren Kauf das junge Zielpublikum durch ihr Taschengeld selbst finanzieren kann), sondern auch wenn sie als Kaufmotivatoren angesprochen werden, also mit dem Ziel, dass sie einen entsprechenden Druck auf ihre Eltern ausüben.[1020] Im letzteren Fall sind zwar die umworbenen Personen formal nicht die potentiellen Käufer, praktisch allerdings wird der Kaufdruck mittelbar über sie auf ihre Eltern übertragen, was heutzutage - angesichts der Feststellung, dass jetzt die Eltern immer mehr als manipulierte Geldgeber und weniger als selbständige Kaufentscheidungsträger auftreten[1021] - nicht selten geschieht.[1022] So ist es kein lebensfremdes Bild, wenn die Eltern in einem Geschäftslokal kaum Gelegenheit haben, ihren angesprochenen Nachwuchs von dem Erwerb einer Ware bzw. hier eines Kopplungsangebots abzuhalten und sich aufgrund gesellschaftlicher Konventionen oder vor dem Angst der Peinlichkeit zu einem Kaufabschluss entschließen, obwohl sie dies nicht gewollt haben. Eine weitere Kategorie von Werbeadressaten, die in der Regel leichter als üblich unter moralischen Kaufdruck geraten können, stellt die besonders schutzbedürftige Personengruppe der Aussiedler dar. Dabei ist insbesondere an Sachverhalte zu denken, in denen der Aussiedler etwa durch eine Haustür- oder Telefonwerbung direkt angesprochen wird. In einem solchen Fall besteht die Gefahr, dass sich der angesprochene Einwanderer, der in der Regel mit den hiesigen Geschäftsgepflogenheiten, dem hiesigen Rechtssystem und der Sprache nicht vertraut ist,[1023] zum Kauf verpflichtet fühlt, weil er etwa das Gefühl hat, es gebühre dem Anstand, etwas zu erwerben.[1024]

[1018] *Köhler*, GRUR 2001, 1067/1074; vgl. auch *Lettl*, GRUR 2004, 449/457

[1019] In: Dritter Teil, V. 3. a) bb) (2.), S. 233 ff.

[1020] Vgl. *Baumbach/Hefermehl*, § 1 UWG, Rdnr. 199; *Köhler*, GRUR 2001, 1067/1074

[1021] S. in: *Benz*, WRP 2003, 1160/1166 m.w.N.

[1022] Zu dem sog. „zweistufigen Kaufzwang“ s. in: *Benz*, WRP 2003, 1160/1167

[1023] Vgl. BGH GRUR 1998, 1041/1042 – Verkaufsveranstaltung in Aussiedlerwohnheim

[1024] Vgl. *Köhler*, GRUR 2001, 1067/1074

c) Überforderung der Verbraucher durch Überinformation

Neben den Gesichtspunkten des „übertriebenen Anlockens“ und des „psychischen Kaufzwangs“, die freilich für jegliche Art der Wertreklame Relevanz und Anwendung beanspruchen können, ist ein weiterer Aspekt zu berücksichtigen, der insbesondere – wenn nicht nur – im Falle des Werbens mit Kopplungsangeboten Relevanz gewinnt. Dies ist die Gefahr der Überforderung der Verbraucher, wenn er mit Angeboten konfrontiert wird, deren charakteristisches Merkmal die Kombination mehrerer einzelner Leistungen ist. Die Wettbewerbswidrigkeit eines Kopplungsangebots unter diesem Aspekt beruht hier auch auf die unzulässige Beeinflussung der Willensentscheidung des Umworbenen im Sinne einer Ausschaltung oder zumindest ernsthaften Beeinträchtigung der Rationalität seines Kaufentschlusses. Anders als im Fall des „übertriebenen Anlockens“ und des „moralischen Kaufzwangs“ verbindet sich die vorliegende Beeinflussung mit einer Passivität des Verbrauchers. Der Konsument ist hierbei zum Abschluss eines Kopplungsgeschäfts weder angelockt noch gezwungen. Die Beeinflussung erfolgt also nicht durch den Einsatz bewegender Kräfte, also durch eine Anziehung oder einen Stoß; der Verbraucher bleibt demgegenüber hier von Außeneinflüssen unberührt. Der Konsument, der sich vor einem Kopplungsangebot insgesamt überfordert fühlt, befindet sich in einer Situation, in der er mit zu schwierigen Entscheidungen belastet wird.[1025] Eine solche Überforderungssituation wird dadurch gekennzeichnet, dass der Konsument ein Überangebot an Informationen („*information overload*“)[1026] im Rahmen einer einzigen Werbeaktion bekommt, vom Konsumfrust beherrscht wird, die Informationen zu dem Angebot nicht mehr einordnen kann und daher seine Schiedsrichterfunktion nicht mehr erfüllen kann. Unter einem solchen Umstand zeichnen sich folgende Aussichten ab: entweder verweigert der Verbraucher den Kauf, was wettbewerbsrechtlich außer Acht bleibt, oder – und dort befindet sich auch das Moment, das Unlauterkeit begründen mag – entscheidet sich „nachteilig“.[1027] Es ist anzunehmen, dass Kopplungspraktiken in ihrer Summe aufgrund der Komplexität des Angebots zulasten der Verbraucher gehen. Die Günstigkeit oder Ungünstigkeit von Kopplungsangeboten ist ungleich schwerer einzuschätzen als die von Einzelangeboten.[1028] Dies liegt daran, dass sich in einem Angebot, unter einem Preis mehrere Güter ansammeln, die auch oft keinen Zusammenhang zueinander aufweisen. Um ein Kopplungsangebot zu bewerten, muss sich der Verbraucher eine vielfache Mühe, im Vergleich zu dem Fall der Einzelangeboten, geben, soweit er dabei nicht nur mit der Prüfung einer Leistung, sondern mit der gleichzeitigen Heranziehung mehrerer umgehen muss. Das Urteil der Günstigkeit

1025 *Beater*, § 16, Rdnr. 63
1026 *Schiffman/Kanuk*, S. 249
1027 *Beater*, § 16, Rdnr. 63
1028 *Beater*, § 16, Rdnr. 63

bzw. Ungünstigkeit eines Kopplungsangebots stützt sich hierbei nicht auf eine grobe und einfache Betrachtung des Angebots, sondern soll im Idealfall auf eine Schlussfolgerung beruhen, die sich aus der Berücksichtigung mehrerer vereinzelter Aspekte des Angebots ergibt. Kann der Verbraucher in einem derartig komplizierten Urteilprozess nicht eindringen, dann fühlt er sich überfordert und hilflos, soweit er nicht einschätzen kann, ob er durch den Erwerb des Angebots tatsächlich, wie von dem Werbenden angekündigt, Vorteile erlangen kann oder nicht. Wann ein Kopplungsangebot dazu geeignet ist, der Verbraucherschaft das Gefühl der Überforderung zu ermitteln, ist naturgemäß eine Frage des Einzelfalls. Zu denken ist allerdings vor allem an solche Kopplungsangebote, die in übertriebener Weise eine große Vielzahl von verschiedenen Waren oder Dienstleistungen implizieren. Die Kombination z.B. eines Autos, mit einem Motorroller bzw. Notebook, einem Drucker, einer Spiegelreflexkamera, einem Telefongerät und einer Berlin-Reise[1029] zu einem Gesamtpreis von 24.500,00 DM kann durchaus einen solch bedenklichen Fall darstellen. Enthält das verbundene Angebot eine gleichermaßen große oder sogar größere Anzahl von Einzelleistungen, dann besteht die Gefahr, dass sich der an dem konkreten Angebot interessierte Verbraucher durch die zu treffende Kaufentscheidung insgesamt überfordert fühlt. Aufgrund der breiten Informationsplattform, auf der sich der Konsument bewegen soll, scheint sein Entscheidungsprozess gestört zu sein. Angesichts der Tatsache, dass er gleichzeitig - und vielleicht in kurzer Zeit, wenn das Angebot befristet ist - so viele Parameter des Angebots (Erfahrung der Einzelpreise jeder gekoppelten Leistung, Einschätzung ihrer Qualität) heranziehen und sie sorgfältig mit entsprechenden Kopplungsangeboten oder mit Einzelleistungen anderer Konkurrenten gegenüberstellen muss, läuft er Gefahr, verzweifelt und ohne zu wissen, wo er mit der Verarbeitung der Informationen und der Prüfung des Angebots anfangen soll, den Faden zu verlieren und schließlich das Handtuch zu werfen. Entscheidet er in einer solcher Situation, obwohl er keine rationale Schlüsse über die Günstigkeit bzw. Ungünstigkeit des Kopplungsangebots ziehen kann, doch auf das Kopplungsangebot zuzugreifen, dann sind die Wahrscheinlichkeiten einer „nachteiligen" Entscheidung nicht gering. Es ist indessen anzunehmen, dass das dadurch gebildete Unlauterkeitsmoment der Überforderung der Verbraucher heutzutage nur ausnahmsweise in Betracht kommen kann. Der heutigen verständiger, aufmerksamer, geschäftlich erfahrener und intelligenter Durchschnittsverbraucher wird alles andere als ein Marktteilnehmer betrachtet, der sich in eine ausweglose Lage befinden kann. Ihm wird zugetraut, trotz Schwierigkeiten und Belastungen, die er im Einzelfall in seinem Entscheidungsprozess entgegentreten mag, ein hohes Maß an Souveränität und Rationalität bei seinem Kaufverhalten aufweisen zu können. Ein

[1029] So das Kopplungsangebot im „Punto"-Fall: OLG Köln WRP 2002, 472 ff.; vgl. auch OLG Karlsruhe WRP 2001, 1238 ff – Jetzt schlägt's Punto

Kopplungsangebot, das den Umworbenen mit zu schwierigen Entscheidungen belastet, kann allerdings im Ausnahmefall wettbewerbswidrig sein, wenn der Person, an die sich die Kopplungswerbung wendet, kein souveränes und rationales Konsumentenverhalten unterstellt werden kann. Dies ist bei besonders schützbedürftigen Verbrauchern der Fall, die aufgrund vornehmlich ihrer geschäftlichen Unerfahrenheit und damit ihrer fehlenden „Konsument-Flexibiltät“ vor komplexen Kopplungsangeboten Gefahr laufen, sich überfordert zu fühlen, keine zuverlässige Schlüsse über die Günstigkeit bzw. Ungünstigkeit des Kopplungsangebots ziehen zu können und daher in die Falle einer ungünstigen Kopplung und damit einer „nachteiligen“ Kaufentscheidung zu gehen.[1030]

[1030] *Beater*, § 16, Rdnr. 63

Vierter Teil: Zusammenfassende Thesen

I. Die rasanten Entwicklungen, die sich in den letzten Jahren im Bereich des Lauterkeitsrechts ergeben haben, haben zu einem grundlegenden Neuverständnis des lange Zeit weithin in sich ruhenden deutschen Lauterkeitsrechtssystems geführt. Das Abwickeln des „Ariadnefadens“ begann, als der deutsche Gesetzgeber erkannte, dass lauterkeitsrechtliche Strenge im Binnenmarkt zum „Boomerang“ geworden war. Der Erlass der Richtlinie über den elektronischen Geschäftsverkehr[1031] und die damit einhergehende Einführung des Herkunftslandprinzips hätten unter Fortgeltung der speziellen deutschen Sonderregelungen zur Rabatt- und Zugabegewährung zu einer deutlichen Benachteiligung deutscher Anbieter im elektronischen Geschäftsverkehr geführt. Um die drohende Inländerdiskriminierung abzuwenden, hat der deutsche Gesetzgeber im Jahr 2001 Rabattgesetz und Zugabeverordnung ersatzlos abgeschafft. Die Bedeutung der Aufhebung reicht jedoch über die Beseitigung der Schlechterstellung deutscher „online“-Anbieter hinaus. Die Liberalisierung des Rabatt- und Zugabenrechts steht par pro toto für eine Modernisierung des deutschen Lauterkeitsrechts in Orientierung an „europäischen“ Standards. Parallel zur Streichung der Sondergesetze steht die Übernahme des Luxemburger Verbraucherleitbildes auch für das autonome deutsche Recht: seit dem Urteil „Orient-Teppichmuster“ vom 20.10.1999[1032] stellt auch der BGH auf den durchschnittlich informierten und ständigen, situationsadäquat aufmerksamen Verbraucher ab. Vorläufiger Scheitelpunkt der Modernisierungswelle ist der Erlass des neuen Gesetzes gegen den unlauteren Wettbewerb.[1033] Als Novellenziele flaggt die Gesetzesbegründung, neben der obligaten Benennung der Verbesserung des Verbraucherschutzes dann auch die Liberalisierung, die „Europäisierung“ und die Verbesserung der Transparenz aus.

II. Die Aufhebung der Zugabeverordnung hatte nicht nur – augenscheinlich - die Liberalisierung der Zugabegewährung zur Folge. Sie führte auch zu einer weitgehenden Liberalisierung des Rechts der Wertreklame im allgemeinen und einer Neubewertung von Kopplungsangeboten im besonderen. Für die großzügigere Behandlung derartiger Angebotsformen spricht nicht nur die Tatsache, dass Kopplungsangebote zu einem gut Teil ein Ausschnitt aus dem weiten Bereich der Wertreklame sind. Das Gebot einer liberaleren Beurteilung der Kopplungsangebote ergibt sich vielmehr ganz unmittelbar aus dem besonderen Verhältnis der Zugabegewährung zu der Fallgruppe der Kopplungsangebote.

[1031] Richtlinie 22/31/EG des Europäischen Parlaments und des Rates v. 8. 6. 2000 über bestimmte Aspekte der Dienste der Informationsgesellschaft, insbesondere des elektronischen Geschäftsverkehrs, im Binnenmarkt: ABlEG Nr. L 178/1 vom 17. Juli 2000

[1032] Abgedruckt in: WRP 2000, 517 ff.

[1033] BGBl. 2004, I S. 1414

Zugaben werden als eine besondere Erscheinungsform von verbundenen Angeboten angesehen und bilden eine Untergruppe der allgemeinen Kategorie der Kopplungsangebote. Ihre nunmehr liberalere Behandlung bewirkt einen „Domino-Effekt" auf die lauterkeitsrechtliche Betrachtung der gesamten Fallgruppe des Kopplungswesens. Wenn die Zulässigkeitsschranken für Zugaben nunmehr deutlich niedriger geworden sind, muss Gleiches auch für die übrigen Kopplungsformen gelten.

III. In dem neuen Licht, das der Gesetzgeber durch die Aufhebung der Zugabeverordnung auf das deutsche Lauterkeitsrecht geworfen hat, sind Kopplungsangebote, die in der Vergangenheit teilweise mit großen Argwohn und Zurückhaltung behandelt wurden, nunmehr in der Regel als ein durchaus legitimes Verkaufsförderungsmittel anzusehen. Fast wie ein „liberales" Manifest liest sich das Bekenntnis in den Urteilen „Kopplungsangebot I"[1034] und „Kopplungsangebot II",[1035] es sei dem Kaufmann grundsätzlich gestattet, verschiedene Angebote miteinander zu verbinden, auch wenn ein Teil des Warenpakets ohne gesondertes Entgelt abgegeben werde.

IV. Kopplungsangebote sind zwar nicht uneingeschränkt zulässig. Die Aufhebung des Zugabeverbots und die Aufnahme des Luxemburger Verbraucherleitbildes in das deutsche Lauterkeitsrecht führen aber zu einer Verabschiedung von Maßstäben, die bisher für die lauterkeitsrechtliche Beurteilung von Kopplungsangeboten eine tragende Rolle spielten. Unerheblich ist nunmehr, ob die gekoppelten Leistungen brancheneigen, branchennah oder branchenfern sind, ob sie eine Gebrauchs- oder Einsatzeinheit bilden oder nicht, ob sie mit oder ohne Nennung der Einzelpreise nur zu einem Gesamtpreis oder auch zu Einzelpreisen angeboten werden oder ob sie absolut oder relativ gering- oder höherwertig sind. Unerheblich für die wettbewerbsrechtliche Bewertung von Kopplungsofferten ist gleichermaßen, ob eine Ware oder Dienstleistung unentgeltlich oder zu einem geringen Preis mit dem Angebot einer anderen Leistung gekoppelt wird. Ein Festhalten an den bisherigen Trennungslinien zwischen den verschiedenen Kategorien von Kopplungsangeboten ist deshalb nunmehr überflüssig.

Die Unterscheidung zwischen offenen und verdeckten Kopplungsangeboten hat nunmehr keine lauterkeitsrechtliche Bedeutung. Vorspannangebote und Zugaben haben das *per se*-Unlauterkeitsverdikt der Vergangenheit von sich „abgeschüttelt", zumal das Abstellen auf abstrakte Gefährdungstatbestände nicht mehr die Wettbewerbswidrigkeit eines Werbeverhaltens begründen kann. Dabei ist nicht nur an der Aufhebung des Zugabeverbots, durch die eins der „stärksten" *per*

[1034] BGH WRP 2002, 1256/1258
[1035] BGH WRP 2002, 1259/1262

se-Verbote des Lauterkeitsrechts gefallen ist, zu denken; zu berücksichtigen ist ferner auch die ungewöhnliche verfassungsgerichtliche Einmischung in die Wettbewerbssachen, mit der es auf die Erforderlichkeit einer konkreten Schutzgutgefährdung als Voraussetzung für die Anwendung lauterkeitsrechtlicher Vorschriften hingewiesen wurde.

V. Kopplungsangebote unterliegen nunmehr einer „Missbrauchskontrolle" im Einzelfall. Die Kriterien dieser konkreten „Missbrauchskontrolle", die zu den ausschlaggebenden Gradmessern für die lauterkeitsrechtliche Beurteilung von Kopplungsangeboten im heutigen und künftigen Lauterkeitsrecht gemacht werden, beziehen sich auf die beiden zentralen Anliegen des heutigen wettbewerbsrechtlichen Verbraucherschutzes, nämlich auf die Verbesserung der Entscheidungsgrundlage und die Sicherung freier Entscheidung der Konsumenten. Dabei stehen zum einen der Schutz durch das „traditionelle" Irreführungsverbot sowie die Einhaltung des Transparenzgebots und zum anderen die Sicherung der Rationalität des Entscheidungsprozesses der angesprochenen Verbraucherschaft im Vordergrund.

VI. Die Transparenz im Angebot bezieht sich auf den Grad der Aufklärung, die jeder Verbraucher als Marktteilnehmer benötigt, um eine „informierte" Kaufentscheidung treffen zu können. Missbräuchlichkeit eines Kopplungsangebots unter dem Aspekt der Verletzung des Transparenzgebots ist dann anzunehmen, wenn der umworbene Verbraucher aufgrund unzureichender Information keine rationale und zuverlässige Bewertung des Angebots treffen kann. Die fehlende Transparenz des Angebots kann zunächst dazu führen, dass der Konsument über verschiedene Aspekte des Angebots getäuscht wird. Selbst wenn der unzureichend informierte Verbraucher nicht getäuscht wird, kann immer noch ein Kopplungsangebot unter dem Aspekt der fehlenden Transparenz als missbräuchlich betrachtet werden. Dies ist der Fall, wenn der Anbieter gesetzliche oder ungeschriebene Informationspflichten verletzt. Wann ersteres geschieht, lässt sich zumeist unproblematisch feststellen, zumal dabei die Reichweite der Informationspflichten gesetzlich abgegrenzt wird. Die Verletzung ungeschriebener Informationspflichten ist dagegen eine Thematik mit mehreren Fragezeichen. Während die – eher akademische – Frage der dogmatischen Einordnung dieser Fallgruppe in das neue UWG mit ihrer Zuordnung dem Tatbestand der neu eingeführten Regelung der „Irreführung durch Unterlassen" eine befriedigende Lösung findet, bleibt die Frage nach der genauen Reichweite des „Transparenzgebots" bei der Verletzung ungeschriebener Informationspflichten allemal naturgemäß offen und lässt sich vornehmlich nur im Einzelfall beurteilen. Dazu hilft jedenfalls die Berücksichtigung der Informationsrisiken, die dem heutigen Konsumenten zuzumuten sind: Unter Zugrundelegung des aktuellen Verbraucherleitbildes, wonach der Verbraucher als informierter und informationssuchender Marktteilnehmer gilt, lässt sich feststellen, dass weitgehende Informationspflichten der Werbenden in der Regel nicht zu erwarten sind. Mit dem Tatbestand der „fehlender Transparenz“ und der Wettbewerbswidrigkeit unter dem Aspekt der „unzureichenden Information“ werden jedenfalls vornehmlich die Fälle erfasst, in denen der Erwerb eines Kopplungsangebots mit Folgekosten verbunden ist, über welche nicht ausreichend aufgeklärt wird, ferner Kopplungen von Leistungen, deren Komplexität ausnahmsweise eine sorgfältigere Belehrung seitens des Werbenden verlangt.

VII. Der zweite Tatbestand, der bei der lauterkeitsrechtlichen Beurteilung von Kopplungsangeboten in Betracht kommt, ist das Unlauterkeitsmoment der unangemessen unsachlichen Beeinflussung des Verbrauchers im Sinne der Ausschaltung oder zumindest der ernsthaften Beeinträchtigung der Rationalität seiner Kaufentscheidung. Dies kann insbesondere durch das sog. „übertriebenes Anlocken“ sowie durch den sog. „psychischen Kaufzwang“ geschehen. Angesichts des Wegfalls des bisherigen für das Lauterkeits- bzw. Unlauterkeitsurteil ausschlaggebenden Kriteriums des Sachzusammenhangs sowie des aktuellen Verbraucherleitbildes, wonach sich der intelligente und souveräne Durchschnittskonsument nicht so einfach verleiten lässt, dürfen Fälle einer wettbewerbswidrigen Beeinflussung durch Kopplungsangebote allerdings nunmehr nur eine seltene Ausnahme darstellen. Ausnahmsweise können Kopplungsangebote mit dem Verdikt einer übermäßigen und damit unlauteren Anlockwirkung belegt werden, wenn der Anbieter beim gleichzeitigen Erwerb einer Leistung die unentgeltliche oder fast unentgeltliche Gewährung einer absolut oder relativ hochwertiger Leistung verspricht, ohne aber gleichzeitig ausreichende Informationen über den Wert der Zuwendung anzugeben; ferner, wenn die Kopplungsaktion auf eine sehr kurze Zeit begrenzt ist, oder wenn die Gewährung von sachfremden Zuwendungen beim Erwerb einer Hauptleistung zum Schutz der Allgemeinheit gesetzlich verboten ist. Im übrigen bleiben sowohl das Unlauterkeitsmoment des „übertriebenen Anlockens“ als auch die Fallgruppe des „psychischen Kaufzwangs“ den besonderen Fällen vorbehalten, in denen sich das Kopplungsangebot gezielt an Verbraucherkreise wendet, die aufgrund ihres Alters oder aufgrund sozialer, kultureller oder sprachlicher Besonderheiten, nicht das zu erwartende Kaufverhalten des rational denkenden, aufmerksamen, souveränen und verständigen Durchschnittsverbrauchers aufzeigen. Entsprechendes gilt schließlich auch für den Extremfall, in dem Kopplungsangebote die Umworbenen mit zu schwierigen Entscheidungen belasten, sie insgesamt überfordern.

VIII. Zusammenfassend kann festgestellt werden, dass die heutigen lauterkeitsrechtlichen Zulässigkeitsschranken weit über ihre angestammten bisherigen Grenzen gelockert wurden. Das heutige und künftige Lauterkeitsrecht sieht derartige Verkaufsförderungspraktiken grundsätzlich als unbedenklich an. Angebotspakete wie „Kaffe mit Kaffeetasse“, „Fernsehgerät mit Stromlieferungsvertrag“, „Zeitschrift mit CD“, „Mobiltelefon mit Telefonkartenvertrag“ oder ähnliche Angebotsstrukturen sind nicht nur attraktiv, sondern grundsätzlich auch wettbewerbskonform.

Literaturverzeichnis

Ackermann, Brunhlide, Wettbewerbsrecht unter Berücksichtigung europarechtlicher Bezüge, Berlin [u.a.] 1997

dies., Anmerkung zur Entscheidung des BGH „Handy-Endpreis", BB 1998, S. 2544 ff.

Ahrens, Hans-Jürgen, Kurzkommentar zur Entscheidung des BGH „Handy für 0,00 DM", EwiR 1999, S. 47 f.

ders., Verwirrtheiten juristischer Verkehrskreise zum Verbraucherleitbild einer „normativen" Verkehrsauffassung, WRP 2000, S. 812 ff.

ders., Die Benetton-Rechtsprechung des BVerfG und die UWG-Fachgerichtsbarkeit, JZ 2004, S. 763 ff.

Ahrens Sönke, Der Irreführungsbegriff im deutschen Wettbewerbsrecht, WRP 1999, S. 389 ff.

Amann, Joachim/Lambsdorff, Hans-Georg, (Hrsg.), Rechtsfragen in Wettbewerb und Werbung (RWW). Kommentar zum Wettbewerbs- und Werberecht, Stuttgart [u.a.] 1982

Angehrn, Otto, Sinn und Unsinn der Wertreklame, MA 1972, S. 177 ff.

Antil, John, Conceptualization and Operationalization of Involvement in: „Advances in Consumer Research XI", (*Kinnear, Thomas* [Hrsg.]), 1984, S. 203 ff.

Apostolopoulos, Haris, Neuere Entwicklungen im europäischen Lauterkeitsrecht: Problematische Aspekte und Vorschläge, WRP 2004, S. 841 ff.

Badura, Peter, Staatsrecht: Systematische Erläuterungen des Grundgesetzes für die Bundesrepublik Deutschland, 2. Aufl., München 1996

Baumbach, Adolf, Kommentar zum Wettbewerbsrecht. Wettbewerbsgesetz und wettbewerbsrechtliche Vorschriften des Warenbezeichnungsgesetzes, Bürgerlichen Gesetzbuches und Handelgesetzbuchs, 1. Aufl., Berlin 1929

Baumbach, Adolf/Hefermehl, Wolfgang, Wettbewerbsrecht. Gesetz gegen den unlauteren Wettbewerb, Zugabeverordnung, Rabattgesetz und Nebengesetze, 22. Aufl., München 2001

Beater, Axel, Die stillen Wandlungen des Wettbewerbsrechts; zugleich ein Beitrag zur Orient-Teppichmuster-Entscheidung des BGH, JZ 2000, S. 973 ff.

ders., Zum Verhältnis von europäischem und nationalem Wettbewerbsrecht; Überlegungen am Beispiel des Schutzes vor irreführender Werbung und des Verbraucherbegriffs, GRUR Int 2000, S. 963 ff.

ders., Unlauterer Wettbewerb, München 2002

ders., Europäisches Wettbewerb gegen unlauteren Wettbewerb – Ansatzpunkte, Grundlagen, Entwicklung, Erforderlichkeit, ZEuP 2003, S. 32 ff.

Benz, Claudia, Werbung von Kindern unter Lauterkeitsgesichtspunkten – Zum Entwurf eines Gesetzes gegen den unlauteren Wettbewerb, § 4 Nr. 2, WRP 2003, S. 1160 ff.

Berlit, Wolfgang, Anmerkung zur Entscheidung des BGH „Saustarke Angebote“, WiB 1996, S. 360

ders., Auswirkungen der Aufhebung des Rabattgesetzes und der Zugabeverordnung auf die Auslegung von § 1 und § 3 UWG, WRP 2001, S. 349 ff.

ders., Wettbewerbsrecht anhand ausgewählter Rechtsprechung, 4.Aufl., München 2002

ders., Anmerkung zur Entscheidung des BGH „Kopplungsangebot I“, LM § 1 UWG, 2002, Nr. 883 (12/2002), Bl. 2214 ff.

Berneke, Wilhelm, Zum Lauterkeitsrecht nach einer Aufhebung von Zugabeverordnung und Rabattgesetz, WRP 2001, S. 615 ff.

Bettermann, Karl August/Nipperdey, Hans Carl/Scheuner, Ulrich, (Hrsg.), Die Grundrechte, Handbuch der Theorie und Praxis der Grundrechte, 2. Aufl., Berlin 1972

Bodewig, Theo/Henning-Bodewig, Frauke, Rabatte und Zugaben in den Mitgliedstaaten der Europäischen Union, WRP 2000, S. 1341 ff.

Borck, Hans-Günther, Anmerkung zur Entscheidung des BGH „Einpfennig-Süßwaren", LM § 1 ZugabeVO, 1961, Nr. 13, Bl. 1278 ff.

ders., Zur Bedeutung und Begrenzung des Begriffs „Zugabe", WRP 1970, S. 296 ff.

ders., Zum Gegenstand der Zugabe, WRP 1971, S. 102 ff.

ders., Über die Geringwertigkeitsgrenze, WRP 1972, S. 349 ff.

ders., Über das Verwerfliche an Vorspannangeboten, WRP 1975, S. 75 ff.

ders., Wertreklame: Leistungs- oder Nichtleistungswettbewerb?, WRP 1976, S. 285 ff.

ders., Eine Lanze für die Zugabeverordnung, WRP 1996, S. 965 ff.

ders., Vermutungen über vergleichende Werbung, über Wertreklame und deren weitere Entwicklung, WRP 2001, S. 1124 ff.

ders., Vorläufige Anmerkungen zum „Gesetz gegen den unlauteren Wettbewerb (UWG)" vom 3.7.2004, WRP 2004, S. 1440 ff.

Bornhofen, Ekkehard, Das Ende einer Ära, MA 2001, S. 42 ff.

ders., Neue, liberalere Rechtsprechung, MA 2003, S. 46 ff.

Bornkamm, Joachim, Wettbewerbs- und Kartellrechtsprechung zwischen nationalem und europäischem Recht, in: Festschrift aus Anlaß des fünfzigjährigen Bestehens von BGH, Bundesanwaltschaft und Rechtsanwaltschaft beim BGH, Köln [u.a.] 2000, S. 343 ff.

Brandl, Daniela, Koppelungsgeschäfte in der Rechtsprechung unter besonderer Berücksichtigung des Betriebsverfassungsrechts, Köln 2000

Bülow, Peter, Psychologischer Kaufzwang – ein Schlagwort?, GRUR 1971, S. 64 ff.

Burkert, Thomas, „One for Two" – ein zulässiges Kopplungsgeschäft?, GRUR 1989, S. 869 ff.

ders., Die Zulässigkeit von Kopplungsgeschäften aus wettbewerbsrechtlicher Sicht, Baden-Baden 1992

Burmann, Hans Franz, Das Recht der Wertreklame, Berlin 1965

Bußmann, Kurt, Unlauterer Wettbewerb bei neuen Werbemethoden, NJW 1952, S. 684 ff.

ders., Anmerkung zur Entscheidung des BGH „Italienische Note", GRUR 1959, S. 142 f.

Calliess, Christian, Werbung, Moral und Europäische Menschenrechtskonvention, AfP 2000, S. 248 ff.

Cordes, Christoph, Die Gewährung von Zugaben und Rabatten und deren wettbewerbsrechtliche Grenzen nach Aufhebung von Zugabeverordnung und Rabattgesetz, WRP 2001, S. 867 ff.

Degenhart, Christoph, Die allgemeine Handlungsfreiheit des Art. 2 I GG, JuS 1990, S. 161 ff.

Deutsch, Volker, Der Einfluß des europäischen Rechts auf den Irreführungstatbestand des UWG, GRUR 1996, S. 541 ff.

ders., Noch einmal: Das Verbraucherleitbild des EuGH und das „Nissan"-Urteil, GRUR 1997, S. 44 f.

Dietrich, Christian, Die Aufhebung des Rabattgesetzes – Eine neue Chance für Konsumgenossenschaften?, ZfgG 2002, S. 3 ff.

Dittmer, Stefan, Rabatte und Zugaben nach dem Wegfall von Rabattgesetz und Zugabeverordnung: Mehr Gestaltungsspielraum für Unternehmer, BB 2001, S. 1962 ff.

Doepner, Ulf, Verbraucherleitbilder zur Auslegung des wettbewerbsrechtlichen Irreführungsverbots – Anmerkungen zum Diskussionsstand -, in: Festschrift für Otfried Lieberknecht, München 1997, S. 165 ff.

ders., Verbraucherleitbilder zur Auslegung des wettbewerbsrechtlichen Irreführungsverbots – Anmerkungen zum Diskussionsstand, WRP 1997, S. 999 ff.

Dreher, Meinrad, Der Verbraucher – Das Phantom in den Opera des europäischen und deutschen Rechts?, JZ 1997, S. 167 ff.

Droste, Helmut, Anmerkung zur Entscheidung des BGH „Goldener Oktober", GRUR 1969, S. 298 f.

ders., Zum Verkauf „branchenfremder" Artikel", GRUR 1976, S. 466 ff.

Ekey, Friedrich/Klippel, Diethelm/Kotthoff, Jost/Meckel, Astrid/Plaß, Gunda, Heidelberger Kommentar zum Wettbewerbsrecht, Heidelberg 2000

Emmerich, Volker, Wettbewerbsbeschränkungen durch die Rechtsprechung, in: Festschrift für Joachim Gernhuber, Tübingen 1993, S. 857 ff.

ders., Vorraussetzungen des verbotenen übertriebenen Anlockens („Handy-Urteile"), JuS 1999, S. 297 f.

ders., Unlauterer Wettbewerb, 6. Aufl., München 2002

ders., Anmerkung zur Entscheidung des BGH „Kopplungsangebot I", JuS 2003, S. 98 f.

Engels, Stefan/Salomon, Thomas, Vom Lauterkeitsrecht zum Verbraucherschutz: UWG-Reform 2003, WRP 2004, S. 32 ff.

Enzinger, Michael/Spring, Philipp, Der Handy-Boom und die Preisschlacht der Mobilfunkanbieter, ecolex 2001, S. 541 ff.

Eppe, Mark, Zugaben und Rabatte im Anwendungsbereich des UWG – Zur Rechtslage nach dem Fortfall von ZugabeVO und RabattG, Köln 2003

ders., Der lauterkeitsrechtliche Tatbestand des übertriebenen Anlockens im Wandel – am Beispiel der Wertreklame, WRP 2004, S. 153 ff.

Erdmann, Willi, Buchbesprechung: Köhler, Helmut/Piper, Hennig: UWG-Gesetz gegen den unlauteren Wettbewerb, GRUR 2003, S. 46

Ernst, Stefan, Rechtliche Zulässigkeit von Preisnachlässen an virtuelle Kaufgemeinschaften im Internet – Zugleich Anmerkung zu OLG Hamburg CR 2000, 182, CR 2000, S. 239 ff.

v.Falck, Andreas, Anmerkung zur Entscheidung des BGH „Bienenhonig“, GRUR 1959, S. 287 f.

Fezer, Karl-Heinz, Anmerkung zur Entscheidung des BGH „Tierbuch“, GRUR 1979, S. 60 f.

ders., Das wettbewerbsrechtliche Irreführungsverbot als ein normatives Modell des verständigen Verbrauchers im Europäischen Unionsrecht, WRP 1995, S. 671 ff.

ders., Diskriminierende Werbung – Das Menschenbild der Verfassung im Wettbewerbsrecht, JZ 1998, S. 265 ff.

ders., Imagewerbung mit gesellschaftskritischen Themen im Schutzbereich der Meinungs- und Pressefreiheit, NJW 2001, S. 580 ff.

ders., Modernisierung des deutschen Rechts gegen den unlauteren Wettbewerb auf der Grundlage einer Europäisierung des Wettbewerbsrechts, WRP 2001, S. 989 ff.

ders., Wettbewerbsrecht als Verbraucherschutz – das Informationsmodell im Kommissionsentwurf über Verkaufsförderung, WuW 2002, S. 217

Freytag, Stefan/Gerlinger, Michael, Kombinationsangebote im Pressemarkt, WRP 2004, S. 537 ff.

Fritz, Wolfgang, Informationsbedarf und Informationsbeschaffung alter Menschen beim Kauf rezeptfreier Medikamente, in: Informationsverhalten des Konsumenten – Ergebnisse empirischer Studien, (*Raffée, Hans/Silberer, Günter* [Hrsg.]), Wiesbaden 1981, S. 113 ff.

Fritze, Ulrich, Wettbewerb und Grundrecht der freien Meinungsäußerung, NJW 1968, S. 2358 ff.

Fritzsche, Jörg, Anmerkung zur Entscheidung des BGH „Kopplungsangebot II“, LMK 2003, S. 31 f.

Gamerith, Helmut, Neue Herausforderungen für ein europäisches Lauterkeitsrecht, WRP 2003, S. 143 ff.

v.Gamm, Otto-Friedrich, Systematischer Kommentar für Wettbewerbs- und Warenzeichenrecht, 2. Band (Wettbewerbsrecht), 4. Aufl., Köln [u.a.] 1972 *ders.*, Die Grenzen der Wertreklame, WRP 1974, S. 1 ff.

ders., Wettbewerbs- und Wettbewerbsverfahrensrecht, Band 1 (Wettbewerbsrecht-Erster Halbband), 5. Aufl., Köln [u.a.] 1987

Gehrlein, Markus, Anmerkung zur Entscheidung des BGH „Handy für 0,00 DM", MDR 1999, S. 50 f.

Gerstenberg, Ekkehard, Anmerkung zur Entscheidung des BGH „Geld-Gewinnspiel", GRUR 1974, S. 157 f.

ders., Die sichtbaren Verführer: Verpackung, Vorspann- und Animier-Angebote, GRUR 1980, S. 618 ff.

Glöckner, Jochen, Richtlinienvorschlag über unlautere Geschäftspraktiken, deutsches UWG oder die schwierige Umsetzung von europarechtlichen Generalklauseln, WRP 2004, S. 936 ff.

Gloy, Wolfgang, (Hrsg.), Handbuch des Wettbewerbsrechts, 2. Aufl., München 1997

ders., Brauchen wir eine neue UWG-Novelle?, in: Festschrift für Ralf Vieregge, Berlin [u.a.] 1995, S. 297 ff.

v.Godin, Hans Freiherr, Wettbewerbsrecht, Kommentar zum Gesetz gegen den unlauteren Wettbewerb nebst Warenzeichenverletzungen, Zugabeverordnung und Rabattgesetz, 2. Aufl., Berlin – New York 1974

Göhre, Stefan, Frischer Wind aus Brüssel?, WRP 2002, S. 36 ff.

Gormley, Laurence, A well-tempered consumer? Comments on Stephen Weatherill's Paper, in: Rechtseinheit oder Rechtsvielfalt in Europa?, (*Micklitz, Hans-Wolfgang* [Hrsg.]) 1. Aufl. (1996), S. 473 ff.

Götting, Horst-Peter, Die neuere Entwicklung des Zugaberechts in Deutschland, Belgien, Frankreich und Schweden – Zugleich eine kritische Auseinandersetzung mit der deutschen Rechtsprechung zur Vorspannwerbung, Köln [u.a.] 1986

Gouskos, Angelika, Die Beurteilung des Verkaufs mit Zugaben nach dem griechischen Gesetz gegen den unlauteren Wettbewerb, GRUR Int. 2000, S. 38 ff.

Greifelt, Kurt, Das Zugabeverbot als internationales Ordnungsinstrument, MA 1952, S. 404 ff.

Groescke, Peer/Kiethe, Kurt, Die Ubiquität des europäischen Verbraucherleitbildes – Der europäische Pass des informierten und verständigen Verbrauchers , WRP 2001, S. 230 ff.

Günther, Philipp/Beyerlein, Thorsten, Zur Zulässigkeit von Zugaben nach dem Wegfall der Zugabeverordnung, WRP 2004, S. 1142 ff.

Hahn, Rüdiger, Vorspannwerbung ohne rechtliche Kopplung und ihre Beurteilung nach § 1 UWG, WRP 1984, S. 59 ff.

Harte-Bavendamm, Henning/Henning-Bodewig, Frauke, (Hrsg.), UWG - Gesetz gegen den unlauteren Wettbewerb mit Preisangabeverordnung, Kommentar, München 2004

Hartwig, Henning, Verfassungsrechtliche Anforderungen an die Fallgruppenbildung nach § 1 UWG, NJW 2002, S. 38 f.

ders., „H.I.V. POSITIVE II" – zugleich Abschied vom Verbot „gefühlsbetonter Werbung"?, WRP 2003, S. 582 ff.

ders., Neuere Literatur zum Verhältnis von Werbung und Meinungsfreiheit, WRP 2003, S. 1193 ff.

Heermann, Peter, Handelsüblichkeit von Zugaben – zugleich eine Besprechung der „IKEA Family-Karte"-Fälle –, WRP 1991, S. 625 ff.

ders., Garantien, Rückgabe- und Umtauschrechte, Kopplungsgeschäfte – Die ZugabeVO als „Hemmschuh wahrer Leistungssteigerungen"?, WRP 1999, S. 130 ff.

ders., Rabattgesetz und Zugabeverordnung ade! Was ist nun erlaubt? Was ist nun verboten?, WRP 2001, S. 855 ff.

Heermann, Peter/Ruess, Peter, Verbraucherschutz nach RabattG und ZugabeVO – Schutzlücke oder Freiheitsgewinn?, WRP 2001, S. 883 ff.

Hefermehl, Wolfgang, Werbung mit Vorspannangeboten, GRUR 1974, S. 542 ff.

Hefner, Margarete, Informations- und Kaufverhalten ausländischer Arbeitnehmer, in: Informationsverhalten des Konsumenten – Ergebnisse empirischer Studien, (*Raffée, Hans/Silberer, Günter* [Hrsg.]), Wiesbaden 1981, S. 199 ff.

Heil, Ulf/Dübbers, Robert, Abschaffung von Rabattgesetz und Zugabeverordnung – Ein erster Schritt zur Begrenzung der Inländerdiskriminierung auf Grund der E-Commerce-Richtlinie im Wettbewerbsrecht, ZRP 2001, S. 207 ff.

Helm, Horst, Das Verbraucherleitbild des Europäischen Gerichtshofs und des Bundesgerichtshofs im Vergleich, in: Festschrift für Winfried Tilmann, Köln [u.a.] 2003, S. 135 ff.

Henning-Bodewig, Frauke, Abschaffung von Rabattgesetz und Zugabeverordnung?, WRP 2000, S. 886 ff.

dies., E-Commerce und irreführende Werbung – Auswirkungen des Herkunftslandprinzips auf das europäische und deutsche Irreführungsrecht, WRP 2001, S. 771 ff.

dies., Richtlinienvorschlag über unlautere Geschäftspraktiken und UWG-Reform, GRUR Int 2004, S. 183 ff.

dies., Das neue Gesetz gegen den unlauteren Wettbewerb, GRUR 2004, S. 713 ff.

Hilger, Harald, Informationsbedarf und Informationsbeschaffung jugendlicher Konsumenten beim Kauf langlebiger Güter – Ein Vergleich berufstätiger Jugendlicher mit gleichartigen Schülern und Studenten, in: Informationsverhalten des Konsumenten – Ergebnisse empirischer Studien, (*Raffée, Hans/Silberer, Günter* [Hrsg.]), Wiesbaden 1981, S. 143 ff.

Hirtz, Benrd, Die Werbung mit dem Angebot branchenfremder Artikel, BB 1979, S. 450 ff.

Hoffmann, Martin, Der grundrechtliche Schutz der marktwirtschaftlichen Unternehmenstätigkeit und der gesellschaftsrechtlichen Unternehmensorganisation durch die „Unternehmensfreiheit“, München 1988

ders., Staatliche Wirtschaftsregulierung und grundrechtlicher Schutz der Unternehmensfreiheit durch Art. 12 Abs. 1 GG und Art. 2 Abs. 1 GG, BB 1995, S. 53 ff.

Hörschgen, Hans, Grundbegriffe der Betriebswirtschaftslehre, 3. Aufl., Stuttgart 1992

ders., Marketing-Strategie: Konzepte zur Strategienbildung im Marketing, 2. Aufl., Ludwigsburg - Berlin 1993

Hösch, Ulrich, Meinungsfreiheit und Wettbewerbsrecht am Beispiel der „Schockwerbung", WRP 2003, S. 936 ff.

Hoß, Dirk, Rabattgesetz und Zugabeverordnung – Die Rechtslage nach der Aufhebung, MDR 2001, S. 1094 ff.

Hoth, Jürgen, Kundenfang durch branche- oder betriebsfremde Vorspannangebote, GRUR 1961, S. 562 ff.

ders., Anmerkung zur Entscheidung des BGH „Das goldene A", GRUR 1973, S. 419 f.

ders., Anmerkung zur Entscheidung des BGH „Schatzjagd", GRUR 1973, S. 593 f.

ders., Kopplungs- und Vorspannangebot, GRUR 1976, S. 219 ff.

ders., Übertriebenes Anlocken durch preisgünstige Zweitangebote, GRUR 1978, S. 147 ff.

Hoth, Jürgen/Gloy, Wolfgang, Zugabe und Rabatt, Kommentar zur Zugabeverordnung und zum Rabattgesetz, Berlin - New York 1973

Hucke, Anja, Erforderlichkeit einer Harmonisierung des Wettbewerbsrechts in Europa, 1. Aufl., Baden-Baden 2001

Isensee, Josef/Kirchhof, Paul, (Hrsg.), Handbuch des Staatsrechts der Bundesrepublik Deutschland, Band VI - Freiheitsrechte, Heidelberg 1989

Jacobs, Rainer/Lindacher, Walter/Teplitzky, Otto, (Hrsg.), Großkommentar zum UWG, Berlin - New York 1992

Just, Christoph, Kurzkommentar zur Entscheidung des BGH „Gesamtpreisangebot", EWiR 2003, S. 599 f.

Kehl, Dieter, Wettbewerbsrecht, Köln [u.a.] 1990

Kemper, Rainer/Rosenow, Jörg, Der Irreführungsbegriff auf dem Weg nach Europa – Zugleich Besprechung der „Orient-Teppichmuster"-Entscheidung des BGH vom 20.10.1999 (WRP 2000, 517 ff.), WRP 2001, S. 370 ff.

Keßler, Jürgen/Micklitz, Hans-Wolfgang, Die Harmonisierung des Lauterkeitsrechts in den Mitgliedstaaten der Europäischen Gemeinschaft und die Reform des UWG, 1. Aufl., Baden-Baden 2003

Kisseler, Marcel, Ruinöser Wettbewerb durch branchenfremde Angebote, WRP 1978, S. 181 ff.

ders., Anmerkung zu den Entscheidungen des BGH „Handy für 0,00 DM" und „Handy-Endpreis", LM PreisangabenVO 1985, Nr. 27 (3/1999), Bl. 577 f.

ders., Das deutsche Wettbewerbsrecht im Binnenmarkt, WRP 1994, S. ff.

ders., Handy für 0,00 DM – Was bleibt von der Zugabeverordnung?, WRP 1999, S. 580 ff.

Knopp,Günter, Anmerkung zur Entscheidung des BGH „Fahrschule", GRUR 1967, S. 533

Knops, Kai-Oliver, Rückgabe und Umtauschrechte als Zusatzleistungen, GRUR 1995, S. 649 ff.

Köhler,Helmut, Rabattgesetz und Zugabeverordnung: Ersatzlose Streichung oder Gewährleistung eines Mindestschutzes für Verbraucher und Wettbewerber?, BB 2001, S. 265 ff.

ders., Zugaben: Die Rechte des Verbrauchers und die Risiken des Handels, BB 2001, S. 1589 ff.

ders., Zum Anwendungsbereich der §§ 1 und 3 UWG nach Aufhebung von RabattG und ZugabeVO, GRUR 2001, S. 1067 ff.

ders., UWG-Reform und Verbraucherschutz, GRUR 2003, S. 265 ff.

ders., Kopplungsangebote (einschließlich Zugaben) im geltenden und künftigen Wettbewerbsrecht, GRUR 2003, S. 729 ff.

ders., Weitere Erleichterungen für die Werbung mit Koppelungsangeboten – Gesamtpreisangebot, LMK 2003, S. 110 f.

ders., Das neue UWG, NJW 2004, S. 2121 ff.

Köhler, Helmut/Bornkamm, Joachim/Henning-Bodewig, Frauke, Vorschlag für eine Richtlinie zum Lauterkeitsrecht und eine UWG-Reform, WRP 2002, S. 1317 ff.

Köhler, Helmut/Lettl, Tobias, Das geltende europäische Lauterkeitsrecht, der Vorschlag für eine EG-Richtlinie über unlautere Geschäftspraktiken und die UWG-Reform, WRP 2003, S. 1019 ff.

Köhler, Helmut/Piper, Henning, UWG – Gesetz gegen den unlauteren Wettbewerb mit Zugabeverordnung, Rabattgesetz und Preisangabenverordnung, 2. Aufl., München 2001

Köhler, Helmut/Piper, Henning UWG – Gesetz gegen den unlauteren Wettbewerb mit Preisangabenverordnung, 3. Aufl., München 2002

Kroeber-Riel, Werner/Weinberg, Peter, Konsumentenverhalten, 8. Aufl., München 2003

Krüger, Christof, Zur aktuellen divergierenden „Handy-Rechtsprechung" der Oberlandesgerichte, WRP 1998, S. 262 f.

Krüger-Nieland, Gerda, Schwerpunkte der wettbewerbsrechtlichen Rechtsprechung des Bundesgerichtshofes, WRP 1979, S. 1 ff.

Krugman, Herbert, The Impact of Television Advertising: Learning without Involvement, in: The Public Opinion Quarterly (Vol. 29) 1965, S. 349 ff.

Kunz-Hallstein, Peter/Loschelder, Michael, Zum Vorschlag für eine Verordnung über „Verkaufsförderung im Binnenmarkt" (Mitteilung der Deutschen Vereinigung für Gewerblichen Rechtsschutz und Urheberrecht), GRUR 2002, S. 410 ff.

Lange, Knut-Werner, Wird das Feilschen salonfähig?, BB 2001, Heft 32, Die erste Seite

ders., Wettbewerbliche Grenzen gekoppelter Stromverträge, WRP 2002, S. 10 ff.

Lange, Knut-Werner/ Spätgens, Klaus, Rabatte und Zugaben im Wettbewerb. Das neue Recht nach Wegfall von RabattG und ZugabeVO, München 2001

Lehmann, Michael, Die Werbung mit Geschenken; eine juristische Analyse der abstrakten Wertreklame unter besonderer Berücksichtigung der wettbewerbsrechtlichen Beurteilung, Köln [u.a.] 1974

Leible, Stefan, Anmerkung zur Entscheidung des EuGH „Gut Springenheide“, EuZW 1998, S. 528 f.

Leisner, Walter, Der mündige Verbraucher in der Rechtsprechung des EuGH, EuZW 1991, S. 498 ff.

Lerche, Peter, Werbung und Verfassung, München - Berlin 1967

Lettl, Tobias, Der lauterkeitsrechtliche Schutz vor irreführender Werbung in Europa, München 2004

ders., Der Schutz der Verbraucher nach der UWG-Reform, GRUR 2004, S. 449 ff.

ders., Gemeinschaftsrecht und neues UWG, WRP 2004, S. 1079 ff.

ders., Rechtsprechung zum Wettbewerbsrecht 2003/2004 – Relevanz im neuen UWG, BB 2004, S. 1913 ff.

Lindacher, Walter, Grundfragen des Wettbewerbsrechts, BB 1975, S. 1311 ff.

ders., Lockvogel- und Sonderangebote. Rechtliche Grenzen selektiver Niedrigpreisstellung, Köln 1979

ders., Gefühlsbetonte Werbung nach BVerfG GRUR 2002, 455 – Tier- und Artenschutz, in: Festschrift für Winfried Tilmann, Köln [u.a.] 2003, S. 195 ff.

Linder, Josef Franz, Zur grundrechtsdogmatischen Struktur der Wettbewerbsfreiheit, DÖV 2003, S. 185 ff.

Loewenheim, Ulrich, Aufklärungspflichten in der Werbung, GRUR 1980, S. 14 ff.

Loudon David/Della Bitta, Albert, Consumer Behavior – Concepts and Applications, 2. Aufl., New York [u.a.] 1984

Malzer, Erich, Anmerkung zur Entscheidung des BGH „Rustikale Brettchen“, GRUR 1976, S. 639 f.

v.Mangoldt, Hermann/Klein, Friedrich/Starck, Christian, (Hrsg.), Bonner Grundgesetz Kommentar, Band 1, 4. Aufl., München 1999

Mann, Roger, Einbindung von preisgebundenen Produkten in Kopplungsangebote, WRP 1997, S. 1139 ff.

Marketing Enzyklopädie, Band 3: Produktpolitik – Zugaben, München 1975

Marshall, Hans, Unlauterer Wettbewerb, 2. Aufl., München 1993

Martino, Horst Dieter, Das Verbot der Lockvogelwerbung im neuen § 3 UWG, MA 1969, S. 381 ff.

Mellerowicz, Konrad, Die wirtschaftliche Bedeutung der Lockvogelwerbung im Einzelhandel, MA 1969, S. 43 ff.

ders., Allgemeine Betriebswirtschaftslehre, Band II (1153/1153a), Berlin 1970

Menke, Burkhart, Die Voraussetzungen der ausnahmsweisen Zulässigkeit von Vorspannangeboten nach § 1 UWG, WRP 1997, S. 532 ff.

Merz, Andreas, Die Vorfeldthese; die Anwendung von § 1 UWG im Vorfeldbereich der horizontalen Marktbehinderungstatbestände des GWB, Baden-Baden 1988

Meyer, Alfred Hagen, Das Verbraucherleitbild des Europäischen Gerichtshofs – Abkehr vom „flüchtigen Verbraucher“, WRP 1993, S. 215 ff.

ders., Bemerkungen zur „Mars“-Entscheidung des EuGH, GRUR Int 1996, S. 98 ff.

Meyer, Justus, Rabatt- und Zugabe-Regulierung auf dem Prüfstand, GRUR 2001, S. 98 ff.

Micklitz, Hans-Wolfgang/Keßler, Jürgen, Funktionswandel des UWG, WRP 2003, S. 919 ff.

Möllering, Jürgen, Das Recht des unlauteren Wettbewerbs in Europa: Eine neue Dimension, WRP 1990, S. 1 ff.

Mowen, John, Consumer Behavior, New York 1987

v.Münch, Ingo, (begr.), *Kunig, Philip,* (Hrsg.), Grundgesetz-Kommentar, Band 1, München 1992

Münker, Reiner/Kaestner, Jan, Das reformierte UWG im Überblick – Die Sicht der Praxis, BB 2004, S. 1689 ff.

Murphy, Patrick/Enis, Ben, Marketing, Vereinigten Staaten von Amerika 1985

Nastelski, Karl, Warenzeichen und Wettbewerb in der Rechtsprechung des Bundesgerichtshofs, MA 1962, S. 312 ff.

Nees, Helmut/Sauberschwarz, Werner, Verkaufseinheiten – Komplettangebote – Kopplung, WRP 1993, S. 369 ff.

Nette, Claus-Georg, Die kartell- und wettbewerbsrechtliche Beurteilung der Preisunterbietung. Eine rechtsvergleichende Untersuchung des Rechtes der Bundesrepublik Deutschland und der Vereinigten Staaten von Amerika, Köln [u.a.] 1984

Nordemann, Jan Bernd, Wegfall von Zugabeverordnung und Rabattgesetz, NJW 2001, S. 2505 ff.

Nordemann Wilhelm, Wie sich die Zeiten ändern – Der Wandel der Rechtsprechung zum Verbraucherleitbild im § 3 UWG, WRP 2000, S. 977 ff.

Nordemann Wilhelm/Axel/Jan Bernd, Wettbewerbs- und Markenrecht, 8. Aufl., Baden-Baden 1996

Nordemann Wilhelm/Axel/Jan Bernd, Wettbewerbs- und Markenrecht, 9. Aufl., Baden-Baden 2003

Ohlgart, Dietrich, Sales-Promotion und unlauterer Wettbewerb, GRUR 1974, S. 693 ff.

Ohly, Ansgar, Die wettbewerbsrechtliche Beurteilung von Gesamtpreisangeboten, NJW 2003, S. 2135 ff.

ders., Das neue UWG – Mehr Freiheit für den Wettbewerb?, GRUR 2004, S. 889 ff.

Ossenbühl, Fritz, Die Freiheiten des Unternehmers nach dem Grundgesetz, AöR 115 (1990), S. 1 ff.

Paul, Wolfgang, Umtausch- und Rückgaberechte als verbotene Zugaben?, GRUR 1999, S. 34 ff.

Pfeiffer, Tim, Markteinführung neuer Produkte – was ist wettbewerbsrechtlich zulässig?, WRP 2000, S. 371 ff.

Piper, Henning, Zum Entwurf eines Gesetzes zur Aufhebung des Rabattgesetzes und der Verordnung zur Durchführung des Rabattgesetzes (Rabattgesetzaufhebungsgesetz – RabattGAufhG), BT-Drucks. 12/6722, WRP 1994, S. 433 ff.

Pluskat, Sorika, Das kombinierte Warenangebot als zulässiges verdecktes Kopplungsgeschäft – Zugleich Besprechung des Urteils des OLG Karlsruhe vom 14.8.2001 – 4 U 54/01 – WRP 2001, 1238, WRP 2001, S. 1262 ff.

dies., Das kombinierte Warenangebot – dieses Mal als unzulässiges verdecktes Kopplungsgeschäft, WRP 2002, S. 789 ff.

dies., Zur Zulässigkeit von Kopplungsgeschäften – Zugleich Besprechung des Urteils BGH WRP 2002, 1256 – Kopplungsangebot I, WRP 2002, S. 1381 ff.

dies., Kopplungsangebote und kein Ende – Zugleich Besprechung des Urteils des BGH vom 27.2.2003 – ZR 253/00 – WRP 2003, 743, WRP 2004, S. 282 ff.

Pohlmann, Petra, Anmerkung zur Entscheidung des BGH „Handy für 0,00 DM“, WuB 1999, 275 f. = VC § 1 ZugabeVO 1.99

Pralle, Peter, Die Wertwerbung: Absatzförderung mit Vergünstigungen, Stuttgart 1974

Rath-Glawatz, Michael, Auswirkungen der Aufhebung von RabattG und ZugabeVO auf das Anzeigengeschäft, AfP 2001, S. 169 ff.

Ray, Michael, Advertising and communication management, New Jersey 1982

Reimer, Eduard/Krieger, Albrecht, Zugabe und Rabattrecht, Kommentar, Köln - Berlin 1955

Reuthal, Klaus-Peter, Verstößt das deutsche Irreführungsverbot gegen Artikel 30 EGV?, WRP 1997, S. 1154 ff.

Rink, Gerd/Schwark, Eberhard, Wirtschaftsrecht: Wirtschaftsverfassung, Kartellrecht, Wettbewerbsrecht, Wirtschaftsverwaltung, 6. Aufl., Köln [u.a.] 1986

Sack, Rolf, Das Verbraucherleitbild und das Unternehmerleitbild im europäischen und deutschen Wettbewerbsrecht, WRP 1998, S. 264 ff.

ders., Die Präzisierung des Verbraucherleitbildes durch den EuGH, WRP 1999, S. 399 ff.

ders., Vergleichende Werbung und die Erheblichkeitsschwelle in § 3 des Regierungsentwurfs einer UWG-Novelle, WRP 2004, S. 30 f.

Säcker, Franz Jürgen, Das UWG zwischen den Mühlsteinen europäischer Harmonisierung und grundrechtsgebotener Liberalisierung, WRP 2004, S. 1199 ff.

Scherer, Inge, Privatrechtliche Grenzen der Verbraucherwerbung, Berlin 1996

dies., Divergenz und Kongruenz der Rechtsprechung des EuGH und des BGH zur Verbraucherwerbung, WRP 1999, S. 991 ff.

dies., Normative Bestimmung von Verwechslungs- und Irreführungsgefahr im Markenrecht, GRUR 2000, S. 273 ff.

Schiffman Leon/Kanuk Leslie, Consumer Behavior, 3. Aufl., New Jersey 1987

Schmeding, Jörg, Kopplungsangebote als Mittel der Wertreklame, WRP 1974, S. 305 ff.

Scholz, Rupert, Das Grundrecht der freien Entfaltung der Persönlichkeit in der Rechtsprechung des Bundesverfassungsgerichts, AöR 100 (1975), S. 80 ff.

Schricker, Gerhard, Entwicklungstendenzen im Recht des unlauteren Wettbewerbs, GRUR 1974, S. 579 ff.

ders., Möglichkeiten zur Verbesserung des Schutzes der Verbraucher und des funktionsfähigen Wettbewerbs im Rechts des unlauteren Wettbewerbs, ZHR 139 (1975), S. 208 ff.

ders., Die Bekämpfung der irreführenden Werbung in den Mitgliedstaaten der EG, GRUR Int 1990, S. 112 ff.

Schricker, Gerhard/Henning-Bodewig, Frauke, Elemente einer Harmonisierung des Rechts des unlauteren Wettbewerbs in der Europäischen Union, WRP 2001, S. 1367 ff.

Schricker, Gerhard/Lehmann, Michael, Wettbewerbsrechtliche Probleme der Sortimentserweiterung und Diversifikation im Fachhandel, WRP 1977, S. 289 ff.

Schulte-Nölke, Hans/Busch, Christoph, Der Vorschlag der Kommission für eine Richtlinie über unlautere Geschäftspraktiken KOM (2003) 356 endg., ZEuP 2004, S. 99 ff.

Schulze-Fielitz, Helmuth, Anmerkung zur Entscheidung des BVerfG „Benetton-Werbung“ vom 12.12.2000, JZ 2001, S. 302 ff.

Schünemann, Wolfgang, Wettbewerbsrecht, München - Wien 1989

ders., „Unlauterkeit“ in den Generalklauseln und Interessenabwägung nach neuem UWG, WRP 2004, S. 925 ff.

Schweizer, Robert, Die „normative Verkehrsauffassung“ – ein doppeltes Missverständnis – Konsequenzen für das Leitbild des „durchschnittlich informierten, verständigen und aufmerksamen Durchschnittsverbrauchers, GRUR 2000, S. 923 ff.

Seibt, Katrin, Das europäische Verbraucherleitbild – ein Abschied von der Verwechslungsgefahr als Rechtsfrage?, GRUR 2002, S. 465 f.

Seydel, Helmut, Anmerkung zur Entscheidung des BGH „Einpfennig-Süßwaren“, GRUR 1961, S. 594 f.

ders., Anmerkung zur Entscheidung des BGH „Glockenpackung“, GRUR 1962, S. 419

ders., Zugabeverordnung und Rabattgesetz, 4. Aufl., München 1993

Simitis, Konstantin, Verbraucherschutz Schlagwort oder Rechtsprinzip?, Baden-Baden 1976

Sosnitza, Olaf, Wettbewerbsbeschränkungen durch die Rechtsprechung. Erscheinungsformen und Ursachen auf dem Gebiet des Lauterkeitsrechts, Baden-Baden 1995

Speckmann, Gerhard, Wettbewerbsrecht, UWG – Markenrechtsverletzung – Wettbewerbsverfahrensrecht, 3. Aufl., Köln [u.a.] 2000

Spliethoff, Hans Peter, Verkehrsauffassung und Wettbewerbsrecht, 1. Aufl., Baden-Baden 1992

Sprengler, Albrecht/Weber, Rudolf, Wettbewerb- Recht und Schranken, 2. Aufl., Stuttgart - Wiesbaden 1972

Srnka, Katharina/Schiefer, Kathrin, Kinder und Jugendliche als Zielgruppe der Werbung: Ihre Charakteristika & Ansatzpunkte für eine wirksame Gestaltung von Werbebotschaften, der Markt 2002, S. 98 ff.

Steinbeck, Anja, Zur europarechtskonformen Auslegung des Irreführungsverbots nach § 3 UWG, EWS 1996, S. 234 ff.

dies., Lauterkeitsrechtliche Grenzen für Zugaben und Rabatte nach der Aufhebung von Zugabeverordnung und Rabattgesetz, ZIP 2001, S. 1741 ff.

Steindorff, Ernst, EG-Vertrag und Privatrecht, 1. Aufl., Baden-Baden 1996

Stober, Rolf, Wirtschaftsverwaltungsrecht, 10. Aufl., Stuttgart [u.a.] 1996

Strepp, Hans Michael, Irreführung und Verwechslungsgefahr – Einige dogmatische Aspekte des Verhältnisses von Wettbewerbs- und Markenrecht, München 2000

Tavanti, Pascal, Gesamtpreis, Zugabe oder übertriebenes Anlocken – Handy für DM 1,- auch nach Abschaffung der Zugabeverordnung unzulässig?, WRP 2001, S. 977 ff.

Tetzner, Heinrich, Anmerkung zu den Entscheidungen des BGH „Meßbecher“, „Rustikale Brettchen“ und „Kochbuch“, JZ 1977, S. 29 f.

Tonner, Klaus, 20% Rabatt für Kartenzahler?, VuR 2002, S. 39 f.

Trommsdorf, Volker, Konsumentenverhalten, 5. Aufl., Stuttgart 2003

Ullmann, Eike, Das Koordinatensystem des Rechts des unlauteren Wettbewerbs im Spannungsfeld von Europa und Deutschland, GRUR 2003, S. 817 ff.

Ulmer, Peter, Der Begriff „Leistungswettbewerb“ und seine Bedeutung für die Anwendung von GWB und UWG-Tatbeständen, GRUR 1977, S. 565 ff.

Van den Bergh, Roger/Lehmann, Michael, Informationsökonomie und Verbraucherschutz im Wettbewerbs- und Warenzeichenrecht, GRUR Int. 1992, S. 588 ff.

Veelken, Winfried, Kundenfang gegenüber dem Verbraucher – Bemerkungen zum EG-Richtlinienentwurf über unlautere Geschäftspraktiken, WRP 2004, S. 1 ff.

Vogt, Stefan, Lexikon des Wettbewerbsrechts, München 1994

Wegner, Hans-Joachim, „Lockvogel" – Werbung, WRP 1964, S. 141 ff.

Weiland, Bernd, „Vorspannangebote" im Kaffeehandel, BB 1978, S. 382 ff.

Weiler, Frank, Psychischer Kaufzwang – Ein Abschiedsplädoyer, WRP 2002, S. 871 ff.

Wilkie, William, Consumer Behavior, 2. Aufl., New York 1990

Zettel, Günther, Das neue Gesetz gegen den unlauteren Wettbewerb, MDR 2004, S. 1040 ff.

Peter Lang · Europäischer Verlag der Wissenschaften

Annemarie Bloß

Die wettbewerbsrechtliche Zulässigkeit von Preisausschreiben und Gewinnspielen

Neue Entwicklungen auf nationaler und europäischer Ebene

Frankfurt am Main, Berlin, Bern, Bruxelles, New York, Oxford, Wien, 2006.
XXVI, 199 S.
Europäische Hochschulschriften: Reihe 2, Rechtswissenschaft. Bd. 4314
ISBN 3-631-53749-2 · br. € 42.50*

Die Veranstaltung und Durchführung von Preisausschreiben und Gewinnspielen ist ein beliebtes Werbemittel. Gerade in konjunkturschwachen Zeiten sind sie kostengünstige Werbemaßnahmen, von denen sich viele Unternehmen kurzfristig Umsatzsteigerungen erhoffen. Trotz eines gewissen Gewöhnungseffektes üben Preisausschreiben und Gewinnspiele nach wie vor eine starke Anlockwirkung auf den Verbraucher aus. Selten hat es derart viele neue lauterkeitsrechtliche Gesetzesvorhaben gegeben wie in jüngster Zeit. Die Arbeit befasst sich insbesondere mit der jüngsten Neufassung des UWG. Die Bearbeitung setzt sich ferner damit auseinander, inwieweit eine einheitliche europäische Behandlung der verschiedenen Formen von Gewinnspielen und Preisausschreiben möglich ist. Hierzu werden die jüngsten lauterkeitsrechtlichen Vorhaben auf europäischer Ebene kritisch untersucht. Die jeweiligen nationalen Regelungen der Mitgliedstaaten werden in einem kurzen Ländervergleich dargestellt.

Aus dem Inhalt: Begriffsbestimmungen und Erscheinungsformen von Preisausschreiben und Gewinnspielen · Zahlen zu Preisausschreiben und Gewinnspielen · Zivilrechtliche Einordnung von Preisausschreiben und Gewinnspielen · Die strafrechtliche Beurteilung · Die Grenzen der wettbewerbsrechtlichen Zulässigkeit für Preisausschreiben und Gewinnspiele in Deutschland und den anderen Mitgliedstaaten · Europarechtliche Vorgaben

Frankfurt am Main · Berlin · Bern · Bruxelles · New York · Oxford · Wien
Auslieferung: Verlag Peter Lang AG
Moosstr. 1, CH-2542 Pieterlen
Telefax 00 41 (0) 32 / 376 17 27

*inklusive der in Deutschland gültigen Mehrwertsteuer
Preisänderungen vorbehalten

Homepage http://www.peterlang.de

Kolibri 360 GmbH
Ferdinand-Jühlke-Straße 7
99095 Erfurt, Deutschland
produktsicherheit@kolibri360.de

Druck:
CPI Druckdienstleistungen GmbH
im Auftrag der
Kolibri 360 GmbH
Ferdinand-Jühlke-Str. 7
99095 Erfurt